猶太人質的悲與興

卡夫卡的曠野漂流

林和生 著

崧燁文化

目錄

導言：傷口・人質・溫良的舌——卡夫卡的判決與犧牲
    「嘔吐」：猶太傷口的發生學 8
    傷口一瞥：俯瞰絕望的深淵 11
    判決與犧牲 16
    判決與使命：終極人質卡夫卡 23

第一部：「父親」與宿命
  第一章：猶太 - 以色列：「與父神摔跤」 30
    第一節：祝福與亂離 30
    第二節：猶太復興：赫茨爾與「猶太人問題」 35
    第三節：猶太復興：從赫茨爾到布伯 38
  第二章：一個人的猶太復興：從赫茨爾 - 布伯到卡夫卡 43
    第一節：信仰告白：以文學獨自默禱 43
    第二節：默禱的「到場」：「聖徒」卡夫卡 49
    第三節：卡夫卡與布伯：「我與你」的猶太現場 55
  第三章：家世：最親愛的父親 / 母親 64
    第一節：赫曼・卡夫卡：父輩的艱辛 64
    第二節：尤莉・洛維：母親的血脈 67
  第四章：「最瘦的人」：身世概覽 74
    第一節：卡夫卡是誰？ 74
    第二節：老猶太城 80
    第三節：「最瘦的人」 83
    第四節：親情的指控 86
  第五章：父親的「法庭」：神經症之罪及其「反向作用」 .. 92
    第一節：「卡夫卡之罪」 92

3

第二節：「反向作用」與「絕對掌握」 98

　　第三節：「絕對掌握」VS「懸而未決」 105

　　第四節：「婚姻綜合症」 111

第六章：「成為父親」：「神聖範疇」的反向作用 115

　　第一節：孤獨與吊詭：「大的事情小聲說」 115

　　第二節：自我見證：猶太先知卡夫卡 118

　　第三節：父親究竟是誰？ 124

第七章：欲望/恐懼：卡夫卡的生存之網 128

　　第一節：「我就是恐懼」 128

　　第二節：生之恐懼 129

　　第三節：欲望/恐懼綜合體 133

　　第四節：同體大罪與生存之網 137

第二部：文學與使命

第八章：成長的煩惱 144

　　第一節：人生的絕望 144

　　第二節：文學的希望 147

第九章：學生時代及文學的準備 153

　　第一節：「書中言語何其多」 153

　　第二節：從歌德到克萊斯特的「傷口」 157

　　第三節：布倫坦諾：自明的「現象世界」 162

　　第四節：生活、文學和日記 167

　　第五節：生活策略：以文學為中心 172

第十章：猶太鄉愁與肉身的牽掛 178

　　第一節：東歐猶太依地語劇團 178

　　第二節：肉身的牽掛：地獄裡的溫柔？ 187

第十一章：猶太自傳：菲利斯與「戀詩歌手」 193

　　第一節：「戀詩歌手」的生命本色 193

第二節：《判決》與「猶太自傳」：卡夫卡文學的基本象徵⋯⋯⋯⋯201

　　　第三節：《變形記》：異化噩夢的真相⋯⋯⋯⋯⋯⋯⋯⋯⋯⋯⋯⋯206

　第十二章：婚戀「法庭」與《審判》⋯⋯⋯⋯⋯⋯⋯⋯⋯⋯⋯⋯⋯⋯⋯213

　　　第一節：婚戀中的哈姆雷特⋯⋯⋯⋯⋯⋯⋯⋯⋯⋯⋯⋯⋯⋯⋯⋯⋯213

　　　第二節：克爾愷郭爾和「婚約殺手」⋯⋯⋯⋯⋯⋯⋯⋯⋯⋯⋯⋯⋯218

　　　第三節：創作新高潮和神秘的《審判》⋯⋯⋯⋯⋯⋯⋯⋯⋯⋯⋯⋯225

第三部：人的盡頭

　第十三章：第二次訂婚和《鄉村醫生》的「傷口」⋯⋯⋯⋯⋯⋯⋯⋯⋯236

　　　第一節：決斷與撕裂⋯⋯⋯⋯⋯⋯⋯⋯⋯⋯⋯⋯⋯⋯⋯⋯⋯⋯⋯⋯236

　　　第二節：「鄉村醫生」的自傳性悲劇⋯⋯⋯⋯⋯⋯⋯⋯⋯⋯⋯⋯⋯244

　第十四章：肺結核及其象徵⋯⋯⋯⋯⋯⋯⋯⋯⋯⋯⋯⋯⋯⋯⋯⋯⋯⋯⋯249

　　　第一節：菲利斯與肺結核⋯⋯⋯⋯⋯⋯⋯⋯⋯⋯⋯⋯⋯⋯⋯⋯⋯⋯249

　　　第二節：抱負與傷逝⋯⋯⋯⋯⋯⋯⋯⋯⋯⋯⋯⋯⋯⋯⋯⋯⋯⋯⋯⋯253

　　　第三節：向死而生：「精神鄰居」克爾愷郭爾⋯⋯⋯⋯⋯⋯⋯⋯⋯260

　　　第四節：第三次訂婚：尤麗葉·沃莉澤克⋯⋯⋯⋯⋯⋯⋯⋯⋯⋯⋯265

　第十五章：米倫娜：「恐懼」與「骯髒」的戀情⋯⋯⋯⋯⋯⋯⋯⋯⋯⋯270

　　　第一節：勇敢者的遊戲⋯⋯⋯⋯⋯⋯⋯⋯⋯⋯⋯⋯⋯⋯⋯⋯⋯⋯⋯270

　　　第二節：較量與見證⋯⋯⋯⋯⋯⋯⋯⋯⋯⋯⋯⋯⋯⋯⋯⋯⋯⋯⋯⋯275

　　　第三節：「她去的地方還會有黑暗嗎？」⋯⋯⋯⋯⋯⋯⋯⋯⋯⋯⋯280

　第十六章：「臨終日記」：懺悔與曠野漂流⋯⋯⋯⋯⋯⋯⋯⋯⋯⋯⋯⋯286

　　　第一節：恐懼與懺悔⋯⋯⋯⋯⋯⋯⋯⋯⋯⋯⋯⋯⋯⋯⋯⋯⋯⋯⋯⋯286

　　　第二節：同體大罪與曠野飄流⋯⋯⋯⋯⋯⋯⋯⋯⋯⋯⋯⋯⋯⋯⋯⋯290

　　　第三節：「臨終日記」：一個人的曠野飄流⋯⋯⋯⋯⋯⋯⋯⋯⋯⋯294

　　　第四節：「臨終日記」：「武器」與「父親」⋯⋯⋯⋯⋯⋯⋯⋯⋯299

　　　第五節：「臨終日記」：一個人的反向漂流⋯⋯⋯⋯⋯⋯⋯⋯⋯⋯303

　　　第六節：眺望迦南⋯⋯⋯⋯⋯⋯⋯⋯⋯⋯⋯⋯⋯⋯⋯⋯⋯⋯⋯⋯⋯307

　第十七章：肉身成言：絕境中的《城堡》⋯⋯⋯⋯⋯⋯⋯⋯⋯⋯⋯⋯⋯311

第一節：《饑餓藝術家》：絕境與希望 311
　　第二節：《城堡》及其復調 316
　　第三節：《城堡》與迦南 324
　第十八章：言成肉身：多拉與猶太歌手之死 330
　　第一節：柏林的迦南 330
　　第二節：《女歌手約瑟芬或耗子民族》：猶太歌手的天鵝絕唱 339
　　第三節：彌留與解脫 347

後記 上善若水：卡夫卡的「國學」及其他
　生命的「國學」：家事國事天下事 356
　「卡夫卡之罪」與替罪羊 359
　屬靈「國學」——上善若水卡夫卡 362
　交代與說明 364

導言：傷口‧人質‧溫良的舌——卡夫卡的判決與犧牲

　　我骨子裡存在著某種無可表述、無可闡釋之事，而且，也只有在我骨子裡，才有可能經歷其存在。我一直在堅持，努力表述這無可表述之事、闡釋這無可闡釋之事。本質上，它也許就是這樣一種恐懼——我們曾頻繁加以討論，但是，業已蔓延一切——對最大事物的恐懼，以及，對最小事物的恐懼，而且，因單單一句話而令人痙攣的恐懼。（弗蘭茨‧卡夫卡《致米倫娜情書》）

　　我帶著一個美麗的傷口來到世界上，這是我的全部陪嫁。（弗蘭茨‧卡夫卡：《鄉村醫生》）

　　溫良的舌是生命樹……（《聖經‧箴言》15章4節）

　　歲月是殘忍的季節。

　　在歲月的風塵中，卡夫卡，這位自稱「最瘦」的人，骨瘦如柴又赤身裸體，與豐腴的世界愈漸了無關係。

　　但是，在本書中，我們要相遇卡夫卡。我相信，這絕不僅僅是我個人的意願。

猶太人質的悲與興：卡夫卡的曠野漂流

導言：傷口·人質·溫良的舌——卡夫卡的判決與犧牲

一個日益豐腴而至虛胖的世界，尤其需要卡夫卡這樣的個體來平衡，這樣的個體稟有「絕對單數的性質」。克爾愷郭爾，一位前世的卡夫卡，卡夫卡的「精神鄰居」，早在1841年某個黃昏已然意識到：資本（即後來馬克思意義上的資本）真了不起，讓人心甘情願淪為消費機器的齒輪、傳媒的複製品、被消費的消費者……生活越來越豐腴，但危險就是太豐腴而至虛胖，這嬌飾的虛胖不僅戕害我們自身，而且掩蓋資本非人（depersonalization）的冷酷、吃人的血腥！嚴重的時刻，需要有一位元戰士逆流而上，深懷「地獄裡的溫柔」，挑戰虛偽的世界：「宴會上，賓客已然飽饜，佳餚美味仍在花樣翻新，可某人早預備好了嘔吐藥！」

「嘔吐」：猶太傷口的發生學

卡夫卡就是這樣戰士，恰如他自己所說：

> 我在鬥爭；沒有人知道；有些人感覺到了，這是無法避免的；可是沒有人知道。我執行著我每天的義務，可以說我有點兒漫不經心，可是不多。當然每個人都在鬥爭，可是我鬥爭得比其他人多，大多數人像在睡眠狀態中鬥爭，就像在做夢時揮手趕走某個現象那樣，可我確實是挺身而出，經過對如何充分利用我所有的力量的考慮而鬥爭著。為什麼我會從這看上去鬧哄哄，可是一涉及這方面就靜得讓人害怕的人叢中挺身而出呢？為什麼我會把大家的注意力吸引到我身上來呢？為什麼我現在會列在頭號敵人的表上呢？我不知道。過另一種生活讓我感到沒有生活的價值。戰爭史上把這種人稱為天生的戰士。[1]

鬥爭的起點是所謂「嘔吐」。圍繞「嘔吐」，卡夫卡曾作經典表述，其情態之極端，沒有調和的餘地：

> 我是父精母血的產物，並因而被締結在與他們和幾位妹妹的血緣關係中；平時……我意識不到這一點，然而從根本上說，我對它的重視出乎我自己的意料。某些時候，這也成為我仇視的目標；看著家裡那張雙人床，床上鋪好

---

[1] 1917.11.10-1919.6.26 八開本筆記，黎奇譯，見葉廷芳主編，《卡夫卡全集》，河北教育出版社1996年，第5卷，第198頁。

的被單和仔細擺好的睡衣,我會噁心得作嘔,五臟六腑都要嘔出來;就好像我的出生始終沒有完成,就好像藉由那發黴的生活,我一次又一次被出生在那發黴的房間;就好像我不得不回到那兒,以便證實自己,以便跟這些令人厭惡的事情保持不可分離的聯繫——如果不在很大程度上,至少也在某種程度上;我的雙腳努力想要邁向自由,可甚麼東西仍然攀牢它們,緊緊攀牢它們,就好像那原始的粘液攀牢它們一樣。[2]

不深入卡夫卡的思想,就無法理解他為何如此「怨毒」。

1921年秋,卡夫卡因肺結核「向死而生」已然四年,寫成《致父親的信》亦有兩年,其時,大妹埃莉來信探討子女教育。卡夫卡回信說,他認同這樣的觀念:以父母為主體的家庭,本質上是一個「生物結構」,可比喻為一隻「家庭動物」[3]。因而,父母的施教,其實是一個生物性的過程,貫穿自私的無意識,充滿「動物性」的欲望。「你必須相信我,因為我是你的[父]母親……」父母如此這般訴諸兒女,語氣也許碰巧很溫柔,但最終難掩「暴君相」及其反面「奴才相」——「你是我的兒子,因此我要把你造就成我的救星。」無論「暴君相」還是「奴才相」,都是同一枚硬幣的兩面,分別標明父母被壓抑的欲望。由於民族、社會、歷史、現實、境遇、性格、心理等因素,父母的欲望未能得到正常的社會表達,轉向家庭內部尋找出口,以愛的名義,在兒女身上濫施暴政。然而,恰如當代精神分析所知,弱者施暴。父母的確是弱者,所以施暴。在無意識深處,父母自甘失敗,自暴自棄於生之焦慮(生之恐懼或生之痛苦)。所以,他們氣急敗壞轉向兒女,朝兒女宣洩飽受壓抑的欲望,也渴望兒女代自己向社會復仇。這的確很荒謬:父母居然因壓抑而退化成兒女,轉而試圖把兒女培養成父母般的「救星」。

卡夫卡把這類現象概括為「精神亂倫」。這個短語流露他內心反感的程度,與「噁心得作嘔」相似。藉助這兩個短語,卡夫卡深刻關聯了父母的兩

---

2 譯自1916年10月19日致菲利斯,見 Franz Kafka, Letters to Felice, edt. by Erich Heller and Jürgen Born, trans.by James stern and Elisabeth Duchworth, Schocken Books,1973。
3 1921年秋致大妹埃莉·赫曼,見《卡夫卡全集》第7卷。

猶太人質的悲與興：卡夫卡的曠野漂流
導言：傷口·人質·溫良的舌——卡夫卡的判決與犧牲

個側面：「精神亂倫」的父母和「原始場景」（夫妻生活）的父母。他對兩者的反感並不完全一致，但的確高度重合。

父母是家庭的主體，是生活的代表。因而，卡夫卡對父母的兩種反感，在精神分析看來，意味著典型的生之焦慮，既指向「生活世界」的父母，更指向父母所代表的生活。這樣一種生活是「現象世界」的投影，扭曲而虛假，因而也是精神分析——「現象學」分析——的物件。藉由這樣的分析，現象學能否親睹一位猶太人卡夫卡？這位卡夫卡自稱「最瘦的人」，自覺直面「（生之）恐懼」，無師自通於「欲望/恐懼」的辯證法（參見本書第七章）。他自弱於父親魁梧的體魄、旺盛的食欲、洪亮的嗓音；他恐懼於「父親的暴政」，也受惑於永恆的「父子戰爭」……精神分析的現象學能否「還原」這樣一位卡夫卡？

不，卡夫卡的眼光比精神分析更澄明：

> 精神分析強調戀父情結，許多人從中看到豐富的內容，但我所見不同。事情所關，並非無辜的父親，而是父親的猶太屬性。[4]

什麼是「父親的猶太屬性」？在《致父親的信》中，卡夫卡就此作了「親在」的深刻探討，其材料是精神分析的「童年期創傷」（即卡夫卡所謂「傷口」），其切入點是猶太信仰：

> 小時候，我經常為去教堂不夠勤，不過齋戒等等而自責，這與你的看法一致。我覺得這不是對自己，而是對你犯了過失，內疚感隨時都會湧上心頭。
>
> 後來，少年時的我不明白，你怎能以你對猶太教的走過場，責備我（哪怕出於虔誠呢，你這樣說）沒有努力做出類似的樣子。就我所見，這確實是在走過場，尋開心……這就是在教堂的情況，在家就更差勁了，只在逾越節頭夜有宗教儀式，這也一年比一年更成了一場嘻嘻哈哈的鬧劇……

---

[4] 譯自1921年6月致馬克斯·布洛德，見 Letters to friends, family and editors, edt. by Max Brod, trans. by Richard and Clara, Schocken Books, 1987。基本而言，精神分析就是一門現象學。弗洛伊德和胡塞爾都師從精神分析-現象學大師 F. 布倫坦諾。

再往後，我對此的看法又有了改變，我明白了你為什麼認為我在這方面也惡毒地背叛你。你從那個猶太人聚居的小村鎮確實帶來了些許猶太教，不很多，在城裡和入伍時還失去了一些，儘管如此，[你]年少時的印象和回憶還能勉強地支撐起一種猶太教徒的生活，……這之中也還不乏猶太教，但要把它繼續傳給孩子就太少了，當你傳授時，它就只剩下微不足道的一小團兒了。這一方面是因為[你]年少時的印象無法傳授，另一方面是由於你的性格令人畏懼。而且不可能使一個由於害怕而觀察入微的孩子理解，你以猶太教的名義漫不經心地走的過場會有更高的意義：對你來說，這些過場是對過去時光的小小緬懷，因此你想把它們傳給我，但由於它們自身對你不再具有價值，就就只能靠說服或威脅來做；這不僅毫無成效，而且因為你根本沒有認識到你在這方面所處的弱勢，你必定會對我的冥頑不化大為惱火。

整個這件事並非孤立的現象，過渡時期的這一代猶太人大部分與此類似，他們從相對虔誠的農村移居到城市；這是很自然的結果，卻給我倆原本就衝突不斷的關係又增添了一重痛苦的分歧。在這一點上，你應當像我一樣相信你的無辜，並且通過你的性格和時代狀況來解釋這種無辜，而不是僅僅找客觀藉口，比如說你有太多別的事要做，別的心要操，無暇顧及這種事。[5]

傷口一瞥：俯瞰絕望的深淵

卡夫卡的父親無法直面猶太人的 sein——「猶太人的-存在（痛苦）」。這一存在（痛苦）的兩個鋒面，其對比是如此尖銳和殘酷。一方面，自西元135年「大流散」直至第二次世界大戰，猶太人慘遭歐洲主流文化排拆、凌辱、虐待、迫害和屠殺；唯其如此，另一方面，不少猶太人被迫認同歐洲主流文化、試圖躋身其中。一個經典的例子見於德國猶太大詩人海涅，他生於「猶太人大救星」拿破崙的《拿破崙法典》時代，擁有上流社會的大家族背景，仍極度焦慮於一張「歐洲文化入場卷」。為此，1825年，海涅不惜放棄猶太教而改宗基督教，以血肉模糊的「自我閹割」，閹割了猶太民族的「割禮」，

---

[5] [奧]卡夫卡，《致父親的信》，載《卡夫卡小說全集》，楊勁等譯，人民文學出版社，2003年，第2卷，第342～344頁。

猶太人質的悲與興：卡夫卡的曠野漂流
導言：傷口·人質·溫良的舌——卡夫卡的判決與犧牲

換取了這張入場卷，即便如此，一生也甚為黯然[6]。藉此不難理解卡夫卡的父親，一位元底層猶太人，沒能可能改宗基督教，小小年紀浮沉人世，鄉間行販餐風宿露，軍營歷練含辛茹苦，草根奮鬥十六年，好不容易三十而立，打拼出來一家「赫曼·卡夫卡商店」，娶妻生子——貌似融入歐洲文化風景線，內心卻深埋「猶太人的-焦慮（恐懼）」，不時被現實的噩夢照亮——就在赫曼卡夫卡（1852-1931）展開人生歷程的同時，猶太人的現代悲劇也拉開帷幕，一直持續到他身後的時代：

1873年，普法戰爭催生的投機狂潮泡沫破滅，消費大眾的不滿需要替罪羊；

1879年，「反猶主義」正式定名；自此，形形色色的「反猶同盟」如雨後春筍，肆意辱罵的反猶書刊鋪天蓋地；

1881年3月13日，亞歷山大二世遇刺身亡，在俄國觸發猶太大屠殺；

同年4月25日，一份請願書遞交「鐵血宰相」俾斯麥，強烈呼籲「解放」德國人民於猶太人的控制，簽名者達25萬人左右；

1882年（弗蘭茨卡夫卡出生前一年），匈牙利「蒂薩-埃斯拉血祭事件」，反猶浪潮就此迅速擴散；

同年，首屆世界反猶大會在德國召開；

1886年，愛德華·德呂蒙出版反猶經典《猶太法國》；

1887年，德國議員、民俗學者奧托·伯克爾發表小冊子《猶太人，我們這個時代的帝王》，狂銷150萬冊；

---

6 參見林和生，《基督拿破崙上帝——猶太人海涅的信仰》，載《經典與闡釋》2005年7月卷，華夏出版社。從「割禮」到「自我閹割」，兩次血肉模糊之間，猶太民族的命運不可不謂驚心動魄。25年後海涅聲稱：「我從來沒有掩飾過自己的猶太教信仰，我並沒有回歸猶太教，因為我從沒有離開過它。」轉引自：埃利·巴爾納維主編《世界猶太人歷史》，劉精忠等譯，黃民興校注，中國人民大學出版社2007年，第173頁。大約在此前後海涅還寫道：「近代猶太人的歷史是悲劇性的歷史，如果人們來寫這一悲劇，還要受到譏笑，這是最悲慘的。……對猶太人的仇恨是隨著浪漫主義流派才開始的……」參見章國鋒、胡其鼎主編，《海涅全集》，河北教育出版社2003年，第十一卷，第275頁。

同年，俄國猶太人中學與大學入學受限；

1889 年，愛德華·德呂蒙成立自己的反猶聯合會；

同年，俄國猶太律師被禁從業，除非司法大臣特別許可；

1890 年，奧托·伯克爾成立自己的反猶政黨，為大眾熱捧；

1891 年，猶太人被逐出莫斯科；

1892 年，愛德華·德呂蒙創辦反猶期刊《自由言論》；

1893 年，西奧多·弗裡奇出版《反猶問答手冊》，他因此被後來的納粹尊為良師益友；

1894，法國爆發著名的猶太人德雷福斯案，激發巨大的社會風波，一直延續到 1906 年；

1903 年，俄國基什尼奧夫，半官方性質的猶太大屠殺，「其殘忍的程度超過……[歷史上] 任何一次」；

1905 年，俄國比亞韋斯托克，半官方性質的「特大規模」猶太大屠殺；並在此後四年之內擴散至 284 個俄國城鎮，死亡人數達五萬；

1910 年，1200 年猶太家庭被逐出基輔；

1911-1913 年，當時的俄國烏克蘭基輔，「貝利斯血祭案」：猶太人貝利斯被汙謀殺基督徒兒童，「獲取其鮮血」，以作猶太教祭祀之用；[7]

1919 年，納粹黨成立，阿道夫·希特勒當年入黨；

1921 年，希特勒成為納粹黨魁；

1923 年（弗蘭茨·卡夫卡辭世前一年），希特勒發動啤酒館政變；

1925 年（弗蘭茨·卡夫卡辭世後一年），希特勒重建納粹黨，自此把一切負面社會問題歸咎於猶太人；

---

[7] 專門針對猶太人的此類「血祭」或「人祭」汙謗事件，始於 1144 年，到 1911 年貝利斯案，不到八個世紀共發生 120 起，其中三分之一發生於 19 世紀。參見《猶太人》第 38-39 頁。又，基輔及其所在的烏克蘭，是史上猶太人的聚居要地。

猶太人質的悲與興：卡夫卡的曠野漂流
導言：傷口·人質·溫良的舌——卡夫卡的判決與犧牲

1933年，希特勒登基德國總理，納粹德國誕生；5月10日午夜，柏林歌劇院廣場，納粹燃起焚書的沖天大火，它們的作者多為猶太人，其中的海涅不幸有言在先：「無論在哪兒，他們要是燒書，遲早也要燒人。」[8] 果然，幾年後，納粹建立集中營，發動二戰，對猶太人實施「最終解決」，讓他們灰飛煙滅……

隨意一瞥，即知猶太人的 sein（生之恐懼或生之痛苦）是何其沉重！直面（自覺意識）如此慘烈的現實（所謂「親在」），如果不是不可能，必定是痛苦之極。不必過於責難赫曼·卡夫卡，他不是「最瘦的人」弗蘭茨·卡夫卡，相反，他屬於後者反諷的「佔有空間的資本家」，全球通用的世界公民，「在北方他們會發出熱量，在南方他們可給人遮陽」。實事求是，能夠在信仰上堅持「走過場」已然很了不起了——一年一度「嘻嘻哈哈」一下，平時終日勞碌之餘打打牌，偶爾「恨鐵不成鋼」吼吼兒子……凡此等等，都可視為無意識的自我心理文飾——哪怕無意識之間把壓力和扭曲轉嫁給了兒子——沒有這樣一些自救性質的心理文飾，恐怕撐不起那血肉模糊的人生！赫曼·卡夫卡承擔不了弗蘭茨·卡夫卡的任務[9]：記錄最微小的震動，感知最高境界的訴求，俯瞰絕望的深淵，破除怯懦的（心理）文飾，直面慘澹的人生，正視淋漓的鮮血，探究猶太命運致命的傷口（生之恐懼或生之痛苦）——這正是卡夫卡一唱三嘆的「猶太哀歌」：

他們內心不安全，在人群中不安全。他們沒有安全感，這就解釋了一切：唯有握在手心裡、咬在牙齒間的事物，他們才敢相信；唯觸手可及的財產讓他們有望生存，而且他們的擁有一旦喪失，就永遠喪失，……防不勝防的危險威脅著他們；不談危險，更準確地說：「他們被威脅所威脅。」[10]

---

8 轉引自〔美〕凱西·迪亞曼特，《卡夫卡最後的愛》，張閎譯，江蘇人民出版社，2012年，第281頁。順便指出，上述反猶現象，某個意義上受激於近現代猶太復興運動（或稱猶太復國主義）。不過，無論就人本語境或神本語境，就此處所論，並無本質區別。
9 令人悲憫的事實是：赫曼·卡夫卡有他自己的任務。
10 譯自1920年5月30日自義大利美蘭致米倫娜。見 Franz Kafka, Letters to Milena, translated and with an introduction by Philip Boehm, Schocken Books, 1990。

所以，面對您 [戀人米倫娜]24 歲的基督徒生涯，我 38 歲的猶太人生涯如是說：

事情何以至此？……你才 38 歲，何以如此疲憊？這絕非年齡之故。更確切地說，你哪裡是疲憊，你是不安。對於你，地上處處是陷阱，令你恐懼，舉步維艱。你的確不是疲憊，而是恐懼，恐懼可怕的不安會耗盡你的生命（你，終歸是猶太人，知道自己恐懼什麼，害怕什麼），即便僥倖活下來，這生命無非變成癡呆的凝視，就像卡爾廣場瘋人院裡的景象。[11]

如此深刻、悲哀和絕望的自我審視，一般而言，只有卡夫卡及其相似人格才可能遭遇。面對生之恐懼作如此自我審視，意味著「卡夫卡式」（Kafkaseque）的嘔吐現象系列：

「海涅式」的蒼白面孔及其「床褥墓穴」；

「克爾愷郭爾式」的恐懼與顫慄；聖雷米瘋人院中「凡·高式」的嘔吐：「……噁心、嘔吐、大便失禁、……生之恐懼……」；[12]

更不用說：

納粹集中營中「維克多·弗蘭茨爾式」的嘔吐：「周遭的一切，即便只是外表的樣子，就足以叫人作嘔。」「任何夢任何事就是再恐怖，也不可能比得上集中營的慘酷現實。」[13]

「勒維納斯式」的死亡、憂慮與恐懼：「我替我害怕。」[14]

---

11 譯自 1920 年 6 月 2 日自義大利美蘭致米倫娜。
12 1889 年 5 月 22 日自聖雷米致提奧，凡·高書信 592 號，見 The Complete Letters of Vincent van Gogh, by Vincent van Gogh, edt. by J .van Gogh-Bonger, Thames and Hudson, 1958。
13 [奧] 維克多·E. 弗蘭茨爾，《活出意義來》，趙可式，沈錦惠譯，生活·讀書·新知三聯書店，1991 年，第 16、24 頁。
14 [法] E. 勒維納斯，《上帝·死亡和時間》，余中先譯，生活·讀書·新知三聯書店，1997 年，第 49 頁。

猶太人質的悲與興：卡夫卡的曠野漂流
導言：傷口·人質·溫良的舌——卡夫卡的判決與犧牲

「保羅·策蘭式」的《死亡賦格曲》：「清晨的黑牛奶呀我們夜裡喝你／中午喝你死亡是來自德國的大師」。[15]

保羅·策蘭一語成讖：「來自德國的大師」經營著令人作嘔的死亡，在卡夫卡死去二十年前後，讓猶太人「都化著煙霧升天」（《死亡賦格曲》）。

事實上，死於納粹手中的猶太人有 600 萬！

包括卡夫卡遺世的眾多至愛親朋：三位妹妹、他最喜愛的「鄉村醫生」舅舅西格弗里德、曾經的戀人米倫娜、東歐猶太依地語劇團帶領人洛維、中學時代的文學知己保爾·基施、女友格蕾特等等，而他「最親愛的父親／母親」先於 1931 和 1934 年離世，所以「逃過一劫」……

也包括維克多·弗蘭茨爾的父母、妻子、兄長，他自己僥倖逃生……

也包括勒維納斯的幾乎全部親人，他自己僥倖逃生……

也包括保羅·策蘭最親愛的父母雙親，他自己僥倖逃生……

600 萬猶太人死於「來自德國的大師」，這 600 萬生命是猶太民族最慘痛的傷口，訴告世界：「迄二戰止，世界對於猶太人，本質上就是一座集中營，或者說一座瘋人院——福柯意義上的猶太瘋人院——對猶太人專政的瘋人院，其現象學的象徵——噁心和嘔吐——隱喻著猶太人的生之恐懼。」

而早在 30 年前，卡夫卡，這只先知般的寒鴉，已然預感到這一切，並因此承受非人的噁心和嘔吐之感，或者說，直面了猶太人的生之恐懼。

判決與犧牲

親愛的，這是一個多麼噁心的故事。我現在再一次放下它來，以便再在對你的思念中振作起來。這個故事已寫一半了。總的來說，我對它不是不滿意，但它太噁心了……[16]

15　［德］保羅·策蘭，《死亡賦格曲》，載《保羅·策蘭詩選》，孟明譯，華東師範大學出版社，2010 年。
16　1912 年 11 月 24 日致菲利斯，《卡夫卡全集》第 9 卷，第 82 頁。

這是卡夫卡在熱戀階段致戀人菲利斯的一封情書，它寫於 1912 年 11 月 24 日，所談及的故事就是《變形記》，卡夫卡對它的「噁心」，讓人不由想起他創作《判決》的情形：

　　[《判決》]這部小說從我身上誕生出來，就像一次真正的分娩，覆蓋著污穢和粘液……[17]

　　「多麼噁心」、「太噁心」、「污穢」、「粘液」……這一系列用語，把我們帶回「嘔吐」的家庭現象學，重返「父精母血」的「原始場景」——對於猶太人卡夫卡，如此場景隱喻著痛不欲生的世界，因而激發巨大的生之恐懼，令他「噁心得作嘔」！《變形記》和《判決》這兩個「噁心的故事」，專門寫給猶太人自己——猶太人卡夫卡自己及其猶太戀人菲利斯。[18] 兩部經典都代表著卡夫卡文學的突破，其技術性起點可追溯到 1912 年 9 月 15 日，那天，卡夫卡產生了一個重大預感：「獨特的自傳作家的預感。」[19] 只是，這一所謂自傳，並不限於卡夫卡一己之私，也代言猶太民族：記錄世界的傷害，感受對世界的生之恐懼。

　　1913 年 2 月 11 日，卡夫卡在日記中精細論及《判決》這部「自傳」：

　　[《判決》]這部小說從我身上誕生出來，就像一次真正的分娩，覆蓋著污穢和粘液，唯獨我擁有能觸及那軀體的手、以及實現這欲望的力量。

　　[主人公格奧爾格的]這位朋友是聯繫父親和兒子的紐帶，他是這對父子之間壓倒一切的共性。故事開頭，格奧爾格獨自坐在窗前，舒適地享受、玩味著他意識中以為與父親所共有的東西，相信父親就在自己身上，因而得以靜靜地沉浸於那些轉瞬即逝的、略帶些悲哀意味的思緒。隨著故事的進展，父親利用朋友這個共性紐帶突穎而出，成為格奧爾格的對立面。父親的權力地位不斷增強，兒子則不斷遭受削弱，漸漸被剝奪得一無所有，愛、對母親的奉獻與忠誠、他開闢的業務等等，都被父親優先佔有或奪走。至於那位未來的新娘，她在故事中的存在依賴於那位遠在俄國的朋友，也就是說，她作

17　譯自 1913 年 2 月 11 日致菲利斯。
18　譯自 1912 年 12 月 4-5 日致菲利斯。
19　1912 年 9 月 15 日日記，《卡夫卡全集》第 6 卷第 235 頁。

猶太人質的悲與興：卡夫卡的曠野漂流
導言：傷口·人質·溫良的舌——卡夫卡的判決與犧牲

為父子之間的一種聯繫，很容易被父親切斷，因為婚姻尚未成為事實，因而她無法突破父子周圍的血緣。最終，父親成為共性紐帶的中心，而格奧爾格則成為與父親異己的存在，這是一種被隔離的存在，從未得到充分的保護，而且被暴露於俄國革命之前，他只能作為這樣一種存在來感受自己與父親之間的共性紐帶。格奧爾格就這樣失去了一切，只剩下對父親的意識，正因為如此，父親的判決（這一判決完全斷絕了他與父親的關係）才對他產生了如此強烈的效果。

> 格奧爾格 [Georg] 的字母數與卡夫卡 [Kafka] 一樣多。……弗麗達 [Frieda] 與 F.[菲利斯 Felice] 的字母數一樣多……[20]

卡夫卡講得十分明確。不過，為了更透徹的理解，讓我們先來看一看，為什麼卡夫卡要提到俄國革命呢？小說告訴我們，格奧爾格那位朋友，大概無法適應弱肉強食的資本主義市場經濟，「幾年以前當真逃到俄國去了」，在彼得堡經營一家店鋪。多半因為「天下烏鴉一般黑」，或出於人性的「同體大罪」，他最終沒能混出個樣子。人越來越孤獨，氣色越來越憔悴，回國探望也越來越少，「並且準備獨身一輩子了」。格奧爾格自己也不清楚為何牽掛這位朋友，包括給他寫信。某次，格奧爾格告訴父親，他給朋友寫了信，告之自己訂婚之事。沒料到父親對此敏感之極，追問為什麼要寫信到俄國，繼而竟聲稱「你沒有朋友在彼得堡」！父親的攻擊性背後似有隱情，令其不敢直面，或因為老邁？或出於軟弱？格奧爾格耐心提醒父親，快三年前，朋友還曾回國探望呢，「你一定會回憶得起來的。他當時談了一些關於俄國革命的令人難以置信的故事。」

> 譬如有一次，他為了營業上的事來到基輔，遇上群眾騷動。他看到一個[基督教]教士站在陽臺上，往自己的手心裡刻了一個粗粗的血淋淋的十字，還舉起手來，向人群呼喚。[21]

20　譯自 1913 年 2 月 11 日日記，見 Franz Kafka, The Diaries (1910—1923), edt. by Max Brod, trans. by Joseph Kresh and Martin Greenberg with the cooperation of Hannah Arendt, Schocken Books, 1975, 1976；方括號中的英文名字為引者所加。
21　此處引文均見 [奧] 卡夫卡，《卡夫卡小說選》，孫坤榮等譯，人民文學出版社，1994 年。

這正是父親不敢直面的「隱情」，即猶太人被迫害的事實！朋友在基輔看到的事情，正是血淋淋的象徵。稍稍回顧一下前面反復強調的猶太人之sein（生之恐懼或生之痛苦），及其相應的編年事件，那麼，卡夫卡想要說什麼就一目了然了！顯然，所謂「群眾騷動」，首先直指1911年基輔的「貝利斯血祭案」（剛好發生於創作《判決》上一年），更隱喻迄今的反猶形勢，這一形勢自卡夫卡呱呱墜地（1883年），愈演愈烈，延及卡夫卡的家庭，特別擾動卡夫卡這一「絕對單數性質」敏感個體，引發致命的「童年期創傷」和「青春期壓抑」。

《判決》全書，尤其這一情節，筆法如此精細委婉，讀來卻詭異不知所云，貌似夢境或魔幻。然而，一旦明白個中隱情，轉眼真相畢現，字字血，句句淚，提示我們「卡夫卡之sein（生之恐懼或生之痛苦）」。相比普遍的「猶太人之sein（生之恐懼或生之痛苦）」，卡夫卡之sein格外包含著一種「痛苦的痛苦」，即「直面痛苦的痛苦」，並藉此區分開了卡夫卡與父親（兒子與父輩）兩代人：兒子直面，父親文飾。

文飾的實質是投射（projection）。父親的文飾，其實質，是向外投射無意識的痛苦——由歷史的「實在界」強加給猶太人，後來變成猶太人的「命」，或者說猶太的「傷口」——恰如卡夫卡《鄉村醫生》中「傷口」的暗喻，非通常人力所能「治癒」，也非通常意識所能直面，卻為無意識所深味。父親的無意識深味這一痛苦，為了「正常」生活，也需要平衡這一痛苦，平衡的結果，可能體現為以下諸般人格取向：馬克思式的思想革命家，弗洛伊德式的精神革命家，愛因斯坦式的科學革命家，羅莎·盧森堡式的社會革命家，馬丁·布伯式的猶太復國主義者，馬勒式的悲劇藝術家，E.勒維納斯式的現象學大師，保羅·策蘭式的黑暗詩人，魯迅或卡夫卡那樣直面人生的勇士⋯⋯

然而，正如我們已經論述過，這些取向無法強加於父親，它們需要特殊的勇氣、機遇和恩典，何況事情還有其反面：父親之「命」，格外包含著日常的家庭責任。這樣下來，父親的投射多半會採取一種特殊的「內投」：自身之外，家庭之內，尤其家庭之內那位兒子——被父親「恨鐵不成鋼」的兒子。有理由支持父親向兒子投射痛苦：父親含辛茹苦，難道不就為了這個家

猶太人質的悲與興：卡夫卡的曠野漂流
導言：傷口‧人質‧溫良的舌——卡夫卡的判決與犧牲

庭？而這個家庭，就卡夫卡所謂「生物結構」而言，將來不就是兒子的家庭？假如這位兒子恰好「不爭氣」，硬要以獻身文學來「直面人生」，那麼，父親難道不該「恨鐵不成鋼」？

然而，父親向兒子投射痛苦的理由，完全不足以消解兒子被投射所傷害的事實，更無法抹殺兒子已然指出的真相，這真相象徵於「貝利斯血祭案」——此案象徵著過去，也隱喻著將來：1913年，「貝利斯血祭案」落幕，六年後，納粹黨成立，同年希特勒入黨，不久升任宣傳部長，兩年即成黨魁，再過兩年發動啤酒館政變，再過兩年重組納粹、全面反猶，再過八年（1933年）締造納粹德國，同年開創集中營……真相漸次展開，但一開始就遭遇了文飾；文飾真相意味著異化，認同當下歐洲主流文化：「上帝已死」，弱肉強食，贏家通吃——這是「體魄碩壯」之資本家的文化，是欲望-消費的文化，是欲望／恐懼的文化，是對傳統猶太文化的放棄，是對貞潔猶太血緣的背叛……[22]

《判決》之初，至少在兒子心中，猶太血緣連接著父與子，是他們的「共性紐帶」，象徵於那位遠赴俄羅斯的朋友。然而，圍繞那位朋友，愛恨情仇在父子間微妙展開，峰迴路轉，血肉模糊。一開始，父親詭異地懷疑、否認朋友的存在：「難道你……真有這樣一個朋友？」「在那兒你怎麼會有一個

---

[22] 猶太文化的貞潔性（割禮可視為象徵），本身即是一個重大問題，就理解卡夫卡而言，至少同樣重大。卡夫卡的人生（包括文字），在我看來，處處流露對於貞潔性的迷戀，在當下的欲望-消費時代為貞潔而鬥爭，當然也包括相關的自我鬥爭。猶太人海涅曾論及自己民族的貞潔，其表述堪稱經典：「如果讓潔西嘉[莎士比亞筆下猶太商人夏洛克之女]穿男裝，從她臉上就會發現一種難以掩飾的羞怯。也許從這表情中，人們可以看到那種罕見的童貞，這種童貞是她的部族所特有的，並賦予這個部族的女子們一種神奇的魅力。猶太人的童貞也許是他們自古以來對東方的感官和性崇拜進行鬥爭的結果，……我幾乎想說，猶太人是一個禁欲的、節制的、抽象的民族……。」參見《海涅全集》第七卷第354頁。猶太民族的遺產的中不僅有原罪、咒詛和苦難，也有關乎貞潔的恩典和救贖。進一步的研究可以揭明：猶太民族的貞潔本性，與猶太民族的倫理特質相關——猶太民族既是一個虔信的民族，也是一個倫理（就這個詞的本意而言）的民族，異質於六親不認的資本主義文化（贏家通吃的消費主義「倫理」——引號針對這個詞的本意），《判決》以及稍後的《變形記》等等，都在深刻揭露兩者的異質性，即如加繆所說「明察秋毫的倫理學的驚人畫卷」，這是它們之所以扣人心弦的一個重大奧秘。某個意義上可以說：是對猶太貞潔的迷戀和為猶太貞潔的鬥爭（包括相關的自我鬥爭），成就了我們今天所知的卡夫卡。

朋友呢？我根本就無法相信。」為幫助父親「直面真相」，兒子一邊扶父親上床休息，為父親蓋好被子，一邊幫父親回憶那位朋友，並溫柔地暗示父親並非「忘了」，而是「反感」，因為「我的朋友有些怪癖」。兒子指出的「反感」即「反向作用」：表面上「恨鐵不成鋼」，其實是掩蓋愛的無能，更準確地說，是勇氣的喪失。相反，兒子的「怪癖」卻是對真相的執著。兒子藉此提醒父親，希望父親覺悟到自己的文飾。沒料到父親突然惡語相向，陰陽怪氣指責兒子一直在欺騙父親（「你要把我蓋上」），並暴露一個駭人的想法：「我當然認識你的朋友，他要是我的兒子倒合我的心意 [「恨鐵不成鋼」]。因此這些年來你一直在欺騙他。」

兒子似乎明白了什麼。他望著父親駭人的模樣，不由自主再次想起那位遠方的朋友：

……這位朋友的景況還從來沒有像現在這樣打動過格奧爾格。他看見他落魄在遼闊的俄羅斯。他看見他站在被搶劫一空的商店門前。他正站在破損的貨架、搗碎的貨品和坍場的煤氣管中間。他為什麼非要到那麼遙遠的地方去呢？

最後一個問句，不僅是對受害同胞的心痛，也的確是一個意味深長的質疑。「那麼遙遠的地方」——這個帶問號的語句，暗示了文藝復興以來「哥倫布時代」的某種特徵，某種強迫症性質的欲望。這個語句直指全球化資本主義 - 消費主義的某種本性，也可換喻馬克思意義上的資本品格。接下來的事態證實了兒子的懷疑：「但是你的朋友畢竟沒有被你出賣！」父親喊道，因為「我是他在這裡的 [商務] 代表。」這是血肉模糊的悲劇，令人痛不欲生。父親因為勇氣的喪失與愛的無能，竟以商務僭越了親情。用剛才的話說，父親沒有勇氣認同猶太的受難，轉而抓住商務的稻草。他的文飾由心理的虛象轉化為商業資本的實象。對於格奧爾格（卡夫卡），事情就是如此可悲：商業活動在父親這兒，已然背棄猶太血緣的貞潔（節制）本性，走向六親不認的資本主義文化，陷於贏家通吃的消費主義「倫理」。這是猶太血緣異化的悲劇，是猶太民族從內部的潰敗，在反猶背景上，藉助父親歇斯底里的崩潰與嘶喊，格外驚心動魄：

猶太人質的悲與興：卡夫卡的曠野漂流
導言：傷口·人質·溫良的舌——卡夫卡的判決與犧牲

……[你的朋友]他什麼都知道了！我一直在給他寫信，因為你忘了拿走我的筆。因此他這幾年就一直沒有來我們這裡，他什麼都知道，比你自己還清楚一百倍呢，他左手拿著你的信，邊讀也不讀就揉成了一團，右手則拿著我的信，讀了又讀。……他什麼都知道，比你清楚一千倍！

借助資本的魔性，父親完成了巫術般的置換：在以「朋友」置換兒子的同時，也用文飾置換了真相。正如我們反覆強調，猶太人受害之真相被文飾起來，父親得以「合理」[23]融入歐洲主流文化（資本主義文化和消費主義「倫理」），並因而「成為共性紐帶的中心」，與此同時，直面真相的兒子也在「異化」準確地說是「被異化」——被判決去死！

這是一個悲哀的判決，不用父親宣判即已然生效，因為它其實是世界對猶太的判決，它由猶太血緣的父親——向猶太血緣的兒子——宣判出來，既是荒誕的過場，更是驚心動魄的悲劇！兒子之死是多義的隱喻，它隱喻著猶太民族的命運真相，也隱喻著對真相的文飾，還隱喻著文飾的勝利——儘管反猶形勢每況愈下，父親，父親們，依然藉由文飾「合理」地活著，並向兒子投射壓抑之罪，再據以量刑，繼而判決和「被執行」——直至納粹的「實在界」藉集中營森然「冒起」，劃開敷衍著猶太傷口的文飾，還原「令人作嘔」的「噁心」真相。事實令人不堪面對：兒子，以及兒子的至親骨肉，當然包括父親，連同或近或遠的猶太血緣，已然（或將要）不在人間，「都化作煙霧升天」。

最親愛的菲利斯：

……多年來我只哭過一次，那是兩、三個月之前，我硬是在扶手椅中哭得全身顫抖，短暫的間歇過後再次哭得全身顫抖；當時我擔心我失控的悲泣會驚醒隔壁房間的父母；那是在夜裡，起因是我的小說[《判決》]寫到了一個特殊的情節。[24]

23　在嚴格的精神分析意義上。
24　譯自1912年11月28日致菲利斯。幾年以後，在罹患肺結核之前不到一年，卡夫卡再次為他的民族大哭一場：「到某處，讀不下去了，只好停下來，坐進沙發哭起來。好幾年沒哭過了。」（譯自1916年10月28日致菲利斯）卡夫卡所讀系猶太同胞A.茨威格所著悲喜劇《匈牙利的宗教謀殺》，主題即卡夫卡出生前一年（1882）的「蒂薩-埃斯拉血祭事件」。後來，

這是先知的悲慟，既為民族血緣和父母深情，也為兒子自己，因為兒子之死是先知般的獻祭，更因為兒子之死隱喻了另一位兒子——卡夫卡自己——的犧牲，還因為這犧牲的意義眼下無法證明，只能經由時間來洗禮和呈現！有聲音反復在告誡：「時辰要到！」然而，最後的時辰到來之前，犧牲仍無法見證，鬥爭因而不得不是「一個人的鬥爭」，所以，可以哭得全身顫抖，但不要失控而身不由己以至放聲悲號，別驚醒夜色中昏睡的親人，他們「額頭枕著胳臂，臉朝著地，安詳地睡著」，[25] 以為「正睡在房間裡……安全的床上，可靠的屋頂下，平躺或蜷臥在褥墊之上、睡單之中、毛毯之下」，別打擾他們的文飾之夢！因為，倘若時辰未到？倘若噩夢醒來並非早晨？事實上，這是夜晚，夜正長，猶太血緣正「深深地沉入夜幕」，「擠在荒郊，擠在野外一塊宿營地……擠在寒冷的露天下，冰冷的地面上，倒臥在他們早先曾經站過的地方」！所以，別驚醒他們，單單等待時辰的到來！只是，在不眠之夜的孤燈下，一隻手擋住命運的絕望，另一隻手必須要寫下這些故事，哪怕它們覆蓋著「污穢和粘液」，哪怕它們「太噁心」、「多麼噁心」、以至「噁心得作嘔」……這是守夜，是看守！「你為什麼要看守呢？據說必須有個人看守，必須有個人在那兒……」

判決與使命：終極人質卡夫卡

　　「判決」是一個多義的起點，首先是悖謬的起點，這悖謬，卡夫卡自己曾反復表述，其最後形式是如此驚心動魄：「出生前的踟躕。我處於生命的底層——除非存在靈魂的輪迴轉世。我的生命是出生前的踟躕。」[26]

　　在「判決」這個悖謬的起點，卡夫卡的「出生」正在踟躕，卻不期展開；正在進入「訴訟」，卻提前被判決；正在見證和鬥爭，卻已然犧牲；被父親（代表生活）判決，因而不得不「成為自己的父親」；被逐入虛無的黑暗，卻擔當了守夜人……

在彌留之際（1922），卡夫卡稱自己的生命為「出生前的踟躕」，就此處所論，可謂意味深長，驚心動魄。
25　［奧］卡夫卡，《夜晚》，載《卡夫卡隨筆》，冬妮譯，灕江出版社，1991 年。
26　譯自 1922 年 1 月 24 日日記。

猶太人質的悲與興：卡夫卡的曠野漂流
導言：傷口·人質·溫良的舌——卡夫卡的判決與犧牲

「守夜人就是不眠的人，……先知不僅是預言者，……也是守夜人，他們的預見就是他們的守夜。」與此同時，「一種失眠在警戒[守夜]的某種深度上證實自己。」[27] 在不眠的夜晚或警戒（而非「醒著」）的白天，卡夫卡，這只猶太寒鴉，殉道先知，從孤絕向孤絕，展開血肉模糊的寫作：

黑暗寫作和失眠寫作——「我是一個活著的記憶，所以無法入眠……」；[28] 如此痛苦，令人毛骨悚然，然而另一方面，「如果沒有這些可怕的不眠之夜，我根本不會寫作。而在夜裡，我總是清楚地意識到我單獨監禁的處境」；[29]

禱告式寫作——「寫作乃祈禱的形式」；

替罪式寫作——「一個這樣的作家……是人類的替罪羊，他允許人享受罪衍而……幾乎不負罪」；

恐懼性寫作——「一個這樣的作家……不得不帶著可怕的恐懼死去，因為他還沒有活過」；

「幽靈」寫作——「寫作時越來越恐懼了。這不難理解。每個詞，都在幽靈之手中反扭——這種幽靈之手的反扭是幽靈們的獨特姿勢——反扭過來指向說話的人自己。」[30]

自由寫作——「精神只有不再作為支撐物的時候，它才會自由」；

自殺寫作——「就像一種自殺一樣，一本書必須是一把能劈開我們心中冰封的大海的斧子」；

婚戀寫作的綜合症——「不是寫作的嗜好，我最親愛的菲利斯，而是整個的我自己。一種嗜好可以被戒除或打破；但這次是我自己。無疑，我也可

27　依次引自[英]約翰多恩，《喪鐘為誰而鳴：生死邊緣的沉思錄》，林和生譯，新星出版社，2009年，第127～128頁；《上帝·死亡和時間》，第256頁。
28　或者譯為：我是記憶的道成肉身，所以無法入眠。(I am a memory come alive, hence my insomnia.) 譯自1921年10月15日日記。
29　雅諾施聽到卡夫卡這樣說立即想：難道他自己不也是《變形記》中的不幸的甲蟲嗎？參見[奧]卡夫卡，《卡夫卡口述》，趙登榮譯，上海三聯書店，2009年，第4頁。
30　譯自1923年6月12日卡夫卡最後日記

以被戒除或打破，但你怎麼辦？你將被生活遺棄，可又生活在我身邊。……這樣一種生活……你能設想嗎？」

純寫作——「掙錢職業與寫作藝術應該絕對分開」；

魔鬼寫作——「寫作乃是一種甜蜜的報償……報償替魔鬼效勞」；

疾病寫作——「肺部的感染只是象徵，……它的深度是自我辯解的深度」；「今天我對肺結核的態度，就像小孩子對母親的裙角，緊緊抓住不放。」[31]

生命寫作——「我對文學沒有興趣，我就是文學組成的，除文學之外我什麼都不是，也不可能是什麼」；

自傳式寫作——「獨特的自傳作家的預感」；

……

「判決」是卡夫卡之讖。「判決」一語成讖。自「判決」這個讖兆的起點，卡夫卡順序寫出「自傳」的生命：作為猶太兒子領受猶太父親的判決，見證猶太血緣的悲劇；寄身小職員親歷異化的魔性，「被變形」為令人作嘔的甲蟲；擔當「鄉村醫生」直面「傷口」之哀痛；身不由己捲入神秘「訴訟」而「死於荒野」；直至親自成為傷口（罹患當時的「白死病」肺結核），就此遭遇「懸而不決」的渴望 - 恐懼（欲望/恐懼綜合體，參見本書第七章）；徘徊「城堡」頑強叩問神秘法庭；向死而生表演「饑餓藝術」；潛行地洞深味小動物的驚恐；化身「耗子歌手」代言族類，最終「一瘸一拐……吹出最後一塊口哨，然後就悄無聲息」……

只是，我們已然明瞭，這「自傳」的生命，並非只關乎卡夫卡一己之私，也不僅限於代言猶太民族。「當我是我時，我就是你。」[32] 卡夫卡，這位猶

31　依次譯自：1917 年 9 月 15 日日記；1917 年 9 月中旬致布洛德。
32　保羅·策蘭，《遠頌》，見《保羅·策蘭詩選》，第 56 頁。這位德語猶太詩人是卡夫卡的又一位「精神鄰居」，他的詩中多處流露出對卡夫卡的深情，如《保羅·策蘭詩選》第 305～306 頁等。

25

猶太人質的悲與興：卡夫卡的曠野漂流
導言：傷口·人質·溫良的舌——卡夫卡的判決與犧牲

太人中的猶太人，他一己的生命源自父親的「企劃」（project）。[33] 父親是生活的代表，父親代表的生活，既是猶太的生活，也是人類的生活。生活判決了父親，父親無力承擔，於是把判決傳遞給兒子。在卡夫卡的當下，這一判決即世界猶太民族的判決，更準確地說，是歐洲主流文化——埃斯庫羅斯所象徵的希臘文化 [34]——對猶太民族的判決。如此判決，是傷害的傳遞，是傷痛的旋渦，同構於卡夫卡對一己生命的某次感受：我寫的與說的不同，我說的與想的不同，我想的與應有的想法不同，由是一步步走向極端的黑暗。[35] 最終，以一己生命之「自傳」，卡夫卡代言了他不幸的猶太父親及整個猶太民族：被弱肉強食、深陷渴望-恐懼（欲望/恐懼綜合體）、被全球化資本主義異化、或者「都化作煙霧升天」……

而猶太民族的不幸，不過是人類之不幸的一個典型！

也就是說，人類同體大罪並因而「同體大悲」！

如本書第七章所見，卡夫卡深知同體大罪的事實，雖然他並不輕言「同體大愛」或「同體大救」。正如《審判》（又譯《訴訟》）中「大教堂」那一場，神父當面告之K有罪，K下意識反問說：「一個人怎麼會有罪呢。我們大家都是一樣的人啊。」[36] 又如卡夫卡對布拉格街頭群眾運動的即興點評：上帝已死，人類自暴自棄，都在忙著「拔根」，而且「人的根早已從土地裡拔了出去」。然而——卡夫卡強調指出——「拔根的事我們大家都參加了。」[37] 失去伊甸園的人類，在虛無的寒氣中，就像一群溺水者緊抱在一起，被欲望/恐懼之罪拉扯在一起。這是原罪的本意：不存在一個人犯罪，哪怕是一個人的鬥爭，也必然「拉扯在一起」。[38]

---

33 「企劃」（project）可視為「投射」（projection）的「道成肉身」。投射產生虛像，企劃則產生相應的實像——當然，在其指向死亡的意義上仍是虛像。
34 ［法］E. 勒維納斯，《塔木德四講》，關寶艷譯，商務印書館，2002年，第125頁。
35 卡夫卡1914年7月10日致奧塔爾，見《卡夫卡全集》，第8卷，第18頁。這一自我感受為其生前友人維利·哈斯所見證：「卡夫卡的生命是由自我折磨、自我譴責、恐懼、甜蜜和怨毒、犧牲和逃避組成的巨大的漩渦。」見《卡夫卡全集》，第10卷，第442頁。
36 《卡夫卡小說選》第484頁。
37 《卡夫卡口述》第45頁。
38 保羅·策蘭，《黑暗》，見《保羅·策蘭詩選》第146頁。

正是在這樣的「拉扯」中,不幸與傷害分分秒秒在傳遞。就此而言,在人本而非神本的意義上,卡夫卡被生活「判決」為不幸與傷害的「終極人質」——所有「他者」的人質或「替罪羊」——這是他的使命[39],因為:

作為所有他者人質之人對全人類都是必要的,因為沒有這樣的人,道德不會在任何地方發生。世界上產生任何一點寬宏都需要[這樣的]人質之人。[40]

恰如曾經的戀人米倫娜對他徹骨的體認:

他總是把自己看成罪人或弱者。而全世界沒有第二個人有他那樣巨大的力量:這種絕對的、不容更改的對完美、對純潔和真理的需求。[41]

更讓人柔腸寸斷的,是在人的盡頭,卡夫卡自己的絕唱:

相比地獄至深處之人,無人能唱得更純潔。凡我們以為天使的歌唱,其實是他們在歌唱。[42]

---

39 「救一個人等於救世界。」此句猶太聖言中,深藏著反向的終極真理:不存在單獨一個人的得救。原罪意味著「同體大罪」,因而,得救唯靠同體大救。然而,同體大救只能以同體大愛為前提,可表述為同體大救/同體大愛——這是神本而非人本的任務——按猶太教義,非彌賽亞無法擔當。彌賽亞作為救世主,同時具有中介的位格:他是神本的替罪羊,也揀選了人本的替罪羊。就此而言,唯有彌賽亞,乃是人本/神本意義的終極替罪羊。
40 《塔木德四講》,第125頁。
41 轉引自[奧]馬克斯·布洛德,《卡夫卡傳》,葉廷芳,黎奇譯,河北教育出版社,1997年,第239頁。
42 譯自1920年8月26日自布拉格致米倫娜。

猶太人質的悲與興：卡夫卡的曠野漂流
第一部：「父親」與宿命

第一部:「父親」與宿命

我與猶太民族一樣老,像永恆的猶太人一樣老。

——弗蘭茨·卡夫卡

猶太人質的悲與興：卡夫卡的曠野漂流
第一部：「父親」與宿命

第一章：猶太 - 以色列：「與父神摔跤」

在其他方式失敗的地方，這種力量卻從猶太民族深厚的歷史遺產中得到祝福……

——弗蘭茨·卡夫卡

西元 1883 年 7 月 3 日，弗蘭茨·卡夫卡生於當時的奧地利行省波希米亞（今捷克西部地區）首府布拉格，他的父母雙親都來自世代血緣的猶太人家庭。

卡夫卡是布拉格的猶太人，這對於我們今天的理解是否重要？他血管裡流淌著猶太人之血，這一點，是否決定著他的命運？怎樣決定著他的命運？他的生命是否因此呈現某種「絕對單數性質」？……要回答這樣的問題，恐怕需要首先回溯一下遠遠近近的往事。

第一節：祝福與亂離

猶太民族以《希伯來聖經》為歷史依據。[43] 根據《希伯來聖經》及相關考古證據，猶太民族興起於西元前 2000 年的「亞伯拉罕之約」：「耶和華對亞伯蘭[亞伯拉罕]說，你要離開本地，本族，父家，往我所要指示你的地去。我必叫你成為大國，我必賜福給你，叫你的名為大……地上的萬族都要因你得福。亞伯蘭就照著耶和華的吩咐去了……」

卡夫卡百年誕辰紀念郵票
（1983年）

43　《希伯來聖經》即《舊約》，乃上帝與猶太民族所立的永恆之約。借此，猶太民族得以度過 2700 年的非人苦難，包括始於 19 世紀下半葉的反猶排猶大潮，尤其是 20 世紀 40 年代前後納粹屠猶的瘋狂。猶太人最終於 1948 年神奇復國。同樣神奇的是，猶太民族深陷苦難之際，《希伯來聖經》的一神信仰卻傳播諸國，啟發了另外兩大一神信仰，即基督教與伊斯蘭教，側面印證了「亞伯拉罕之約」。因此，自古以來，猶太民族以「聖書的子民」自許，以《希伯來聖經》為安身立命之本。相關內容參見《世界猶太人歷史——從<創世紀>到二十一世紀》以及《不列顛百科全書》，國際中文版修訂版，中國大百科全書出版社，2007 年。

耶和華所賜之地古稱迦南，按現代嚴格的定義，乃約旦河以西的巴勒斯坦。亞伯拉罕之孫雅各，生性狡詐，自視聰明，處處算計，以至於與耶和華摔跤，結果自傷己身。然而，雅各為人幾乎一無是處，卻知道祈求耶和華，耶和華賜他一個新名「以色列」，直譯意為「與父神摔跤的人」。

後來，「雅各-以色列」的12個兒子發展成12個部落，史稱「以色列十二支派」，歷經成長、考驗與征戰，於西元前1000年前後建成統一王國，定都耶路撒冷，修築第一聖殿，成就輝煌的文明。

不幸的是，約西元前922年，統一王國分裂為南國猶大與北國以色列。西元前722年，北國以色列遭亞述人侵佔，人民亂離，血統被污染。自西元前597年起，南國猶大逐漸為巴比倫所滅，第一聖殿被毀，「舉族流放」，包括國王與精英，大部分猶太人被擄至巴比倫。西元前539年，巴比倫被波斯征服，自翌年起，眾多猶太人得以重返耶路撒冷，重建「第二聖殿」。自此四百年間，猶太人先後在波斯、希臘、羅馬佔領下開展自治。約西元前140年，甚至一度復興成立獨立的猶太國家「哈斯蒙尼王朝」，歷時八十餘年，於西元前63年為羅馬所滅。一百年後，西元66-73年，猶太人為反抗羅馬暴政起義，悲壯落敗，其間「第二聖殿」被羅馬軍隊付之一炬。

焚毀「第二聖殿」的大火是一個悲哀的象徵，終結了猶太民族的國家史，也開啟了舉世大流散的血淚史。自此綿亙近一千九百年，猶太人流落他鄉，直至1948年神奇復國為「以色列」。

一個民族滅亡近兩千年，復國後竟以「與父神摔跤」為國號，絕非偶然。事實上，按《希伯來聖經》及虔誠的猶太精神，人性被理解為無可救藥，以至自暴自棄、自作自受乃至自取滅亡。不作不死，但人不可能不作死，人最大的本事就是作死、造死，害人害己，是謂「原罪」。猶太民族也這樣理解歷史。按《希伯來聖經》的時間表，早在西元前1500年左右，「雅各-以色列」的愛子約瑟即作以下總結：人要作死、造死，但耶和華要愛人、救人，所以必赦免罪惡，救贖罪人生命，成就恩典的光景。[44] 所以，歷史無非耶和華的自我運動和自我成就，一切都在他掌管之內，包括猶太人自身的作死、造死、

44　《《希伯來聖經·創世紀》，150章20節，另參第12、15、17、32、37、50章相關內容。

猶太人質的悲與興：卡夫卡的曠野漂流
第一部：「父親」與宿命

亡國、亂離、流浪與復國。讓他們受苦的人——如埃及、亞述或巴比倫——他們稱為「耶和華手中的刀」，既是管教，更是祝福，仿佛歷史，恍然恩典。那麼，人該做的事情，惟有向耶和華認罪、感恩。所以，古希伯來語詞彙中沒有「感謝」，惟有「感恩」。[45]猶太人表面向人笑，內心向神哭——藉悔罪的慟哭而感恩。

概而言之，自西元前722年，猶太民族即深陷分裂、亡國、亂離乃至大流散，至卡夫卡時代，已然長達二千七百年！西元359年起，羅馬帝國開始崩潰，加速了他們流浪的進程。他們大批大批向北遷徙，進入基督教地區，尤其今天的中歐和東歐。他們異樣的容貌和語言、古老的信仰與生活方式，引起原住民的疑慮、恐懼和排斥。他們飽受歧視和傷害，無法融入原住民文化，於是自發形成猶太社區，這些社區多數類似於貧民窟，其中，隨著歲月的流逝和艱辛的積累，也逐漸發展出不少繁華的商業中心。

布拉格的猶太人居民區－約瑟夫大街（攝於1902年）

1096年，基督教世界發動了第一次十字軍東征，猶太人隨之淪陷歷史上最黑暗的時期。克呂尼神父（Abbé of Cluny）公然聲稱：猶太人與穆斯林都是敵基督，但猶太人比穆斯林有害一千倍，所以，十字軍劍鋒所指，不應該是阿拉伯的穆斯林，只能是歐洲的猶太人。[46]數十萬十字軍，近乎烏合之眾，橫掃萊茵、多瑙河流域的猶太社區，眾多猶太人慘遭殺害，財產被掠劫一空。

45　希伯來語乃猶太民族自古使用的語言。因此，猶太民族又稱希伯來民族。《希伯來聖經》即藉古希伯來語寫成。自西元135年，猶太民族大流散，希伯來語隨之銷聲匿跡，僅有限保留於猶太教活動，近乎秘傳。就日常而業已死亡。不可思議的是，在卡夫卡的時代，隨著猶太復興運動的興起與高漲，希伯來語竟然復活，成為人類史上絕無僅有的奇蹟。1948年「以色列」復國，規定希伯來語為國家與民族的官方語言。
46　參見查姆·伯曼特，《猶太人》，馮瑋譯，上海三聯書店，1991年，第25頁。

稍後的 1144 年 3 月，基督教復活節，英國諾里奇（Norwich）發生了另一場標誌性事件：該地郊外叢林中發現了一具男孩屍體，立即有人聲稱，是猶太人謀殺了該男孩，用於邪惡的「猶太血祭」。此類汙謗之荒唐，與虔誠而敬畏的猶太教風馬牛不相干。然而，無知的人們還是被挑動起來，狂怒的大火燒毀了諾里奇的猶太社區。一波反猶浪潮迅速席捲整個歐洲，自此 800 年間，大大小小的迫害事件層出不窮：

1171 年法國博伊西（Blois）「猶太人嗜血案」，猶太社區被焚；

1179 年及 1215 年第三、四次拉特蘭會議決議，對猶太人進行強制性隔離；

1298 年弗蘭茨尼亞（Franconia）洛汀根（Rottingen）「褻瀆聖餅案」，40 個猶太社區被洗劫一空；

1348-1351 年黑死病大瘟疫期間「猶太人投毒案」，歐洲境內 350 個猶太社區被大火夷為平地，其中包括德國、西班牙、瑞士等地 60 個大型繁華社區；

1879 年，「反猶主義」正式定名；自此，形形色色的「反猶同盟」如雨後春筍，肆意辱罵的反猶書刊鋪天蓋地；

1911-1913 年，當時的俄國烏克蘭基輔，[47]「貝利斯血祭案」：猶太人貝利斯被汙謀殺基督徒兒童，「獲取其鮮血」，以作猶太教祭祀之用；如前所述，所謂「血祭」或「人祭」，乃荒唐無稽的汙謗，大約始於 1144 年的英國諾里奇，到本次基輔「血祭」，不到八個世紀，共發生 120 起，其中三分之一發生於 19 世紀。這一資料充分說明反猶排猶的總趨勢，從 19 世紀至納粹屠猶，達到瘋狂的高潮。

……

47　基輔及其所在的烏克蘭，是史上猶太人的重要聚居地區。

猶太人質的悲與興：卡夫卡的曠野漂流

第一部：「父親」與宿命

　　1940 年前後 -1945 年，600 萬猶太人死於德國納粹之手——其中包括本書主人公卡夫卡當時在世的所有直系家人，以及他曾經的戀人暨知己米倫娜！

　　這場以「奧斯威辛集中營」為標誌的種族大滅絕，不僅是人類歷史上最黑暗的一頁，也是猶太人歷史命運的濃縮象徵！

　　而濃縮的文學象徵則來自海涅，這位與卡夫卡異曲同工的猶太天才，用令人震撼的筆觸描述了猶太人宿命般的悲哀：

　　我一邊四處尋找老夏洛克 [莎士比亞戲劇《威尼斯商人》中的猶太商人]，一邊全神貫注地觀察所有猶太人的蒼白而表情痛苦的臉，這時我突然有了一個發現，可惜我不能不把它說出來。那就是，在同一天，我曾訪問過聖卡洛瘋人院，而現在在猶太會堂裡，我忽然發現，在猶太人的眼睛裡，閃爍著同一種悲苦的、半凝視、半遊移、半狡猾、半呆癡的目光，它就是我剛剛在聖卡洛從瘋人眼中曾見到的……

　　……儘管我在威尼斯的猶太會堂四下尋找，但無論在哪兒，我都沒有看見夏洛克的面貌。可我仍然覺得，他就隱藏在那裡，在任何一件白色的長袍下面，他的祈禱比別的信徒更熱忱，狂熱、激烈的祈禱聲直向嚴酷的神王耶和華的王座上升！我沒有看見他。但是，臨近黃昏，按照猶太人的信仰，當天堂的大門關閉，不再進行祈禱時，我突然聽到了一個聲音，裡面滾動著淚水，好像不是從眼睛裡哭出的。……這是一種連石頭也會為之生出同情心的啜泣……這是只有從保存著全部苦難——1800 年來一個備受折磨的民族所承受的苦難——的心胸中才能發出的哀號……這是一個精疲力竭而倒在天堂大門之前的靈魂的喘息……這個聲音我是多麼地熟悉啊，我仿佛曾聽見它充滿絕望的哀歎：「潔西嘉 [夏洛克所失去的女兒]，我的孩子！」[48]

　　同樣令人震撼的、異曲同工的描述則來自本書主人公卡夫卡！他一生吟唱自己的「猶太哀歌」，催人淚下。有人說他是「20 世紀上半葉無名的戀詩

---

[48] 《海涅全集》第七卷第 360-361 頁。

歌手」,[49] 總體而言,並不屬實。寧可說,他是——借用他自己的文學隱喻——「耗子 [猶太] 民族」的歌手,他的「猶太哀歌」空前絕後。

莎士比亞筆下的丹麥王子哈姆雷特有一句名言:To be or not to be? That is a question. 這句話在不同情境可以作不同的理解,此處它的含義是:是不是猶太人,這是一個問題!

要理解卡夫卡那「複雜得要爆炸」的生命,我們不得不從他的「猶太之根」著手。

只是,卡夫卡的「猶太之根」並非某種單一的線索,它是一個複雜的「根系」,不僅關聯民族和家族淵源,也牽涉近代歐洲尤其中歐的猶太生存鬥爭史。不僅事關歷史的進程,也捲入精神和思想的空間。

第二節:猶太復興:赫茨爾與「猶太人問題」

海涅死於 1856 年。這位天才的德國猶太詩人崇拜拿破崙,因為後者稟承法國大革命的人權精神,推行了一系列解放猶太人的重大舉措,如召開中斷了近 1800 年的世界猶太大會、撤銷對猶太人的隔離、確認猶太人宗教信仰的自由等等。應該說,拿破崙所作所為,根本上出於法國大革命以來的「天賦人權」觀念,但的確惠及猶太民族。一系列舉措解除了捆綁個性和思想的桎梏,啟發和解放了猶太民族先知先覺者的熱情,在科學民主日益昌盛的 19 世紀,點燃了整個猶太民族自我拯救的火種,拉開了猶太復興運動 (Zionist)[50] 的大幕。

1862 年,即海涅死後 6 年,卡夫卡出生之前 21 年,歷史上第一部猶太復興著述《以色列的復興》於中歐的德國問世。本書無異於暗夜中一柱燭光,四十年之後形成世界性影響。本書問世之後二十年的 1882 年,即卡夫卡出生之前一年,另一部里程碑式的猶太復興著作《自我解放》問世。接下來的 1896 年,卡夫卡尚在接受中學教育,他的奧地利同胞西奧多赫茨爾出版了《猶

49　參 Kafka's True Will, by Erich Heller, 見 Franz Kafka: Letters to Felice。
50　「zionist」一詞,既可譯為「猶太復國主義」,也可譯為「猶太復興運動」,兩者異同詳下。本書將視具體情況做不同移譯。

猶太人質的悲與興：卡夫卡的曠野漂流
第一部：「父親」與宿命

太國家——猶太問題的現代解決之道》，這本薄薄的小書從根本上改進了猶太復興的概念，系統闡述和論證了猶太復國的可行性。後來發生的歷史進程表明，它標誌著政治猶太復國主義的開端。

短短 7 年之內，赫茨爾以殉道者的激情，領導召開了共 6 次猶太復國主義大會，包括其他各項重大政治行動。藉此，猶太復國主義迅速發展為自覺的政治力量，引發大規模的社會運動，震動歐美，波及全世界，連遙遠的智利、印度、紐西蘭、甚至西伯利亞也不例外。各類猶太復國主義組織競相誕生，如雨後春筍。

1904 年，即卡夫卡 21 歲那年，44 歲的赫茨爾英年早逝。他早就知道自己活不長，但一無反顧，不惜用生命換取「世界歷史的新開端」。猶太民族無法承受任何等待和拖延！赫茨爾如是說。這一結論的根本誘因之一，即當時「中歐 - 奧地利背景」下的猶太人生存狀況。

幾個世紀以來，很大程度上，中歐歷史可以歸結為奧地利 - 普魯士爭霸史。兩個德語民族明爭暗鬥，此消彼長，爭奪德意志諸邦的領導權。最終，普魯士藉 1866 年「七周戰爭」擊敗奧地利，兼併德意志諸邦，唯獨排斥奧地利在外，建立了所謂「德意志第二帝國」。無奈之下，奧地利轉而與匈牙利結盟，於 1867 年締結了奧 - 匈帝國。1918 年，第一次世界大戰結束，奧 - 匈帝國因戰敗而解體，其疆域碎裂為奧地利、捷克和斯洛伐克、匈牙利、波蘭、羅馬尼亞以及南斯拉夫等國，大致回覆到幾個世紀之前的版圖。這一問題也牽涉到卡夫卡：他在 1918 年以前是奧地利作家，但 1918 年之後就成了捷克作家。

錯綜複雜的歷史、政治和戰爭格局，使奧地利境內猶太人的生存猶為艱辛。歷史上，奧地利屬古羅馬版圖，其境內猶太人源遠流長，自古受害深重。在奧地利首都維也納，反猶勢力從來囂張，幫助孕育了希特勒這樣的反猶罪魁，他後來讓維也納近 20 萬猶太人僅剩 3500 人！

更複雜的情況則見於卡夫卡的故鄉波希米亞。該地系奧地利行省，奧地利猶太人主要棲居地之一，它像一把楔子擠在德意志中部，靠近普魯士。奧地利與普魯士以及德意志諸邦之關係，錯綜複雜，衝突不斷，而波希米亞則

首當其衝。它的境內混居著多個民族，包括捷克人、斯洛伐克人、普魯士人、猶太人等等，這些人講著形形色色的語言：捷克語、德語、依地語[51]……大而無當的奧-匈帝國日見衰弱，各類民族矛盾和社會矛盾益趨激化。例如，捷克民族主義者一直在爭取獨立，凡帝國各項既定政策，包括早先傾斜於猶太人的相關政策，一律反對，這就導致了捷克民族主義者的反猶傾向的升級，相應的反猶暴行隨處可見。波希米亞首府布拉格——卡夫卡終身廝守的城市——更是首當其衝，在這兒，政治、民族、宗教、文化和社會衝突犬牙交錯，猶太人只能在夾縫中艱難求生。

猶太人生存難，奧地利猶太人生存更難，而奧地利的德語猶太人，其生存尤其微妙艱辛。以布拉格的德語猶太人為例，1900年，布拉格德語總人口不到10%，與此同時，布拉格猶太人僅佔全市總人口7%，兩項相疊，布拉格德語猶太人恐怕佔比更小，也就是千分之一、二。更何況，布拉格德語猶太人多屬文化階層，敏感而神經質，其生存的複雜性遂遭相應的放大，卡夫卡即屬此情況。作為猶太人，他們受迫害於一切人——包括反猶主義的基督徒、日爾曼人和捷克民族主義者；進而，作為德語猶太人，他們尤其受迫害於日爾曼反猶主義者和捷克民族主義者！

正是這一處境，令奧地利猶太人赫茨爾憂慮不已。在他看來，「中歐-奧地利背景」下的猶太人生存狀況，集中體現著整個歐洲及至全世界的「猶太人問題」——這正是當年赫茨爾所使用的關鍵字。絕非偶然，幾十年後，另一位猶太思想家漢娜·阿倫特把「猶太人問題」和「卡夫卡問題」關聯起來：

這裡涉及到的就是自從1870年或1880年起就被稱為猶太人問題，並僅僅在那些年代說德語的中歐地區中以那種方式存在的那些問題……在這兒我們無法跳過它，因為如果沒有它，我們……不可能理解卡夫卡……[52]

51　依地語為德語、希伯萊語和斯拉夫語的混合語，是猶太人的國際通用語言，也是中歐和東歐猶太人的主要口語。

52　參見[美]漢娜·阿倫特，《瓦爾特·本雅明：1892—1940》，載《本雅明：作品與畫像》，孫冰編譯，文匯出版社，1999年，第199～200頁。順便指出，在此前後，奧地利德語猶太人還包括弗洛伊德、里爾克、阿德勒、勛伯格、馬勒、斯蒂芬·茨威格、維特根斯坦、奧托·蘭克等。在相鄰的德國，則有同類的德語猶太人本雅明等。

猶太人質的悲與興：卡夫卡的曠野漂流
第一部：「父親」與宿命

關鍵字是「說德語的中歐地區」。猶太復興運動即由此興起，其代表人物，除中歐德語猶太人西奧多赫茨爾等社會精英，還包括中歐德語猶太人馬丁·布伯，以及——如本書可見——中歐德語猶太人弗蘭茨·卡夫卡。只是，就猶太復興運動來理解卡夫卡，還須另作一項相關的考察。

第三節：猶太復興：從赫茨爾到布伯

卡夫卡出生之前5年，即1878年，馬丁·布伯出生於維也納。借用日後卡夫卡的自省，布伯的生命也帶著深不可及的「傷口」。約三歲那年，母親即因婚外情私奔去了俄國西伯利亞。直到三十年後，母親自西伯利亞返回，與他約見，然而，其結果恐比當初的失去更痛苦：母子天涯相隔三十年，此刻竟彼此彬彬有禮、相視無言、有如路人！也許正因為如此，日後布伯痛定思痛，加之1914年夏二戰爆發之際的「梅赫事件」（參見本書第二章第三節），遂深入思考「我與你」、「相遇」（Meeting）、「到場」（Presence）、「失諸交臂」（Mismeeting）、「心心相印」（Communion）等問題，形成自己獨特的哲學體系。

母親私奔約一年後，布伯被送往烏克蘭萊姆貝格祖父家中。祖父所羅門·布伯，當地成功的猶太地產商兼銀行家，也是著名的猶太學者，精通《希伯來聖經》與猶太傳統。更重要的是，烏克蘭一帶盛行太教哈西德主義（Chasidism 或 Hasidism）。哈西德主義也稱哈西德派，源於18世紀東歐猶太人的激進敬虔運動。對於哈西德派，上帝絕非抽象或人格化概念。相反，有類於斯賓諾莎，上帝是絕對之愛、無限之愛、普世之愛。上帝既在諸天之上、萬有之外，也與諸天同在、永駐大千世象，知悉並憐恤一切。所以，上帝既是一切生命之源，為一切生命分享，更應該是一切感恩與感受之所向。這也意味著，繁文縟節的律法主義無法抵達上帝，相反會失落於精神和思想的控制，淪喪於「組織」的僭越。相反，恩典見證於豐盛而激情的生命。尤其虔誠禱告的激情，既是生命的祝福，也是苦難的赦免。禱告的恩典是普世的恩典。上帝將藉此引導吾人內心的平安與人際的和諧，指向普世的救贖——用後來布伯自己的話說，上帝作為大寫的「你」，保證並守護了「我與你」

的存在。不僅如此，激情的文字或文學，也可以成為一種特殊的禱告，為「我與你」帶來祝福。

哈西德派強調生命的豐盛，所以盛行於廣泛的社會階層，也深深影響了布伯祖父。作為哈西德派的著名學者，祖父「深深迷戀文字」，加之祖母在相夫教子之外，酷愛德國古典文化及文學，其頗有研究成果，凡此等等，最後都對布伯形成重大影響。

布伯在祖父家中一住就是十來年，直到1892年14歲才返回維也納。經歷了一次信仰危機之後，布伯轉而研讀康得、克爾愷郭爾、尼采等人思想。1896-1900四年間，他先後在幾所著名大學攻讀哲學、歷史與藝術。1901年，23歲的他即受命主編《世界》週刊，這是一份猶太復興運動的主力雜誌。1916年，布伯自己創辦並主編德語猶太月刊《猶太人》，成為德語猶太人精英論壇，直至1924年停刊。1925年，布伯與人合作，著手迻譯《希伯來聖經》為德文，合作者去世後，他獨立支撐這項至偉之工，曠日持久。希特勒上臺後，布伯代表猶太人奮起抗爭，成為反納粹的精神領袖。1938年，他移居巴勒斯坦，任教於希伯來大學等校，1965年逝世於耶路撒冷。

布伯不僅是影響世界的大思想家；與赫茨爾一樣，他也是猶太復興運動的領袖。赫茨爾代表著政治猶太復國主義，布伯則代表著猶太復興的文化取向。他按照自己的理解闡釋猶太復興運動，定義為「對猶太民族的宗教和社會天賦的虔誠信任」，[53] 既非單純的「宗教共同體」，也非更深邃的「民族共同體」。必須還要進一步「看得更深，從而去發現它的本質」：

猶太教是一種精神過程，這一點在猶太人的內部歷史中同時也在偉大的猶太人的著作中得到了證明。[54]

所謂「內部歷史」和「偉大的猶太人的著作」，其實都濃縮於《希伯來聖經》，其精華可概括為三大觀念：指向創造源頭的統一觀念，跟隨創造源

---

[53] ［德］彼得-安德烈·阿爾特，《卡夫卡傳》，張榮昌譯，重慶大學出版社，2012年，第216頁。
[54] 參見［德］馬丁·布伯《論猶太教》，劉杰等譯，山東大學出版社，2002年，第31頁以下。

猶太人質的悲與興：卡夫卡的曠野漂流
第一部：「父親」與宿命

頭的行動觀念，盼望普世拯救的未來觀念——亦即彌賽亞（救世主）理念，它最終整合了三大觀念。

今天看來，布伯思想融合了猶太傳統的救贖觀念與現代哲學的批判精神。藉一系列相關演講，他滿懷激情，直抒己見。他說，如果猶太人僅僅付出向外的努力，局限於針對外界苦難作出回應，那麼，猶太人就並未真正存在。他說，猶太血脈源遠流長，飽含著偉大的真理，猶太人必須學會從中汲取，藉此活出豐盛的生命，見證蒙恩的存在。

布伯提倡向內尋求。然而，向內尋求，就必然會遭遇猶太人的「原罪」。依據猶太教的原罪觀，布伯提醒猶太人留心身內部的二重性：

「這一點是確實無疑的：或者是戲劇演員，或者是真正的人；既能擁有美，又能擁有醜；既淫蕩又寡欲；既是騙子或賭棍，又是狂熱者或膽怯的奴隸——猶太人就等於這一切。」……這些話概括了我所認為的猶太教的基本問題，其生存的不可思議的、令人敬畏的和創造性的矛盾就在於：她的兩重性（dualism）。[55]

歷史與細節都有助於詮釋布伯的良苦用心。例如，卡夫卡後期戀人米倫娜的丈夫（艾恩斯坦·波拉克），正是所謂「淫蕩」的猶太人，他風流成性，生活放縱，接二連三發生婚外情，令基督徒米倫娜愛無所望，終於走向卡夫卡。當然，布伯所指，並非僅僅這類肉身的淫蕩，例如，猶太人海涅改宗基督教，以此換取「歐洲文化入場券」，顯然出於思想精神的「淫蕩」。以大歷史的眼光，對於永世漂泊的猶太人，世界本質上屬於亂世。「淫蕩」，則意味著亂世的誘惑。論其誘因，既有外部逼迫（「寡欲」或貞潔的誘因），也有自身異化（「淫蕩」的誘因）。換句話說，對於猶太人，亂世意味著雙重意義的亂世，並意味著雙重意義的考驗。而且，這一考驗的辯證性質，其複雜與微妙，恐怕出人意料。

吊詭的是，從大歷史的眼光看，外部逼迫與自身異化，其成份比例貌似相對地穩定。例如，文藝復興的人性大解放一直持續至今，其內在邏輯牽引

---

[55] 《論猶太教》，第21頁。

了諸多歷史現象：斯賓諾莎、啟蒙運動、法國大革命、浪漫主義、拿破崙法典、克爾愷郭爾、馬克思、尼采、弗洛伊德洛、愛因斯坦乃至後來的大眾消費等等——就本處所論，當然特別包括19世紀下半葉爆發的猶太復興運動。至少四百年期間，總體而言，猶太人的外部逼迫日益緩解，但猶太人的自身異化卻每況愈下。表面上，自19世紀下半葉起，反猶排猶形勢惡化，直至納粹屠猶的瘋狂一舉。但是，嚴格而言，反猶排猶形勢的惡化，與猶太復興運動深度相關。更微妙的是，猶太復興與反猶排猶，此兩者，複與猶太異化深度相關。

不妨這樣作一個總結：

置身外部逼迫的驚濤駭浪，如何保守猶太內在的貞潔（「寡欲」），這是一個問題。然而更重要的是，另一方面，不與自身異化展開血肉模糊的自我廝殺，又如何保持屬靈的貞潔？如上述波拉克與海涅的「淫蕩」，尤其海涅改宗基督教，與其說因為外部逼迫，不如說出於自身「淫蕩」（異化）。

這樣一種理解告訴我們，猶太民族的「兩重性」既是熬煉，也是成長與祝福的前提。

與生俱來的兩重性意味著「永恆的分裂」，也決定了猶太人首要的使命：「在我們的靈魂中努力去追求統一性，並純化我們的民族」，而這就需要一場尼采式的「重新評估一切價值」。也就是說，解放首先是靈魂的解放，是「成為人」。布伯特別強調，所謂「成為人」，並非成為抽象的、普遍的人，並藉此文飾罪愆，迴避歷史。這不是真正的解放。相反，唯有向內的路才是向外的路。必須「以猶太人的方式成為人」，首先向內成為人——「為先知猶太教的重建認真勞作」，[56] 進而向外解放，帶來民族的復興。「這正是我認為將在猶太教中所發生的東西：不只是一種復原或復活，而是一種真正的總體的復興。」猶太人將不再流浪，他們將重獲恩典，找回「原初力量」，重返上帝當年應許的「迦南」故土，進而——如「亞伯拉罕之約」——代言普世人類的盼望，即「導致人類的復興」：

---

[56] 本處及以下參見《論猶太教》，第32-34頁。

猶太人質的悲與興：卡夫卡的曠野漂流
第一部：「父親」與宿命

我們一定要創建一種社團，並通過聯合起勞動和犧牲而使之堅固地確立起來。這個社團中的人們，在那難以言說的上帝的名義下，將來到體現其意志的錫安山 [迦南故土或耶路撒冷的象徵]。他們心中的神秘在不斷地擴展，超越了所有教誨和律法的範圍，不過依然不可表達，沒有定型。而原初力量的洞察力已經向他們開放，憑藉它，那些不可表達的和無以定型的東西就能經歷一種新的顯現，那就是人類對神的回應，以及神聖與世俗的一致。[57]

絕非偶然，作為文化猶太復興運動的代言人，布伯特別強調猶太民族文學的意義：

探尋民族文學和他們生活的深層奧秘這兩方面共同的努力，將使擁有虔敬和無偏見認識的一代人，一步一步地沿著原初力量的路徑走下去，就如同那種力量在過去的時代引導人們向前一樣。

布伯強調精神的凝聚、「道成肉身」式的行動、永恆的盼望——如此訴求，包含著人對神的呼應、默契與同一。布伯正視罪愆與苦難，惟其如此，罪愆的救贖與苦難的超越反而成為可能。綜而言之，布伯思想源於猶太教的偉大辯證傳統，直面「原罪」，堅守信仰，在兩者的張力之間，充滿得救的希望。

在猶太復興的時代大潮中，布伯的一系列思想充滿激情的魅力，尤其影響了「中歐 - 奧地利背景」下的猶太青年一代。

57　《論猶太教》，第 152～153 頁。

第二章：一個人的猶太復興：從赫茨爾 - 布伯到卡夫卡

相信一切事情及所有瞬間都相互聯繫，都有意義；相信生活是一個唯一的整體；相信切身之事與至遠之事！

——弗蘭茨·卡夫卡

布伯上述一系列演講作於 1909-1918 年，其時卡夫卡正滿懷憧憬走向生活和寫作。

最初的演講，有三次剛好就在布拉格，題目依次為：「猶太教的意義」、「猶太教和人類」和「猶太教的革新」，時間依次為 1909 年 1 月 20 日、1910 年 4 月 3 日及 12 月 8 日。

更重要的是，最初這三次演講，其邀請與主辦方均為「巴爾 - 科赫巴」猶太人協會，卡夫卡雖非會員，但積極參與相關活動。所以，他多半聽過這三次演講[58]。此後其他演講他聽過多少次，無法完全確定。

然而，真正的問題是：卡夫卡是否受布伯影響？受了什麼影響？

抑或相反，卡夫卡與布伯之間，存在著微妙的相互關係？

第一節：信仰告白：以文學獨自默禱

1913 年 1 月 16 日，卡夫卡曾向戀人菲利斯明確表示，他不喜歡布伯的演講：

我聽過他的演講，覺得枯燥乏味。他無論講方面，感覺都欠缺點什麼。[59]

兩天後，卡夫卡偕一行人泛舟莫爾道河，包括布伯、韋爾弗、鮑姆和卡夫卡終身密友馬克斯·布洛德。在船上，圍繞猶太復興運動及相關的「集體感」

---

58 以上參見阿爾特，《卡夫卡傳》，第 213～214 頁。
59 譯自 1913 年 1 月 16 日致菲利斯。

猶太人質的悲與興：卡夫卡的曠野漂流
第一部：「父親」與宿命

或「團結友愛精神」，大家展開了辯論。卡夫卡獨持另類立場，公開聲稱自己「沒有這類感覺」，因為「力量只夠用於自己」。[60]

也許，面對如此重大的猶太復興問題，他可能會不知從何說起。如本書第六章可見，某種「反向作用」的心理機制，讓卡夫卡傾向於「大的事情小聲說」，或「欲言又止」，或「自言自語」，或「顧左右而言他」，直至完全沉默。主題越是重大，情況就可能越是如此。如下可見，布洛德將指出：對於「猶太」或「上帝」這樣「神聖範疇」，卡夫卡近乎失語。

終其一生，卡夫卡反感大聲宣講，因為大聲宣講本質上屬於群眾運動。據卡夫卡後期忘年交雅諾施報導，某天，倆人散步時偶遇布拉格街頭群眾運動，卡夫卡當即評論說，此類群眾運動其實是變相的宗教戰爭，在一個「上帝已死」的時代，演變為「高聲喧鬧的街頭騷亂」，尤為恐怖。「它們以旗幟、歌聲和音樂開始，以搶劫和流血告終。」在罪惡的時代，沒有一樣事情名符其實。他甚至論及自身的分裂：「拔根的事我們大家都參加了。」——因為他深知人類無法不「同體大罪」（參見本書第七章）。雅諾施當下反駁：「這不符合事實，布拉格現在幾乎天天有遊行，每次遊行都很平靜，很有秩序。」卡夫卡回應說：「事情只不過發展得慢一些而已，不過這不要緊，很快就會發生的。」他舉例說，「國際主義」本來主要是一個地域概念，然而，藉群眾運動，這個詞卻搖身一變，成為意識形態的旗幟。所謂「平靜」的、客觀的群眾運動，其實是意識形態暴政的偽裝。[61] 歷史無情見證了卡夫卡的先知之見。緊隨他的離世，納粹的「群眾運動」森然崛起。更為諷刺者，一個政治的以色列——猶太復國主義「群眾運動」的當然結果——其問題重重，世所共知，尤令有識之士深思。[62]

60　參見布洛德，《卡夫卡傳》，第108頁；並參該書另一中譯本：《灰色的寒鴉：卡夫卡傳》，張榮昌譯，北京十月文藝出版社，2010年，第110～111頁。以下未另注出處者同。
61　《卡夫卡口述》第44-46頁。當卡夫卡說「拔根的事我們大家都參加了」，他也許想到了（例如）自己購買戰爭債券之事，參見1915年11月5日日記。
62　事實上，布伯自己也反對猶太人敵視阿伯民族。

問題另有更微妙的一面：群眾運動自有其不二的對立統一體，那就是群眾運動的領袖。恰如當代法國思想家佩雷菲特所說：領袖藉愛群眾愛他自己，然而，群眾也藉愛領袖愛他們自己。希特勒與德國民眾的關係即是典型之一。

顯然，在卡夫卡與布伯之間，存在著一個本質的分歧。圍繞布伯，時代、群眾、個體三大因素相互作用，促成了一個事實：他是當然的猶太復興運動領袖。他向廣大群眾大聲宣講，「這些演講震撼了當時歐洲無數猶太青年的心。」不僅如此，他還與另一位領袖赫茨爾激烈爭論，並毫不留情指責赫茨爾的「人格缺陷」，認為赫茨爾不具備「領袖的魅力」。[63] 布伯有理由提出這樣的指責，因為他自己就具備「領袖的魅力」。

毋庸否認，布伯的領袖魅力並不庸俗，相反充滿猶太教哈西德派的激情。事實上，據報導，布伯演講現場，甚至包括他的相關著述，充斥著「普遍激動情緒」，某種「極度興奮的革新激情」或「蒙著面紗的主觀性」，甚至控制了一向冷靜的布洛德。[64]

跟布伯一樣，卡夫卡也有某種哈西德取向。然而，與布伯不同，卡夫卡只認同哈西德派的個體存在和內心禱告，因為這切合他的「文學人生」。他認為文學的任務是「逃避現實」，而這一所謂現實，正是他與雅諾施討論的群眾運動。因而，「逃避現實」，其實是退回內心禱告。所以，他向雅諾施明確指出，文學的任務是「喚醒」，而且，他強調指出，「肯定傾向於禱告」。對於卡夫卡，

禱告和藝術，兩者都出於屬靈的激情。面對庸常的選擇，當事人渴望超越和昇華。跟禱告一樣，藝術是一隻伸向未知的手，渴望觸及恩典，而恩典的饋贈，將把藝術轉化為一隻能夠給予的手。[65]

所以他斬釘截鐵，在日記中寫下一條箴言般的獨句：

---

63 以上參見《論猶太人》「代譯序」。
64 參見阿爾特《卡夫卡傳》，第 215-216 頁。顯然，卡夫卡與稍晚的猶太學者肖萊姆（Gershom Scholem, 1897-1982）擁有共識。
65 Conversations with Kafka, by Gustav Janouch, Goronwy Rees (Trans.)，Francine Prose (Intro.)，New Directions; Second Edition, January 26, 2012, pp.47～48.

猶太人質的悲與興：卡夫卡的曠野漂流

第一部：「父親」與宿命

寫作乃祈禱的形式。[66]

總體而言，全部卡夫卡日記，只有另外一句可與之比擬：「獨特的自傳性作家的預感。」[67] 然而，由本書第十一章可見，所謂「自傳」，其實是為猶太民族立傳。可見，在抱負上，卡夫卡與布伯並無區別。

區別在於，與布伯群眾運動式的路線相反，卡夫卡走了一條孤獨的路、向內的路。

他很清楚，對於以文學為禱告的他自己，惟有孤獨的路、向內的路引向救贖，就此得以成為向外的路。

正因為如此，1913年1月18日那天的辯論之後，卡夫卡專門向布洛德介紹了克爾愷郭爾的思想。一般認為，要到1918年罹患「白死病」肺結核之後，卡夫卡才會系統研究克爾愷郭爾，並認同為自己的「精神鄰居」。然而，早在1913年伊始，就猶太復興這一重大問題，卡夫卡已然引入克爾愷郭爾，說明與之契合之深。當然，他當時所涉及克爾愷郭爾，一時無法確定。不過，作為早慧而執著的天才，克爾愷郭爾思想前後高度一致。尤其在信仰上，他一生堅持絕對的個體立場，其相關表述旗幟鮮明，堪稱「信仰告白」，必然為卡夫卡所認同：

信仰的本質是成為秘密，成為單個個人（the single individual）的秘密。信仰需要被每個個人（every single individual）保守為秘密，甚至向他者告白自身信仰之際，也必須在內心如此善加保守，否則就不叫信仰。[68]

作為「精神鄰居」，克爾愷郭爾代言卡夫卡，告白了「一個人的信仰」。

66　《卡夫卡全集》，第5卷，第206頁。
67　1912年9月15日日記。引自《卡夫卡全集》第6卷，第235頁。
68　參見 Kierkegaard, Works of Love, Edited and Translated with Introduction and Notes by Howard V. Hong and Edna H. Hong, Princeton University Press, 1995, pp.24～29。

第二章：一個人的猶太復興：從赫茨爾-布伯到卡夫卡

這一信仰告白，其精神暗合《希伯來聖經》，正好源於耶和華的自我定義之言：「我是我所是。」[69] 如此定義，已然內涵了信仰的個人性——以及相應的不可言說性。

一方面，從普世萬民之中，耶和華揀選亞伯拉罕個人，賜予特殊啟示。另一方面，耶和華對亞伯拉罕個人的特殊啟示，正是對人類整體的普遍啟示。

啟示的奧秘即呈現於上述兩方面的張力之間，展開為信仰的路線圖：

一方面，太初有道（Logos），個體特殊啟示與整體普遍啟示互為前提。另一方面，道成肉身（History），救贖的歷史始於個體特殊啟示。

因而，如果說歷史既是歷史更是恩典，那麼，恩典就既屬整體更屬個體[70]——邏輯上無可告白的個體。

出人意料的是，關於這一信仰立場，卡夫卡早就展開了深刻的思考，

不會晚於 1904 年夏天，其時他剛剛 21 歲，已然動手寫作《一場鬥爭的描述》，並於 1907 年完成第一稿。

1909 年 1 月，布伯在布拉格演講「猶太教的意義」，當年 6 月，卡夫卡即從《一場鬥爭的描述》抽出兩個部分，修訂錯別字後，原樣發表，其中一個部分即《與禱告者的談話》，剛好圍繞禱告深入展開。[71]

以猶太神學的觀點，禱告乃信仰之根本，被稱為信仰者屬靈的「呼吸」。

既然如此，《與禱告者談論》是否圍繞禱告與布伯展開了信仰對話？

1904-1907 年寫作《一場鬥爭的描述》之際，大學生卡夫卡正在跟隨老師 F. 布倫坦諾學習「描述心理學」，又稱「現象學」，其實也是精神分析，更是神學。其間，布倫坦諾思想對卡夫卡產生了重大影響，其見證之一即《一場鬥爭的描述》，這部作品客觀上正是回報老師的一份作業。對此，本書第

69　譯自《聖經·出埃及記》，3 章 14 節。God said to Moses,「I AM WHO I AM.」
70　參見《創世記》第 12、15、17 章等。終而言之，所謂「信仰路線圖」，無非是耶和華的自我運動、自我辯證、自我彰顯。
71　載《卡夫卡小說全集》，第 3 卷。也可參見 Description of A Struggle, 載 Franz kafka,The Complete Stories, Edited by Nahum N. Glatzer, Schocken Books, 1971。

猶太人質的悲與興：卡夫卡的曠野漂流
第一部：「父親」與宿命

九章第三節將有技術性論證，而且正好圍繞《與禱告者的談話》展開。只是，那兒的論證主要涉及精神分析層面。然而，《與禱告者的談話》受布倫坦諾影響，絕非僅限於精神分析，還涉及更為根本、更為重要的神學範疇。

作為虔誠的基督徒，布倫坦諾終身堅信上帝，[72] 而且把禱告作為信仰的焦點。1867 年，布倫坦諾致信自己的學生 C. 斯通普夫，如此論及禱告的問題：

> 對於我，人不默禱就很難算是活人；哲學家不默禱就不配稱為哲學家，而只是一名科學匠人，一名法利賽人中的法利賽人。……我寧願放棄學者生涯，寧願去死，也絕不放棄默禱！[73]

推測是和《一場鬥爭的描述》同一時期的卡夫卡的素描

讓我們藉助布倫坦諾這一重大表述整理一下前後的思路。

顯然，在布倫坦諾看來，信仰是人的生命線，若無信仰，雖生猶死。

但是，既然如此，如何信仰，也必然生死攸關。所以卡夫卡會寫下這樣一條箴言：「信仰就像砍頭斧，如此輕快，也如此沉重。」[74]

布倫坦諾的答案旗幟鮮明：如前所述，信仰的真正見證是禱告。不禱告的信仰者，只能稱為偽信者（「法利賽人」）。

72　參見，E. 胡塞爾，《回憶布倫坦諾》，勿忘初心譯，見 http://www.douban.com/group/topic/27568764/，取自 2014 年 10 月 10 日。另請參見不列顛百科全書相關詞條。
73　1867 年新年前夜致學生 C. 斯通普夫，轉譯自，許為勤，《布倫坦諾價值哲學》，貴州人民出版社 2004 年，扉頁題辭。
74　譯自卡夫卡箴言第 87 條，見 Franz Kafka, The Zürau Aphorisms, tr. from German by Michael Hofmann, Harvill Seeker, London, 2006. 本書以下所引箴言，凡未另注出處者，均由筆者譯自本書。

然而，正像如何信仰生死攸關，怎樣禱告，同樣生死攸關。

他的回答是「內心的默禱！」

結合上述克爾愷郭爾 - 卡夫卡式的「信仰告白」，不難得出一個平衡的表述：並非不可以開口禱告，然而——克爾愷郭爾如是說——即使開口禱告，也必須在內心「保守為秘密」。

絕非偶然，《與禱告者的談話》剛好辛辣嘲諷了內心默禱的對立面——公開的、嘩眾取寵的禱告。

有一段時間，我天天去一座教堂……

……一位年輕人引起了我的注意，他那瘦削的身子撲倒在地上。他不時地使盡渾身力氣揪住自己的頭髮，歎息著把腦袋往平放在石頭上的手掌裡撞得咚咚響。

教堂裡只有幾位老婦人，為了看這位禱告者，她們屢屢把頭巾包著的頭扭向那一側。她們的注意似乎使他感到幸福，因為每次他的虔誠舉動爆發前，他都要掃視一下，看看觀眾多不多。[75]

這位禱告者的「虔誠」禱告，與布倫坦諾的默禱，剛好互為反襯：前者本質上無異於群眾運動，後者則見證了信仰的亞伯拉罕路線——即「一個人的信仰」——而卡夫卡進一步具體化為「一個人的內心禱告」。

這是文學藝術家卡夫卡的神學貢獻，也是他與布伯信仰對話的結果。

在此基礎上，我們得以繼續探討卡夫卡與布伯的思想關係。

第二節：默禱的「到場」：「聖徒」卡夫卡

其實，布伯深受猶太教哈西德派影響，相信禱告的根本力量。只是，布伯走向了激情的禱告，而且，他的激情——至少很大程度上——指向外部的運動。更準確地說，對於布伯，點燃一代猶太青年的激情，喚起他們投身猶太復興，就是他禱告的使命。

---

[75] 卡夫卡，《與禱告者的談話》，見《卡夫卡小說全集》，第 3 卷，第 123 頁。

猶太人質的悲與興：卡夫卡的曠野漂流

第一部：「父親」與宿命

不能說卡夫卡沒有激情。然而，與布倫坦諾一樣，卡夫卡的激情只限於內心深處的默禱（comtemplation），以向內的路通向未知，正是在這樣的意義上布洛德評價說：「激情對他來說幾乎完全陌生。」[76]

事實上，卡夫卡與布伯一樣渴望猶太的復興，然而，正像布伯不完全認同赫茨爾式的猶太復興，卡夫卡也不完全認同布伯式的猶太復興。

卡夫卡認同於克爾愷郭爾式的信仰告白，他內心真正的需要，是他一個人的猶太復興——以文學為憑藉，在內心展開默禱的沉思，或沉思的默禱——這是他禱告的使命。這使命與布伯的使命一樣，指向猶太的復興。同時，這使命與布伯的使命不同，指向「一個人的猶太復興」——以《城堡》為例，布洛德就此給出了堪稱經典的評價：

「猶太人」這個詞並沒有在本書[《城堡》]中出現。它也不曾在卡夫卡的其它小說或短篇小說中出現。……然而你幾乎可以具體看出：卡夫卡在《城堡》中已經展示出一幅偉大的和悲劇性的圖景，描寫融合不過是徒勞；在這個簡單的故事裡，他從猶太人的靈魂深處講出來的猶太人的普遍遭遇比一百篇科學論文所提供的知識還要多。[77]

不妨繼續把《城堡》作為象徵，強調卡夫卡文學的普遍意義。在今天看來，作為卡夫卡文學的象徵，《城堡》的意義不下於一個國家概念的以色列，雖然《城堡》的復調中也包含著土地的渴望。按同樣的邏輯也可以說，面對布伯，卡夫卡文學具有不可比擬的意義。借用布伯自己的用語，卡夫卡與布伯都極盡虔誠，祈禱著猶太復興的「到場」，然而，如何到場，正像如何禱告，卻存在著可以理解的差異，就此，布洛德也作過經典的評價，正好適用於卡夫卡與布伯的比較：

也許有人比卡夫卡信得更深，也就是說更無疑義；也許有人懷著更辛辣的懷疑，這我不知道。我肯定知道的是這個奇特之處：在卡夫卡那裡這兩種截然相反的特性化成了最高的綜合。其意義可以用這句話來概括：在所有信

---

76 布洛德，《卡夫卡傳》，第69頁。
77 [奧]馬克斯·布洛德，《無家可歸的異鄉人》，見《論卡夫卡》，葉廷芳主編，中國社會科學出版社，1988年，第81頁。

徒中他是離幻覺最遠的；而在一切不懷幻覺看世界的人中，他是最堅定不移的信仰者。[78]

卡夫卡其實深知自身這一特徵：就像克爾愷郭爾或布倫坦諾，堅守信仰，卻無法與任何教會、組織或群眾運動相互接納。這樣的個體，其存在本身，就是對教會、組織或群眾運動最大的反諷。卡夫卡自己也在思考這一弔詭。《與禱告者的談話》發表之後幾周，他決定改寫《一場鬥爭的描述》。在這部第二稿中，「我」與禱告者的談話涉及了「我」自己。「我」向禱告者指出，他們倆人無論差異多大，還是擁有一個共同點：恐懼。人的盡頭是信仰的開端。恐懼讓人絕望，從而走向信仰，既然信仰，就要竭盡虔誠，尤其在教堂如此神聖的場合。然而，

[我]：「為何要在教堂裡那樣禱告。簡直不像話！愚蠢之至！多麼可笑，旁人會多難受，而虔信的人會多憤怒。」

[禱告者]：「你錯了！對於虔信者，我的行為純屬自然，對於旁人，則正是虔信的表現。」

[我]：「但我很惱火，這證明你錯了。」

[禱告者]：「你很惱火——假如你真的很惱火——只能證明你既非虔信者，也非其他人。」[79]

面對激情四溢的布伯，卡夫卡就「虔誠」進行雙向的拷問，砥礪自身「一個人的信仰」，一條內涵於「亞伯拉罕之約」的信仰路線。

猶太經典《塔木德》認為：「救一個人等於救世界。」現在，藉助卡夫卡，我們得以明瞭此中一條涵義：在屬靈的意義上，「救一個人」首先意味著自我的拯救，更確切地說，是絕對個體回應「我是我所是」的耶和華。體現於人與人之間，則是布伯所謂的「我與你」。在這一表述中，從「我是我所是」出發，首先是一個大寫的「我」。然而，從回應「我是我所是」的角度，則

78　布洛德，《卡夫卡傳》，第178頁。
79　Franz Kafka, The Complete Stories, Edited by Nahum N. Glatzer, Forewoed by John Updeke, Schocken Books, 1971, pp.32-33.

猶太人質的悲與興：卡夫卡的曠野漂流
第一部：「父親」與宿命

是一個大寫的「你」——這個大寫的「你」決定了人際的「我與你」——此中的關聯，呼喚著布伯後來所謂的「到場」（Presence）。

所謂「到場」，其實就是「活出來」（live out）——以生命本身為默禱，親自（the self）見證「亞伯拉罕之約」的信仰路線。

終其一生，無論其主、客觀上有多麼苦難或「怨毒」，也無論道路多麼曲折、人性處境多麼複雜，卡夫卡堅持以生命作為默禱的見證，「活出來」他一個人的信仰告白——只有「活出來」的信仰，才是終極意義的「默禱」——這正是古往今來「聖人」或「聖徒」的真實涵義。正是在這樣的涵義上，布洛德把明確把卡夫卡歸入「神聖範疇」，雖然他並非「完美的聖徒」。就此，布洛德如下報導說：

沒有任何不重要的事。沒有任何他可以「一笑置之」的事。正如他不會委屈任何人一樣，他也不會委屈日常生活中的任何事情、任何活動。所以在他身邊人們強烈感覺到，根本就沒有什麼平凡和普通的事。有報導稱聖徒們和宗教創始人們有類似的活動經歷——而與卡夫卡的交往則使我確信，這樣的報導是以真實感受為依據的。[80]

布洛德的「卡夫卡印象」並非僅僅抽象的總結，更有大量日常生活的點滴，令他終身無法忘懷。例如，某個下午卡夫卡拜訪布洛德，進屋時不小心驚醒了布洛德的父親，後者正在沙發上午休。卡夫卡當下並未作客套的道歉，而是「輕輕踮著腳尖穿過房間」，兩隻胳膊仿佛被一隻無形的手輕輕舉起，一邊以極其溫柔的語氣說：「請您把我看作一個夢。」他後來成為素食者，某次與陪同布洛德女友參見柏林水族館，竟向魚說話：「現在我可以平靜地看著你們了，我再也不吃你們了。」令布洛德的女友當下震驚。[81]

布洛德的報導為奧斯卡·鮑姆所證實，他是布拉格著名的盲人作家，卡夫卡與布洛德共同的朋友。早在1904年，即卡夫卡開始創作《一場鬥爭的描述》那年，布洛德介紹鮑姆與卡夫卡相識。倆人初次見面的情形，令鮑姆終身難忘：

80　布洛德，《灰色的寒鴉——卡夫卡傳》，第 47-48 頁。
81　參見，布洛德《卡夫卡傳》，第 69 頁。

第二章：一個人的猶太復興：從赫茨爾-布伯到卡夫卡

……卡夫卡走進我的房間時的第一個動作給我留下了深刻的印象。他知道是到一個盲人那兒。在布洛德介紹時默默地朝我鞠了個躬。人們會認為這純屬毫無意義的客套，因為我目不見物。顯然由於我同時的鞠躬幅度過大，他那梳得光光的頭髮碰了一下我的額頭。我感到一陣激動，其原因當初一下子說不上來。他是我所遇見過的人中的第一個，將我的缺陷確認為僅僅是我個人的事（不是通過適應或體貼，沒有在自己的行為上作出絲毫改變）。[82]

依據切身經歷與感受，鮑姆報導了卡夫卡的「唯一性」，某種意義上，這比「聖徒」一詞更有說服力。他和布洛德等人如此評價卡夫卡，並非知識份子之間惺惺相惜。因為勞工與市民階層也這樣評價卡夫卡。據卡夫卡後期忘年交雅諾施報導，一位元工人曾親口說：

他不是律師，他是聖徒[83]。

這位工人因工傷致殘，得不到應有的撫恤金，遂向法庭起訴。卡夫卡作為被告方律師，代理布拉格工傷事故保險公司，反幫該工人處理相關事務，還掏錢為他聘請一位著名的原告律師。最後，在法庭上，他自己「體面地敗訴」，致使該工人拿到了應得的撫恤金。雅諾施的父親就此發表評論，稱此類「公義之舉」在卡夫卡「不止這一樁」，並歸結為基督教的「鄰人之愛」。他說，在一個罪惡的世界上，「鄰人之愛」會給自己帶來危險，並因而成為最高的倫理準則，連主流社會的基督徒都很難踐行，但作為邊緣化的猶太人，卡夫卡卻反而活出來豐盛的「鄰人之愛」，基督徒應該為此羞愧。但他同時為卡夫卡擔憂，並希望雅諾施轉告卡夫卡，請他注意保護自己。卡夫卡對此的回應，進一步顯示了他的信仰生命。他向雅諾施清晰闡釋了「鄰人之愛」的實質：「鄰人之愛」或博愛，其實源自猶太信仰（摩西十誡），所以，基督教與猶太教並無分歧。相反，兩者都身處「末世」般的現實世界，面對罪惡，更應愛之深、善之切：

基督就是一位猶太人，他把拯救的福音帶給了世界。此外，無論物質或精神，每種價值都可能面臨危險，都要經受考驗。然而，「鄰人之愛」不應

---

[82] ［奧］奧斯卡·鮑姆，《回憶弗蘭茨·卡夫卡》，轉引自布洛德，《卡夫卡傳》，第102頁。
[83] 本處及以下相關內容見 Conversations with Kafka, pp.65～67。

猶太人質的悲與興：卡夫卡的曠野漂流
第一部：「父親」與宿命

讓他人感到羞辱，就此而言你父親完全正確。不要招人憤怒。眼下的時代充滿罪惡，良善與公義反而宛若違法之舉，所以，只有發自至深的內心，才有可能踐行。戰爭與革命方興未艾，而人性的冷漠則無異於火上澆油。

卡夫卡事實上論及廣義的、當下的「末世」，並涉及罪與恩典的關係。[84] 雅諾施不滿卡夫卡的「末世」觀，卡夫卡的回應則進一步表明他思考的深度。只有真正「到場」的人，才可能如此體會罪愆、「末世」和恩典的關係。更重要的是，面對青年雅諾施的不解，他善加引導和體恤，其溫暖細膩，令人不勝唏噓。就此而言，他已然當下「到場」——到達了雅諾施生命的現場：

卡夫卡的調子讓我不舒服，於是我說：「那麼，就像聖經所說，我們身處地獄之火？」

「的確如此，」卡夫卡說，「然而，我們身處地獄，卻仍存活——這是神跡！」

我搖頭否認：「不對！一切出於正常過程，不存在什麼神跡。我不相信什麼末世。」

卡夫卡微微一笑：「這是你個人的任務。你還年青，不相信明天，就等於背叛自己。要活下去，就必須相信。」

「相信什麼？」我反問。

「相信一切事情及所有瞬間都相互聯繫，都有意義；相信生活是一個唯一的整體；相信切身之事與至遠之事！」

卡夫卡對雅諾施生命的「到場」，絕不僅限於精神與思想的範圍。兩人交往的後期，雅諾施父母之間的關係越來越緊張，令雅諾施痛苦不堪。卡夫卡及時給出勸誡：不能因為自身痛苦而譴責父母，相反，要憑藉愛心，包括平靜、關懷和耐心，給父母心靈的支援，幫助他們脫離「不義」（injustice）的生活，讓他們有勇氣和力量回歸尊嚴。說完，

---

[84] 「grace」（恩典）乃《希伯來聖經》核心概念，近義於「salvation」（拯救）。參見《詩篇》，第45、51、86章；《以賽亞書》，第53章等。

他用手輕輕觸摸了我的左頰：「再見，古斯蒂！」轉身消失於暗黑的玻璃門之後。

我站在原地無法動彈。

他叫我「古斯蒂」，像我的父母一樣！而且用手……他指尖的觸摸還在左頰上，然而，後背一陣顫慄，感冒一樣突然打起噴嚏來。我終於邁步穿過老環城路，走向昏暗的艾森胡同，下巴一直在顫抖。[85]

兩年多時間內，雅諾施親身經歷了眾多類似的「到場」，不限於他自身，尤其包括卡夫卡對社會下層的深摯關切。

例如對自殺者：「自殺者只是由於無能而自殺。他什麼能力也沒有了，他已經失去了一切，他現在去拿他佔有的最後一點東西。要做到這一點，他不需要任何力量。只要絕望，放棄一切希望就足夠了，這不是什麼冒險。」

對被污辱和損害的人：

人們只要看他們一眼就會傷了他們。所以最好不要看他們。可是扭轉腦袋又會被看作是看不起他們的表示。難啊……通向愛的路總是穿越泥汙和貧窮。而蔑視道路又會很容易導致目的的喪失。因此，人們只能順從地接受各種各樣的路。也許只有這樣，人們才會到達目的地。

對群眾運動中身不由己的個人：

是的，人太可憐了。因為他在不斷增加的群眾中一分鐘一分鐘地越來越孤獨。[86]

第三節：卡夫卡與布伯：「我與你」的猶太現場

某種意義上，哪怕在生命早期，卡夫卡從未遠離猶太現場。

1920 年 8 月 10 日，向當時的戀人米倫娜，卡夫卡憶起 1896 年自己 13 歲生日的一次「到場」。按猶太教教義，年滿 13 歲，就要求正式進入猶太

---

[85] Conversations with Kafka, pp.187～188. 雅諾施名叫「古斯塔夫」，其愛稱為「古斯蒂」。

[86] 以上依次引自《卡夫卡口述》第 37、180、173 頁。

猶太人質的悲與興：卡夫卡的曠野漂流
第一部：「父親」與宿命

信仰生活。儀式當天，少年卡夫卡當眾登上猶太會堂聖壇，用希伯來語領讀《摩西五經》[87]中的禱告文——他花了很大努力才背誦下來——然後又在家中儀式上發表了事先背誦好的演講，並收到了許多禮物，就此完成了自己的「成人禮」。據卡夫卡回憶，那天，他「十分幸福」。[88]

15年後，1911年12月24日，卡夫卡「到場」參加了外甥的割禮儀式，當晚就此寫下日記，其猶太鄉愁與憂患，伴隨難以言述的體恤之情，感人至深，催人淚下：

> 今天上午我小外甥行割禮。……除了孩子的祖父和外祖父[卡夫卡父親]，在場者都做了禱告；他們的禱告如白日夢絮，枯燥乏味，而且，他們完全不瞭解自己禱告的意義。我眼睜睜看著這些轉型期的西歐猶太人，他們前景不明，這與他們休戚相關，可他們自己卻無動於衷。當然，類似所有身處轉型期的人，他們承受著強加的歷史負擔。毋庸置疑，他們滿足於這樣的宗教形式，但這些形式僅剩歷史的價值，縱使今天仍在通行：正如此刻，花一點時間，按照陳腐的割禮習俗，伴隨半哼半唱的禱告，讓大家高興一場[89]。

1911年對於卡夫卡意義重大。那年，他內心深處的猶太鄉愁大爆發（參見本書第十章）。正是那一年，也即《與禱告者的談話》發表後第三年，據布伯回憶，28歲的卡夫卡數度拜訪33歲的布伯，布伯對他的印象是：此人不幸福。[90]

布伯當年的印象正確嗎？如果正確，他知道卡夫卡為什麼不幸福嗎？世界滿目瘡痍，燃燒著有形無形的戰火，人性自暴自棄，同體大罪。此情此景，假設某人被「判決」給超常真誠和敏感的人生，有如「流淚的先知」（如耶

87　《希伯來聖經》的核心內容，即《創世記》《出埃及記》《利未記》《民數記》和《申命記》。
88　參見1920年8月10日自布拉格致米倫娜。
89　譯自1911年12月24日日記。
90　參見 Martin Buber, Meetings：Autobiographical Fragments, Edited and introduced by Maurice Friedman, third edition, 2002 by Routledge, pp.15～16。以下未另注出處者同。需要指出，布伯此一回憶未必準確，參見 Kafka, Letters to Friends, Family and Editors, 1915年11月29日致布伯信件的編者注。不過，日期是否準確，並不影響本書此處前後的分析。相反，如果出於布伯「誤記」，在精神分析看來更說明問題。

利米），不同的是，深知自身也充滿「污穢」和「骯髒」，無法免於同體大罪——果真如此，他怎樣讓自己幸福？

絕非偶然，布伯憶及所謂「卡夫卡不幸福」，正是起因於一次痛苦的自我拷問：既然相遇（meeting），為何我無法聽見他人——包括卡夫卡——內心深處無聲的話語？

事實上，布伯痛苦的自我拷問，起因於1914年的「梅赫事件」。

1914年，罪惡的第一次世界大戰爆發，同體大罪的心像向外投射成物像，把全世界拖入苦難的深淵。共有超過3500萬人傷亡，亡者約1500萬，其中士兵約1000萬，平民約700萬。

那年8月，戰火剛燃，一位名叫赫爾·梅赫（Herr Méhé）的男青年來訪，告之布伯說，他要去德軍服役，希望聽取布伯意見。

其實，梅赫當時所需要的，正是後來布伯自我拷問的：他需要布伯傾聽他內心無聲的話語。

尤其人生關鍵時刻，「我」內心會浮現生死攸關的話語。然而，因切身壓力不可承受之重，「我」可能一時恍惚，意亂情迷，難以明辨。

所以，生死時刻，「我」亟需「你」——藉助另外那位唯一大寫的「你」——「到場」於「我」的生命，傾聽我的心聲，進而在交談中分享「我」的心聲，甚而用「你」自己的話語，奇跡般講述「我」的心聲[91]，讓我的生命就此得到祝福。否則「我與你」就徒然相遇，最終「失諸交臂」（mismeeting），辜負了相遇的恩典。

不幸的是，1914年夏天那個早晨，情況正屬「失諸交臂」。當時，布伯剛做完早禱，處於內心的狂喜（ecstasy）狀態，一時心不在焉，遑論「到場」傾聽、分享並講述對方的心聲。最終，該青年失望而歸，兩個月後死在前線。

91　其實日常生活中也是如此，如父母「傾聽-分享-講述」孩子的心聲，「老師「傾聽-分享-講述」學生的心聲，分析家「傾聽-分享-講述」分析者（所謂「患者」）的心聲，等等。

猶太人質的悲與興：卡夫卡的曠野漂流
第一部：「父親」與宿命

噩耗傳來，布伯震驚之餘，恍然大悟，意識到無可挽回的創痛：該青年與自己陰陽相隔，永無再見之日。震驚之餘，他痛悔兩個月前未有靜心傾聽該青年心聲，否則，一席交談，可能會是完全不同的結局。布伯追根溯源，最終意識到：自己的信仰立場有問題。過去，他視信仰為超驗之維，意在「心靈的提升」，與日常生活了無關係。然而，那位不幸青年以其有生之年，卻強烈要求他「到場」（Presence），在日常生活中締結血肉模糊之「我與你」關係！這就需要截然不同的信仰立場——借用卡夫卡與雅諾施的談話——「相信一切事情及所有瞬間都相互聯繫，都有意義；相信生活是一個唯一的整體；相信切身之事與至遠之事！」

以此為契機，布伯「重估一切價值」，最終構建了自己獨樹一幟的思想體系。

至此，我們恍然大悟於卡夫卡與布伯思想人生關聯的主要線索：

卡夫卡 1904-1909 年《與禱告者的談話》；

布伯 1909 年 1 月 20 日、1910 年 4 月 3 日及 12 月 8 日三次布拉格演講；

卡夫卡 1909-1910 年立意修改《一場鬥爭的描述》；

1911 年卡夫卡數度拜訪布伯（據布伯回憶）；

1913 年 1 月 16 日致信菲利斯，認為布伯演講「枯燥乏味」，哪方面「都欠缺點什麼」。

1913 年 1 月 18 日，圍繞猶太復興運動以及相關的「集體感」或「團結友愛精神」，與布伯等人對話，聲稱「沒有這類感覺」，因為「力量只夠用於自己」；

1913 年 1 月 19 日致信菲利斯，談及與布伯對話印象，「昨天與布伯交談，作為一個活生生的人，他生動、樸實、優秀，不像他那些不溫不火的文字」；

1914 年 2 月 28 日，卡夫卡赴柏林探望菲利斯之際，前往拜訪布伯，兩人互懷敬意，辯論了《希伯來聖經》《詩篇》的重大概念「審判」；[92]

---

[92] 卡夫卡 1915 年 11 月 29 日致馬丁·布伯。可參《希伯來聖經·詩篇》，第 82 篇。

1914 年 8 月，布伯遭遇「梅赫事件」。

也許不必過份拘泥於卡夫卡與布伯相互關係的方向，借用布伯的用語，歸根結底，這是一場「我與你」的關係，呼喚著雙方的「到場」。

卡夫卡，一位「流淚的先知」（參見本書第十一章），他的猶太鄉愁幽邃深遠。他一個人的猶太復興，總要抵達「我與你」的現場。

布伯的「到場」發生於何時，無法細考。然而，卡夫卡辭世兩年之後，布伯告訴布洛德，他一字不漏細讀了卡夫卡的《審判》。論及其感受，他不禁深情流露：

我信賴這部書，哪怕某些內容令我感到壓抑。我對這部書幾乎沒有保留。我知道，如果這位純粹的人有幸活到今天，我會鼓起勇氣對他說：「不錯，虛無當道，意義淪喪，事情的確是這個樣子，自始至終，我們不得不面對。然而，這正是我們的關切。為此，我們痛苦地捲入現實的荒誕，在這殘酷的成聖過程中，無論是否承認，我們不是一再明白了眼前的意義嗎？它與我們完全不相容，卻無由迴避。最終，在正確的時刻，它將穿透一切汙穢之氣，進入我們內心。」這些話——我親愛的馬克斯·布洛德——你就當作卡夫卡親口對你說的吧。

可能的話，我將就卡夫卡寫些什麼。你知道，此事對我難度甚大[93]。

關於卡夫卡，布伯可能寫些什麼呢？23 年之後的 1948 年，以色列復國，猶太復興大功告成，恍若奇蹟。翌年，布伯寫成《論兩種信仰》，其中悲欣交集論及英年早逝的卡夫卡，其情理之深切，催人淚下：

面對卡夫卡，一位膚淺的基督徒不難視其為未蒙救贖的猶太人，未能活到救恩之後。這樣的人，其實把信仰當成了買賣。他們的邏輯傷害不了卡夫卡。這是因為，猶太人始終與自己的源頭血脈相連，所以平安！哪怕卡夫卡這樣的猶太人，全然裸露於危險之中，亦然平安！他承受著一切，然而，一

---

[93] 1926 年 12 月 4 日致布洛德，見 The Letters of Martin Buber：The Life of Dialogue, edt.by Nahun N. Glatzer and Paul Mendes-Flohr, trans. by Richard and Clara Winston and Harry Zohn, Schocken Books, 1991。

猶太人質的悲與興：卡夫卡的曠野漂流
第一部：「父親」與宿命

切均無法加害於他！不錯，上帝隱身，時代黑暗，遠他而去，他這全然裸露的時代之子，無法再妥切藏身於「主你翅膀的蔭下」（Ps,61：4）。然而，如他所知曉的事實，上帝僅僅隱身而已。正因為如此，他最終平安！[94]

這是布伯的「到場」。

那麼，卡夫卡呢？

卡夫卡，這位「流淚的先知」，他的猶太鄉愁深邃幽遠。他的一生，是一場「一個人的猶太復興」，卻始終不離「我與你」的現場，無論生前身後，與猶太的知音會意，與民族的血脈交融：

1911年10月至1912年2月，一個東歐猶太依地語劇團巡演布拉格，該劇團正好來自布伯祖父故鄉——烏克蘭萊姆貝格，該劇團與布伯一樣認同猶太教哈西德主義。四個月巡演期間，卡夫卡猶太鄉愁大爆發，熱情洋溢，一反常態，並寫下大量日記，系統表達了猶太民族文學的深沉抱負。[95]

1914年8月，一戰爆發，卡夫卡開始創作《審判》（又譯《訴訟》）。

1915年1月，《審判》初稿完成。

1915年，趁著一戰正酣，布伯著手籌畫德語猶太月刊《猶太人》，11月17日，布洛德致信布伯推薦卡夫卡為撰稿人，布伯欣然接受，致信卡夫卡約稿；11月29日，卡夫卡接受約請，正式成為《猶太人》作者。

1916年，《猶太人》創刊，兩年間，卡夫卡先後寄呈作品，包括詩作、《一頁陳舊的手稿》、《殺兄》等，受到布伯高度評價，卡夫卡則報以格外的珍視[96]，儘管他向來並不熱衷於發表作品。

94　Two Types of Faith：A Study of Interpenetration of Judaism and Christianity, by Martin Buber, trans. by Norman P. Goidhawk, The Macmillan Company, 1951, pp.167～168.
95　參見卡夫卡1911年10月8日、12月8日、12月25日日記。詳本書第十章。
96　參見：1916年9月23日、10月6日致菲利斯；以及1917年4月22日、5月12日、6月28日、7月20日及8月3日致馬丁‧布伯。

1916 年 8、9 月間，卡夫卡婉勸未婚妻菲利斯前往「柏林猶太人之家」從事志願工作，並多次提出積極建議，而布伯正是這家猶太社團的贊助人之一[97]；七年後，也正是在「柏林猶太人之家」一處海濱度假村，他邂逅自己最終的猶太愛人多拉，與之共浴蒙恩之愛（參見本書第十八章）。

1917 年初夏，卡夫卡著手學習神奇復活的希伯來語；當年 9 月，他不幸罹染肺結核，人生重心發生重大偏移，開始考慮移居巴勒斯坦，繼續學習希伯來語。正是這段時期，《猶太人》連續發表卡夫卡作品，即 1917 年第 10、11 期的《豺狗和阿拉伯人》及《為某科學院寫的一份報告》。與此同時，卡夫卡如前所述深入研讀布伯著述。

1920 年春，卡夫卡告訴青年朋友雅諾施，他「夢想到巴勒斯坦當農業工人或手工工人」。小妹奧塔爾提出移居巴勒斯坦的計畫，他鼎力支持。

1922 年秋到 1923 年春，卡夫卡每週兩天專攻希伯來語，即便病體難撐也絕不中斷；稍後開始正式計畫移居巴勒斯坦。

自 1921 年始，直至離世，卡夫卡潛心思考猶太問題，所涉及的深度，所抵達的高度，全然出人意料，並藉 1922 年 1 月 28 日的「臨終日記」作出了催人淚下的表述（參見本書第十六章）。不久他寫出《城堡》，稍後，與多拉戀愛期間，更寫出天鵝絕唱《女歌手約瑟芬或耗子民族》，借用布洛德的話，這兩部作品堪稱「這一時代最具猶太風格的文獻」。

……

猶太人卡夫卡，他的生命本身就是猶太的現場。就悲壯的猶太的復興而言，他與他的民族心心相印。

進入 20 世紀，猶太復興運動日趨高漲。一批一批猶太移民湧入巴勒斯坦，這處古稱的「迦南」，對於猶太人，是耶和華向先祖亞伯拉罕的應許，這塊土地上「流著奶和蜜」。

97　參見 1916 年 8 月 2 日、9 月 12 日致菲利斯。

猶太人質的悲與興：卡夫卡的曠野漂流
第一部：「父親」與宿命

　　1908 年，「務實的猶太復國主義者」魯平在耶路撒冷成立了「巴勒斯坦辦事處」。到 1912 年，最悲觀的猶太人都看到了「迦南」的希望之光。1913 年，「民族圖書館」在耶路撒冷的斯科普斯山上奠基動工；1914 年，特拉維夫作為一座新城破土而出；再過幾年，一批中小型企業建成投產，一所藝術學校應運而生；雅法建立了技術學校和希伯來語中學。不久，耶路撒冷的民族圖書館順利峻工，對於這個憑藉「聖書」而生存的民族，相當於點燃了精神的聖火。與此相呼應，這座歷經滄桑的猶太聖城業已擁有了兩家希伯來文報紙、幾家出版社、一個體育協會、一個戲劇社、一所師範學院。更為可喜的是，哈伊姆·魏茲曼，赫茨爾之後的猶太復國主義領袖，著名化學家，後來的第一任以色列總統，於 1910 年代前後一直在籌畫創建耶路撒冷希伯來大學[98]，這所未來的大學稟具諸多重大意義，其中之一，準備規定希伯來語為正式官方語言。這門幾乎「滅絕」的聖經原始語言，自 19 世紀後半葉始，藉猶太人埃裡澤·本·耶胡達的獻身激情與努力，神奇復活。他的長子成為近兩千年來第一人，以希伯來語為母語。1884 年，他開始編輯史上第一份希伯來語報紙，繼而編纂希伯來語字典，組建希伯來語委員會（即今希伯來語研究院）。他與志同道合者篳路藍縷，最終碩果累累，約 1914 年前後，巴勒斯坦地區已有 64 所幼稚園、中小學和專業學校完全使用希伯來語，當時該地區 8.5 萬猶太人，已有 3.4 萬以希伯來語為母語或日常用語。到 1918 年，著名的海法技術學院規定希伯來語為唯一授課語言……

　　所有這一切，對於本書主人公卡夫卡事關重大。輝煌而幽邃的民族古代史，猶太民族分裂的本性，近兩千年的受難與苦痛，19-20 世紀之交新生的悸動，外部的逼迫與內部的異化，等等，血肉模糊，都匯入他生命的現場。

　　然而，要深刻理解卡夫卡的生命，還需要瞭解另一個「血肉模糊」的「現場」，即卡夫卡自身的家族和家庭。

　　卡夫卡去世前 3 年，即 1921 年，他的猶太同胞、曾經的奧地利同胞弗洛伊德發表了《群體心理學與自我分析》，把家庭看作人類心理問題的策源地，藉晚近精神分析大師拉康的話說，弗洛伊德已然揭示了「個人形成中的

---

[98] 1918 年一戰結束後正式奠基興建，1925 年建成。

家庭情結」。卡夫卡知道弗洛伊德，總體上瞭解他的工作，但弗洛伊德多半不知道，卡夫卡早在 1919 年就已寫成《致父親的信》，這封長達數萬言的「家書」剛好探討了所謂「個人形成中的家庭情結」。弗洛伊德多半也不知道，卡夫卡一生關於「家庭情結」的研究有多麼深刻，其天才的穿透力，絕不遜於弗洛伊德畢生努力所成就的境界。更重要的是，卡夫卡已然超越狹義的家庭，把問題引向終極關懷的維度。他無意於挑戰精神分析，不過，他憂患於人類群體的前途。所以，1921 年 11 月，雖然第一次世界大戰早已結束，他仍然告白了對於自身和世界的深切憂慮：

精神分析自稱發現了諸多病徵，包括我的肺結核。然而，我不把它稱為病，相反，我把精神分析療法視為無可救藥的誤區。所有這些所謂的疾病，看上去悲哀，其實事關信仰，乃危難之際的心靈抵達了母親般的土地——即信仰的共同體。進而，精神分析又聲稱：信仰起源於個體性的「疾病」。不錯，在今天大多數人看來，信仰共同體似乎蕩然無存；眼前教派林立、各自為陣；然而，恐怕只有信仰的共同體，能為當前人類所寄望。

另一方面，那些抵達信仰母體的心靈，已然紮根真切的土地。這些現象，並非僅為私人擁有、可資交換的財富。相反，如此現象先天預成於人類共性，並將沿自己的方向繼續造就人的存在（連同其身體）。精神分析連這個都要治療嗎？[99]

好一個「同體大病」和「病病不病」！

然而，正如卡夫卡所深知，藉疾病——他親愛的肺結核——抵達「信仰的母體」，談何容易。

應該說，他如是告白，既是針對未來的自勉，也是指向過去的回憶。

99　譯自 1920 年 11 月自布拉格致米倫娜。

猶太人質的悲與興：卡夫卡的曠野漂流
第一部：「父親」與宿命

第三章：家世：最親愛的父親 / 母親

我們清醒地穿過夢境：我們自己只不過是過去的歲月的一個幽靈。

——弗蘭茨·卡夫卡

第一節：赫曼·卡夫卡：父輩的艱辛

1883 年 7 月 3 日卡夫卡呱呱墜地之時，他的父親赫曼·卡夫卡已經 31 歲了。生活讓他扮演父親的角色，是難還是易？多年後，他的兒子卡夫卡指控他做父親不稱職。他，赫曼·卡夫卡，一位成長於 19 世紀後半葉的猶太人，與生俱來稟有若干突出的素質：粗野的生命力、非理性的內驅力、不自覺的自我中心主義、對金錢和地位鍥而不捨的專注和執著……他藉此奮鬥打拼，殺出生存血路，贏得相對的富裕，躋身令人豔羨的中產階級。然而，世上沒有免費的午餐，赫曼的人生拼搏，似乎讓他沒能做成一位好父親。或者說，他的個人稟賦中可能缺少了必要的溫和與細膩，並導致了他日後作為父親的莫大遺憾：未能保證兒子卡夫卡童年乃至一生的幸福。當然，作為那個時代的猶太人，這樣的結果倒屬普遍現象，因為赫曼·卡夫卡自己，剛好就沒有幸福的童年。

嬰兒時期的卡夫卡

猶太人怎麼會有幸福的童年！赫曼的父親雅各·卡夫卡，生於 1814 年，是 9 個兄弟姐妹中的老二，跟著貧窮的父母在一間獨屋窩棚裡長大成人，他生得虎背熊腰、力大無比，甚至能夠用大腳趾挑起一麻袋麵粉，就充分發揮「特長」而作了一名屠夫。本來，按照統治者歷來對猶太人的苛刻法規，雅各作為老二沒有結婚的權利，幸好，那一年恰逢一項優惠政策出臺，改變了他的命運。雅各趕緊結婚生子，加倍勞作，勉力維持一個來之不易的家庭。妻子性情開朗、樂觀，以聖母般的堅忍與他患難與共，從 1850 年到 1859 年，為他生了 6 個孩子，赫曼就是其中的老二。

一家8口終年只能以土豆為生，然而卻一個不拉全部活了下來，而且6個孩子後來都像父親一樣，長成身強力壯的大個子，多年後，卡夫卡就父親所作的概括的那樣：「堅強、健康、食欲旺盛、聲音洪亮、能言善辯、自滿自足、高人一等、堅忍不拔、沉著鎮定、通曉人情世故、有某種豪爽的氣度」，而且偶爾「臉上會綻出一絲特別美的笑容，誰都會陶醉」。奇跡大概源於卡夫卡家族特有的遺傳，外加艱苦生活的磨煉。孩子們才開始長個頭就為父親分憂，拉車送貨，春夏秋冬風雨無阻。後來，赫曼總喜歡懷著既驕傲又自憐的雙重感情，回憶當年小腿上戰鬥勳章般的凍瘡和裂口，歷數童年的艱難，表達對兒子卡夫卡的不滿：「你知不知道你過的日子有多好……我像你這麼大的時候……」「七歲我就推著小車走南闖北啦。」「我們全家大小擠在一間小屋裡睡覺。」「有土豆吃我們就喜出望外了。」「冬天我衣不蔽體，腿上的傷口好多年都不癒合。」「今天誰還懂這個道理！今天的孩子們懂什麼呀！今天沒人吃過這種苦！」……後來，卡夫卡與父親的關係十分成問題，恐怕很大程度上要歸因於一年四季這種半是自誇、半是責備的數落。

父親赫曼・卡夫卡
(1852年-1931年)

數落歸數落，事實歸事實。赫曼終歸不是一位窩囊的父親，他並不喜歡吮舔幻想的傷口，他的本意主要是在提醒生活的艱辛。他的兒子內心其實深諳此理。後來，在痛苦的彌留之際，卡夫卡寫下《女歌手約瑟芬或耗子民族》，這是他的天鵝絕唱，跟過去別的作品一樣，這「歌聲」中的意向若有若無、難以捕捉、深不可測，只是有一道旋律格外引人傾聽，那就是父親由之而來的那個世界，在那個世界裡晃動著家族和種族雙重的影子：

我們民族[耗子民族]的成員沒有青少年時代，童年也微乎其微。……我們沒有學校……一個孩子剛出世，就已不再是孩子了，

猶太人質的悲與興：卡夫卡的曠野漂流
第一部：「父親」與宿命

只要記住這是文學隱喻，卡夫卡的用心就躍然紙上。所謂「學校」，一語雙關，既暗示猶太民族痛失近二千年的國土國家，也形容普遍的實際境遇[100]。

14歲那年，赫曼·卡夫卡離開父母兄弟姐妹獨自闖蕩世界，成為一名猶太小販。按猶太法規，他差不多已是成年人了。在殘酷的生存鬥爭中，他決心為自己謀得一席之地。當時，形形色色的商品正湧向市場。作為新興工業的搖籃，波希米亞充滿了機遇。市場經濟在呼喚。在廣大農村地區，零售貿易迫切需要幹練人才。猶太小販們精明、吃苦耐勞，他們迅速進入了這一領域，其中不少人後來躋身富裕階層，甚至成為顯赫的工商名人。例如，著名德國作家魏菲爾，他的父親成功經營了當時波希米亞最大的手套工廠，弗洛伊德的父親則在摩拉維亞開設了一座紡織廠。許多人由借貸放利發家，向更大的金融事業發展，或者像赫曼·卡夫卡一樣，起步於行商小販，起早摸黑，漂泊無定，積少成多，逐漸穩定下來，發展成大型的零售兼批發商。

總而言之，19世紀下半葉，在奧-匈帝國境內，猶太人的經濟地位迅速改進。這一事實意味著兩個要點：一方面，它意味著「父輩創業」的豐功偉績；另一方面，它又意味著以脫貧致富為目的的殘酷競爭。

從這一過程中所形成的人生觀，在猶太中產階級內部逐漸取得了支配地位。更重要的是，在新興資本主義這個殘酷競爭的世界中，「物競天擇，適者生存」是一個普遍的原則。「上帝已死」，人只能把自己託付給「生存競爭」的概念。人類社會發展中這一階段性的特點，與與猶太人特殊的生存狀態相疊加，決定了猶太人家庭關係的一般模式，並使得某些特定的人格特徵在其中佔據了優勢。

隨著本書的進展，我們還會不時想起赫曼·卡夫卡這一段艱苦奮鬥的創業史。未來的卡夫卡會反叛自己的父親，然而同時，也會在內心保留著深深的崇敬。一方面，他自身最終也無法逃避生活的艱辛；另一方面，他身上流淌著父親的血。當然，母親的血會融匯進來，讓卡夫卡的生命複雜起來，豐富起來。然而，他畢竟是父親的兒子，即便反叛父親，也本能地憑藉了父親遺

---

100 至1948年以色列復國之前。

傳的品質。人生雖然悲哀，但敢於與疾病和死亡相持；脆弱，然而堅韌；必要時，足以爆發鋌而走險的勇氣和力量；在文學的象徵世界裡，苦苦追求昇華，結晶成曠世遺產；進而展開更為深邃、卓絕、慘烈的尋覓，最後找回血緣深處的希望——猶太民族源遠流長、深邃無比的信仰。

然而這是後話。眼下，我們還身不由己，與民族、家族和家庭共擔天命，一道領略生命的悲欣交集。整整有 6 年，年輕的猶太小販赫曼·卡夫卡在波希米亞和摩拉維亞的鄉村小道上餐風宿露，往返兼程。直到 1872 年，他被征入奧地利軍隊，服了兩年兵役，晉升為中士。1874 年，22 歲的赫曼退役離開軍隊，前往布拉格，希望在那裡找到好運。他一如既往、艱苦奮鬥、鍥而不捨。8 年過去了，他終於「三十而立」，不僅有了自己的商號，而且娶到一位新娘，來自一個傳統而殷實的猶太釀造商人家庭。

第二節：尤莉·洛維：母親的血脈

赫曼娶到的新娘名叫尤莉·洛維，1856 年 3 月 22 日生於波德布拉特。那座小城位於易北河邊，主要居民為捷克人。歷史上，在波希米亞，在波德布拉特這類小城，代代居住著一些猶太世家，虔誠而奇僻，其中不乏異人：受人尊敬的拉比[101]、會堂長老、離群索居的學者、身懷異術的醫生、性情乖謬的單身漢等等，其人格常常表現為複雜的混合體：一方面，他們顯得行為古怪、舉止反常、不諳事理、心不在焉、體質羸弱、神經敏感；另一方面，他們又顯得性格突出、特立獨行、富於宗教情懷、專注精神生活、關心內心價值遠勝於關心世俗利益。

尤莉·洛維就來自這樣一個猶太世家。晚年，尤莉·洛維追憶家族歷史，一直上溯至她的外曾祖父，即其外祖父的父親。那是一位傳奇式人物，極盡虔誠，博學非凡，整個家族中無出其右者。甚至基督徒都格外尊重這位猶太教徒[102]。據說，有一次，一場大火燒毀了所在街區，唯獨他家的房屋完好無損，被人們解讀為虔誠的結果。

101　猶太教神職人員，類似於基督教的牧師，天主教的神父。
102　歷史上，基督徒常有反猶排猶傾向，典型者如希特勒及其廣大基督徒支持者。

猶太人質的悲與興：卡夫卡的曠野漂流
第一部：「父親」與宿命

　　尤莉·洛維的外曾祖父育有三位兒子，其中一位堅守猶太信仰，照《《希伯來聖經》·雅歌》的精神，把象徵猶太信仰的「大衛星」縫到袖臂上，以示虔誠與堅貞，引來基督徒兒童追隨其後搞笑取樂。另一位改宗基督教，並成了醫生——這個家族行醫治病的不止他一人。兩人都壽命不長，剩下他們的哥哥，有幸躲過天災人禍活下來，他就是尤莉·洛維的外祖父。

　　尤莉·洛維的外祖父是一位猶太教長老，承繼了父親的虔誠與淵博，守護著滿屋藏書，也經營著不大不小的商店，買賣上馬馬虎虎，信仰上一絲不苟。他終生堅持在易北河裡游泳，天寒地凍也不例外。河面結了冰，就鑿開冰面再遊。此舉既在健身，更象徵虔誠到晚年，他銀髮銀鬚，備受尊敬。

　　這位可敬的長老生了一兒一女。兒子不幸有些瘋顛，女兒就是尤莉·洛維須的母親。與瘋顛的兄弟相比，這位女人也並不更幸運，她29歲死於傷寒，身後撇下兩兒一女：阿爾弗雷德、約瑟夫、以及3歲的妹妹尤莉·洛維——即後來赫曼·卡夫卡的妻子，本書主人公卡夫卡的母親。

　　尤莉·洛維的母親病逝後，她的外祖母不久也自殺身亡。女兒早逝當然是重大打擊，然而，據有人推測，女婿旋即再娶，也脫不了干係。無論如何，此事反映了卡夫卡母系家族的精神和情感特徵：虔誠、含蓄、豐富、細膩、敏感和脆弱。

　　尤莉·洛維人生伊始，接連遭受不幸的打擊：3歲母親早逝；稍後外祖母自殺；6歲那年，可敬的外祖父也告別了人世。尤莉·洛維後來告訴自己的兒子弗蘭茨·卡夫卡，她終身無法忘懷外祖父離世的悲痛：年幼的她，緊緊抱住外祖父的雙腳，久久哭泣，苦苦哀求，乞求親愛的外祖父原諒，原諒自己曾經的一切不敬與過錯。這一早慧的舉止，顯然也出於洛維家族的精神淵源，然而，可能也牽涉尤莉·洛維母親死後父親的再娶。

　　原來，尤莉·洛維母親死後不久，父親就匆匆再娶母親的一位遠房親戚，成為尤莉·洛維的繼母，並生下3位兒子：理查德、魯道夫和西格弗里德。這樣，尤莉·洛維未來的兒子卡夫卡就將有5位舅舅：大舅阿爾弗雷德，一生獨身，平步青雲，後來榮任西班牙鐵道部總經理；二舅約瑟夫和三舅理查德都是殷實的商人。另外兩位舅舅西格弗里德和魯道夫則顯得性格怪僻。西格弗

里德終身未婚，外表冷冰冰，骨子裡卻詼諧幽默、為人厚道、樂於助人；他修養頗深，藏書豐富，並且喜愛戶外活動；他後來成為特裡希地方的鄉村醫生。卡夫卡最喜歡這位舅舅，日後常去特裡希看望[103]。小舅舅魯道夫最為古怪、內向，尤其是當他改宗天主教以後，更顯得「難於琢磨、過分自謙、十分孤寂、滑稽可笑」，而且，跟哥哥西格弗里德一樣，這位舅舅也終身未婚，至死都是單身漢。這兩位舅舅令人不禁聯想他們後來的侄子卡夫卡，雖多次戀愛、訂婚，但終未成婚，僅在彌留之際有一線迴光返照。

這就是卡夫卡母系家族——即後來卡夫卡所謂的「洛維家族」——的簡史，其中隱含著豐富的線索，日後將在他們的後代卡夫卡身上現出端倪。用卡夫卡自己的話說，洛維家族的人「神經過敏，富有正義感，但時常又顯得局促不安」。後來卡夫卡身上局促不安、過分靦腆、懦弱膽怯的性格，應該說與洛維家族的血緣有關，用他自己的話說就是：「我的血會誘惑我成為我的舅舅的新的體現」。他所說的舅舅就是性格最為古怪的魯道夫舅舅。後面我們將看到，在生命的不同階段，卡夫卡反復比較「羸弱、膽怯、遲疑不決、惴惴不安」的自己和魯道夫舅舅，認為兩者的相似「令人驚愕不已」，並認為這就是自己不幸的根源：

我有時把自己與 R.[魯道夫] 舅舅聊以對比，結果發現我的道路距他並不太遠……更多的區別幾乎不會有。[104]

與 O.R.[魯道夫舅舅] 的相似，但有過之而無不及，令人驚愕不已：兩者都沉默寡言（我更少語），兩者都依靠著雙親（我靠得更多），與父親敵視，受母親之愛（他更是註定與父親一起過可怕的生活……）兩者都膽怯靦腆、過分謙虛……兩者看上去都是高尚善良的人，關於這一點在我身上是找不到的，據我所知在他身上也找不到許多（[恐怕不應該] 將羞怯、謙虛、恐懼作為高尚和善良贊許……）兩者先是患疑心病，後來真的病了，兩者作為世界上無所事事的人還養得頗好……兩者都最單調地活著……兩者都近乎精神錯亂……他是不是圍繞著女人（跟自己）進行了鬥爭，我不知道……（說他不

103　1942 年，在遭納粹流放過程中，西格弗里德舅舅自殺身亡。
104　卡夫卡 1914 年 7 月致父母的信。見《卡夫卡全集》，第 8 卷，第 21 頁。

猶太人質的悲與興：卡夫卡的曠野漂流
第一部：「父親」與宿命

好也不對）我在他那裡沒有發現有關吝嗇、妒嫉、仇恨、貪欲的表現，……他在某些個別的地方是我的漫畫像，但實質上我是他的漫畫像。[105]

值得注意的是，卡夫卡不把自己與母親比較。這也難怪，因為尤莉·洛維的性格與之完全不同。與後來的丈夫一樣，她的童年也未必幸福。3歲就失去生母，必然在深層心理留下重大創傷。另一方面，繼母就是繼母，此乃人之常情。父親再婚後不久，全家便遷往布拉格。尤莉·洛維在布拉格長大成人，作為6個子女中唯一的女性，擔起「代理母親」的角色，像灰姑娘一樣勞碌終日，父母卻常常不是十分滿意。然而，跟她後來的兒子卡夫卡相反，尤莉·洛維從不抱怨。她幹練、大方、肯奉獻、有凝聚力，5位兄弟成人後彼此疏於往來，但都與她保持著親密關係。按終生好友布洛德回憶，「她是位安詳、善良、聰明異常、可以說是智慧橫溢的女人」。[106] 當然，在這樣的性格後面，她多半獨自要承受很大的心理壓力。她後來的兒子卡夫卡運用了心理分析的思路，認為她在丈夫面前壓抑自己，並未給他無條件的母愛，令他終生無法釋懷。

赫曼·卡夫卡的看法自然完全不同，他娶了尤莉·洛維。後來的事實表明，兩人從此患難與共，一生恩愛，這從1931年丈夫去年後尤莉·洛維寫下的一張紙條上也能看出來：

> 我親愛的已故的丈夫出生在沃塞克……他在30歲那年娶了我，當時，我們手頭只有一筆小小的存款，我們把它用來做買賣。我們兩口子十分勤快，生意做得紅火，漸漸地，我們有了一些小名聲。我一共生了6個孩子，現在活在世上的，只有3個女兒了。長子叫弗蘭茨，他的性格很軟弱，但他的身體倒是挺壯的，他是1883年出生的；兩年以後，我們又添了一個小男孩，他叫格奧克，他長得既健壯又漂亮，可惜，他在兩歲時就得麻疹死了；後來，我們又有了第3個孩子，但是，他還沒活到6個月，得了中耳炎，不久就死了，

105　1922年1月22日日記，引自《卡夫卡全集》第6卷，第444-446頁。
106　布洛德《卡夫卡傳》，第2頁。

他叫亨利希。現在，我們的 3 個女兒都出嫁了，她們的日子都還過得挺順心……[107]

就在寫下這張紙條的前一年，尤莉·洛維與丈夫一道，回了一趟娘家的故鄉波德布拉特，並留下一張珍貴的照片。兩位猶太老人分別 78、74 歲了，路旁開滿鮮花，他們相依並肩緩步，臉上的表情不敢說是幸福，但肯定可以叫做安詳，卻隱隱若有些無可言喻之情，微妙而令人心碎。背景上鮮花繁盛而朦朧，赫曼·卡夫卡滿頭銀髮，尤莉·洛維黑衣黑帽有似修女，令難言之情更其濃郁。尤莉·洛維眉頭微微蹙促，直視鏡頭，他丈夫則望著妻子腳下前方的地面，眼

卡夫卡的父母1930年在波德布拉特

神溫和而略有些依戀。他的手在身後握著手杖，高高的身材依然透出結實的優雅。畫面無言，卻仿佛說盡他們的一生：他們曾經苦熬，而且，他們一直如此熬過來。往前 12 年，他們和人類一道，熬過了就在奧地利祖國點燃的第一次世界大戰。往前 6 年，他們唯一長大成人的兒子弗蘭茨·卡夫卡英年辭世。3 位兒子都死在他們前頭，其中兩位出生不久即夭逝。往後 3 年，另一位差點也夭逝的奧地利同胞將當上德國總理，建立所謂「第三帝國」。這人出世那一年，弗蘭茨·卡夫卡不過 6 歲，天天由廚娘送往老布拉格肉市旁邊那所小學。這人後來吞併奧地利，佔領捷克，發動第二次世界大戰，屠殺猶太人。兩位老人的 3 位女兒——兒子的三位妹妹——無聲殞命，兒子最喜愛的「鄉村醫生」舅舅也罹難其間。同遭噩運的，還有兒子一位曾經的非猶太戀人、一位「洛維」姓氏的猶太摯友、一位猶太女友、一位大學時代的文學知己……不過那一切他們無由知曉：赫曼·卡夫卡和尤莉·洛維先後亡故於 1931 年和 1934 年。

生活中沒有旁觀者。所以，明徹的心智惟願我們警惕。

---

[107] 轉引自〔德〕克勞斯瓦根巴赫，《卡夫卡傳》，周建明譯，北京十月文藝出版社，1988 年，第 11 頁。

猶太人質的悲與興：卡夫卡的曠野漂流
第一部：「父親」與宿命

的確，日復一日，黑夜如期降臨。然而，夜複一夜，太陽總要升起，照好人也照歹人，輝映草尖的露珠，恰如太陽的天空降雨給義人，也給不義的人。

在太陽的天空下，人的生命雖然短促，但已然蒙恩如飛鳥、如青草。

然而，連青草生來也並非為蹂躪，何況一個人，一個民族，一個民族的一個人⋯⋯

最終，猶太人弗蘭茨·卡夫卡，赫曼·卡夫卡與尤莉·洛維的長子，他秉承了父母雙方的血脈，兩者性質迥異，然而融匯如一，形成獨特的生命底色，既飽含著卡夫卡家族的韌性和爆發力，也滿懷洛維家族的虔誠、含蓄、豐富、細膩、敏感——以及相應的脆弱。

意味深長的是，卡夫卡竟擁有母親的希伯來姓氏。與信仰虔誠的外曾祖父一樣，他也叫 Amschel!——這正是卡夫卡自己深情的記述。[108] 其時正值 1911 年年底，來自烏克蘭的東歐猶太依地語劇團已然喚醒他的猶太鄉愁——這篇鄉愁的日記滿懷溫情，既是追憶，更是尋根。深厚的猶太血緣往前回溯，最終融匯於「以色列——與父神摔跤的人」，如果還要再往前，就回到了先祖亞伯拉罕懷中，那是民族蒙恩的起點。

事實上，赫曼·卡夫卡奮鬥成功後，其公司信箋、信封上，就印著這種「卡夫卡鳥」——「長著漂亮尾巴的大頭鳥」。

再往後，卡夫卡不幸罹染肺結核，向死而生之際，也念念不忘自己是「一隻卡夫卡鳥」，生命中流淌著水乳交融的猶太血緣！

赫曼·卡夫卡的信箋

---

[108] 參見 1911 年 12 月 25 日日記。而且，絕非偶然，他也與外曾祖父一樣，堅持冬泳。參見 [奧] 魯道夫·福克斯，《回憶弗蘭茨·卡夫卡》，載布洛德，《卡夫卡傳》，第 269 頁以下。

如果站在卡夫卡生命的終點，那麼，洛維家族的虔誠，尤其是無比珍貴的恩典；然而，卡夫卡家族的堅韌，報之血肉模糊的砥礪，未辱恩典的重價。

奧秘先存於民族的血淚史。約二千七百年前的亞述之亂與巴比倫之囚，開啟了猶太民族的曠世亂離，大概因此之故，猶太母親受命於危難，站到命運的一線。[109]

然而，這個蒙恩的民族最終敬畏著一位大寫的父親，也是太陽的天空的父親，雨的父親，飛鳥和青草的父親……

因著這樣一位大寫的父親，一切的一切，之於卡夫卡，最終成就一個不二的品格。

這一品格指向文學，則令卡夫卡「肉身成言」，成就一位文學的卡夫卡。

這一品格指向彼岸，則令卡夫卡「言成肉身」，因太初之言（Word）而贖回自己，成就一位重生的人。

此乃後話。眼下，讓我們回到當前的主題，進一步瞭解卡夫卡的身世。

109　自亞述之亂及巴比倫之囚，猶太民族基本處於亂離狀態，大概因此轉而依母系計算血統。請綜合參考以下文獻：[美]魏道思拉比，《猶太文化之旅》，劉幸枝譯，江西人民出版社，2009年，第70～71頁；《聖經》：《創世記》《以斯拉記》《馬太福音》《路加福音》等；中國基督教協會《聖經百科全書》，第Ⅰ卷，第613～618頁。

第四章：「最瘦的人」：身世概覽

> 我，說得簡單一點，是一個洛維，身上有著某種卡夫卡式的氣質……
>
> ——弗蘭茨·卡夫卡

第一節：卡夫卡是誰？

弗蘭茨·卡夫卡，這位猶太人具體是怎樣一個人？他經歷了什麼樣的生活？遭受過什麼重大心理創傷？稟有何種性格特徵？擁有怎樣的人際關係？……

要回答這樣一系列問題，需要先作一個重要的討論，那就是：如何理解卡夫卡自己的主訴，尤其是他在日記中的主述。

卡夫卡的日記和部分書信——尤其致戀人書信和《致父親的信》——頻頻談及自己的身世，然而他的主訴往往與他人所述不盡相符。例如，首先，正如後面會大量看到，按照他的主訴，父親在他心中沒有多少光明面可言，然而，好友布洛德與他和他的家庭交往一生，瞭解甚深，對此卻有不同的看法：

弗蘭茨的父親勞碌了一生，商業上不無成就，然而也充滿憂愁和疾病，留下了一個兒孫滿堂的家庭，……他完全靠自己的勞動，幹練地、謹慎地、以犧牲和奮鬥建立了這個財丁兩旺的家庭，這個家庭及其豐裕的生活供給在弗蘭茨的想像力和創作中留下了深深的烙印。就這個意義而言，他對父親的崇敬是無限的，這種崇敬蒙上了英雄的色彩，由像我這樣不曾直接處於該家庭磁場內的，可以冷靜地旁觀的人看來，這種崇敬有其符合實際之處，亦有某些誇張的因素。對於卡夫卡感情的培養來說，這種崇敬具有根本性的意義。[110]

更直接的證據來自古斯塔夫·雅諾施，卡夫卡在公司的同事之子。兩人相識於 1920 年 3 月，很快結成忘年之誼。據雅諾施報導，某天兩人散步至卡

---

[110] 布洛德：《卡夫卡傳》，第 3 頁。卡夫卡曾極為罕見地承認：他對父親恐懼與崇拜等量齊觀。參見 1913 年 8 月 24 日致菲利斯。

夫卡父親的商號，恰逢卡夫卡父親下班回家，父子不期而遇，個中細節，雅諾施作了精彩的記敘：

商號中走出來一位高大魁梧的男子，身著深色大衣，頭戴漂亮的帽子。五步遠之外他停下腳步，等我們走近。

「弗蘭茨，回家吧，空氣太潮濕。」我們往前走時他大聲說。

「我父親。他擔心我身體。愛，有一副強力的面孔。有空來家裡坐坐。」卡夫卡用柔和的嗓音低聲說，聽起來有些特別。

我向卡夫卡鞠躬致意。他沒跟我握手便隨父親一道離去了。[111]

早先的青年時代，朋友聚會，卡夫卡常用「上面」一詞談論父親，其中顯然包含了布洛德所說的崇敬之情，反映了他的「父親情結」。1914年，他與戀人菲利斯第一次解除婚約，隨即向父母承認：父親自小是他模仿的偶像。據後來的戀人米倫娜透露，對於生活中的成功人士，卡夫卡充滿敬畏之情，其中就包括他的「上司」。在公司裡，他用「上司」一詞談論領導，與他用「上面」一詞談論父親相類似。每當此時，「他的臉由於敬重而放光。」[112] 關於這一點，卡夫卡自己在書信中也有充分表露。所長羅伯特·瑪律施納博士精力過人，富於組織才能，且擁有語言天賦，「充滿創造力」，卡夫卡十分驚訝，欽佩不已，並身不由己喜歡上了「生動的捷克口語」。絕非偶然，卡夫卡自己在工作中也是一把好手，例如，他的另一位上司歐根·普福爾就對他的工作能力感到「十分驚訝」。

事實上，卡夫卡對父親的感情是崇敬加敵意的矛盾複合體，這在他的一個夢中表現得十分鮮明，夢中，他與父親一道出行柏林，置身大都市的輝煌，卻遭遇一面牆的阻擋，父親身手不凡越牆而去，把他一人留在困境中，讓他備受傷害，當他好不容易爬到牆頭，父親卻身著皇帝的短上裝向他飛奔而來，給他擁抱和親吻。[113] 應該說，卡夫卡對父親的敵意，凸顯於其生命的某個階

---

111 譯自 Conversations with Kafka, pp.24。
112 布洛德：《卡夫卡傳》，第 233 頁。
113 參見卡夫卡 1912 年 5 月 6 日日記。

猶太人質的悲與興：卡夫卡的曠野漂流
第一部：「父親」與宿命

段，在其間遭到特別的強化，很大程度上出於自我心理誘導，源於當時的人生大策略，即純粹以文學為中心的取向，本書第九章將有更詳細的分析。

圍繞「父親情結」所表現的心理模式，暴露了卡夫卡深層心理的分裂——分裂為一個身體的「我」和一個內心的「我」。前者體現於人際關係，後者表露於絕對內心化的日記。例如，對公司幾位上司，他在生活中敬畏有加，日記中卻不時出語不敬。更典型的例子見於他與未婚妻菲利斯的戀愛，後面我們將看到，在這場戀愛中，卡夫卡寫下數量驚人的情書，無數個「親愛的」、「最親愛的」雪片般飛向對方，與此同時，日記中卻充斥著刻薄的分析。

日記之外也不乏分裂的例子。例如，卡夫卡終生抱怨自己的身體狀況不好，母親卻認為「他的身體倒是挺壯的」。真實的情況大概是，卡夫卡身體並不強壯，身高 1.82 米，體重卻只有 60 公斤，以至他自認為「最瘦的人」。其實，在布拉格和維也納這樣的「神經質型」都市，與他類似的人並不少見，在世紀末一代猶太精英中尤其常見，如馬勒、里爾克、維特根斯坦、斯蒂芬·茨威格等。事實上，卡夫卡身體素質好，否則他無法堅持長期的體育鍛煉和嚴格的素食，也無法支撐多年高標準的亡命寫作（「在腦門上猛擊一掌的書」、「劈開人們心中冰海的書」），包括熬夜、敏感、孤獨、單身、厭世、焦慮、疑病、失眠等等——其中每一項都是現代人所謂的「健康殺手」。卡夫卡能夠如此長期苦苦撐持，已然不凡。當然，毋庸否認，他的確也是在透支健康。母親心頭明白，心疼兒子，但拿他沒辦法，只能竭力周旋。例如，卡夫卡與菲利斯戀愛，母親即致信菲利斯，請她多關心卡夫卡：「他睡眠不足，吃飯很少，健康狀況越來越差，我擔心，只有當上帝向他招手時，他才會意識到這一點，但到那時為時已晚了。」[114] 後來的事情表明，母親不幸言中。

關於卡夫卡的「心理事實」，另一種情況也應稍加強調：那些自以為瞭解卡夫卡的人，其實並不一定真正瞭解他。更重要的是，卡夫卡知道別人不瞭解自己，並常作相關日記。例如，28 歲那年他曾寫道：

我從前的保姆……最近接連兩次來看我。第一次我不在，這一次我想獨自靜一靜，睡一睡，便讓他們告訴她我不在。她當年為什麼把我帶養得那麼

---

[114] 見《卡夫卡全集》，第 9 卷，第 65 頁。

糟糕，我當時可是個聽話的孩子；現在，她在前廳跟女廚和女僕說我小時候很乖，脾氣好。既然如此，她當年為什麼沒為我準備一個好的未來？⋯⋯她眼下在想，我是一個高大健康的男子，年方 28，喜歡回憶早年時光，一般而言不乏主見。然而，我現在被世界遺棄在這張沙發上，想睡，睡意卻不來，來也只是一掠而過，膝蓋因疲乏而疼痛，乾瘦的身子為自己將要在混亂中崩潰而顫抖，對此崩潰我不敢想得太多，頭腦中是可怕的痙攣。然而此刻，門外卻站著三個女人，一個稱讚我過去怎麼樣怎麼樣，另外兩個稱讚我現在怎麼樣怎麼樣。女廚說，我會直接——她的意思是說不會繞任何彎子——進入天堂。既然她這樣說，那當然就會如此。[115]

不出一個月，他再次寫下類似的日記，只不過，這一次的物件，是他自己的母親：

今天早飯時偶然跟我母親談到小孩子和婚姻的事，不過幾句話，但我第一次明白了，我母親關於我的看法是多麼錯誤和幼稚。她把我看作一個健康的年輕男子，只不過因為感覺自己有病而小受折磨，這種感覺會隨時間而消失；她想當然地認為結婚和生孩子自然會帶來最好的結局，而我對文學的興趣也就會降低，低到一個受過教育的人所必要的程度。[116]

無論內心對他人藏有何種看法，在實際生活中，卡夫卡總是富於教養，禮貌有加，他人則總是報以好感。上面那則關於兒時保姆的日記，即是典型一例。此外是他對待家中女僕的方式。卡夫卡對這位女僕有看法，但完全保持在內心。外出休假或出差，他給小妹奧塔爾寫信，會請奧塔爾代問親人，同時特別叮囑「當然也要以另一種口吻問候小姐 [女僕]」。卡夫卡 19 歲那年，即 1902 年，父母為三位妹妹請來一位家庭女教師，她日後回憶道：「這位年輕人又瘦又高，待人誠懇，很少說話。講話時他的聲音平靜、溫和。他經常穿黑色衣服，有時戴一頂圓形的黑色禮帽。我從來沒有見過他興奮的樣

115　譯自 1911 年 11 月 21 日日記。
116　譯自 1911 年 12 月 19 日日記。

猶太人質的悲與興：卡夫卡的曠野漂流
第一部：「父親」與宿命

子，也從來沒有見過他放聲大笑。」[117] 有必要指出，卡夫卡十分清楚自己寫日記的意義，就在上一條日記之後4天他寫道：

> 堅持寫日記的一個好處是，你清晰無誤地意識到你持續遭受的變化，一般而言，你理所當然地相信、推測和承認這些變化，然而，當就要從這種承認中得到希望和平靜時，你就會無意識地否認這種變化。在日記中，對於今天看來無法承受的情況，你找到證據，證明你從中活過來了，而且還四處打量，並寫下自己的觀察，寫日記的右手就像今天一樣運動；在這樣的時候，我們或許比過去聰明一些，因為我們能回顧過去的情況，正因為如此而得以承認我們過去鬥爭的勇氣，我們曾堅持鬥爭，哪怕僅僅出於單純的無知。[118]

兩年之後他又寫道：

> 讀日記使我受觸動。是因為我現在完全沒有信心了嗎？一切對於我都顯得是頭腦的虛構。別人的每一句話、每道偶然的目光，甚至已經忘懷的事、全然無意義的事，都會徹底顛倒我的內心世界。[119]

事實上，1910年剛開始寫日記不久，他就已經發出這樣的感慨：

> 我再也不會放棄寫日記了。我必須在日記中緊緊抓住自己，唯有在日記中，我才有可能緊緊抓住自己。[120]

檢閱全部卡夫卡日記，類似的自我強調再三出現，可見卡夫卡的生命與其日記具有何等深切的關聯。

可以認為存在著幾個不同的卡夫卡：親人面前的卡夫卡，朋友面前的卡夫卡，書信中的卡夫卡，日記中的卡夫卡，等等。一個卡夫卡分裂成幾個不同的卡夫卡，最後形成他作品中那個「復調」的卡夫卡。當然，問題還可以簡化一些：卡夫卡分裂為二，即日常生活中的卡夫卡和日記中的卡夫卡。

117　轉引自〔英〕尼古拉斯·默裡，《卡夫卡》，鄭海娟譯，國際文化出版公司，2006年，第40頁。
118　譯自1911年12月23日日記。
119　譯自1913年11月19日日記。
120　譯自1910年12月16日日記。

如果把卡夫卡內心的「我」看成「真我」，那就是一個非身體的我，而他的身體的「我」則是一個「假我」。卡夫卡把「真我」藏在內心，用「假我」與世界打交道，或者說，卡夫卡用他的身體與世界打交道，而他的內心世界則與這個身體相分離，在一邊冷眼旁觀，常常表現得十分刻薄，甚至怨毒。看來，正如一位作者的精彩表述，瞭解一個人，必須有人際與個人兩種角度，兩者缺一不可。[121]

客觀而言，對於卡夫卡，這是必要的心理平衡，否則可能導致破壞性後果，甚至瘋狂。卡夫卡自己則會說，是父親的暴政導致他恐懼人際關係。無論如何，人離不開人際關係，如果同時對之感到恐懼，就意味著分裂。就此而言，卡夫卡就像一條悲劇之蛇，自己咬住自己的尾巴。甚至可以說，他不幸分裂為兩條蛇，相互咬住對方的尾巴。強烈的心理作用，導致卡夫卡經常「放大」事實，最初多半出於無意識，但由於他超常的自覺，遂演變為「有意無意」。所以，必須對卡夫卡的「心理事實」持審慎態度。尤其是因為，分析卡夫卡的身世，我們常常無法繞開卡夫卡本人的主訴，所以，描述卡夫卡身世，若涉及卡夫卡本人的主訴，則需要特別小心。

然而，此處所論問題，另有側面，且意義重大，必須適當加以澄清。

也許，正因為卡夫卡能「放大」事實，所以，相比「正常人格」，他更能洞察真理。正如加繆所說，卡夫卡筆法驚人，纖細入微，為我們描畫出「明察秋毫的倫理學」。另一位作者總結得好：要記錄最微小的震動，就須有最靈敏的儀器；要感知至高的呼召，就須有最敏銳的靈魂。這樣的事業需要卡夫卡，而非強人、達人或「體魄碩大無朋的資本家」。卡夫卡完全清楚：自己的「心理事實」迥異於常人的「日常事實」。不僅如此，他還有意地利用自身「心理事實」強化兩者的區別。這是因為，卡夫卡需要一個完全屬於自己的「自由天地」。就此而言，他是一位天才的魔法大師。在本書的相關討論中，卡夫卡的主訴往往會被用作證據，說明其心理機制與世界觀的相互作

---

121 「認識一個人，需要瞭解他的孤獨，也需要瞭解他的喧囂。兩者缺一不可。」見林赫然，《From the Death I Come——林赫然箴言錄》，載《青年作家》，2006年第3期。也可參見林和生，《家園尋蹤》，四川人民出版社，2014年，第231頁。

猶太人質的悲與興：卡夫卡的曠野漂流
第一部：「父親」與宿命

用。這一相互作用支配他一步步走上「卡夫卡之路」，並最終形成看似複雜、實質明徹的「卡夫卡問題」。

第二節：老猶太城

1882年9月3日，赫曼·卡夫卡與尤莉·洛維在布拉格舊城廣場一座飯店舉行了婚禮。這年年底，夫婦倆張羅起一家批發店。下一年的7月3日，他們生下一個健康的兒子，取名弗蘭茨·卡夫卡，以紀念「猶太人的皇帝」弗蘭茨·約瑟夫一世（1830-1916）——這位皇帝當然不是猶太人，但他的政策給猶太人帶來好運，令猶太人心存感激。7天後，一位醫生按猶太教規為弗蘭茨·卡夫卡行了割禮，完成了「符號化」的民族傳統，打上了身體兼文化的種族標記。

卡夫卡的出生地，位於布拉格舊城廣場的東北面，舊猶太人區的邊緣。1883年7月3日，卡夫卡在這裡出生。

一家人最初的寓所是一座猶太人雜居的大樓。這是一座中世紀風格的建築，一眼看上去大而無當，本是一座古老的修道院，後改作劇院，10多年前又被改造成眼下的樣子。它位於舊城與新城結合部，大門外是一大片猶太貧民區，劣等酒館和妓院一溜兒排開。在這樣的地方安家可以省錢，也可以躲避捷克民族主義者的反猶騷擾。

大樓裡過道昏暗，牆壁潮濕，空氣不良，管道失修，居民成分複雜。一到夜間，老鼠出沒，暗淡的燭光渲染出中世紀的氛圍。在這裡，卡夫卡幼小的心靈一定留下了各種難以磨滅的印記，多年以後，他向青年朋友雅諾施談起這個話題，情不自禁流露出早年留下的心理陰影：

那些幽暗的角落、神秘的過道、模糊的窗戶、骯髒的庭院、嘈雜的酒館和關閉的餐館仍然活在我們心中。我們穿越新城寬闊的街道，然而，我們的步伐和目光卻是遲疑的。我們好像在貧困的老胡同裡那樣，內心仍在顫抖。我們的心一點也沒有感受到衛生條件的改善。存在於我們身上的不衛生的老

猶太城比我們周圍的清潔衛生的新城更現實。我們清醒地穿過夢境：我們自己只不過是過去的歲月的一個幽靈。[122]

這樣的地方不宜安家樂業，只是，家道初興，還得節儉為本。兩相權衡，前後多次搬來搬去，最終未能搬出「骯髒的舊猶太城」。直到大妹埃莉呱呱墜地，全家才另覓新址。於是，卡夫卡童年期整整六年，全部在猶太舊城度過，其間兩位弟弟又不幸早夭，正值卡夫卡四、五歲年紀，即心理學上「死亡恐懼」的形成階段，其深層心理必然留下創傷。多年以後，卡夫卡抱怨不幸的童年毀了他一生，「骯髒的猶太舊城」負有相當的責任。

然而，真正嚴重的問題還不在這裡。這個新興的家庭正在奮鬥的山坳上，零售生意正向大型批發轉型。赫曼·卡夫卡赤膊上陣，來去匆匆，東奔西走，大量採購女裝與百貨，再轉手批發給鄉間的行商小販——他們正是當年的赫曼·卡夫卡。尤莉·洛維則盡可能最大限度幫助丈夫——有什麼辦法呢？正如日後卡夫卡情不自禁的感歎：「你是猶太人呀！」猶太人要想擺脫不幸過上好日子，除了流血流汗別無他路。這是一個「貧者愈貧富者愈富」的世界，不做鐵錘，就只能做鐵砧，不爭先，就恐後，人性和生存的法則就是如此，猶太人更是無可奈何。尤莉·洛維挑起「全日制」的重擔，不僅獨當一面，還協助處理業務關係和勞資關係，為丈夫排憂解難。白天在商店忙生意，晚上回家，還要丈夫打牌，緩解心理壓力。兒子的生活和教育，幾乎全部雇人擔當。二十五年後，卡夫卡即將三十而立，正與菲利斯戀愛，其間情不自禁傾吐兒時的遭遇，流露深深的傷痛和遺憾：

我是6個子女中最年長的孩子。在我之後是兩個弟弟，還在嬰兒時便因醫生救治不當而病死了。於是我成了家中唯一的孩子，直到四五年後，三個妹妹才陸續來到人世……這就意味著，在很長一段時期內，我只能獨自面對各種各樣的保姆、年紀很大的奶媽、惡言惡語的廚子、面色陰沉的家庭教師，等等，因為，父母總是待在商店裡。關於這事，有很多話要說。[123]

---

122 《卡夫卡口述》，第74頁。
123 譯自1912年12月19-20日致菲利斯。

猶太人質的悲與興：卡夫卡的曠野漂流
第一部：「父親」與宿命

按照今天早期教育的理解，卡夫卡後來心理和性格上的問題，或許可歸因於父母的疏忽和家中的孤單。現存的全部卡夫卡照片，沒有一張有父母陪伴。不過，實際情況大概不會如此簡單。後來，三位妹妹依次呱呱墜地，然而，卡夫卡的心理環境卻未獲改善。恰成對照的是，儘管凡三位妹妹的照片也無父母陪伴，但她們都不存在所謂的「卡夫卡問題」，相反——按母親尤莉·洛維的說

卡夫卡的三個妹妹（從左到右）：瓦萊麗、埃莉和奧塔爾，奧塔爾是卡夫卡的小妹妹。攝於1898年左右。（柏林克勞斯‧瓦根巴赫檔案館提供）

法——「日子都還過得挺順心」，至少後來都正常戀愛結婚，組成家庭。就眼下而言，大妹埃莉最受父親喜愛，選邊站隊絕非卡夫卡。小妹奧塔爾與哥哥關係也一直有問題，直至卡夫卡後來不幸患病，並解除婚約，才發展出穩固的兄妹深情。[124] 自小，姐妹三人整天一起玩，從來就冷落哥哥。卡夫卡大概只有偷空扯扯她們的耳朵之類，照他晚年回憶，大妹埃莉的耳朵「完全不對味」，那當然是因為感情的隔漠。

這意味著，某種意義上，三位妹妹出生之前，「卡夫卡問題」應該已然存在，並可歸結為人際關係障礙，形成深層心理的孤獨，表現為焦慮、不安或恐懼。兩幅分別3歲、5歲的照片提供了生動的圖解：從小卡夫卡眼中，嚴重的不安和恐懼流露無遺。現代心理學界有一句名言：「3歲已經遲了！」意思是說，人的基本心理特徵，大約3歲左右已然形成。事實上，不安和恐懼，正是日後卡夫卡主要心理特徵之一。

或者可以說，卡夫卡早就「垮掉」了。後來三位妹妹對他的冷落，某種程度上，不是原因，而是結果。如此結果，自有其複雜的「發生學」原因，很難描述。只能推想，一位早慧的孩子，不幸獨處暗晦醜陋的猶太舊城公寓，怎麼發展健全的身心？30多年後，卡夫卡罹患肺結核，「向死而生」之際，

---

124 奧塔爾1918年致未婚夫達維德：「我同哥重歸於好了，我很高興，我們之間已不再有芥蒂。」參見《卡夫卡全集》，第8卷，第63頁。

某次致信戀人米倫娜，暗示「童年的陷落」導致「意志薄弱」。[125] 不過，即便這一推想不幸言中，也只能歸結為「發生學」的因素之一，恰如母親尤莉·洛維臨終之前的評價，兒子「性格很軟弱」。母親目睹兒子一生，眼睜睜看著他英年早逝，擔心、痛心之餘，一定多次與父親討論兒子性格的問題，並且大概流了不少淚。然而，人難有自知

卡夫卡和他最喜歡的小妹妹奧塔爾

5歲時的卡夫卡

之明，所以，父母親多半認識不到另一個決定性的「發生學」因素：父親，即赫曼·卡夫卡。他們更難意識到：在他們兒子眼中，父親並非唯一的罪魁禍首，父親有一位同盟，居然正是母親。他們的兒子認為，「父母同盟」傷害他，讓他自幼冷落與孤單。而且——冰雪聰明的卡夫卡知道——冷落與孤單只是現象，其實質乃在情感的分配和格局，用現代人的話說，是「家庭政治學」的結果。

第三節：「最瘦的人」

人的身心是一個綜合體，現代心理學稱為「身－心關聯」。就此而言，老猶太城的陰影也會體現為一個身心綜合體，當然，其中更複合著濃厚的歷史陰影，關聯著民族與家世。例如上一章那位魯道夫舅舅，按卡夫卡自己的陳述，他跟這位舅舅一樣，「先是患疑心病，後來真的病了」。情況之複雜在於，難以確定事情的因果：是心病投射（projection）成身病？抑或相反，心病不過是憂慮身病的後果？

當然，卡夫卡一開始並沒有病。按父親去世後母親那份陳述，她這位長子「性格很軟弱，但他的身體倒是挺壯的」。母親的陳述隱隱透露出某種微妙情緒。然而，至少成年後的事實表明，卡夫卡身體並不壯。1907年，謀職

---

125 參見《卡夫卡全集》，第10卷，第288頁。

83

猶太人質的悲與興：卡夫卡的曠野漂流
第一部：「父親」與宿命

之際，24歲的青年卡夫卡接受例行體檢，身高1米82，體重不到61公斤——體檢報告稱——

他身體瘦弱纖細。相對弱一點……由於早年患佝僂病，肺部右上葉跳動遲鈍。[126]

這與卡夫卡的經典自述基本一致：

就我所知，我是最瘦的人。[127]

1910年初，卡夫卡寫下人生首篇日記，其中赫然論及「對自己身體的絕望」，而且特別強調這是「真正的絕望」。這篇日記甚至暗示，自己的寫作其實也出於這一「真正的絕望」，因為這樣一種絕望「自始至終直接越過身體」——指向了寫作——所以，他據此進一步推論說：「作家都是在放屁。」這篇日記還表示，這一「真正的絕望」不僅是當下的絕望，也是「未來的絕望」。[128]

果然，近兩年後他在日日記中聲稱：自己恐怕活不到40歲，即便活到這個年齡，也會老得不成樣子。[129]

又過了兩個月，他竟就這一「真正的絕望」進行描述，證明自己確屬「最瘦的人」，其筆法之精細，令人歎為觀止：

我人生的一個主要障礙，顯然是我的身體狀況。這樣一副身體什麼也做不成。……身體如此虛

開始寫日記時的年齡

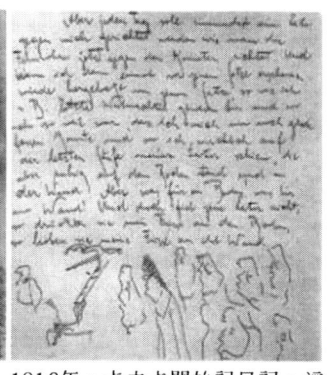

1910年，卡夫卡開始記日記，這是他的頭幾頁日記中的一頁。

126　參見[美]桑德爾·L.吉爾曼，《卡夫卡》，陳永國譯，北京大學出版社，2010年，第9～10頁；[英]尼古拉斯·默裡，《卡夫卡》，第56頁。
127　譯自1912年11月1日致菲利斯。
128　譯自卡夫卡1910年首篇日記
129　參見1911年10月9日日記。

弱,身材又如此瘦長,連最基本的脂肪都沒有,無法維持內在的熱量,精神也無法得到日常的滋養,除非傷筋動骨。虛弱的心臟近來頻頻令我煩惱,兩條腿如此細長,要讓血液通過,真難為它了!到膝蓋就夠它忙活了,到膝蓋以下必然精疲力竭。就算到了膝蓋以下,又該忙著往回趕——心臟力不從心,血液不得不在膝蓋以下滯留、耗費。一切都毀於我瘦長的身材。[130]

九年後,藉寫作著名的《致父親的信》,卡夫卡自己給出了兒童時代的回憶:

我瘦削、羸弱、窄肩膀,您強壯、高大、寬肩膀。在更衣間裡我已覺得自己很可憐了,不單單在您面前,在全世界面前也是如此,因為您是我衡量萬物的尺度。接著,我們走出更衣間,走到眾人面前,我抓著您的手,一副小骨頭架子,心驚膽顫,光著腳站在木板上,怕水,學不會您的游泳動作,您好心好意地一再為我做示範,我卻恨不得有地縫可鑽,萬分絕望。在這樣的時刻,我各種各樣的糟糕經歷都融會到一起了。……您有時先脫了衣服,我獨自待在更衣間裡,可以儘量拖延當眾出醜的時刻,直到您終於過來看是怎麼回事,把我趕出更衣間。[131]

卡夫卡接下來寫道:

我終日憂心忡忡……譬如,我為我的健康擔憂。起先是小有不適,這樣那樣的小病,諸如消化不良、掉頭髮、脊椎骨彎折等等;隨之,經過無數次的逐步升級,最後終於釀成了一場真正的病。……實際上我是個被剝奪了繼承權的兒子。因此,很自然的,我便對我最親近的東西,對自己的肉身也感到沒有把握起來了……[132]

事實上,寫《致父親的信》之前兩年,37歲的卡夫卡已然罹患當時的「白死病」肺結核,延宕多年後,最終死於肺結核轉移而成的喉結核。要知道,卡夫卡常年保持極為良好的生活習慣,並始終堅持體育鍛煉。他的食譜主要包括麵包、牛奶、蜂蜜、水果、乾果、蔬菜和「一點點肉」,可謂綠色。他

130　譯自 1911 年 11 月 22 日日記。
131　《致父親的信》,見《卡夫卡小說全集》,第 2 卷,第 327 頁。
132　《卡夫卡小說選》,第 542-543 頁。

熱愛散步、旅行、農作、日光浴等等健康生活方式，而且「騎馬、游泳、划船都很出色」（布洛德）。如此潔身自好，卻未能避免肺結核的悲劇，顯然與先天體質脫不了關係。

然而，「最瘦的人」既是事實，更是隱喻。

卡夫卡清醒意識到自己與父親之間能量的對比：

我之所以成為今天的我，這是（生命的基礎及其影響除外）您的教育和我的順從的產物。……是您的強大和我的弱小所造成的必然後果。[133]

這番話也來自《致父親的信》——「最瘦的人」卡夫卡面對「父親法庭」的陳述。

第四節：親情的指控

1919年11月，36歲的卡夫卡年紀輕輕就已「向死而生」，因為多年來，在童年陰沉的底色上，生活又給他添加了難以承受的內容。特別是兩年前，他不幸罹患當時所謂的「白死病」肺結核，隨之與兩度訂婚並正待完婚的戀人菲利斯揮淚訣別。兩年來，他深入研讀他的「精神鄰居」克爾愷郭爾，此人號稱「生存論 - 精神分析 - 宗教神學」的三位一體大師。他也研讀猶太同胞馬丁·布伯等。這些研讀幫助他進一步成長。加之其間因各種因素數度生命垂危，更經歷了第3次失敗的訂婚……此情此境，他秉筆寫下一封著名的家書《致父親的信》。

《致父親的信》其實是一本近4萬字的小書，堪稱一份自傳性的精神分析文獻。據說，《致父親的信》之深刻，甚至超過當時已成氣候的精神分析，這樣的說法來自卡夫卡的終生好友布洛德，而布洛德大概不知道，在後世人的眼中，他這位朋友將被視為生存論大師，而《致父親的信》也是這方面的一份重要文獻。

「最親愛的父親」，這封信就這樣開了頭：

133　《卡夫卡小說選》，第517-520頁。

最近您問起過我，為什麼我說畏懼您。如同往常一樣，對您的問題我無從答起，一來是確實我畏懼您，二來是要闡明這種畏懼涉及到的具體細節太多，憑嘴很難說得清楚。……寫信的時候也是畏懼的……[134]

一上來就是恐懼（「畏懼」）中套恐懼，整個一封信洋洋灑灑近4萬字，語詞鋒芒所向，直指父親的專制暴政，最後落實於婚事的失敗，進而歸結於有問題的父子關係：「對婚姻的要求之所以顯得疲軟，是有著其他的原因的。這就是您與孩子們之間的關係，整個這封信所探討的也正是這一關係。」[135]

卡夫卡稱，自童年時代，父親的專制和粗暴就讓他深受其害，其典型事件，「至今還記憶猶新」：

有一天夜裡我嗚嗚咽咽，吵著要水喝，當然並非真的因為口渴，多半是為了慪氣，部分是為了解悶。您聲色俱厲，幾番呵斥未能奏效，之後，您就將我從被窩裡拽出來，挾到陽臺上，關了房門讓我一個人穿著背心在那裡站了很久……後來，我大概也就馴順聽話了，可是我的心靈卻因此帶上了創傷。要水喝這個毫無意義的舉動，我覺得理所當然。被挾到外面去，我大受驚嚇……這二者我怎麼也聯繫不到一塊兒去。那個身影龐大的人，我的父親，他會幾乎毫無道理地走來，半夜三更將我從床上揪起來，挾到陽臺上。他視我如草芥，在那以後好幾年，我一想到這，內心就遭受著痛苦的折磨。[136]

由於這樣的傷害──卡夫卡論證說──他羸弱而敏感的天性飽受壓抑，導致嚴重的心理問題：「如今36歲了，一聽到父親說話的聲調，仍然情不自禁『發抖得厲害』。」在他筆下，父親的形象的確有點可怕：「喋喋不休的指責」「脾氣急躁」「使用威力、大叫大嚷和發脾氣」「暴躁」「聲色俱厲」「呵斥」「從被窩裡拽出來，挾到陽臺上，關了房門」「百般責罵、誹謗、凌辱」「完全麻木不仁」「當時不留情，事後不同情」「大聲嚷嚷」「專橫」「橫加指責」「辱罵」「罵，威嚇，諷刺，獰笑」「罵人的話不絕於我耳邊」「罵起人來毫無顧忌」「用威脅助長罵人」「狂喊著繞著桌子轉」「掛著冷笑，

134　《致父親的信》；見《卡夫卡小說選》，第509頁。
135　《卡夫卡小說選》，第553頁。
136　《卡夫卡小說選》，第513頁。

猶太人質的悲與興：卡夫卡的曠野漂流
第一部：「父親」與宿命

露出惱怒的神色」「指桑罵槐」「威嚇不絕於耳」「咆哮、咒罵和發怒」「別的蠻橫行徑」「專制暴君式的專橫態度」，等等。面對這樣一位父親，幼小的他的只能是「畏懼」「膽怯」「不安」「羞怯」「驚嚇」「恐懼」「自悲」「恥辱」「內疚」「嚇呆」「毛骨悚然」「罪責」「疲軟」……

如果瞭解卡夫卡的一生，就不難理解他為何如此「仇父」。然而奇怪的是，「仇父」之餘，他話鋒一轉，矛頭竟然指向了母親：

母親對我無限寵愛，這是真的，然而對我來說，這一切都跟我與您的關係，即那並不算好的關係相關的。母親不自覺扮演著圍獵時驅趕鳥獸以供人射擊的角色。如果說您用製造執拗、厭惡或者憎恨的感情來教育人在某種令人難以置信的情況下還有可能會將我培養為一個能夠自立的人的話，那麼，母親用寵愛、理智的談話（在紛亂的童年，她是理智的典範）、說情把這又給抵消掉了……我們之間沒有取得真正意義上的和解，[因為] 母親只是在暗地裡保護我免遭你傷害，暗地裡對我有所給予，有所允諾，結果我在您面前又畏首畏尾起來，又成為……自知有罪的人。[137]

卡夫卡的意思很明顯：問題不只是簡單的「父 - 子」雙邊關係，而是複雜的「親 - 子」關係——即「父 - 母 - 子」三角關係——其軸心是「父 - 母」同盟，其權威涵蓋了整個家庭，孩子們無不深受其害：

我要逃避您，那我也得逃避家庭，甚至還得逃避母親。雖然她總能給我們提供保護，但她也頗受您的掣肘。她太愛您了，她對您太忠貞、太順從了，致使在孩子們的這場鬥爭中，她不可能成為一種經久獨立的精神力量……隨著歲月的移動，母親與您日益情篤；一方面，當事情涉及到她自身時，她總是溫良恭謙地維護住她的最低限度的獨立性，而並不怎麼過分傷害您的感情。可另一方面，隨著歲月的增長，您對孩子們所作的判斷和批判，她卻愈來愈全盤接受，盲目附和……[138]

事實上，《致父親的信》一開始，卡夫卡就把矛頭指向了母親的血緣，即「洛維家族」的遺傳素質：

137　《卡夫卡小說選》，第 524-525 頁。
138　《卡夫卡小說選》，第 530 頁。

我當然不是說，單單由於受了您的影響我才變成今天這個樣子，這樣說未免太誇大了（我甚至傾向於這樣誇大其詞）。即使我在成長過程中絲毫不受您的影響，我也很可能不會變成您心目中[希望我成為的]那樣的人。八成我會變成一個羸弱、膽怯、遲疑不決、惴惴不安的人……我，說得簡單一點，是一個洛維，身上有著某種卡夫卡式的氣質，而推動這個洛維前進的卻並不是卡夫卡式的生命力、事業心、進取心，而是一種洛維式的刺激，它較為隱蔽、羞怯，它從另一個方向施加影響，且常常會猝然中止。[139]

《致父親的信》寫於11月初，據布洛德報導，卡夫卡曾聲稱他要通過母親向父親轉交此信。遲至11月下旬，信終於到了母親手裡，然而母親並未轉交，相反把信退還了卡夫卡。不難想像，母親這樣的做法應該正在情理之中，連布洛德站在外人的立場上都很清楚：「此信若果真送上去，效果必然適得其反：通過此信使父親理解自己的意圖根本不可能實現。」[140] 卡夫卡大概也意識到這一點。母親退回該信，他也不了了之。有人認為，卡夫卡沒有勇氣直面父親。然而，另一方面，卡夫卡清楚這封信的真正目的：其鋒芒所向，絕非單指父親，而是「父-母」軸心同盟——只要交到母親手中，就達到了基本的目的。

卡夫卡的家庭觀念是否正確，姑且不論。[141] 身處人生絕境，此信也可能出於自我宣泄、自我平衡——即「自救」——的無意識心理策略。卡夫卡在信中得以自由表達其「弒父情結」，有助於解除其深層心理壓抑。不過，就此處所論而言，我們的關切，主要是卡夫卡的心理事實：他是父親的受害者，而且，他是「父-母」軸心家庭的犧牲品。

讓我們站在傳統的「卡夫卡問題」之外，就此處所論作一個簡單的總結。

應該說，某種意義上，某種程度上，赫曼·卡夫卡並不失為理想的父親，他清楚自己肩負著多重壓力：自己是猶太人，也是丈夫、家長和父親。在弱

---

139 《卡夫卡小說選》，第510-511頁。
140 布洛德，《卡夫卡傳》，第13頁。
141 和諧的「親-子」關係取決於和諧的「父-母」關係。此外，以「父-母」關係為中心的家庭結構，也是《希伯來聖經》的原則。此點事關重大，另作他論。

猶太人質的悲與興：卡夫卡的曠野漂流
第一部：「父親」與宿命

肉強食的社會，身為猶太人，他必須忍辱負重。在此前提下，他必須愛護好妻子——這是《希伯來聖經》最基本的訴求——這意味著，他必須為全家的生存而拼搏，還要為教育兒女而盡力，為此無法絲毫懈怠。事實上，卡夫卡在《致父親的信》中也承認，父親經常不失時機善加鼓勵，例如，為了讓兒子儘快學會游泳，他不厭其煩，反復示範，等等。

猶太人赫曼‧卡夫卡深知生活的殘酷：物競天擇，適者生存。猶太人要做「適者」，更是難上加難。這位昔日的中士，今天勉為其難，權當「業餘教育家」。一方面，他多半會下意識從嚴要求，用士兵的標準訓練兒子，希望兒子像士兵一樣堅強、嚴明而粗獷。另一方面，當兒子達不到要求，「一點也模仿不了」，或者暴露別的問題，很可能又轉而恨鐵不成鋼，哀其不幸怒其不爭，被卡夫卡體會為專制和粗暴。父親是「卡夫卡家族」的傳人，稟有頑強的生命力，被卡夫卡總結為：「堅強、健康、食欲旺盛、聲音洪亮、能言善辯、自滿自足、高人一等、堅忍不拔、沉著鎮定、通曉人情世故、有某種豪爽的氣度」。然而，事情總有其反面。本來，商海沉浮足以讓人心力交瘁。回到家庭，精疲力竭之際，更難免情緒失控。加之兒子又是一位「洛維家族」的後代。不難想像，面對「羸弱、膽怯、遲疑不決、惴惴不安」的卡夫卡，赫曼‧卡夫卡很容易走火入魔，在客觀上造成不良後果。其實，卡夫卡並非完全無視這一點，他知道，自身諸多問題，不應盡都歸咎於父親，某種意義上，某種程度上，這些問題不是結果，而是原因：

我有您這樣的人做朋友、做上司、做叔父、做祖父，哦，甚至（即便已經有所躊躇）做岳父，我會感到幸運的。可是您偏偏是父親，而就我而言，您做父親太堅強有力了，特別是由於我的兄弟們幼年夭折，妹妹們又是多年以後才出世，於是我一個人就首當其衝，而我又太虛弱，大有不堪消受之勢[142]。

進而，他反過來站在父親的角度、設身處地作了如下的考量：

---

142 《卡夫卡小說選》，第 511 頁。

無論如何我也得承認，要是我有一個這樣沉默寡言、抑鬱不歡、枯燥無味、神色憔悴的兒子，我也會覺得無法忍受的，要是沒有別的辦法的話，那我大概也會避開他，逃之夭夭……[143]

卡夫卡的父親逃之夭夭了嗎？這個問題不好說。

但是，綜而言之，卡夫卡父子之間的能量對比十分不利於卡夫卡。於是，在「發生學」的意義上，最終形成了「卡夫卡氣質」。這一氣質「放大」了父親的作用和形象，既包括反面的放大，也包括，如布洛德指出的正面的放大。

143　《卡夫卡小說選》，第 553-554 頁。

第五章：父親的「法庭」：神經症之罪及其「反向作用」

你要求得到證明，馬上就有父親的詛咒為證；我的與父親搏鬥的希望是一幅絢麗的夜景。

——弗蘭茨·卡夫卡

第一節：「卡夫卡之罪」

藉助《致父親的信》，卡夫卡事實上列出了一份「受害清單」：

第一，恐懼。

卡夫卡是恐懼的化身。恐懼是他的命運密碼，也是進入其生命迷宮的鑰匙。恐懼是焦慮的極端形式，反之，焦慮是恐懼的日常形式，簡捷起見可概括為恐懼。

恐懼首先是直接的心理折磨。在《致父親的信》中，如前所見，卡夫卡大量使用了以下一類詞彙：「恐懼」「畏懼」「膽怯」「不安」「驚嚇」「嚇呆」「毛骨悚然」等，足證其害。關於這一點，本書導言已有充分展示，在那裡我們還瞭解了卡夫卡明確無誤的自我總結：他說，他整個人就由恐懼組成，他的本質就是恐懼。另一方面，恐懼也可間接體現為各類神經症，令卡夫卡深受其害，以下將另有分析。

需要強調的是，在《致父親的信》中，卡夫卡專門表述了其恐懼的一個特殊位格，他認為，在父親作為「專制暴君」的諸種特徵中，有一個重要特徵是「猜疑」，這導致他對人際關係的深刻恐懼，最後形成「一種持續的、對所有人的恐懼心理。」[144]

這是對人際關係的恐懼，事實上，它是整個《致父親的信》的核心問題。按卡夫卡的陳述，它不僅來自父親的猜疑，更來自父親的種種專制和粗暴。卡夫卡恐懼父親，一般而言，如果一個人恐懼父親，他就會恐懼生活，因為

---

144 《卡夫卡小說選》，第 536 頁。

第五章：父親的「法庭」：神經症之罪及其「反向作用」

父親不是別的什麼，正是「生活的代表」。但生活又是什麼？生活就是人際關係。順便指出，卡夫卡既恐懼人際關係，又無法脫離人際關係，最終必然形成某種程度的心理分裂，進而將恐懼內化為焦慮，引發神經症。

綜而言之，卡夫卡的恐懼最終體現為對人際關係的恐懼，這是「卡夫卡問題」的要點之一，本書第……章將有專門討論。

第二，自卑。

我常有的這種自悲 [卑] 感……卻都來自您的影響。按說，我需要多少受點鼓勵，得到點溫暖，您應該替我多少清除點我前進道路上的障礙才是，可是與此相反，您卻攔住了我的去路，您當然是出於好意，要我走另外一條路。可是，那條路我走不了……

……您原本出於好意，殊不知我卻羞得無地自容。此時此刻，我心灰意冷了，在這樣的時刻，我在各個領域取得的一切令人不快的經驗顯得何等協調。[145]

第三，恥辱。

我服從您的命令吧，是恥辱，因為這些命令是單為我而發的；我倔強吧，這也是恥辱，因為我怎麼可以對您倔強呢。

有一次我中肯地描寫（我自己）……「他擔心，他雖死而羞恥心猶存。」……

您拿話羞辱我，沒有比這次（有關性啟蒙的問題）更厲害的了，您對我的輕蔑也沒有比這次表現得更明顯的了。……您以此使我蒙受的恥辱，比之於在您看來我的結婚將會使您的名字所蒙受的恥辱，那簡直算不了一回事[146]。

第四，污穢。

145　《卡夫卡小說選》，第 513-515 頁。
146　以上見《卡夫卡小說選》，第 518、535～536、550 頁。「他擔心，他雖死而羞恥心猶存。」這一句最初為卡夫卡小說《審判》（又譯《訴訟》）的結尾，正式出版時有改動。

猶太人質的悲與興：卡夫卡的曠野漂流

第一部：「父親」與宿命

卡夫卡認為，當其少年時代，父母嚴重失職於兒子的性啟蒙和性體驗，以致不得不由同學補償。關於此事，卡夫卡心理曖昧，趁著與父母一道散步的機會，轉彎抹角引出話題。據卡夫卡的陳述，父親暗示可藉助妓女解除問題，就此「傲慢而粗暴地切斷了談話」。據卡夫卡稱，這不僅讓他的羞恥心「因此而大受傷害」，更讓他滾入了「污穢」的泥潭：

您勸我去做的事，在您看來是一種齷齪的勾當，在我當時的眼裡，那就更是如此。你願意想辦法使我不致將那齷齪的東西帶到家裡來，這是次要的，您不過是以此來保護您、保護您的全家而已。您對您的勸告取超然態度，您是個良家丈夫，一個純潔的人，您超越這些事情之上，這才是主要的；當時，這種觀點之所以深深刻印在我的腦海，很可能是由於我覺得婚姻也是傷風敗俗的事⋯⋯就這樣，您身上幾乎沒有一丁點兒塵世的污穢。而您卻用幾句赤裸裸的話語，將我推入了這種污穢的泥潭，仿佛我命中註定活該如此似的[147]。

第五，內疚。

就現代生存論 - 神學 - 精神分析的綜合理解，內疚可視為罪感的同義語。[148] 在一個無神的時代，罪感往往表現為心理學上的內疚，或者說，被詮釋為心理學上的內疚。《致父親的信》從頭到尾充滿了關於內疚的主述。在卡夫卡看來，內疚貫穿了自己一生大大小小的事件，特別值得強調：

您用威脅助長罵人的氣勢⋯⋯您狂喊著繞著桌子轉，要逮一個人的情景，看了也令人害怕。顯然您根本就還想逮人，可您卻做出這個樣子，而母親也就順勢做出救駕的樣子來。人家又一次由於您的惻隱之心⋯⋯而得以活命，從此就將這看作是您饋贈的第二生命，自己則感到受之有愧。⋯⋯

您臉上也會綻出一絲特別美、極其難得見到、恬靜、滿意、嘉許的笑容來，誰受您這一笑，都會陶醉的。⋯⋯[但]就連這種良好的印象也只不過造成了加深我的內疚，使我更不理解這個世界的作用，如此而已。⋯⋯

147　《卡夫卡小說選》，第 548-549 頁。
148　參見，E. 貝克爾，《死亡否認》。

第五章：父親的「法庭」：神經症之罪及其「反向作用」

母親只是在暗地裡保護我免遭您的傷害，暗地裡對我有所給予，有所允諾，結果我在您面前又畏首畏尾起來，又成為騙子，成為自知有罪的人。……這又加深了一層我的內疚……此外，您毫不含糊地表示，我好幾次都是罪有應得，早該挨打了，只是由於您的仁慈，我才虎口餘生，得以倖免，這不過又使我心頭積聚起極大的內疚而已。……

我能享用您給予的東西，然而我卻只能懷著羞愧、內疚的心情，拖著疲憊、虛弱的身體去享用。……

我只需提請您回憶一下早年的往事就夠了：我在您面前喪失了自信心，換來的則是一種無限的內疚……在跟別人相處的時候，我無法突然改變我的這種心理狀態，反而對他們懷著更深的內疚……

在這幾次結婚嘗試中集中體現了我所能支配的一切積極力量，另一方面，其中也恰恰憤然積聚了我曾將其描述為您的教育的必然結果的全部消極力量，亦即懦弱、缺乏自信和內疚，並且在我和結婚之間築起了一道真正的封鎖線。……

我的內疚實際上都源出於您，並且具有獨一無二的特色……[149]

第六，猶太信仰的失落。

恐懼是「卡夫卡問題」的要點之一。同樣，根據《致父親的信》，不難歸納更深切的要點，即猶太信仰的失落。這一要點，其實是恐懼的終極原因。所以，絕非偶然，《致父親的信》就此做出了痛苦的檢討。

卡夫卡認為，父親之所以讓他如此不幸，最終可歸結為猶太信仰的失落。他指出，本來，人生再多的不幸，都可借由猶太信仰獲得療救。他回憶說，小時候，他其實擁有猶太民族與生俱來的虔誠信仰，以及一種相應的「好的內疚」：

---

[149] 以上依次見《卡夫卡小說選》第 521、523-524、525、527、535-536、546、553 頁。

猶太人質的悲與興：卡夫卡的曠野漂流

第一部：「父親」與宿命

　　小時候，我經常為去教堂不夠勤，不過齋戒等等而自責，這與您的看法一致。我覺得這不是對自己，而是對您犯了過失，內疚感隨時會湧上心頭 [150]。

　　然而，不幸的是，父親的專制與粗暴，已然窒息了流淌於血脈的猶太信仰之根。論及此處，卡夫卡特別痛心。他認為，最初父親離開家鄉闖蕩生活，其時猶太教精神尚存。但是，隨著經商奮鬥的成功，珍貴的猶太教精神竟逐漸名存實亡：「一年裡頭您有四天到教堂[猶太會堂]去，您在那裡不像是個虔誠的猶太教信徒，倒更像是個漫不經心的局外人。」卡夫卡承認，猶太教精神並未在父親身上完全泯滅。「但要把它繼續傳遞給孩子就太少了。當您傳授時，它就只剩下微不足道的一小團兒了。」[151]

　　藉由一系列痛苦的檢討批評，猶太教的虔敬氣息撲面而來。這就是「卡夫卡問題」的神秘之一。一方面，如本書第五章所見，他的思想情感包含著極端悲觀的懷疑論。然而，另一方面，正如終身知己布洛德所言，卡夫卡稟有虔信者的寶貴品質，「絕對誠實」，相信存在著終極的「公正世界」。布洛德因而將卡夫卡歸入「神聖範疇」，視為「完美的聖人」。[152]

　　跟許多人一樣，卡夫卡有懷鄉病——那是他心靈深處的猶太鄉愁。「上帝已死」，卡夫卡的鄉愁為時代風塵所襲擾、為「理性的夢魘」所壓抑，甚至轉化為「軀體化症狀」，呈現為肺結核這樣的「致死疾病」。然而，鄉愁之根發源於民族深邃的歷史，稟有蒙恩的生命力，神奇而久遠，總有重新萌發的季節。在本書往後，我們會不斷看到這樣的萌發。我們將看到，隨著一次一次的萌發，猶太信仰之根將逐漸發育、發展和成長，最終成為參天的奇蹟。

　　當然，這是後話。就眼下所論，《致父親的信》所流露的猶太虔誠，可視為卡夫卡反抗父親的重大動向，其主要的憑藉，乃母系血緣的猶太虔誠。卡夫卡希望指出，面對艱難世事，父親基本上放棄了猶太信仰，差不多異化

150　《卡夫卡小說全集》，第 342～344 頁。
151　參見《卡夫卡小說全集》，第 342～344 頁。
152　布洛德，《卡夫卡傳》，第 43 頁以下。

第五章：父親的「法庭」：神經症之罪及其「反向作用」

為一位異教徒。悲哀的現實也是不幸的象徵：就像當年猶太人海涅改宗基督教，當父輩向世俗投降，猶太薪火也風雨飄搖，而將下一代暴露於危險的世界，因信仰的缺失而骨瘦如柴、赤身裸體，有如歷史的孤兒，因「欲望/恐懼」的滔天紅塵而備受傷害，在「骯髒」與「污穢」中身不由己。

謂「欲望/恐懼」、「骯髒」、「污穢」，無非是「罪」的換喻。事實上，它們都內含於卡夫卡的「受害清單」。

然而，「罪」是什麼？

按照「罪」的譜系學，它源自「原罪」，表現為「罪愆」、「罪過」、罪行」或「罪責」，可引起「罪感」。就眼下所論，卡夫卡的「受害清單」——恐懼、自卑、恥辱、污穢、內疚等——可以歸結為罪感。前面說過，按現代生存論-神學-精神分析的綜合理解，內疚與罪感同義——卡夫卡作為生存論大師深諳此點——其他如恐懼、自卑、恥辱、污穢等等，不過是罪感的不同轉喻。整個《致父親的信》，其中心是一個罪字，其落點即一個哈姆雷特式的拷問：「有罪還是無罪，這是一個問題！」

卡夫卡在信中反覆強調，父親的暴政讓他從小自知有罪，自認罪有應得。一個罪字，劃分了他和父親的世界：「凡是您認為清白無辜的，我可能就認為是一種罪過，反過來也如此。」更嚴重的是：

> 在我眼裡世界就分成了三部分。我，是個奴隸，生活在其中的一個世界，受著法律的約束，這些法律是單為我發明的。而我，不知為什麼，卻始終不能守法。然後就是第二個世界，它離我的世界無際遙遠，您行使著統治權、發號施令並且還因您的命令得不到執行而生氣。最後還有那第三個世界，其餘的人都在那兒過著幸福而自由自在的生活……[153]

奴隸就是罪人，必須受法律的約束。法律意味著法庭的訴訟和審判，而父親代表著法律和法庭，事實上，既代表著卡夫卡全部的生活，也代表著整個的現實世界。就「上帝已死」之意，父親就是上帝的僭越者、替代者、一

153　《卡夫卡小說選》，第 523 頁。

猶太人質的悲與興：卡夫卡的曠野漂流
第一部：「父親」與宿命

個不合法的上帝。卡夫卡認為，在他與父親之間存在著一場「可怕的訴訟」，一場審判，它具有「不由分說」的性質，因為：

> 在這場訴訟中，您聲稱您始終是法官……[154]

從《致父親的信》結尾處可以看出，「有罪還是無罪」的問題籠罩了卡夫卡內心，這顯然是因為父親虛假的「上帝」身份使然。唯其虛假，他才感到壓抑、不義、不公正。終其一生，卡夫卡始終在探討「法庭」、「訴訟」、「審判」、「判決」等問題，不僅針對親子關係，也針對婚事糾紛；既在工作中較真，也在日記和書信中考量，更在創作中構制——其代表作《判決》、《審判》、《城堡》等都是典型例子。面對父親的法庭，他要為自己洗清罪名，至少要就「有罪還是無罪」提出申辯。此乃後話。就眼下所論，我們就「卡夫卡之罪」和「罪感」略作深入探討，考察其神經症的細節——因為罪感的另一個定義就是神經症。

第二節：「反向作用」與「絕對掌握」

還是那個問題：罪是什麼？

某種意義上，罪就是孤弱渺小。

事實上，恐懼、自卑、恥辱、污穢、內疚等等本身就意味著孤弱渺小。

面對高大強壯的父親——在上一章所謂「身 - 心關聯」的意義上——卡夫卡痛感自己的孤弱渺小，精彩地隱喻著他的「卡夫卡之罪」。

人的本能無法承受自己的孤弱渺小，並因而產生罪感。當此情況，如果沒有信仰來汲收罪感，當事人就會成為心理學上的神經症患者。

這絕不是一個隨隨便便的結論，而是精神分析的終極進展之一，是克爾愷郭爾和奧托·蘭克兩位天才人物的驚人洞見。這一進展彙聚了生存論、心理學和神學各自的努力，揭示了現代人普遍的不幸狀況，及其深層心理機制。

---

[154] 《卡夫卡小說選》，第 533 頁。

第五章：父親的「法庭」：神經症之罪及其「反向作用」

罪和神經症是同一個硬幣的兩面，在「上帝已死」的時代，兩者都代表著當事人——因其孤弱渺小——的無意識心理反應，表現為心理事實的膨脹（如世俗人本主義或浪漫主義），表達為自身之內的所謂「創造」，其負面效應，即針對日常生活的理性「放大」，並必然具體到細微末節的「控制」：

> 與自己的宗教前輩全然無異，神經症類型也為罪感（consciousness of sin）所折磨，不同的是，他不相信罪的概念——他因而成為「神經病」。他在感覺上是一個罪人，但又不相信宗教意義上的罪，對於罪，他需要一種理性的解釋。[155]

奧托·蘭克跟卡夫卡一樣，是一位猶太天才，弗洛伊德的精神傳人，他這段精彩論述，對於卡夫卡身上的「理性人格」，堪稱絕妙寫照。「理性的」卡夫卡既屬共時概念，也屬歷時概念。對於這樣卡夫卡這一位格，其悲劇即在於：面對代表整個生活與世界的父親，他是一位罪人，同時又無話可說。在父親這位虛假「上帝」的法庭之外，就其「理性」位格而言，更高級的「法庭」——如猶太信仰——尚待見證與確立。卡夫卡因而成為神經症，如蘭克所描述，苦於尋找理性的解釋，從而深陷「理性的夢魘」。布洛德保留了卡夫卡青年時代的一句重要言論：

> 必須把自己限制在絕對掌握的領域內。[156]

藉由「反向作用」（reaction formation），孤弱渺小竟然巫術般轉化為「絕對掌握」，正是神經症的典型特徵。帶著這樣的特徵，針對自身的孤弱渺小，沿著相反的方向，卡夫卡會下意識「放大」所有細微末節的事情。這是神經症的終極心理機制，也是完美主義和偏執人格的精神奧秘。我們將看到，卡夫卡屬於典型的偏執人格，就其「他的 - 存在」（sein），事無鉅細，無不關聯著他整個生活的意義，密不可分。所以，他無法不執著，以至無所

155　［奧］奧托·蘭克，《超越心理學》。有必要強調兩點：第一，神經症通約於罪，其背景為本書第七章討論的「同體大罪」；第二，精神分析借此揭露神經症之罪，傳遞了拯救的愛與力量。相反，如果否認神經症的罪性，精神分析就淪為罪的文飾，自身墮落成僭越之罪，暴露其「自因」（causa sui）的分裂、虛假與瘋狂，在扮演「上帝」的過程中遲早破產。
156　布洛德，《卡夫卡傳》，第 170 頁。

猶太人質的悲與興：卡夫卡的曠野漂流
第一部：「父親」與宿命

不用其極。對此，他自嘲為來自父親的「病態的意志」或「慳吝」[157]，見證於他的寫作、婚戀、性愛、素食、鍛煉、冬泳、患病、信仰等方方面面。除布洛德所謂「神聖範疇」、「文學範疇」和「道德範疇」（詳後），其典型表現恐怕要數他的體育鍛煉。布洛德報導說：「無論什麼季節，他都開著窗睡覺，……他總是穿著單薄的衣服，冬天亦然。」魯道夫·福克斯的報導更為生動：

> 夜裡我們有一次同不少人一起去葡萄園。那是冬天，冷得可怕。卡夫卡穿著一件薄薄的大衣。韋爾弗因見他穿得太單薄而纏著他勸說。卡夫卡說，他在冬天也洗冷水澡。他樂呵呵地聽任別人笑話他。尤其是韋爾弗一個勁地取笑他，韋爾弗對他這個夥計非常關心。我記得，那時我們正站在葡萄園的渡槽上。卡夫卡撩起褲腿，在寒冷的夜裡展示他赤裸的小腿肚。
>
> ……然後我在他生命的最後時期見到過他。他變得很瘦，嗓音沙啞，呼吸困難。在寒冷的天氣中他仍然穿著一件薄薄的大衣，在街上他讓我看，他的大衣是多大寬大，穿著它是多麼舒適，不至於壓緊胸口影響呼吸。他在這件大衣裡活動自如。[158]

如此完美主義，如此偏執，在常人看來純屬自虐。此乃他話。無論如何，在偏執訴求和完美主義背後，潛伏著反向的心理態勢：相對於內心的期望值，當事人會悲歎自身能量之貧乏、力量之渺小。期望值越高，自卑感就會超強。

不幸，這正是卡夫卡的模式。在試圖「絕對掌握」的同時，他會反復悲歎自身力量的渺小：「再小的阻力對它而言都太大了」。一個簡單的日常生活話題就會讓他不知如何是好：「對於我來說，這個題目太大了。我只能向你講述全部事情的千分之一，而現在寫在紙上又只剩下千分之一中的千分之一，而我所能向你講清楚的又只是這剩下的千分之一中的千分之一了。」也

---

[157] 參見：1916年8月27日日記；《卡夫卡小說選》第531頁——卡夫卡在此處還作了「反向作用」的論證：「慳吝無疑是深刻的不幸的最可靠的標誌之一。」這其中也隱涵著猶太人的「成功心理學」。並參布洛德《卡夫卡傳》第104頁。關於患病：「不管怎樣，今天我對肺結核的態度，就像小孩子對母親的裙角，緊緊抓住不放。」譯自1917年7月中旬自屈勞致布洛德。

[158] 轉引自，布洛德《卡夫卡傳》，第269-272頁。布洛德的報導則見該書第104頁。

就是說，卡夫卡會「放大」所面對的物件，放大到足以令自己產生壓抑、焦慮或恐懼的程度。用他自己的話說，一旦面對那些決定命運的相關人事，他的眼睛就會「因此變成顯微鏡似的」。例如，下面將看到，還兒童時代，很長一段時期，他就這樣「放大」過家中的女廚子，結果令他苦惱了一輩子。對於這種「放大」心理，卡夫卡自己作了高度概括的總結：

一切障礙在摧毀我。[159]

所謂「一切障礙」，如前所述，首先意味著一切人際關係。由此產生的「摧毀」，正是追求「絕對掌握」的必然結果，因為人際關係恰好最難掌握，試圖「絕對掌握」，最終必然失控，結果「爆發」為神經症。

絕非偶然，在其謀職的布拉格工傷事故保險公司，如此失控，就曾驚心動魄「爆發」過一次。那是一次神經質的大笑，見證了催人淚下的荒唐及慘痛。當時，董事長在上面作報告，他覺得董事長言行舉止可笑，便無法控制自己，偷偷笑起來，然而，一種恐懼攫住了我……我的同事用他的餘光警告我，我也恰好正試圖控制自己，他的警告適得其反……我看到我的同事們由於怕被此舉傳染而驚惶失措，相對於己，我更同情他們，但我無法克制自己，我……無助地緊盯著董事長的臉，無法轉過臉去，……誰也不知道我到底笑什麼；大家都開始覺得很尷尬……我不停地笑……世界完完全全消失了，耳邊只剩下我響亮的、毫無顧忌的笑聲……周圍一切都沉寂下來，大笑的我最終成為焦點。我笑的同時兩膝也因我內心的恐懼顫個不停，為此，同事們也不由自主地笑起來。但我醞釀已久的笑中埋藏的恐怖他們卻領會不到……我為自己的笑向大家多次致歉，也許每次都顯得分外真誠，但其間我又屢屢笑起來，令人費解。自然連董事長也糊塗 [起來……] 我第一個大笑著卻又備感不幸地踉踉蹌蹌跑出房間……[160]

159　引自卡夫卡，《筆記本和散頁中的斷簡殘篇》，見《卡夫卡全集》，第 5 卷，第 153 頁。後面還將討論卡夫卡創造力的來源之一：其心理「放大」機制轉而成為其武器。
160　1913 年 1 月 8-9 日致菲利斯，見《卡夫卡全集》，第 9 卷，第 200-202 頁。又據卡夫卡透露，他單位的同事不時會充當「外行的精神病醫生」，對他作安慰性的診斷。參見卡夫卡 1916 年 5 月 11 日日記。

猶太人質的悲與興：卡夫卡的曠野漂流

第一部：「父親」與宿命

卡夫卡一生患有人際關係恐懼症。孤獨是他的常態。布洛德曾辯稱卡夫卡並非孤獨人格，然而卡夫卡生前好友魯道夫·福克斯則提出了相反的觀點，相當中庸、平衡，並例舉了有說服力的事實：

人們經常可以碰到單獨一人的卡夫卡，在布拉格的馬路上，在花園綠地中。假如有人陪伴他，絲毫也引不起他的興奮。他願意避免談自己……

他總是……準備著讓別人來瞭解自己，即便只是通過很少的、簡短的、往往是很匆忙的話語，即便只是通過意味深長的沉默（這點是不會搞錯的）……他是許多人的朋友，儘管他只允許很少的人成為他的朋友。[161]

至少，相對於常態人格，內心的孤獨是卡夫卡不自覺的取向。固然，因為全身心投入文學創作，他需要藉孤獨加以自我保護（參見本書第六章），這是他有意識的生活策略。另一方面，就人之常情他並不情願孤獨，然而——這正是事情的微妙之處——無論是否情願，他事實上顯示了孤獨人格的特徵。就此而言，孤獨乃是他無意識的深層心理策略。

兩方面綜合起來，借用他自己的話說，一切人際關係都在威脅他、摧毀他。他因而一步步退卻，甚至試圖與唯一密友布洛德斷交，以便在絕對的孤獨中實施其「絕對掌握」。連布洛德也不得不承認：

這種觀點有時候當然會將他引導到一種境地，使他向內地痛苦地完全蜷縮起來。他想要脫離一切，最終也包括放棄與我的交往。[162]

這種試圖「絕對掌握」的心理傾向，被 R.D. 萊恩稱為「精神分裂性防禦機制」，萊恩就此曾作專門論述，而且，絕非偶然，其案例正是卡夫卡：

精神分裂性的防禦「現實」的機制，存在著重大的問題。在這種機制中，現實中的危險因素和威脅性質，有被不斷延續和強化的趨勢。自我參與生活是可能的，但同時必須面對劇烈的焦慮。卡夫卡對此知之甚深，他說：唯有

---

161 《回憶弗蘭茨·卡夫卡》，引自布洛德，《卡夫卡傳》，第 270～271 頁。布洛德的辯稱則見於該書第 103 頁。

162 參見布洛德，《卡夫卡傳》，第 170～171 頁。一個值得注意的現像是，卡夫卡終其一生（即便病入膏肓之際）都沒有放棄與家中那條狗的交往，甚至留下一張合影。從精神分析的角度看，這條狗意味著人際關係的某種替代，也是卡夫卡孤獨生活的旁證。

通過焦慮，他方能參與生活；也正因為如此，他無法沒有焦慮。對於精神分裂性的個體來說，直接參與進生活，會使他感到一種持續的危險，那就是被生活摧毀，因為，正如我們說過，自我的孤獨狀態實際上是自我的一種努力：在自主性和完整性面臨威脅時維護自身的存在。[163]

萊恩天才的論述直指卡夫卡神經症的根源，即父親所導致的恐懼，尤其對人際關係的恐懼。人際關係是生存的基礎，因此，恐懼人際關係必然導致心理分裂：即對於人際關係的「渴望／恐懼」——既渴望又恐懼，越渴望越恐懼——表現為他日記內外的分裂、對父親的「崇拜／恐懼」、尤其是對婚姻的「渴望／恐懼」——因為婚姻是人際關係的集中體現與終極象徵。

據報導，卡夫卡在朋友面前「非常快樂，經常哈哈大笑，……健談，而且大聲說話」，但在公司裡卻極度敏感與壓抑，往往沉默寡言，甚至「微微打顫……仿佛縮成了一團，用明顯的懷疑的目光從下面看著他的對方，好像他片刻之間就要挨打似的」。[164]人際關係方面的分裂會滲透擴散到其他方面，例如，卡夫卡的面部特徵就給一位元作者留下深刻的分裂印象：早慧又沉重；眼神生動，但神思恍惚；表情壓抑，卻顯得滿不在乎。

要命的是，卡夫卡如此敏感，對於自身的恐懼與分裂，他多半具有強烈的自我意識，可能形成克爾愷郭爾所謂「恐懼的恐懼」，或弗洛伊德所謂「內化的恐懼」，進一步導致嚴重的神經症。

卡夫卡的神經症不僅指向人，也指向事，既牽涉翻雲覆雨的人際關係，也包括他自己、自己必須面對的業務工作、生理上的小災小病等等。每一個小障礙都被「放大」，而各種障礙則被「放大」為「一切」。布洛德報導說：

---

163 ［英］R.D. 萊恩，《分裂的自我——對健全與瘋狂的生存論研究》，林和生，侯東民譯，貴州人民出版社，1994 年，第 82 頁。
164 《卡夫卡口述》，第 9 頁。從本書中還可找出卡夫卡大量心理分裂的表現。而馬丁·布伯則會說，這是猶太民族二重性的典型個體表現

猶太人質的悲與興：卡夫卡的曠野漂流
第一部：「父親」與宿命

卡夫卡對任何健康受損狀況都很敏感。——身體的任何不完美感都能折磨著他，比如頭皮屑或便秘或一個未曾完善發育的腳趾都會令他深感不適。[165]

終其一生，卡夫卡飽受神經症折磨，包括嚴重的失眠、對雜訊的極度恐懼等等。一位元生前好友報導了卡夫卡對雜訊的恐懼：「他用往耳朵裡塞棉花的方法來抵抗噪音。」[166] 而且，布洛德所論的卡夫卡，尚是一位風華正茂的青年，因此，問題的性質就更顯嚴重。事實上，布洛德上述回憶所涉，乃1910年10月幾位朋友的巴黎之旅。那年，卡夫卡年方27歲，卻因一個小小的瘤子而「嚇得夠嗆，導致了這次巴黎之旅的失敗」。1912年2月，東歐猶太依地語劇團結束在布拉格的巡演，告別晚會上，卡夫卡應邀發表演講，結果爆發了神經症。整整十天，他緊張不已，連日記也中斷了。講稿準備期間，不斷發作「無法控制的痙攣」，根本無法安穩。「膝蓋在書桌下發抖，要靠兩隻手緊緊壓住……身體如此乏力！眼下這寥寥數語，也只能出自虛弱的力量。」演講前，他夢見自己的演講「旋律起伏」，朗誦出他所崇拜的歌德的語句，整個身體走遍了句子的重讀音節。後來他演講成功，居然又激動得「一夜輾轉燥熱無眠」。

這類失控的「放大」都是典型的神經症表現。另一類典型表現是，他總是傾向於單一的歸因，例如，把一切——包括婚姻的失敗等——全部歸因於父親，等等。有趣的是，卡夫卡對此頗有自知，他認為，他的神經症是針對父親專制的「唯一」防禦機制，以免「因恐懼和自知有罪而導致神經錯亂」。就此而言，卡夫卡不幸有類於一條悲劇的自因（causa sui）之蛇，自己咬住了自己的尾巴。

我終日憂心忡忡，為自己發愁……對自己的肉身也感到沒有把握起來了。我長得身材細長，真是毫無辦法，由於不堪重負，腰背逐漸佝僂。我幾乎不敢動彈，鍛鍊則更是不敢問津，因此我身體一直孱弱。對我還擁有的一切，我都視為奇蹟，感到十分驚詫，譬如，我的腸胃居然還不錯。這一驚詫可壞

---

165 布洛德，《卡夫卡傳》，第103頁。
166 《回憶弗蘭茨·卡夫卡》，參見布洛德，《卡夫卡傳》，第269頁以下。

第五章：父親的「法庭」：神經症之罪及其「反向作用」

了事，就此我失去了一副好腸胃，直到後來我做出超凡的努力盼望結婚時（關於這個問題，我後面還要談到），我竟從肺裡咳出鮮血……[167]

卡夫卡的確是一個典型的例子，映證了現代精神分析關於罪與神經症的研究。當一個人像卡夫卡那樣遭受了無法釋放的心理壓抑，就會產生如下的衝突公式：生之渴望／死之恐懼＝生之恐懼／生之渴望，並形成罪感和神經症。

卡夫卡之所以覺得自己脆弱不堪，是因為他深感自己不幸和自卑，無法直面父親所代表的生活，無法處理世界的恐怖。然而，他內在的心理能量又必須表達，其結果之一就是神經症。卡夫卡無法放棄他的症狀，沒有神經症他無法生活。如果一個人把所有的雞蛋都放進一隻籃子，那麼，為了親愛的生活，他只能死死攥緊這只籃子。然而，悲劇之處在於，如果一個人想要「絕對掌握」，以便贏得世界，那麼，他大概只能被恐懼所控制。恐懼轉而瓦解「絕對掌握」的意向，結果反致自我放棄。

這就引出卡夫卡另一大心理特徵，即「全有－全無」的反應模式，某種意義上，也可視為克爾愷郭爾「或此－或彼」的卡夫卡版。當事人偏執、堅韌，然而，一旦超過自身極限，就可能爆發反向的極端反應，表現為消極的「絕望一躍」。例如，寫作不被父母親理解，卡夫卡就會想到自殺；婚戀磨合中，也多次萌生自殺念頭；不幸罹患肺結核，從負面說，反而啟發了一個自我放棄、慢性自殺的過程；卡夫卡反復表示輕生取向，但任何時候都高度神經質，嚴重焦慮於生理上的小病小恙。凡此等等，都是「全有－全無」的典型表現。

第三節：「絕對掌握」VS「懸而未決」

罪與神經症，這個話題剪不斷，理還亂。圍繞卡夫卡，尤其涉及其文學創作的深層誘因，我們還將深入討論。而單單一個「罪」字，就其古典含義，更是不勝吾人之擔當。

就眼下所論，讓我們繼續保持精神分析的張力，關注「絕對掌握」的誘因，即「懸而未決」的親在。大體上可以說，正是「懸而未決」的親在，導致了「絕對掌握」的心理特徵，然而，也導致了這一特徵的鏡像：優柔寡斷。

---

[167] 《卡夫卡小說選》，第 542-543 頁。

猶太人質的悲與興：卡夫卡的曠野漂流
第一部：「父親」與宿命

在《致父親的信》中，卡夫卡明確承認：自己是一個惴惴不安、遲疑不決、優柔寡斷的人。稍早一些，布洛德出於朋友的責任感明確指出，卡夫卡身上的確存在優柔寡斷的性格問題，並加以坦率的批評。更早的時候，與菲利斯熱戀期間，卡夫卡主動向菲承認：「在我認識的所有人中，我最反覆無常。」[168] 日後，另一位戀人米倫娜提供了更生動的報導：

> 他[卡夫卡]按照格式寫好電文，搖著頭去找他最喜歡的一個小視窗，於是（絲毫無法理解為什麼）從一個視窗直到另一個視窗，直到碰到合適的，然後他數好錢，拿到找頭，點一點收到的零錢，發現人家多給了他一個克朗，把這個克朗還給坐在窗後的小姐。然後他慢慢走開，再點一遍錢，在最後一道樓梯上他發現那給還的一個克朗仍然應該是他的……他兩腳交替落地，考慮該怎麼辦。走回去是困難的，上面擠著一堆人。「讓它去吧」，我說。他震驚地看著我。怎麼可以算了呢？他並不是為這個克朗難過。但這樣不好。這根本不是一個克朗的問題。怎麼能聽之任之呢？他就此說了很多，對我非常不滿。而這樣的事重複發生在每個飯店裡，在每個女乞丐那兒，以各種各樣的形式出現。有一次他給了一個女乞丐兩個克朗，想要收回一個。她說她沒錢找。我們在那裡站了兩分鐘，考慮怎麼辦這件事。後來他想起來，他可以把兩個克朗都給她。但剛走開幾步，他就變得悶悶不樂。[169]

的確，從心理現象上講，卡夫卡是一個極度優柔寡斷的人，而且，如下所見，優柔寡斷也是卡夫卡生命現象的重大特色。然而，這一神經症背後，存在著更深層的心理原因，《致父親的信》就此作了深入分析，其出發點正好是罪——以及——罪的審判：

> 您幾乎從來沒有怎麼認真打過我，這也是事實。可是那叫喊聲，那漲得通紅的臉，那急忙解下吊褲帶的動作，吊褲帶放在椅背上的那情景，這幾乎比真的打我還令人難受。就好比一個人該處絞刑，他要真處了絞刑，那他也就死了，倒也就沒事了。倘若絞架上的一切準備工作他都得身臨其境，只是

---

[168] 1913年1月21日致菲利斯，見《卡夫卡全集》，第9卷，第225頁。
[169] 米倫娜致布洛德，1920年8月初，轉引自，布洛德，《卡夫卡傳》，第232頁。

第五章：父親的「法庭」：神經症之罪及其「反向作用」

當活套已吊在他面前的時候才獲悉他受了赦免，那他可能就會受罪一輩子。[170]

用卡夫卡自己的說法，父親是這樣一位法官，「具有一切暴君所具有的那種種神秘莫測的特性」。在這位法官的法庭上，作為被審判者，他產生了「懸而未決」之感，這比審判本身更令人恐懼。本來，被審判者並不一定是罪人，但在父親的法庭上，被審判者就是罪人，因為他遭受著「懸而未決」——這就是罪，因為這比真正定罪更痛苦、更令人恐懼。

我們曾經說過，「卡夫卡之罪」即神經症。現在我們可以進一步認為，「卡夫卡之罪」是「懸而未決」。事實上，在「懸而未決」的問題上，卡夫卡的確受了一輩子的罪。「從童年時代開始，我對等待就有著巨大的神經症的恐懼。」[171] 認識未婚妻菲利斯前夕，他已然作出自我評價，認定自己是那樣一種人，「遇到看不到底的東西時會馬上垮掉」。[172]

後來，寫下《致父親的信》不久，他向當時的戀人米倫娜承認，他對「捉摸不定的東西」懷有一種「完全捉摸不定的恐懼」。為究其詳，他談起童年一件刻骨銘心的往事。小學一年級期間，每天早晨，家中女廚領他上學，出門時總要威脅他，要向校方告發他在家中如何如何調皮，卡夫卡則苦苦央求，請對方千萬別告發。為此，兩人每天都要在路上浪費許多時間，最後：

時間晚了，雅克布教堂的大鐘敲了八點，學校的鐘聲也響了，其他孩子都奔跑起來，我最怕遲到，現在我們也不得不跑起來。我一邊跑一邊想：「她會去說的，她不會去說的吧」——後來呢，她什麼也沒有說，自始至終沒說過什麼，但這種可能性始終握在她的手裡，而且在不斷上升（昨天我沒有說，今天我一定要說），而她永遠不放手。……我和這一切——女廚子、威脅和那（對懸而未決的恐懼）糾纏了 38 年之久……[173]

170　《卡夫卡小說選》，第 525 頁。
171　1911 年 12 月 18 日日記。
172　1912 年 7 月 22 日致布洛德，《卡夫卡全集》，第 7 卷，第 122 頁。
173　《卡夫卡全集》，第 10 卷，第 264 頁。

猶太人質的悲與興：卡夫卡的曠野漂流
第一部：「父親」與宿命

38年！那正是卡夫卡當時實際年齡的大小，也是他當時整個的一生！卡夫卡想要強調的是，由於父親，以及父親所代表的世界，他從小就中了「懸而未決」的魔法或巫術，被可怕的咒語「固定」在一個不成熟的心理階段，沒有能力面對真實的生活，成為一個現代的哈姆雷特，永遠在問「to be or not to be」、「活著或死去」這樣的問題，而難以決斷。吊詭在於，對於令自己恐懼的物件，進而，對於「懸而未決」本身，卡夫卡轉而產生了一種「著迷」，就像青蛙對蛇的「著迷」。對於看不到底的東西，他既恐懼，又反過來對之「著迷」。換句話說，他面對恐懼產生了「恐懼的鏡像」或「恐懼的恐懼」。卡夫卡自我分析說：

> 小時候我就有焦慮，如果說不是焦慮也叫不舒服。爸爸是商人，因而常常會談起月終（商業上所謂「最後通牒」）……這個「月終」成為令我不安的神秘……特別糟糕的是，由於早就恐懼著「月終」終於來臨，月終那幾天就特別不好過。有時，月終沒有什麼特別的跡象就過去了……當月初幸運地來臨，又要開始談論下一個月終了，雖然不是特別恐懼，但也被我未經檢驗便放入了不可理解的事物之列。[174]

無論是恐懼「懸而未決」，還是對之「著迷」，卡夫卡的問題是無法面對。對於未來之事，他總是傾向於「放大」，以至令自己不敢正視。他甚至認為，他生來就無法面對真實的生活：「出生前的踟躕。我處於生命的底層——除非存在靈魂的輪迴轉世。我的生命是出生前的踟躕。」[175] 的確，真實的生活是最大的「懸而未決」，並因而導致他猶豫不決、優柔寡斷。

這當然並非卡夫卡的主動選擇，他不願如此選擇。相反，如前所述，他希望「絕對掌握」。

或者說，正是因為「懸而未決」的親在，所以，卡夫卡特別渴望「絕對掌握」。

只是，這純屬一相情願。生活，這個最大的「懸而未決」粉碎了卡夫卡的一相情願。事實上，舉個極端的例子說，即便他自己的身體，也屬於「懸

---

[174] 譯自1911年12月24日日記。
[175] 譯自1922年1月24日日記。

第五章：父親的「法庭」：神經症之罪及其「反向作用」

而未決」的洪流，無法例外，所以不可能「絕對掌握」。終其一生，卡夫卡嘔心瀝血鍛煉身體，奉行素食，拒絕醫學文明，試圖對自身體質達到「絕對的掌握」。結果正好相反：卡夫卡終身飽受神經症折磨，甚而感染並死於肺結核。

不妨這樣說吧，凡現實的領域，卡夫卡都會被「懸而未決」的汪洋大海淹沒，無法「絕對掌握」，致使「一切障礙」都在摧毀他。

只是，還是那句話：事情總有兩面。「懸而未決」，以及相關的「絕對掌握」，對於卡夫卡，既為不幸，也屬熬煉，最終是祝福。

事實的確如此。而且，即便就日常生活，也會呈現美好新鮮的一面。布洛德描述過卡夫卡的日常生活方式，在今天的人類看來，其實是何等的健康，令人感動：

> 無論什麼季節，他都開著窗睡覺。到他的房間裡去拜訪他的人都會注意到那裡新鮮、清冷的空氣。他問題穿著單薄的衣服，冬天亦然，在很長一段時間中不吃肉，從不喝酒。得病時，他選擇去鄉村原始的環境……[176]

不僅日常生活。我們說過，在象徵或文學的領域，在他的親在——即「他的-存在」（sein，參本章第二節）——之世界，卡夫卡卡夫卡已然魔法大師，擅長「魔化」處境與自身弱點，將「懸而未決」魔化為難以抗拒的魅力。事實上，猶太人卡夫卡的天才創造力，與其「懸而未決」深切關聯，見證於其作品的不確定性、多義性、象徵性、復調特徵、魔幻性質、夢境特徵等等。

就信仰而言，情況更為吊詭。一方面，按卡夫卡的「精神鄰居」克爾愷郭爾，信仰是「絕望一躍」，因而，首先需要「挖出理性的眼睛」，向絕對彼岸的「最高存在」放棄自己。就此而言，追求「絕對掌握」的卡夫卡顯然不堪面對。因為「對恐懼的恐懼」，他難於藉由「絕望一躍」而交出自己，從而飽受信仰失落之苦，就此，《致父親的信》已然作出痛苦的檢討。然而，另一方面，如前所述，追求「絕對掌握」也意味著完美主義和偏執訴求，信仰的純度因而得到錘煉，形成布洛德所謂「絕對的誠實」、「完美」、「純

---

[176] 布洛德，《卡夫卡傳》，第 104 頁。

猶太人質的悲與興：卡夫卡的曠野漂流
第一部：「父親」與宿命

潔」等品質——它們恰好被布洛德明確歸結於信仰的範疇，即所謂「神聖的範疇」。更為弔詭的是，既然信仰意味著「絕望一躍」，那麼，相對其「絕對掌握」的神本位相，其人本位相剛好是「懸而未決」。

後面將看到，在信仰的「發生學」過程中，卡夫卡會長期保持「懸而未決」的狀態，等待「上面」的「他」來完成神本的「絕對掌握」。這一神本的「絕對掌握」，為人本的「絕對掌握」——即完美主義和偏執訴求掌握」——所呼應，形成正向的反饋回路，恰好解構那條悲劇的自噬之蛇，「翻轉」卡夫卡的生命，使之成為恩典的奇跡。

卡夫卡自己說得好：「信仰就像砍頭斧，如此輕快，也如此沉重。」然而，一當完成信仰的砥礪，其深度與強度，必然遠遠出人意料。被「懸而未決」所咒詛的卡夫卡，一旦衝破其魔力，可能轉而異常決斷——這正是「絕對掌握」的正面表達。不錯，如前所述，卡夫卡日常的「絕對掌握」多為負面表達，遂致謹小慎微、錙銖必計、甚而戰戰兢兢。然而，一旦面對人生重大關切，他卻慣於一無反顧、出人意料、鋌而走險。例如，罹患「白死病」肺結核，意味著生死時刻，最需要心理支撐，他竟與菲利斯揮淚訣別。日常生活中，如此「全有-全無」，註定害人害己。然而，就文學的訴求，可能引向孤絕的卓越。更重要的是，就信仰的關切，可能引向終極的拯救。

綜而言之，就文學而言，後面我們將看到，罪與神經症被反轉為巫術性質的力量，幫助卡夫卡走向文學，讓他「成為文學」。一旦「成為文學」，其超強的敏感性又將導致正向的反饋回路，形成文學的突破。人們說得好，沒有神經症，就沒有文學藝術的創造。如前所述，要記錄最微小的震動，就須有最靈敏的儀器；要感知至高的呼召，就須有最敏銳的靈魂。這樣的事業需要卡夫卡。

當然，「至高的呼召」，對於卡夫卡，既是文學，勝似文學。

最終，罪與神經症，恰如其本源所暗示，最終會將問題引回古老深邃的猶太信仰。

回到眼下所論，如前所述，卡夫卡正像一條悲劇的自噬之蛇。就其肉身，以及相應的日常生活，他完全清楚：除了痛苦、恐懼與絕望，自己什麼都無法掌握，更談不上什麼「絕對掌握」。他知道自己「一份遺產也沒有」，本質上是一個「歷史的孤兒」。

然而，正是在這樣一種絕境中，「卡夫卡問題」將展現為一種透徹的自明性。

第四節：「婚姻綜合症」

《致父親的信》洋洋灑灑近四萬言，探討父親與他的關係，最後落實於婚姻問題。圍繞著婚姻問題，我們將遭遇「卡夫卡之謎」最大的奧秘。關於這一點，卡夫卡自己在信中「坦誠己見」，為我們作了絕妙的總結。在這個問題上，他顯得十分體諒，理解生活，明白父輩的艱辛：

據我看來，結婚，建立一個家庭，生兒育女，在這動盪不定的世界上贍養他們，甚至帶領他們走一段路，這是一個人所能達到的極限了。[177]

然而，卡夫卡的著眼點最終還是在自己身上：正因為結婚是人的極限，所以也是他的極限，是他「最明顯的自我解放和自立的保證」。

而且，這也正是您所已達到的最高峰。這樣，我就會與您平起平坐，所有的恥辱與凌虐，不管舊的還是新的，統統只不過是往事一樁罷了。[178]

「最高峰」？世界如此廣闊，人生如此豐盛，何以視婚姻為「最高峰」？卡夫卡使用這樣的修辭，事出其「父親情結」？或是眼界的狹隘？要知道，寫作《致父親的信》的卡夫卡，已然向死而生，思想情感高度成熟，不會輕率犯下低級的錯誤。關鍵在於猶太文化的婚姻觀，而這一婚姻觀深植於《希伯來聖經》的教導：創造世界與人類之後，上帝隨即規定了人類最基本的任務：那就是婚姻。「人要離開父母與妻子結合，二人成為一體。」這也是上帝為猶太民族規定的基本任務：「耶和華對亞伯蘭[亞伯拉罕]說，你要離開本地，本族，父家，往我所要指示你的地去。」這一基本任務非同小可，因為它是

177　《卡夫卡小說選》，第 546-547 頁。
178　《卡夫卡小說選》，第 552 頁。

猶太人質的悲與興：卡夫卡的曠野漂流
第一部：「父親」與宿命

「亞伯拉罕之約」的前提。「耶和華……領他走到外邊，說：『你向天觀看，數算眾星，能數得過來嗎？』又對他說：『你的後裔將要如此。』」正是藉婚姻的祝福，上帝賜下亞伯拉罕之約：「我必叫你成為大國，我必賜福給你，叫你的名為大，……地上的萬族都要因你得福。」某個意義上，整本《希伯來聖經》都在講上帝之愛，這一無條件之愛，即體現於婚姻的熬煉與祝福。上帝藉婚姻熬煉人，藉熬煉成就祝福。所以，功勳赫赫的約書亞離世前才會說：「至於我和我家，我們必定事奉耶和華。」

毋庸否認，長達兩千七百年的分裂、亡國、亂離、大流散、大逼迫，有可能模糊亞伯拉罕之約的宗教意義。要而言之，可歸納為兩個方面：外部逼迫與自身異化。尤其內部異化，值得特別強調，如本書所見，卡夫卡後期戀人米倫娜的丈夫，猶太人艾恩斯坦·波拉克，其風流成性，生活放縱，接二連三發生婚外情，令基督徒米倫娜愛無所望，終於走向卡夫卡；又如猶太人海涅改宗基督徒，以此換取「歐洲文化入場券」；等等。無論外部逼迫還是自身異化，對猶太人都意味著亂世，並構成對婚姻的考驗。雙重意義的亂世意味著雙重意義的考驗：一方面，在外部逼迫的驚濤駭浪中，如何保守婚姻的平安？但是，另一方面，不與自身異化展開血肉模糊的自我拷問與廝殺，絕無婚姻的平安。綜而言之，由內而外，婚姻呼喚著堅貞的守望。更重要的是，尤其對於卡夫卡，婚姻也是另一位「父親」施行審判的法庭，是根本意義上的熬煉與祝福，寄託著恩典的盼望。

綜而言之，婚姻意義重大，深植於幽邃的猶太信仰。藉此不難理解，為何婚姻會成為卡夫卡生命的核心難題。婚姻讓他剪不斷理還亂。如他藉《致父親的信》所述說，也如本書可見，他的猶太鄉愁柔腸寸斷，而婚姻編織著其中最痛苦的內容，幾乎不堪言說。

卡夫卡認定，一旦結婚，他就是一個「無罪的兒子」，就成功地「成為父親」，他的一生就有了一個交代。

然而，同時，卡夫卡也深知：一切談何容易！事實上，「成為父親」本身就意味著沉重的罪感，或者說，可怕的瘋狂。

第五章：父親的「法庭」：神經症之罪及其「反向作用」

事情就是如此吊詭。恰如卡夫卡在《致父親的信》中所說：「結婚雖然最重要，它雖然可以帶來光榮的獨立，但是它同時也與您有著千絲萬縷的聯繫。因此，掙脫這種聯繫的願望便帶有某種癲狂的色彩，在這方面的每次嘗試幾乎都會受到這種懲罰。」

因此，卡夫卡相信，「按我們[兩人關係]的情形來說，結婚這樁事是我所不可企及的」。卡夫卡的邏輯十分清楚，他難以擺脫父親的陰影，在婚姻問題上尤其如此。在父親的法庭上，他除了被審判的位置，別無立錐之地，「一份遺產也沒有」。沒有「遺產」，婚姻就只是一個美麗動人的童話。

因為那恰好是您所特有的領域。有時我想像一張展開的世界地圖，您伸直四肢橫臥在上面。我覺得，彷彿只有在您覆蓋不著的地方，或者在您達不到的地方，我才有考慮自己生存的餘地。根據我想像中的您那龐大的身軀，這樣的地方並不多，僅有的那些地方也並不令人感到多少欣慰，而婚姻尤其不在此列。[179]

結婚是卡夫卡的人生極限問題，就此我們再次目睹了他的生存怪圈：一方面，他必須「成為父親」，為自己洗清罪名，為此必須結婚；另一方面，由於父親的存在，「結婚之罪」讓他無法結婚，因而也就無法「成為父親」。結果，卡夫卡再次成為一條自噬之蛇，或兩條互噬其尾之蛇。用卡夫卡自己的話說：「在結婚嘗試這個問題上，同時發生了在我對您的關係上的兩種表面上互相對立的東西，其程度之激烈，任何其他問題都是無法與之比擬的。」換句話說，圍繞著婚姻問題，卡夫卡與父親的關係成為一個解不開的死結，一個標準的情結，不妨謂之「婚姻綜合症」。

29歲正式婚戀，41歲辭世，其間，卡夫卡山重水複、嘔心瀝血、千迴百轉乃至血肉模糊，這個死結始終未能解開。彌留之際情況有所變化，但為時已晚。

上述婚姻綜合症，無論對於卡夫卡，還是對於我們，均至為重要，而且極其複雜而微妙。借用卡夫卡自己的隱喻，這個綜合症堪稱一道致命的傷口，

---

[179] 《卡夫卡小說選》，第553頁。

猶太人質的悲與興：卡夫卡的曠野漂流
第一部：「父親」與宿命

伴隨卡夫卡生命的進程，不斷發展、深化、惡化，終將深及生命的骨髓。最初，這個綜合症不過是父親壓抑的直接後果，主要反映了卡夫卡的生存處境。然而，隨著卡夫卡生命的展開，它將內化為卡夫卡的心理實體。屆時，它不必與父親有什麼直接的聯繫，而呈現獨立的「卡夫卡現象」。當然，此一現象已然包含卡夫卡生命的全部不幸：既包含父親的存在，更意味著絕對的矛盾、衝突和分裂。就此而言，我們不妨說：卡夫卡自身就是傷口，一道表現為「婚姻綜合症」的傷口。如後可見，哪怕父親不在場，戀人或婚姻——代替父親——同樣會將他撕成碎片，除非他徹底改變自己的心理結構，否則無可倖免。

為什麼這個問題如此重要？它是人類的普遍問題還是卡夫卡的個人問題？感謝卡夫卡，他以其獨有的明徹，穿透遮蔽生存的迷霧和枝蔓，迎接我們渴望瞭解的目光。從現在開始，他將逐漸擺脫我們的描述和分析，因著某種「神聖範疇」的反向作用，反過來向我們呈現他自己，把我們引入他的迷宮深處，並因而消解所謂的「卡夫卡問題」，進入生存論所謂的「敞開」和「澄明」之境。或者說，從現在開始，我們將追隨卡夫卡，他歷經磨難，終將抵達自由的精神天地。

他永遠是肉身的兒子，然而，他註定要被揀選，成為精神的大師。

他一定不屑於成為「精神的父親」，但事實上，他的確無愧於他的猶太前輩。

他不是耶利米或以西結，然而，與他們一樣，他是承繼恩典的猶太先知。

第六章：「成為父親」：「神聖範疇」的反向作用

> 精神分析強調戀父情結，許多人從中看到豐富的內容，但我所見不同。事情所關，並非無辜的父親，而是父親的猶太屬性。
>
> ——弗蘭茨·卡夫卡

第一節：孤獨與吊詭：「大的事情小聲說」

猶太人斯賓諾莎說：「穿越悲欣交集，只為理解。」

我們如此殘酷地分析「反向作用」與「絕對掌握」，穿越卡夫卡的生命，不僅為理解，更為抵達。

感謝布洛德，近八十年前，他已然作出經典的正面概括，這一概括，將為卡夫卡後來的戀人米倫娜親身印證：

> 絕對誠實是他[卡夫卡]的品質中最主要的特點之一。另一個特點是他那精益求精到令人難以想像的認真。……表現在一切道德問題上……他的內心奇異地混合著絕望和建設意志，二者在他心中並不互相牴觸，而且上升為複雜到了極點的綜合物。……
>
> 神聖的範疇（而不是諸如文學這樣的範疇）是唯一可據以正確地觀察卡夫卡的生活和創作的範疇。……這同時也是他不太願意發表自己作品的主因之一。[180]

按《希伯來聖經》的邏輯，「神聖範疇」自有神秘的「反向作用」。

布洛德論及卡夫卡的「絕對誠實」，針對「神聖範疇」即是虔誠。卡夫卡對於「神聖範疇」的虔誠，會「反向」表現為「大的事情小聲說」。面對重大問題——如猶太問題，他也許不知從何說起，也可能「欲言又止」，或「顧左右而言他」。如此現象，正是「神聖範疇」的反向作用，就此，卡夫卡與

---

[180] 布洛德，《卡夫卡傳》，第 43-46 頁。

猶太人質的悲與興：卡夫卡的曠野漂流
第一部：「父親」與宿命

其民族幽邃的源流心心相印。[181] 布洛德就此已有經典表述：「卡夫卡不提『上帝』或『猶太』，乃因內心捲入太深。」

這就是「神聖範疇」的「反向作用」之於卡夫卡：面對「神聖範疇」低聲訴說，欲言又止，顧左右而言他，甚至全然沉默，大音稀聲。由此還可推及「上帝」或「天父」——如本書第……章所見，存在著兩位父親：一位要審判，另一位要救贖。事實上，「神聖範疇」本身即意味著不可思議的「反向作用」：變虛空黑暗為光明，化腐朽為神奇，廢除「全無」成就「全有」，消解慾望／恐懼，祝福孤弱渺小。

正如《希伯來聖經·詩篇》第 147 篇所言：「他醫好傷心的人，裹好他們的傷處。……扶持謙卑人，……他不喜悅馬的力大，不喜愛人的腿快。」用現代的話說，孤獨的人是有福的人，因為孤獨的人懂得虔誠和盼望。

這正是上帝啟示猶太先祖亞伯拉罕的路線。這一路線源於上帝的自我定義之言：「我是我所是。」如此定義已然內涵了信仰的個人性。啟示的奧秘即呈現於上述兩方面的張力之間，展開為信仰的路線圖：一方面，太初有道，個體特殊啟示與整體普遍啟示互為前提；另一方面，道成肉身，救贖的歷史始於個體特殊啟示。因而，如果說歷史既是歷史更是恩典，那麼，恩典就既屬整體更屬個體。

所以，孤獨是恩典。這是「神聖範疇」反向作用的結果。關於這一點，卡夫卡後期忘年交雅諾施的父親曾有過精彩的評價：

有一次我和父親談論卡夫卡博士。我父親稱他為堅定的孤僻者。他說：「卡夫卡博士很想自己做自己吃的麵包，自己揉面自己烤。他也很想自己做衣服。他忍受不了做好的成衣。他懷疑現成的成語。傳統習俗對他來說只是一種思想制服和語言制服，被他當作侮辱人格的囚犯隔離溝而拒絕。卡夫卡

---

181 古代猶太人敬畏耶和華，竟至「不可妄稱」的地步（出 20:7、申 5:11）。除一年一度由大祭司代理外，猶太人「不可妄稱耶和華你神的名」，以致古希伯來語中「耶和華」的發音已然失傳（來 9:7）。又，《希伯來聖經》的「敬畏」一詞已然包含「恐懼」之意，此刻「反向作用」的又一個經典事例，對於理解卡夫卡意義重大。

博士是個堅定的平民，是不能與他人一起分擔生活重負的人。他獨自一人行進。他是自覺自願孤獨著。這是他身上特別有戰鬥性的地方。」[182]

不僅孤獨，甚至絕望，都是「神聖範疇」的恩典，因而才有常人無法理喻的「反向」人生選擇：「絕望的一躍」，一個人「反向」的曠野漂流，保守為內心秘密的信仰，等等。

甚至卡夫卡的神秘，也是「神聖範疇」反向作用的結果——不是神秘，而是虔誠。有人誤以為卡夫卡刻意肉身成謎，正如有人以為卡夫卡存心自殺。答案其實很簡單：太虔誠了以至難以言說，所以神秘；太虔誠了以至無法苟活，所以像人子一樣甚至「沒有枕頭」。

甚至，卡夫卡自身生命特性——「自我折磨、自我譴責、恐懼、甜蜜和怨毒、犧牲和逃避」[183]——也藉「神聖範疇」反轉。

猶太民族自古深知：救恩出自罪愆的熬煉。人性渴望「絕對掌握」，然而，人性自身，包括人性的歷史，最終「絕對掌握於」耶和華之手。就此而言，人性所衍生的一切，包括自暴自棄、作死造死、亡國亂離、疾病苦難等等，均被上帝用作救恩的前提，既是管教，更是祝福，仿佛歷史，恍然恩典。其根本精神可簡略歸納為「哪裡有罪哪裡就有恩典」或「哪裡有危險哪裡就有拯救」。

在這樣的意義上，我們得以深刻理解：卡夫卡為什麼要認同克爾愷郭爾這樣一位「精神鄰居」。

以「神聖範疇」為前提，克爾愷郭爾提示了作為恩典的「反向作用」。

藉此「反向作用」，卡夫卡的「文學範疇」得以融入「神聖範疇」，並一路成長盛大。

不錯，最初「反向作用」驅使他走向文學。恰如他人生第一篇日記所述：「我寫這個，根本上出於對自己身體及其未來的絕望。」而且，這是「真正的絕望」，因為它「自始至終直接越過身體」，指向了文學。

182　《卡夫卡口述》第 155 頁。
183　參見《卡夫卡全集》第 10 卷，第 442 頁。

猶太人質的悲與興：卡夫卡的曠野漂流
第一部：「父親」與宿命

然而，卡夫卡的文學，如本書所見，最終指向猶太的鄉愁——這一「神聖範疇」將藉「真正的絕望」熬煉恩典。

猶太鄉愁將一路滋養卡夫卡的文學，肉身成言並言成肉身，經由「反向」的曠野漂流，最終抵達「唯一的應許之地（Promised Land），因為對於人類而言，不存在第三個世界。」[184]

第二節：自我見證：猶太先知卡夫卡

事實上，《致父親的信》寫就之際，卡夫卡已然一位新的卡夫卡。一生不幸與偏執，反而成全了他的天才。曾經無休無止沉湎於觀察和日記，然而眼下，他已然36歲的成熟作家，寫出大量優秀文字，包括《判決》、《變形記》、《審判》（又譯《訴訟》）、《在流放地》、《鄉村醫生》等天才之作（其時除《審判》外均已出版）。尤其是，面對「向死而生」的絕境，他的人生重心發生了重大調整。肉身無可倖免漸漸式微，然而，與此同時，他的精神一如既往暗中成長，「天衣無縫地不斷向上高聳」，不知從何時起，已然足以「成為自己的父親」。

1917年的卡夫卡

就本章所論，他最終達到的思想高度，已足以用來分析他自己。

1917年9月3日，正處於創作高峰的卡夫卡，不幸確診為肺結核。9月18日，他在日記寫下這樣一句話：「一切粉碎了。」三天後，他夢到父親，夢中場景不同以往，罕見流露父子深情，表現為對父親的崇敬和依戀，暗示了與父親和解的無意識願望。又過了一個禮拜：「我真欲把自己交托給死亡。一種信念的殘餘。回到父親身邊。偉大的和解日。」然後就是11月10日，這一年最後一篇日記，他寫道：「十分重要的事情，我至今還沒寫進去，我

---

184 譯自1922年1月28日「臨終日記」。並請參見本書第十六章。

的兩隻手臂裡還流淌著血液。等著做的工作多極了。」接下來他仔細記敘了夜裡所夢見的一場戰鬥，戰鬥發生於一處平原與高原的交界，四下另有眾多激動的觀眾。戰鬥的一方為義大利人，另一方為卡夫卡所屬的奧地利人。雙方緊張對峙，奧地利人漸顯不支，行將崩潰和放棄。當此關鍵時刻，赫然出現了一隊德國人：

> 那是普魯士近衛軍，都是年輕安詳的人……他們好像都是軍官……以短促的步伐慢慢密集地從我們身邊走過，並不時地朝我們看看，這種不言而喻的死亡行走同時是感人的、令人振奮的、保證著勝利的。由於這些人插手而得救，我醒了。[185]

這是一個典型的預兆之夢，它暗示卡夫卡的寫作將發生嬗變，從相對的感性退向相對的理性。事實的確如此，卡夫卡日記就從這裡中斷了一年半，要到1919年6月27日才重續舊序。1921年10月，卡夫卡可能自覺不久於人世，遂將迄今全部日記交託於曾經的戀人米倫娜。[186] 這些日記記於四開筆記本，然而，其間留下了空檔，時間為1917年11月10日至1919年6月27日。

然而，這個空檔並不意味著卡夫卡中斷了長期堅持的日記寫作。1924年卡夫卡去世，從他的遺物中，遺囑執行人布洛德發現了八部藍色的八開筆記本，在時間上，它們剛好填補了上述四開筆記本的空檔。只不過，在內容上，它們迥異於過去的日記形式。第一、二、五、六、七、八冊以文學寫作為主，其中的《獵人格拉胡斯》、《為某科學院寫的報告》等都屬名篇。第三、四冊包含大量箴言式的哲學思考，斟酌和錘煉的痕跡歷歷可見。

這樣一些「另類日記」，明顯包含了死亡的陰影。

例如他寫道：「我因迷誤而下了道。」意思是說自己在人生的道路上一失足成千古恨，接著便寫下一條著名的箴言，後來又親自抽出來，列入親手編選的箴言集，並作為首條：「真正的道路沿一條[馬戲團式的]繩索延伸；

185　《卡夫卡全集》，第6卷，第424-425頁。
186　包括《致父親的信》及《美國》手稿。卡夫卡去世後，米倫娜將全部日記及手稿轉交布洛德。參見：布洛德《卡夫卡傳》，第245頁；另參 Franz Kafka, Letters to Milena.

猶太人質的悲與興：卡夫卡的曠野漂流
第一部：「父親」與宿命

但並非緊繃於空中，而是貼近地面；與其說供人表演行走，毋寧說形如危險的絆索。」[187]

還在與卡夫卡熱戀之際，即1920年8月初，米倫娜就向布洛德沉痛驚呼：「弗蘭茨不諳生活！弗蘭茨無力生活！弗蘭茨好不了啦！弗蘭茨要死了——千真萬確！」[188] 米倫娜的哀聲絕非空穴來風。

無論被死亡追逐還是追逐死亡，[189] 眼下的卡夫卡一定深感時日無多，因而希望集中精力，深刻思考，透析死亡，並訴諸精練的文字，這些文字應該具有強烈的理性特徵，與感性的日記完全不同。他把迄今全部日記託付米倫娜，固然有意安排後事，但也不排除這樣的可能：留給米倫娜一個感性的卡夫卡。與此同時，聚焦思想的力量，憑藉冷峻的心智，他需要面對理性的難題。

卡夫卡自己亦然，因為他這樣說過：「我的一生就是在抗拒結束生命的慾望中度過的。」在理性範圍內，卡夫卡已經達到現代精神分析的高度，透徹分析過自己的無意識。不過，他尚未最終「分析掉」自己的死亡恐懼。他願意跟大家一樣好好活著，但是——如他筆下那位「饑餓藝術家」——不想以背叛自身為代價。

後來，從第三、四冊八開筆記本中，卡夫卡精心抽選了一共114條箴言，專門另加謄清並編號，足見其重視的程度。

卡夫卡去世後，布洛德將這些箴言冠名發表，這就是卡夫卡遺產中偉大的箴言集《對罪愆、苦難、希望和真正的道路的觀察》，僅僅依據這些箴言，卡夫卡即可當之無愧，接受現代思想大師和箴言大師的稱號。

例如箴言第46條：

187　譯自卡夫卡箴言第1條。
188　米倫娜致布洛德，1920年8月初，譯自 Franz Kafka, Letters to Milena。
189　卡夫卡與疾病和死亡的關係意義重大。德國著名卡夫卡研究專家瓦根巴赫明確認為，是卡夫卡在主動追逐死亡：「卡夫卡是故意誘使肺結核迸發，以此作為藉口而[與菲利斯]退了婚約。」他認為，「卡夫卡不想『治癒』自己」。見他的《卡夫卡傳》，第114、116、122頁等處。瓦根巴赫可能參考了精神分析的「無意識」理論，即便如此，本書作者也不認同。

德語單詞「sein」既指「存在」，也指「屬於他的」。

事實上，這條箴言可直截了當意譯為：

sein：屬於他的 - 存在。

所謂「屬於他的 - 存在」或「他的 - 存在」，完全可理解為「此在」或「親在」，果真如此，sein 即可取代 Dasein，後者是海德格爾《存在與時間》的關鍵字，令其殫精竭慮，而且要到卡夫卡箴言八年之後才問世。

不僅如此，由本書相關內容可見，卡夫卡與自身民族擁有內外一致的同一（identification），就此而言，尤其對於本書所論主題，「他的 - 存在」可進一步理解為「屬於猶太人的 - 存在」或「猶太人的 - 存在」。

更重要的是，在箴言第 46 條中，卡夫卡大寫了「他」，[190] 這意味著，「屬於他的 - 存在」另有所指，既可以理解為「屬於父親的 - 存在」，更可理解為「屬於上帝的 - 存在」。不要忘記，猶太民族以上帝的特別揀選而自居，如此，箴言 46 本身即是一個不可思議的奇跡，為我們打開了猶太信仰的神學空間，深邃無比。[191] 就此我們得以理解，為什麼卡夫卡箴言充滿了猶太信仰的思考，如原罪、死亡、信仰與救贖等等。

箴言第 82 條：「關於原罪，我們為何報怨？我們之所以被逐出天國，並非因為原罪，而是擔心我們再吃生命樹之果。」

第 83 條：「我們之所以有罪，並非因為吃了智慧樹之果，而是因為尚未吃生命樹之果。如此背景本身已然有罪。在這樣的背景上，我們覺得自己有罪或沒罪，倒不那麼重要了。」

第 4 條：「冥河源於我們，且含有我們海水的腥鹹。因而，眾多逝者之影忙於舔食冥河水，竟至忘乎所以。此舉令河水厭惡，遂翻騰倒流，將死者帶回生命世界。他們幸福之至，齊聲讚美感恩，撫慰憤怒的冥河。」

190　英文版為「Him」，德文原版為「Ihm」。
191　藉由本書第十六章，我們對此會有深切的體認。

猶太人質的悲與興：卡夫卡的曠野漂流
第一部：「父親」與宿命

第 96 條：「生命的快樂並非生命自己的快樂，而是我們的恐懼——對更高生活的恐懼。同理，生命的痛苦也不是生命本身的痛苦，而是該恐懼引起的自我折磨。」

第 38 條：「某人沿永恆之路輕快前行，以至令自己驚訝不已。他不幸未能察覺：原來自己在走下坡路，而且是以飛奔的速度。」

第 39 條：「我們始終試圖對罪惡分期付款——這實屬不可能之事。」

第 60 條：「誰宣告棄世，誰必愛眾生，因其所棄之世，亦眾生之世；與之相應，宣告棄世，即開始真實感受人性，而人性一無所能，惟望被愛。當然，這一切取決於一個前提：他與眾生如一。」

事實上，與其「精神鄰居」克爾愷郭爾一樣，卡夫卡亦然三位一體的大師——他的思想跨越了猶太神學、生存論（存在主義）和精神分析三大領域。所以，他的箴言也包含生存論的哲學概括。

箴言第 35 條：「沒有擁有，只有存在——這樣一種存在：渴望最後的呼吸，渴望窒息。」

第 22 條：「你是功課。四下，不見學生。」

第 16 條：「籠子在找鳥。」

第 103 條：「你可以逃避世上的痛苦，這是你的自由，也與你的天性相符。但或許，你唯一能逃避的，只是這逃避本身。」

第 25 條：「除非逃進這個世界，否則怎麼會如此興高采烈？」

第 44 條：「誠為斯世，以最可笑的方式，你為自己套上的軛具。」

第 78 條：「只有擺脫充當支撐物的訴求，精神才可能自由。」

另一類箴言則如期涉及精神分析：

第 9 條：「A 自負之極，他以為自身之善眾所周知，遂自我感受為超凡的魅力，對自己充滿吸引力……」

第 30 條：「某種意義上，善是絕望的精神。」

第 27 條：「我們被要求做消極之事；積極之事始終與我們同在。」

第 33 條：「殉道者並不低估身體，他們讓身體在十字架上昇華。就此而言，他們與敵人並無二致。」

第 79 條：「單單性愛本身，無法讓我們誤以為聖愛；然而，當它無意中包含聖愛的因素，就可能讓我們誤以為聖愛。」

第 88 條：「死亡在我們眼前展開，就像教室牆上亞歷山大大帝爭戰的油畫。必須在有生之年，藉自身行動掩蓋這幅油畫，或使之朦朧。」

上述簡單的分類，完全不足以顯示卡夫卡箴言的珍貴價值。一方面，猶太神學、生存論和精神分析三者已然相互交匯，就此而言，每條箴言都可解讀為三位一體的復調。另一方面，總體上，它們的象徵涵義超越了單一的猶太神學、生存論或精神分析，格外包含著難以言喻的神秘意象。事實上，這些箴言深邃無比，很大程度上實現了卡夫卡內心的理想，能夠「在人們腦門上猛擊一掌」，或者「劈開人們心中的冰海」，令人猛省或警覺。

卡夫卡不愧克爾愷郭爾的「精神鄰居」，八部藍色的八開筆記本即是一項重大見證。這些筆記本的內容，稟有珍貴的「自明性」。它們代替過去的日記，完成了卓越的「自我表白」——絕非偶然，這正是卡夫卡評價克爾愷郭爾的用語。

當然，這八部藍色的八開筆記本另有其他大量內容，包括珍貴的文學描寫，卡夫卡許多短篇珍品就源自其中。把它們與四開筆記本（日記）比較，兩者都承載著卡夫卡生命的重大片斷，以不同方式存儲著豐富的密碼。

八部藍色的八開筆記本，1919 年 6 月 27 日之前已然寫完。

到 1919 年底，卡夫卡就要動筆寫作《致父親的信》。與此同時，他的猶太同胞弗洛伊德大概正在構思或寫作《群體心理學與精神分析》。這是一部里程碑式的精神分析文獻，弗洛伊德將藉此證明：家庭是人類一切精神暴政與實際暴政的心理策源地。近 20 年後，拉康發表《個人形成中的家庭情結》，對此表示認同。

猶太人質的悲與興：卡夫卡的曠野漂流
第一部：「父親」與宿命

卡夫卡不無道理地批評精神分析，認為它很像一種「倒寫體」。[192] 不過，精神分析若干相關結論，的確可用於卡夫卡。他的批評可解讀為對於精神分析的「抗拒」，在精神分析看來，這種「抗拒」正好是因為精神分析說出了真理。其實，卡夫卡自己已然說出了真理。到1919年底，經過兩年的「向死而生」，卡夫卡無師自通，抵達了精神分析的終點，包括猶太同胞奧托·蘭克日後所達到的高度。他實際上已經超越了精神分析。對此他自視甚高，並寫下相關的第93條箴言：「最後一次心理學！」

總而言之，如我們所知，《致父親的信》絕非單純就事論事。相反，這部天才的精神分析文獻包含著豐富而深刻的內容。對卡夫卡而言，父親首先是一個最大的心理學象徵，這個象徵不僅暗示了他婚姻的命運，而且隱涵著生活的全部奧秘。如前所述，猶太人卡夫卡的天才融匯了猶太神學、生存論和精神分析三大領域，所以，他的精神分析「滲透」了猶太神學與生存論，就此而言，至少在某種意義上，他的確用自己的方式「終結」了傳統或現代的精神分析。

第三節：父親究竟是誰？

由於人類的遺傳規定性，至少在現代社會以前，一般而言，僅男性被要求進入家庭之外的社會，擔當社會角色。換句話說，父親會代表生活規則訴求於兒子，相應地，兒子則會發生「仇父戀母」的心理傾向，被稱為「俄狄浦斯情結」。

隨著人類社會的進化，男女社會角色隨之演變，人們也逐漸調整最初的理論，而將俄狄浦斯情結闡釋為兒女成長過程中對「生活代表」的逆反，及其反面的依戀。現在，逆反 - 依戀者不再局限於兒子，也可以是女兒。同理，兒（女）所逆反的「生活代表」，也不再局限於父親，也可以是母親——無論父親還是母親，都可概括為「心理父親」。

192　卡夫卡的原話為：「心理學是閱讀的一種倒寫體，很吃力，就其永遠正確的結論而言，又堪稱成果累累，可是實際上什麼也沒有性質。」（《卡夫卡全集》第5卷，第76頁。）此語典型反映了卡夫卡對心理學的姿態。

第六章：「成為父親」：「神聖範疇」的反向作用

簡略地說，在一個家庭內部的父母雙方之間，誰代表生活要求兒（女），兒（女）就傾向於逆反誰，而餘下的一方則是兒（女）相對依戀的對象——可稱為「心理母親」。

父親——或者說「心理父親」——是「生活的代表」！這是精神分析的最新進展，也是卡夫卡一個世紀之前得出的結論。只是必須指出，就卡夫卡個人而言，他的「心理父親」剛好就是他的生身父親：赫曼·卡夫卡。這絕非偶然，或者說，哪怕現象上偶然，其應然的實質乃屬必然——因為，就深邃的猶太民族傳統而言，「心理父親」只能是生身的父親。精神分析最新的普遍結論，乃針對異化了的人類社會及其家庭-親子關係。[193]

1911年12月25日，28歲的卡夫卡寫下一篇極為重要的日記，對猶太民族文學作了若干重大思考，以馬丁·布伯式的思路，談及猶太民族文學的各項意義，其中一項就是：「賦予父親們與兒子們之間的對立以崇高意義，並使關於這一點的討論成為可能」。

卡夫卡在這裡談到兩代人的對立，用了複數「父親們」和「兒子們」，這說明他當時已將父子衝突視為普遍問題，而並非僅僅局限於他與父親之間的個別現象。值得指出的是，卡夫卡在這裡涉及了兩個層次，第一是人類的普遍規定性，第二是猶太人民族的特殊規定性。第二個層次中包含了第一個層次，它更具體，按前述卡夫卡第46條箴言的邏輯，它是「猶太人的-存在」。近10年後，卡夫卡再次談及第二個層次的問題：

精神分析強調戀父情結，許多人從中看到豐富的內容，但我所見不同。事情所關，並非無辜的父親，而是父親的猶太屬性。[194]

什麼是「父親的猶太屬性」？在《致父親的信》中，卡夫卡有著明確無誤的表達。他這樣探討父子之間的悲劇衝突：

整個這件事並非孤立的現象，過渡時期的這一代猶太人大部分與此類似，他們從相對虔誠的農村移居到城市。這是很自然的結果，卻給我倆原本就衝

193　包括種種狹義或廣義的關係異化，如同性戀等。精神分析可謂「應運而生」。
194　譯自1921年6月致馬克斯·布洛德。

猶太人質的悲與興：卡夫卡的曠野漂流
第一部：「父親」與宿命

突不斷的關係又增添了一重痛苦的分歧。在這一點上，您應當像我一樣相信您的無辜，並且透過您的性格和時代狀況來解釋這種無辜，而不是僅僅找客觀藉口，比如說您有太多別的事要做，別的心要操，無暇顧及這種事。[195]

卡夫卡的意思再清楚不過了：就「猶太人的 - 存在」而言，父親恰好在一個「上帝已死」的時代代表著生活，代表著猶太人的生活，而猶太人的生活就是如此這般不幸和悲慘。這不是誰的錯，也不是父親的錯。父親生為猶太人並不是父親自己的錯，父親錯在他未能清醒地意識到：他在這個不幸的世界上充當了「生活的代表」！卡夫卡的意思是說，如果父親清醒地意識到這一點，他就會是另外一個樣子的父親，他們父子之間的悲劇就不會上演，他的一生也就不會如此不幸！

這是卡夫卡的心理事實，是「他的 - 存在」。此乃卡夫卡的自明性，並無對與不對的區別。但是，另外有一個問題卻必須搞清楚：在生存論的意義上，父親所代表的生活究竟是什麼？

詩人說得好：生活是一張網。不僅如此，生活還是一張動盪不息、廣袤無垠、深邃無比的網，因為它是一張廣義的倫理 - 人際關係之網。生活之網不僅具有空間上的廣袤，而且具有時間上的深邃，它是一張過去 - 現在 - 未來三位一體的網，一張由歷史長入現實的網，包含了人與人之間一切關係，首先是家庭內部關係：父子關係、母子關係、父 - 母 - 子三邊關係、夫妻關係、兄弟姐妹關係、包括所有父母兄弟姐妹關係在內的家庭內部總體關係等等。在此之外，它又包含著家庭外部關係：親戚關係、朋友關係、社區關係、工作關係、個人與社會關係等等，而家庭內部關係與家庭外部關係之間又存在著關係，所有這些關係進而隨著社會歷史的演變而發生嬗變，在代代相襲之間又存在著關係的關係……這是一張幾乎無法描述的關係之網，每個人不過是這張網上的一個網結，他的本質就是他所從屬的一切關係的總和——這就是吾人之生活，用卡夫卡箴言 46 的話說，這就是吾人之「他的 - 存在」。

195　《卡夫卡小說選》，第 539 頁。

第六章：「成為父親」：「神聖範疇」的反向作用

卡夫卡深知生活的本性，他知道，對於生活這張網，「沒有擁有，只有存在」。這是人在神學意義上的「原罪」。為此，他寫下一系列精闢論斷，其中最具代表性的，是第 70/71 這兩條合二為一的箴言：

眾生如一，不可摧毀；這個如一，既屬每一個體，同時又屬全體共有；因此，人際存在著獨一的、無可分離的聯繫。

父親是誰？他是「生活的代表」！父親代表著生存之網，代表著這張網上如此這般的「人際」的生活。父親代表著母親，代表著家庭。「我要逃避你，那我也得逃避家庭，甚至還得逃避母親」。[196] 反過來說：「家庭正是生活的代表」，[197] 父親作為「生活代表」，就這樣依次代表著與之相關聯的一切，由此而及整個生存之網的世界。

需要強調的是，卡夫卡不僅看到父親是生活的代表，還看到父親所代表的生活之性質。在卡夫卡看來，父親代表著如此這般的生活，在這樣的生活中，每個人生存形式雖然不同，但分享著一個「全體共有之物」，那就是：恐懼。更準確地說，是「欲望 / 恐懼綜合體」——卡夫卡把它表達為「恐懼 - 渴望」。[198]

196　《卡夫卡小說選》第 530 頁。
197　1922 年 1 月 30 日日記。
198　參見，1920 年 8 月 8-9 日自布拉格致米倫娜。

猶太人質的悲與興：卡夫卡的曠野漂流
第一部：「父親」與宿命

▌第七章：欲望／恐懼：卡夫卡的生存之網

> 或許，這無可表述之事並非只是恐懼，也是僭越一切的欲望，這欲望能激勵恐懼。
>
> ——弗蘭茨·卡夫卡

第一節：「我就是恐懼」

就在寫下《致父親的信》半年以後，卡夫卡向當時的戀人米倫娜全方面展示了他的恐懼，那既是兩人戀情的復調，也是雙方精神較量與思想爭吵的結果。

如本書第十五章所見，當時，二人之所以能走到一起，其誘因之一，乃二人的肺。

卡夫卡這邊早已是肺結核了，沒什麼可說的。出人意料的，是米倫娜的肺，本來很強大，足以為之自豪，終因巨大的焦慮（恐懼）而出了問題。她不僅呼吸困難，且偶有咳血，以至醫生不得不提出嚴厲的警告。

在這樣的背景上，二人開始鴻雁往返。也正因為這樣的背景，恐怕很難不牽一髮動全身。

最終，兩人關係演變成情人暗戰，無形之間，刀光劍影，話題總離不開「恐懼」。米倫娜暗示卡夫卡內心有「恐懼」，她明知卡夫卡是猶太人，仍然話中有話質問他「是否猶太人」。卡夫卡當下反擊，暗示米倫娜其實跟他一樣恐懼：「我們是那麼的怯懦……幾乎每一封信都對上一封信或下一封信感到驚恐。……這種怯懦只有……在恐懼中才會消逝。」米倫娜回應稱，卡夫卡應對恐懼的根源進行自我檢討，卡夫卡一不做二不休，乾脆乘機大談其恐懼，字裡行間，觸目驚心：

我的信也許有一封丟失了。猶太人的恐懼性！卻不是擔心信安全到達！

這些以呼喊開頭的信……結尾總是給我以一種莫名的驚恐……恐懼陣陣加劇。……恐懼之蛇一條條在你的頭上抖動著，而盤在我頭上的一定是更加凶險的恐懼之蛇。

……[我]是猶太人啊，知道什麼是恐懼……

此外我的本質就是恐懼。

你對我的關係如何我仍茫無所知，它全然處於恐懼的籠罩之下。

你說你將出於恐懼而寫信，這也使我有點恐懼。

……這裡一個人也沒有，只有恐懼，它和我死死地纏在一起，一夜又一夜地滾來滾去。

……完全承認恐懼的存在是合理的，比恐懼本身所需要的承認還要多，我這麼做不是由於任何壓力，而是欣喜若狂地將全部身心向它傾注。

但從這一切之中恐懼在汲取著力量……

其實，我就是恐懼組成的。它也許是我身上最好的東西。

……是我在布拉格也有的那種恐懼，不是獨特的格蒙德的恐懼。

……對捉摸不定的東西的一種完全捉摸不定的恐懼。

我們不得不談到，不得不一再重複著「恐懼」，它折磨著我的每一根裸露的神經……

這使恐懼的冷汗滲滿我的額頭……

……蔓延到一切方面的恐懼，對最大事物和對最小事物的恐懼，由於說出一句話而令人痙攣的恐懼。當然，這種恐懼也許不僅僅是恐懼，而且也是對某種東西的渴望，這東西比一切引起恐懼的因素還要可怕。

誠然，人們對於自身的謎也是無法拆解的。沒有別的，唯有「恐懼」。[199]

第二節：生之恐懼

「我的本質就是恐懼」，「我就是恐懼組成的」——這是卡夫卡決絕的自我立場，常人難以理喻，更難企及。

199　以上依次見《致米倫娜情書》，見《卡夫卡全集》，第10卷。

129

猶太人質的悲與興：卡夫卡的曠野漂流
第一部：「父親」與宿命

然而，真正讓人受不了的是，他堅持認為，恐懼絕非他一個人的事情，而屬於「同體大恐」的事實。

卡夫卡明確指出，恐懼為普世的人共有和傳播，借用他的箴言第70/71條，恐懼「既屬每一個體，同時又屬全體共有」。包括他自己，也包括米倫娜，任何人無法倖免。

最初，卡夫卡痛陳關於恐懼的「猶太哀歌」。按他稍後的詮釋，這是普世的「猶太哀歌」，不限於他終身不離的故鄉布拉格，也不限於他與米倫娜約會的格蒙德。[200] 進而，他含蓄指出，恐懼不只是猶太人卡夫卡的恐懼，也是基督徒米倫娜的恐懼：

> 我覺得我們有一個共同的特點，米倫娜，我們是那麼的怯懦，每封信幾乎都面目全非，幾乎每一封信都是對上一封信或下一封回信感到驚恐。很容易看出，這不是出自您的天性，甚至可能不是出自我的天性，但幾乎化成了我們的天性。[201]

隨著戀情、鬥爭和爭吵的發展，恐懼問題的表述也一步步升級。卡夫卡開始論證，恐懼也不僅限於猶太人卡夫卡與基督徒米倫娜，相反，恐懼是普世的恐懼，而且是無論哪種信仰的終極誘因：

> 這種恐懼確系十分嚴肅的事情，……它讓我感受到持續不斷的壓力，讓我認識到，我必須承認——這是非常艱難的承認——米倫娜也是人。……說到底，這種恐懼並非我一個人的恐懼（雖然它也是——太可怕了——我一個人的恐懼），毋寧說，有史以來，一切信仰內部都包含著這種恐懼。[202]

事實上，這一論斷源自猶太神學，其起點在《希伯來聖經》開篇的伊甸園。亞當夏娃「偷吃智慧果」，導致「如神」（be like God，ESV）的眼光（意識），卻首先發現自身有朽與必死（自我意識），遂產生原發性的死之恐懼。對於此一「致死之疾」，他們用無花果樹葉編織成腰裙加以文飾，其

200　參見1920年8月8至9日自布拉格致米倫娜。
201　1920年6月3日自義大利美蘭致米倫娜。引自《致米倫娜情書》，見《卡夫卡全集》，第10卷，第243頁。
202　譯自1920年7月15日自布拉格致米倫娜。

結果，反而使其成為「深藏的蛀蟲」，在自身內部作祟。所造成的痛苦，就像恐怖電影的情節，必然以欲望的形式反向作用，形成「欲望/恐懼綜合體」，並向外投注，推諉於他者。問題在於，他者與我們，同為受造，彼此聯繫，同體大在；傷害他者，就是傷害我們自己；推諉於他者，就是推諉於人類整體。恰如猶太使徒保羅所說：「罪始於偷吃智慧果之亞當，終至於普世同體大罪、大死。」（羅5:12，譯自ESV）而同體大罪的生存之網，必然導致繼發性的普世恐懼（焦慮）。[203]

與原發性的死之恐懼不同，繼發性的普世恐懼是一種生之恐懼（焦慮）。卡夫卡就此論述說：

認識之靈光閃現，其最初的標誌，即死亡意願。此生無法承受，來生不可企及。當事人不再因想死而羞恥……[204]

「生之恐懼」是人類獨有的異象。人類之外，宇宙萬物有生死而不知生死，既無死之恐懼，也無生之恐懼。相反，人類因「偷吃智慧果」，遂既知生也知死。更為吊詭的是，人類不僅恐懼死，竟然也恐懼生。生之恐懼令人雖生猶死，甚而生不如死，直至自暴自棄，表達為「死之衝動」。而且，其表達必然遭遇死之恐懼的夾擊。這樣一個負向迴圈的過程，最終形成「生/死恐懼綜合體」。

「生/死恐懼綜合體」等價於「欲望/恐懼綜合體」，其實正是「原罪」的一個位格。它有助於進一步概括人類悲劇的機制：吾人所憑藉者，乃一張同體大罪-大恐的生存之網，其上，吾人求生不得、求死不能；死也恐懼、生也恐懼；既文飾死之恐懼、又掩蓋生之恐懼；活又活不好，死又不想死；總體雖生猶死，常常生不如死……其實，如此機制，仍可簡潔歸納為普世的生之恐懼。或者說，廣義的生之恐懼肆虐於普世，奴役著人性，異化著生存。

所有這一切，猶太人卡夫卡以其天才的反諷修辭，向基督徒米倫娜作出鞭劈入裡的驚人表述——人類同體大罪，罪責因推諉而擴散，其性質之嚴重，其影響之深重，幾至難以言述：

203　焦慮是恐懼的日常形式。
204　譯自箴言第13條。

猶太人質的悲與興：卡夫卡的曠野漂流
第一部：「父親」與宿命

至少對我個人而言，世上最荒唐的事情之一，莫過於妄圖說清楚罪責的問題。……例如，你的確有罪責，然而，這也是你丈夫的罪責，按此推理，你丈夫的罪責又是你的罪責，接下來，你的罪責又可歸結為你丈夫的罪責……等等等等。在人與人的共同生活中，事情必然如此，其結果，罪責因推諉而層層遞迴，無限延伸，直至暴露出那陰鬱的原罪的源頭。[205]

「我們都有罪責，又都沒有。」[206]

一方面，因為原罪之恐懼，所以相互推諉；因為相互推諉，所以同體大罪，進而同體大恐。另一方面，因為同體大罪，所以我們都身不由己——就此而言似乎又沒有罪責。

面對熱戀的情人，冒著情感破裂的危險，在爭吵中，生性「懦怯」的卡夫卡鼓足勇氣、偏執地說出所見之真理，因而倍感輕鬆。「……米倫娜也是人……並非我一個人的恐懼……寫完這些，我頭腦冷靜下來了。」[207] 又經過半年你死我活的靈肉衝撞，一段火熱的悲情黯然告終。三年之後，卡夫卡找到生命的最後伴侶多拉迪亞曼特，其間致信米倫娜，想要作一次回顧與總結，竟然再次繞回恐懼的話題：

我不敢再說下去了，已經說得太多了，空中的幽靈們貪婪地把它們吞進了那貪得無厭的咽喉。而你自己在信中說得更少。你的整個狀況是好呢，還是堪可對付？我無法拆解這個謎。誠然，人們對於自身的謎也是無法拆解的。沒有別的，唯有「恐懼」。[208]

在卡夫卡這兒，恐懼成為哲學化的本體，現象化的實體，不以吾人意志為轉移。它不隸屬於吾人，相反，吾人隸屬於它。它凌駕吾人之上，如巫術、咒語或魔法，控制吾人，支配吾人，決定吾人命運。尤其在一個「上帝已死」的時代，它是生活世界的本性。在這個世界上沒有什麼人不恐懼，猶太人尤

205　譯自 1920 年 9 月 2 日自布拉格致米倫娜。
206　譯自 1920 年 9 月 14 日自布拉格致米倫娜。
207　譯自 1920 年 9 月 15 日自布拉格致米倫娜。
208　約 1923 年底自柏林致米倫娜。引自《卡夫卡全集》，第 10 卷，第 437 頁。事實上，這是卡夫卡致米倫娜的最後正式信件。

其恐懼！正如他那段催人淚下的「猶太哀歌」：「你是猶太人啊，知道什麼叫恐懼。」沒有誰比猶太人更體會生之恐懼，猶太人中，卡夫卡體會尤深，因為，他被恩賜有先知的稟賦，格外敏感，纖毫入微。1924 年 6 月 6 日，卡夫卡溘然長逝第三天，曾經的戀人米倫娜為他寫下訃告，其中論及他的「生之恐懼」。米倫娜借用卡夫卡的表述指出，這份恐懼如此沉重，卡夫卡的心智無法承受，只好轉交自己的肺來擔當。[209]

第三節：欲望／恐懼綜合體

這是一種魔法般的轉換。

事實上，「恐懼化身」卡夫卡，也是恐懼大師，一如饑餓的卡夫卡也是饑餓藝術家。

作為恐懼大師，卡夫卡不僅深知恐懼，也深知恐懼的轉換。

換句話說，他深知與恐懼不二的欲望。

而這個欲望，即象徵於卡夫卡致米倫娜信中所謂的「幽靈」。

致米倫娜情書——尤其後期——反覆論及「幽靈」。

卡夫卡出語驚人，他說，寫信這件事，其本質，乃是一種同幽靈打交道的行為。寫信意味著：「在貪婪地等待著的幽靈面前剝光自己。寫下的吻不會到達它們的目的地，而是在中途就被幽靈們吮吸得一乾二淨。」他承認，書信往來之間，他向米倫娜說的話，究其實質，「當然只是說給幽靈們聽的」，它們「貪婪地包圍著我的桌子」。

然而，卡夫卡沒忘強調幽靈的「普世」性質。他指出，跟原罪與恐懼一樣，幽靈也不是卡夫卡或猶太人的專利。相反，幽靈屬於所有人，當然也屬於米倫娜。無論她寫信或收信，身邊一樣包圍著貪婪的幽靈，因為寫信是同雙方的幽靈打交道，「不僅是同接信人的幽靈，而且也是同自己的幽靈。」[210]

---

[209] 參見 Milena Jesenská's Obituary for Franz Kafka. 載 Franz Kafka, Letters to Milena.
[210] 1922 年 3 月末自布拉格致米倫娜。引自《卡夫卡全集》，第 10 卷，第 429-430 頁。

猶太人質的悲與興：卡夫卡的曠野漂流

第一部：「父親」與宿命

　　當然，所謂「幽靈」，不過是卡夫卡的隱喻。他的用語明確無誤，其實是在描述「欲望」。

　　事實上，卡夫卡是表述「欲望」問題的高手，一如他對罪愆、審判、恐懼等問題的表述，令人刻骨銘心。經典的例子如前述箴言第 4 條、第 82 條等。

　　在卡夫卡看來，罪惡（Evil）之性質，有如惡魔，具有絕對的自主性：「一旦自身接納了惡魔（Evil），它就不再要求人們相信它了。」[211] 這是因為，「你自身接納惡魔時所懷的隱念不是你的念頭，而是惡魔的念頭。」[212] 換句話說，罪惡可以凌駕於人，控制並支配人，決定人的命運。就此而言，罪惡等價於恐懼和欲望，更準確地說——如前所述——等價於卡夫卡所表述的「恐懼-渴望」，[213] 即我們所謂「欲望/恐懼綜合體」。

　　「欲望/恐懼綜合體」可視為一個運算式，其中，「欲望」是表像，掩蓋（文飾）著其下實質性的「恐懼」。對於這樣一種「欲望」，卡夫卡已然作出絕妙的描述：

　　單獨住一套房子……是幸福的一個前提……一切都很安靜……沒有那些雜居的住房所特有的那種嘈雜，那種淫亂，那種意志薄弱的、早就控制不住自己身體、思想和願望的亂倫行為。在那兒，在所有角落裡，在各種傢俱之間發生著天理難容的關係，有礙觀瞻的、偶爾發生的事情，私生的子女紛紛出現，這種事情不斷發生，不像你那供星期日利用的安靜、空寂的郊外，而像是在一個無窮無盡的星期六晚上，在那縱情狂歡、人山人海、令人喘不過氣來的郊外。[214]

　　這樣的景況，似曾相識，讓人想起當今消費社會的大眾狂歡，與其說熱鬧，不如說有點毛骨悚然。「上帝已死」，人們被欲望所凌駕、控制和支配，竟至如此悲慘。為什麼生存之網欲望沸騰、紅塵萬丈——用卡夫卡的說法——令人如此「渴望」？答案很簡單，是因為「恐懼-渴望」，或者說，因為「恐

211　箴言 28，引自《卡夫卡全集》第 5 卷，第 5 頁。
212　箴言 29，引同上。
213　1920 年 8 月 8-9 日自布拉格致米倫娜。引自《卡夫卡全集》，第 10 卷，第 36-366 頁。
214　1920 年 7 月 8 日自布拉格致米倫娜。引自《卡夫卡全集》，第 10 卷，第 288 頁。

懼」，人們才「渴望」！所有的人都恐懼掉離生存之網，因為這意味著死亡，並必做激發相應的死之恐懼。死之恐懼進而激發瘋狂的生之欲望。芸芸眾生，無論其「握力」大小，都拼命折騰這張生存之網——如卡夫卡所說——「縱情狂歡、人山人海、令人喘不過氣來」。

然而，這是誇張和謊言。一切都是誇張，唯一的真實是欲望，它無法再誇張。然而，甚至欲望的真實也不儘然，而不過是此外一切虛謊之事的表面現象。

這聽起來有點瘋狂和扭曲，但事實的確如此。[215]

的確如此。連真實的欲望，本身也是謊言。包括欲望在內，「一切虛謊之事」，都是對「恐懼」的文飾，即所謂「掩飾驚恐」。

只是，芸芸眾生所文飾者，不僅是原發性的死之恐懼，更是繼發性的生之恐懼。或者說，欲望之下，不僅掩蓋著作為其誘因的死之恐懼，還隱涵著作為其後果的生之恐懼。

相應地，「喘不過氣來」是一個雙關的復調。一方面，因為死之恐懼，生活如此「沸騰」和「熱鬧」，芸芸眾生縱享欲樂之際，快感得喘不過氣來。然而，另一方面，即其不二的方面，人際的欲望消費（包括被消費——如猶太人）必然導致人際的「累」或「煩」——即所謂「生之恐懼」或「生／死恐懼綜合體」——人性不堪重負，黑色情緒亟待兩類表達：一類是明爭暗鬥、破壞衝突、戰爭暴恐等，體現於「腦滿腸肥的資本家」、[216] 弱肉強食者、社會達爾文主義者、反猶排猶者、納粹、黑社會、罪犯、暴恐份子……其共有特徵是「爭先」。另一類是焦慮壓抑、猶豫踟躇、憂鬱沮喪以至自暴自棄等，體現於自殘自殺者、邊緣人格、憂鬱詩人、卡夫卡式的猶太人……其共有特

215　譯自 1920 年 9 月 14 日自布拉格致米倫娜。
216　「these capitalists of airspace」，見 1920 年 5 月 30 日自義大利美蘭致米倫娜。也可參見 Psalm 73 : 4, ESV.「Their bodies are fat and sleek.」

猶太人質的悲與興：卡夫卡的曠野漂流
第一部：「父親」與宿命

徵是「恐後」，[217] 其中，「卡夫卡式的猶太人」這一類型，即見於卡夫卡自己及其筆下，尤其是他一唱三嘆的「猶太哀歌」。

在致米倫娜情書中，卡夫卡續寫著他的「猶太哀歌」：

我的身體平靜了許多年，此後又會被這種欲望掀動，指向某種特殊事體，不足一提卻令人噁心，散發某種淡淡的硫磺味，有點像地獄——即便最好的情況，我也會聞到這種氣味：有點令人反感、難為情，有點骯髒。這種欲望所散發的，是永恆的猶太人的味道——他們捲進了莫名其妙的命運，在一個莫名其妙的骯髒人間，莫名其妙四處流浪。[218]

猶太人的生之恐懼，借卡夫卡的「猶太哀歌」，表述得催人淚下。其中那可憐的「慾望」，散發著「淡淡的硫黃味」，熬煉著卡夫卡式的「地獄裡的溫柔」。

然而，正如卡夫卡向米倫娜反覆強調，無論原罪、罪愆、恐懼還是欲望，或者說，無論「欲望／恐懼綜合體」、「生／死恐懼綜合體」還是生之恐懼，都不是猶太人的專利。「米倫娜也是人」，而米倫娜，不過是普世的代表或象徵。猶太人卡夫卡不過代言著米倫娜，相應地，猶太人不過代言著普世。事實上，如本書核心內容所示，這屬於猶太人卡夫卡——也是猶太民族——的大命運，也是大使命。

普世而言，「慾望」是一種文飾，其下掩蓋著恐懼。然而，「猶太哀歌」卻面對了「猶太人的-恐懼」，此舉生死攸關，出於恩典，意味著救贖。眼下，卡夫卡關於「恐懼-渴望」的研究另有其意義。如前所述，在「慾望／恐懼綜合體」這個分式中，慾望類似泡沫浮於表面，在吸引眼球的同時文飾恐懼。然而，卡夫卡指出，慾望的功能不止於此，事實上，它同時還在加劇「慾望／恐懼綜合體」內部的惡性循環。卡夫卡論述這一複雜而微妙的機制，身不由己用了先知般的語式：

217　當然，「爭先」與「恐後」這兩種類型，也有重合的可能，典型例子諸如「失足」式的犯罪人員、自殺式暴恐份子、殺妻並自殺的顧城等等，如果把希特勒視為心理病人，也屬此列。
218　譯自 1920 年 8 月 8-9 日自布拉格致米倫娜。

我骨子裡存在著某種無可表述、無可闡釋之事，而且，也只有在我骨子裡，才有可能經歷其存在。我一直在堅持，努力表述這無可表述之事、闡釋這無可闡釋之事。本質上，它也許就是這樣一種恐懼——我們曾頻繁加以討論，但是，業已蔓延一切——對最大事物的恐懼，以及，對最小事物的恐懼，而且，因單單一句話而令人痙攣的恐懼。

另一方面，或許，這無可表述之事並非只是恐懼，也是僭越一切的欲望，這欲望能激勵恐懼。[219]

當慾望作為恐懼的文飾，當然可怕。事實上，如此文飾即所謂「掩飾驚恐」，乃罪惡的根本誘因。

卡夫卡此處所論，把問題進一步引向縱深，揭示了其中的機制。

換句話說，相比文飾恐懼的慾望，他研究了激勵恐懼的慾望。這是慾望的「高級」位格，這一位格將激勵、強化恐懼。事實上，恐懼無法文飾，相反，被掩蓋起來的恐懼總要作祟，而且因掩蓋（壓抑）而遭反射強化，加劇其作祟的程度——指向自身（內射）則加劇自暴自棄的惡性循環，指向外部（外射）則加劇普世的生之恐懼。無論向內向外，終將局部的人際變成地獄，再沿生活之網傳播、發散，最終匯聚成人類整體的「生活世界」——對於卡夫卡，就其根本含義而言，父親赫曼·卡夫卡，未婚妻菲利斯，戀人米倫娜，無不代表著這樣一種「生活世界」。

第四節：同體大罪與生存之網

其實，所謂「生活世界」，正是一張同體大罪的生存之網。

卡夫卡就此問題的深刻思辨，始終貫穿於他與米倫娜的爭論。

誠如卡夫卡所說，罪責幾乎無法追究，因為如前所述：「罪責因推諉而層層遞迴，無限延伸，直至暴露出那陰鬱的原罪的源頭。」卡夫卡就此反諷說：「我們都有罪責，又都沒有。」[220]。

---

219 譯自 1920 年 11 月自布拉格致米倫娜。
220 譯自 1920 年 9 月 14 日自布拉格致米倫娜。

猶太人質的悲與興：卡夫卡的曠野漂流
第一部：「父親」與宿命

然而，爭論之所以如此糾結，是因為生活本來就痛不欲言。如本書第十五章可見，1920那年，剪不斷理還亂，卡夫卡與米倫娜既同病相憐，又明槍暗箭。關切多深，傷害與傷痛就多深，令有限的生命無法承受。所以，無論爭論怎樣微妙複雜，清晰的結論總會浮出水面。

只是，始料未及者，竟是米倫娜作出了最後的結論。1920年底，卡夫卡與米倫娜結束戀愛關係，導致期間潛伏的創傷浮出水面。大概出於異常的心理壓力，米倫娜於1921年1月致信布洛德，竟然論及「同體大罪」，很想知道自己是否也有罪：

我是有罪的還是無罪的？看在上帝的份上，我請求您，別來信給我安慰，別對我說，誰也沒有過錯，別給我寫心理分析。……我快要發瘋了；我作出了努力，去正確地行動、去生活、去思想、去感覺，根據良知，但不知什麼地方存在著罪孽。我想聽的是這個。當然我不知道您是否能理解我。我想知道，……我是否對此負有罪過，或者這是否是他自己的本質的延續。明白我說的是什麼嗎？我必須知道這一點。您是唯一也許知道點什麼的人。我請求您給我答覆，請您用赤裸裸的、簡單明瞭的、當然也是殘酷的事實真相回答我。[221]

往下一封信，對於自己提出的總是，她從反面給出了肯定的答案：

我倒是相信，我們大家、整個世界和全體人類都有病，而他是唯一健康的、觀點正確的、感覺正確的人，是唯一純潔的人。[222]

米倫娜所論，可謂之「同體大病」，即「同體大罪」的一個位格。

至於卡夫卡的結論，藉由他的第83箴言，早已達成近乎完美的天才表述：

我們之所以有罪，不僅因為吃了智慧樹之果，還因為未吃生命樹之果。這是我們的處境，這一處境本身有罪，無關乎我們是否感覺有罪。[223]

---

221 轉引自布洛德《卡夫卡傳》，第236頁。
222 轉引自布洛德《卡夫卡傳》，第239頁。
223 譯自卡夫卡箴言，第83條。「有罪的是我們所處的境況，與罪過無關。」卡夫卡指出了人的處境的尷尬：吃生命果意味著死與恐懼，但是，如果不吃生命果，不也意味著死亡和恐懼嗎？他當然也特指猶太人的處境。

第七章：欲望／恐懼：卡夫卡的生存之網

「吃了智慧樹之果」意味著：恐懼已然產生。「未吃生命樹之果」則暗示了我們的欲望。「欲望／恐懼綜合體」由此形成，並推諉敷衍成為同體大罪的生存之網——此即人性的客觀處境。

換句話說，同體大罪是一個客觀事實，不以個體意志為轉移，無關乎主觀感受是否有罪。

藉助漫長曲折的討論，我們終於回到上一章結尾的思路：

父親是「生活的代表」，他所代表的，其實是一張同體大罪的生存之網，也可轉喻為「欲望／恐懼」的生存之網。

父親代表著其上的關係和生存法則，並精確傳遞著這些法則。如果父親是一位猶太父親，其意義將更為典型。

藉此，一切相關人事，最終捲入進來。「為了這個世界，以最可笑的方式，你給自己套上了挽具。」[224] 母親、家庭、兄弟姐妹、婚姻、配偶、戀人、朋友、社會關係、法庭、醫院、工作等等，無可例外。在第 5 部八開筆記本中，卡夫卡表達了如下簡捷而冷峻的結論：

如果說，我父親以前在野蠻而空虛的威脅中習慣於這麼說：「我把你像一條魚一樣撕成碎片。」（實際上他一根手指都沒動我。）那麼現在這個威脅在與他毫不相干的情況下實現了。世界（F. 是它的代表）和我的自我在難分難解的爭執中撕碎我的軀體。[225]

最初，婚姻綜合症只是父親壓抑的後果，反映了卡夫卡的生存處境。然而，隨著生活的進展，它逐漸內化為卡夫卡的心理實體，呈現為致命的傷口，深及骨髓，無可救藥。現在我們看到，關於此點，卡夫卡已然自知。一俟離開父親，走近婚戀，他就會發現婚戀的本質——亦然「生活的代表」——集

224　譯自箴言第 44 條。
225　《卡夫卡全集》，第 5 卷，第 84～85 頁。「F.」是卡夫卡當時的未婚妻菲利斯。還在與菲利斯初戀時，一個新年除夕之夜，卡夫卡在一封情書中就這樣寫道：「你在哪裡？我從什麼樣的人群中把你拉出來？」在深情的背後，心理學看到了絕望。

猶太人質的悲與興：卡夫卡的曠野漂流
第一部：「父親」與宿命

中體現著廣義的倫理 - 人際關係。跟父親一樣，戀人本身就是生活的代表，她將代表世界把他撕成碎片。八開筆記本中一條箴言如是說：

> 女人，或者說得更尖銳些，婚姻是你應該與之爭執不休的生活的代理人。[226]

越往後，卡夫卡越清楚：不僅戀人，所有切身之人事，無一不代表著生活：

設想某人這樣說：「我對生活有什麼牽掛呢？只是由於我的家庭的緣故，我才不想死。」然而，這個家庭正是生活的代表……[227]

按這樣的邏輯，甚至他終生居留的故鄉布拉格，最終也不過是生活的代表。他一生都想掙脫布拉格，這「帶爪子的小母親」，最終無法如願。布拉格代表生活牢牢抓住他，正如大學時代他向友人波拉克的哀歎：

> 布拉格不放我們走，我們倆。這老醜婆有爪子，我們只能屈服。[228]

生命彌留之際，卡夫卡還將進一步明白：自己也是生活的一員代表，如此而已。真理如此深刻，也如此慘澹。也許他早已明白，只是未有直接的表達。然而他會說：「一切障礙在摧毀我！」他筆下的人物會說：「在每一幢住宅的樓頂上都有法庭的辦事機構。」他終生都在研究「罪愆」，反思「審判」，並就此達到生存論的一條根本結論。關於這一結論，不同的人給出不同的表述：「實利主義人格牢獄」（克爾愷郭爾）、「善的騙局」（尼采）、「常態神經症」或「生活之更大的不幸」（弗洛伊德）、「牽掛結構」（海德格爾）、「他人即地獄」（薩特）、「他們」（R.D. 萊恩）、「他者的話語」（拉康）、「超級成癮系統」（後現代批判理論）、「六道輪迴」（佛教）、「原罪」（基督教）等等，不一而足。

226　《卡夫卡全集》，第 5 卷，第 73 頁。
227　譯自 1922 年 1 月 30 日日記
228　譯自 1902 年 12 月 20 日致 Oskar Pollak，見 Franz Kafka, Letters to Friends, Family, and Editors。

至於卡夫卡，如前所見，他亦然給出深刻而豐富的表述。不過，作為作家，他藉「寫作」而切入的一個表述尤其尖銳，其中，他把同體大罪的存在表述為「殺人犯的行列」：

> 寫作就是跳出殺人犯的行列，這是寫作中存在著的值得注意的、神秘的、是危險的、也許像是得救的安慰；寫作是對事件行為的觀察。這樣一種寫作所憑藉的，是一種較高級別的觀察，較高而不是較尖銳，而且級別越高，就越是遠離「殺人犯的行列」。[229]

同時代的中國作家魯迅說：翻開歷史，滿篇都是「吃人」二字，以至是否存在「沒有吃過人的孩子」，竟成問題。在卡夫卡，這是人類生存之網的普遍特徵。其上未曾覺悟的人，暗中為「欲望／恐懼」所奴役，身不由己，下意識擔當「生活的代表」，盲目成為「他人的人質」[230]，終至害人害己，雖生猶死。

卡夫卡最終免於這樣的不幸。如本書第十六章所見，就其終極意義而言，他終於「跳出殺人犯的行列」，但並非借助寫作，乃是憑藉恩典——猶太民族永恆的盼望——或者更確切地說，憑藉恩典所成就的寫作——「肉身成言」進而「言成肉身」的寫作。

這樣一種寫作，其實是禱告。雖然置身生存之網，承受米倫娜所謂「同體大病」的現實，就此抵達「信仰的母體」。

229　譯自 1922 年 1 月 27 日日記。
230　「人類本質首先並不是衝動，而是人質，他人的人質。」參見《上帝死亡和時間》第 19 頁。

猶太人質的悲與興：卡夫卡的曠野漂流
第二部：文學與使命

第二部：文學與使命

　　我頭腦中存在著龐大的世界。然而，如何解放我自己，同時也解放這個龐大的世界，而不至於撕成碎片？我看得一清二楚：寧願上千次撕成碎片，也不能將它阻攔或埋葬在我內部，這是我此生此世的目的。

——弗蘭茨·卡夫卡

▎第八章：成長的煩惱

　　出生前的踟躕。我處於生命的底層——除非存在靈魂的輪迴轉世。我的生命是出生前的踟躕。」

——弗蘭茨·卡夫卡

第一節：人生的絕望

　　抵達「信仰的母體」，並非僅僅因為「戀母」，也出於「仇父」，更嚴格地說，意味著自己要成為父親。

　　然而，眼下，在同體大罪的生活之網上，卡夫卡還須繼續他悲哀的成長。

　　幾乎從一開始，卡夫卡就一直吟唱絕望的「猶太哀歌」，轉換著不同的調子：

　　我們倆人，奧塔爾和我，多麼憤怒地反對一切人際關係啊！[231]

　　我將鐵石心腸，與所有人斷絕來往。我將與所有人為敵，不向任何人開口。[232]

　　我的一生就是在抗拒結束生命的欲望中度過的。[233]

　　如果找不到一條獨特的逃路，他就只能面臨兩難：或者殺人，或者跳出「殺人犯的行列」而自殺。在認知水準上，這是一個「活著還是死去」的問題，或者說，一個「或此或彼」的問題。檢閱卡夫卡日記和書信，「自殺」一詞或相關意象頻率之高，令人震驚：

　　1909 年 4 月：「我記得很清楚，有人自殺未遂，落得終生殘廢。一個人只一瞬間就完了，又必須立即開始，在這種學習中掌握這可悲世界的中心。」

　　1911 年 12 月 25 日：「對準窗戶衝過去，在窗櫺和玻璃的破碎中衝出窗外，在耗盡全部力量之後軟綿綿地落到窗下的牆邊。」

231　譯自 1914 年 6 月 19 日日記。
232　譯自 1913 年 8 月 15 日日記。
233　《卡夫卡全集》，第 5 卷，第 198 頁。

第八章：成長的煩惱

底層角上的第一間房子為卡夫卡的出生地

1912年3月8日：「前天因為工廠之事受指責。然後整整一個小時都躺在沙發上想怎樣跳窗。」

1912年3月18日：「我時刻準備赴死。」

1912年10月：「擺在我面前的只有兩種可能性：像平時上床之後從視窗跳出去，或者在未來的14天中每天到工廠和妹夫的辦公室去。」

1912年10月：「我在窗邊佇立許久，貼著玻璃，很多次我有那麼一陣衝動，用我的縱身一跳來叫橋上的關稅徵收員們嚇一跳。」

1913年5月4日：「不停地想像著一把寬闊的熏肉切刀，它極迅速地以機械的均勻從一邊切入我體內，切著很薄的片，它們在迅速的切削動作中幾乎呈卷狀一片片飛出去。」

1913年7月21日：「[想像] 脖子套上絞索，被某人毫不在乎地從底樓窗口往上拉，血肉模糊，穿過所有的天花板、傢俱、牆壁和頂樓，衝破屋瓦時，我身體的殘餘部分也散落了，只剩下空空的繩套。」

1913年8月13日：「昨天傍晚在望樓上，在星空下。」

1913年8月15日：「一夜痛苦直至早晨，眼前只有跳窗一條路。」

猶太人質的悲與興：卡夫卡的曠野漂流
第二部：文學與使命

1913 年 10 月 15 日：「絕望。今天下午處於半睡眠狀態：最後疼痛真的要炸裂我的腦袋。在太陽穴。我在想像中真的看到一處槍傷，而洞口邊緣往裡翻，就像被猛烈撕開的罐頭盒。」

1914 年 2 月 14 日：「我自己在半睡眠的狀態中已經設想過一次這樣的場景……走向陽臺，被從各方面趕來的人抓住，我掙脫了，這個時候一隻一隻的手不得不停止了動作，我就會越過陽臺的欄杆。」

1916 年 7 月 6 日：「[想像]從高高的窗戶跳下去，但掉在了被雨水濕透而變軟的土地上，撞擊在這地面上還不致於死去。閉著眼睛沒完地打滾，顯露在眾目睽睽之下。」

1917 年 9 月：「我只能完全信任地獻身於死亡。」

1917 年 11 月中旬：「我想：你一事無成，就想自殺嗎？你怎麼敢起這樣的念頭呢？你可以自殺。但在某種程度上說你不必自殺，等等。……我面臨的情況是，悲劇的生活，悲慘地死去。」[234]

可以這樣說，父親所代表的生之恐懼極度壓抑著卡夫卡，誘發其「婚姻綜合症」。卡夫卡知其究竟：「你要求得到證明，馬上就有父親的詛咒為證；我的與父親搏鬥的希望是一幅絢麗的夜景。」[235]。其實他完全明白，父親跟所有人一樣，也是生活的受害者，作為猶太人更是深受其害。本質上，父親跟他一樣，「也是一個失敗的兒子」。

在此意義上，父親亦然自己的兄長，只是沒有勇氣挑起因襲的重擔，肩住黑暗的閘門，相反，竟然「可憐地、充滿嫉妒地盡力使他的弟弟在決戰中動搖」。[236] 事實上，卡夫卡的「猶太哀歌」也為父親而唱：「你是猶太人啊，知道什麼叫恐懼。」因為恐懼，父親疏離了猶太信仰，成為「生活的代表」，不幸親手「閹割」了卡夫卡，讓他年紀青青就走到人生盡頭。對此，一位詩人深為感慨：

234　1917 年 11 月中旬致布洛德，《卡夫卡全集》，第 7 卷，第 246 頁
235　1917 年 9 月中旬致布洛德，引自《卡夫卡全集》第 8 卷。
236　1921 年 1 月 15 日致布洛德，引自《卡夫卡全集》，第 7 卷，第 368 頁。

對人之痛苦及普遍異化……是卡夫卡而不是莎士比亞做出了更為強烈和更為全面的揭露……莎士比亞眼裡的世界正是帕斯卡眼裡的世界，與卡夫卡的世界大致相同，是一間牢房。在這牢房裡每天都在死人。莎士比亞迫使我們看到生活中殘酷的非理性的力量……他並不比卡夫卡做得差……然而，在莎士比亞的牢房中，那些牢友……一個一個有血有肉，栩栩如生，完整無缺，到死方休。與此不同，在卡夫卡的牢房中，在死刑判決被執行之前很久，甚至在邪惡的法律程序被確定下來之前很久，某種可怕的結果就已強加在了被告身上。我們都知道那是什麼：他被剝奪了作為人的一切，只剩下抽象的人性，就像他自己的骨架，像一具骷髏，那是絕不可能作為人的。他沒有父母，沒有家，沒有妻子，沒有孩子，沒有承諾，甚至沒有嗜好；而很可能伴隨著這些人生內容的權利、美、愛、智慧、勇氣、忠誠、名譽、驕傲等等，都與他無關。因此我們可以說，卡夫卡關於惡的認識是完整的……[237]

第二節：文學的希望

然而，世世代代，猶太人堅信，上帝的熬煉不為懲罰，而為管教，不為棄絕，而為救贖。當人走到盡頭，而且僅當走到盡頭，存在的奧秘會向他顯現。從心理學上說，絕境會誘發革命性的能量轉換。就此，卡夫卡稟有先知般的自我認識：「我頭腦中存在著龐大的世界。然而，如何解放我自己，同時也解放這個龐大的世界，而不至於撕成碎片？我看得一清二楚：寧願上千次撕成碎片，也不能將它阻攔或埋葬在我內部，這是我此生此世的目的。」[238] 正像剛才那位詩人所說，唯其極度的壓抑，唯其生之欲望的「閹割」，一個人才有可能退到生存之網的邊緣，認清生活的本性，理解父親作為「生活代表」的本質。其時，這時候，「父親」變成一個象徵，反過來隱喻著象徵的勝利。這正是卡夫卡《論譬喻》的意思：

許多人抱怨說，智者的話只是一些譬喻 [即象徵]，但在日常生活上卻用不上，而我們唯獨只有這樣日常生活……

237　轉引自《分裂的自我》，第 29-30 頁。
238　譯自 1913 年 6 月 21 日日記。

關於這一點，有人曾經說過：「你們幹嘛要抗拒呢？只要你們照著譬喻去做，你們自己也就會變成譬喻，這樣就能擺脫日常的操勞。」

另一個人則說：「我敢打賭，這也就是一個譬喻。」

頭一個人說：「你贏了。」

第二個人說：「但是很遺憾，只是在譬喻方面 [贏了]。」

頭一個人說：「不，在實際上；在譬喻方面，你卻輸了。」[239]

卡夫卡看得很清楚：「世界比例失調，好在看來只是數量上失調。」[240] 雖說「好在」，但不過是反諷。卡夫卡不存任何幻想，因為他深知，生死攸關的人際關係中，即包含著「數量上」的隱情：假借數量上的優勢，不正常竟堂而皇之享受「正常」，而正常反而不幸「被反常」。

人本的歷史，本質上就是「數量」的暴政。所謂「生活代表」，不過就是數量上的「大多數」，而「被代表」的少數人，則飽受壓抑、「閹割」或「審判」。這就是歷史的「暴民心理學」，正如卡夫卡藉一句箴言所說：「人類的發展——死亡力量的增長。」[241] 置身如此歷史，作為絕對少數的「最瘦的人」，他無法、也不想爭取什麼勝利——除了象徵的勝利，這是他唯一可能的勝利，更重要的是，這是他內心真正的希望。這一屬靈希望，正是他自己所謂「抗拒結束生命的欲望」，他唯一的，「消極的」，「生之慾望」：

我從生活的需求方面壓根兒什麼都沒有帶來，就我所知，和我與生俱來的僅僅是人類的普遍弱點。我用這種弱點（從這一點上說，那是一股巨大的力量）將我的時代的消極的東西狠狠地吸收了進來；這個時代與我可貼近呢，我從未與之鬥爭過，從某種程度上說，我倒有資格代表它。對於這個時代的那微不足道的積極的東西，以及對於那成為另一極端、反而變成積極的消極事物，我一份遺產也沒有。[242]

---

239 《卡夫卡全集》，第 1 卷，第 518 頁。
240 譯自卡夫卡箴言第 41 條。
241 《卡夫卡全集》，第 5 卷，第 76 頁。
242 1917 年 11 月 10 日至 1919 年 6 月 27 日八開本筆記，《卡夫卡集》，葉廷芳，黎奇譯，上海遠東出版社，2003 年，第 550 頁。

第八章：成長的煩惱

卡夫卡是一個巨大的「黑洞」。他沒有作「積極的鬥爭」，然而，他仍在鬥爭，以「黑洞」特有的方式鬥爭：向「父親」所代表的「積極的生活」作「消極的」鬥爭：

我在鬥爭……戰爭史上把這種人稱為天生的戰士。可……我並不渴望勝利，並不是作為鬥爭的鬥爭給我帶來快意，它只是作為唯一可以做的事情給我帶來快意。作為這麼一種東西它的快意比我實際上能夠享受到的多，比我能夠奉獻的多，也許我將不是在戰鬥中，而在這種快意之中沉淪。[243]

卡夫卡的一生是殉道於文學的一生，是「肉身成言」的一生。他的生命是文學的「活祭」、文學的象徵。

我對文學沒有興趣，我就是文學組成的，除文學之外我什麼都不是，也不可能是什麼。[244]

卡夫卡將在「他的 - 文學存在」中「成為父親」。我們將隨著他一道進入文學。我們將跟他一道遭遇什麼樣的罪愆、苦難和希望？不要忘了，眼下的我們，跟隨卡夫卡，正站在 1919 年年底的人生分水嶺，也是文學和思想的里程碑。在屬世的大地上，前後放眼望去，處處風雲慘淡，沒有幾縷明亮的陽光。三次失敗的婚事，一道肺結核的「傷口」，一段「恐懼 - 渴望」異教戀情……竟成青春時光的主旋律，黯然和汗穢了他早慧的生命。就肺結核的病情而言，遙遠的地平線更是凶多吉少。畢竟，象徵是象徵，現實是現實。在現實的生存之網上，卡夫卡永遠是輸家，這是因為，象徵也有像徵的命運，象徵必須以現實為背景，恰如他自己一句箴言所說：「惡是善的星空。」3 即便文學象徵的自由天地，其自由也僅僅在象徵意義上成立。「除非逃進這個世界，否則怎麼會如此興高采烈？」這句箴言也適用於「他的 - 文學象徵」的世界。至關重要的一點是，他自己的身體就屬於現實，這身體結著愛慾（eros）之果，而愛慾是什麼？如果指向現實，它意味著性愛與愛情，那是「剪不斷，理還亂」，那是「血肉模糊」！尤其對於一個青春生命，無論其怎樣「消極」，都是如此！

---

243 《卡夫卡全集》，第 5 卷，第 198-199 頁。
244 譯自 1913 年 8 月 14 日致菲利斯。

猶太人質的悲與興：卡夫卡的曠野漂流
第二部：文學與使命

更何況，在生存之網上，存在著無法贖回也無可逃避的「原罪」——在生存之網上，無論積極還是消極，只要你還在生存，那麼，「罪愆總是公然來臨，其形式正好為我們的感官所領會。它其實是沿著自己的根系在運行，所以根本不用擔心把它拔出來。」[245] 另一方面，愛欲如果不指向現實，那麼它又是什麼？對於「我就是文學」的卡夫卡，這一點尤其令人困惑。因為，在屬世的意義上，可以肯定地說，愛欲就是文學創造力的源泉！

在生存之網上，無論是否自覺，文學必然會，如卡夫卡所說，「狠狠地吸收」消極事物，包括自身的人格弱點和心理弱點。這正是愛慾-文學的本性！或許可以說，愛慾是文學的原罪。事實上，在猶太信仰看來，愛慾的確就是原罪。關於愛慾，我們尤其要記住：卡夫卡問題即猶太人問題。恰如漢娜·阿倫特的前述警告：「不理解猶太人問題，就無法理解卡夫卡。」無論就像徵還是現實，卡夫卡的身體是猶太人的身體，隱喻千回百轉的苦難，更提醒深不可測的原罪。別忘了馬丁·布伯的基本表述，關於猶太民族，「其生存的不可思議的、令人敬畏的和創造性的矛盾就在於她的兩重性」。猶太民族彙集了虛假與真實、醜與美、淫蕩與貞潔、欺騙與面對、狂熱與膽怯。其矛盾如此尖銳，其統一又如此弔詭。絕非偶然，這正是卡夫卡生命的本色，恰如維利·哈斯——卡夫卡生前友人暨《致米倫娜情書》編者的表述：「卡夫卡的生命是由自我折磨、自我譴責、恐懼、甜蜜和怨毒、犧牲和逃避組成的巨大的漩渦。」[246] 俯視其間，足以令人暈眩。卡夫卡自己怎麼說呢？翻過1919年年底的分水嶺，幾乎緊接著《致父親的信》，他致信當時的戀人米倫娜：

關於污穢，我唯一的財產（也是所有人唯一的財產？我不知道），為什麼我不繼續加以暴露呢？出於謙虛而不加以繼續暴露？哦，這倒是唯一正當的理由。[247]

245　譯自卡夫卡箴言第101條。
246　參見《卡夫卡全集》，第10卷，第442-443頁。
247　譯自1920年11月自布拉格致米倫娜。

卡夫卡認為，世界與人的本性，不僅包含罪愆與恐懼，也包含污穢和骯髒，而疾病則是世界的隱喻，與性、與愛雜揉難分。所以，與米倫娜往來之際，卡夫卡一面大談恐懼與罪愆，一面詳論污穢與骯髒：

我……只是躺在某處一個骯臟的溝壑中……

我一直過著自己骯髒的生活，這是我自己的事情。然而，不巧讓你也捲入進來，事情的性質就完全不同了，甚至不僅僅是對你的冒犯。……更可怕的是，你讓我更加認識到自己的骯髒……這讓我額頭直冒恐懼的冷汗……

有些人能夠共同度過晚上或早晨，而有些人則不能。後者的命運我倒覺得不錯。他們肯定或者可能幹了些不好的事情……這污穢的一幕主要來自他們的陌生的存在。這是人間的污穢，是一個從來沒有住過的，現在突然被打開門窗的住房裡的污穢。

對你來說我是怎樣一種不潔的禍害……[248]

……

與米倫娜的戀情，最終不了了之。其後不久，1921年秋，卡夫卡論及自身猶太二重性，所用語句，跟馬丁·布伯的表述何其相似：

在我身上也一樣，都有這種卑鄙的、骯髒的、溫和的、耀眼的思想。[249]

與馬丁·布伯一樣，卡夫卡深諳猶太二重性之意義，所以不怕談論污穢和骯髒。約1922春夏，青年朋友雅諾施遭遇青春情愛難題，卡夫卡與之勸勉：「愛情總是在污穢的伴隨中出現」。不僅如此——他藉此指出——往往尚未成熟之際，當事人已然身陷污穢，最終成為生活的犧牲品。因而，「一個男子的痛苦表情常常只是凝固了的兒童的迷惘。」[250] 如此勸勉，亦然出於自身的回顧。一路走來，他經歷了童年與青春的淪陷。[251] 很大程度上，正因為如

248　引文譯自或引自卡夫卡自布拉格致米倫娜，其日期或出處為：1920年8月8日至9日；1920年9月14日，見《卡夫卡全集》，第10卷，第398～399頁；1920年9月20日；1920年8月12日，見《卡夫卡全集》，第10卷，第377～378頁。
249　1921年秋致大妹埃莉，見《卡夫卡全集》，第7卷，第424頁。
250　《卡夫卡口述》，第178頁。
251　可參見林和生，《「地獄」裡的溫柔：卡夫卡》，四川人民出版社，1997年，第六章第5節。

此，他對「父母的婚床」才那麼反感。帶著「出生前的踟躕」，他自己的婚戀更是糾結與紛爭，圍繞「污穢」與「骯髒」燃放地獄般的「硫磺味」。然而眼下，作為已然成熟的「一個男子」，他目光雖然痛苦，卻明徹如先知，看到了「同體大罪」的終極真相。這兒隱藏著人類苦難的謎底。只是，由於「欲望/恐懼」的捲入，人類無法真正自我釋然，除非學會在「最高力量」面前自我放棄：

　　難啊……通向愛的路總是穿越泥汙和貧窮。而蔑視的道路又很容易導致目的的喪失。因此，人們只能順從地接受各種各樣的路。也許只有這樣，人們才會到達目的地。[252]

　　目的地是什麼？是文學？

　　是卡夫卡的「他的-文學」？

　　無論什麼文學，哪怕自覺擔當「替罪羊」，難道可能承受「同體大罪」的份量？

　　或者，任何「他的-文學」，必然因其親在的真誠，或早或晚面對那個永恆的問題：「我們是誰？從哪裡來？到哪裡去？」

　　由此，任何「他的-文學」必然內含著別的什麼——例如信仰？

　　果真如此，對於卡夫卡，那不是猶太信仰還能是什麼？

　　然而，猶太信仰能讓人讀懂「父親」嗎？它能釋然那柔腸寸斷的「情結」嗎？

　　它如何化苦難為祝福，變歷史為恩典，帶領「兒子」穿越靈肉的污穢與貧瘠，像一位真正成熟的父親，抵達豐盛的「象徵」，迎接終極的救贖？

252　《卡夫卡口述》，第 180 頁。

第九章：學生時代及文學的準備

我對文學沒有興趣，我就是文學組成的，除此之外我什麼都不是，也不可能是什麼。

——弗蘭茨·卡夫卡

第一節：「書中言語何其多」

那是許多年前的事了。一次，我坐在勞倫茨山 [山頭……] 心裡非常悲傷，我要檢查一下，自己對人生還有什麼希望和要求。我最大的希望，或者說，對我最有吸引力的希望，是得到對人生的一種看法，當然，我還要用筆把這個看法寫出來，讓別人相信我的這個看法……我對人生的看法是：雖然，人的一生大起大落，有著明顯的變化，但是，它又是子虛烏有，是夢幻，是遊雲……所謂的希望其實是，他給子虛烏有以一點點活潑的表面現象；雖然，他本人還沒有故意走進到這子虛烏有之中去，不過，他已經感到，子虛烏有是他的本質要素；這是一種告別方式，當他還年輕時，他就是用這種方式告別了這個世界的虛假現象。這個虛假的世界並沒有直接欺騙他，而是通過他周圍的權威人士的話欺騙了他，這樣他才有了這個所謂的「希望」。[253]

18歲的卡夫卡中學畢業

一位家境富裕的青春少年，置身自然，竟如此悲傷而絕望，以至頓悟人生，決志走向「子虛烏有」的文學。這就是卡夫卡的本色。

「許多年前」是哪一年，無法確切明瞭。然而，早在 1902 年，19 歲的卡夫卡已然「資深」文學青年。他與猶太同學奧斯卡·波拉克的通信可資見證。兩人中學時代結下友誼，大學時代一度通信往來。卡夫卡在信中說，他們離不開文學的談論，否則，「我們會突然發現，我們都穿著化妝舞會的服裝，

253　卡夫卡，《他》，轉引自瓦根巴赫，《卡夫卡傳》，第 43～44 頁。

猶太人質的悲與興：卡夫卡的曠野漂流
第二部：文學與使命

戴著面具，做著笨拙的手勢（尤其是我，真的），於是我們會忽然變得憂傷、疲憊。」一年半以後，卡夫卡寄給波拉克一堆文字，那幾乎是他迄今所寫下的一切：「我希望你讀一讀這些字紙，無足輕重也罷，令人厭惡也罷……我摘下一塊肉……從我的心中摘取一塊肉，用一些寫滿字的紙張乾乾淨淨地包好交給你。」

不要以為這是文學青年的矯情，這是卡夫卡「肉身成言」的青春見證。生命的悲傷結出了果實，也決定了文學創作的態度。年紀輕輕的卡夫卡已然確立了超常的文學標準，並因此產生了焦慮：

> 我一口氣讀完了赫貝爾的日記……。這些天我根本無力拿筆，因為看著這麼一種生活天衣無縫地不斷向上高聳，高得用望遠鏡幾乎都看不見頂，良心就平靜不下來。可是良心上如果有了一個很大的傷口，倒是有益的，這樣它對每挨一口咬都會更加敏感。我認為，只應該去讀那些咬人的書和刺人的書。如果我們讀一本書，它不能在我們腦門上猛擊一掌，使我們驚醒，那我們為什麼要讀它呢？……我們需要的書是那種對我們產生的效果有如遭到一種不幸，這種不幸要能使我們非常痛苦，就像一個我們愛他勝過愛自己的人的死亡一樣，就像我們被驅趕到了大森林裡，遠離所有的人一樣，就像一種自殺一樣，一本書必須是一把能劈開我們心中冰封的大海的斧子。[254]

卡夫卡焦慮於任務的重大。他的文學意識源於人類一流的思想文學藝術大師。1889年，6歲的卡夫卡已經就讀於布拉格德語人民小學，在這兒奠定了堅實的德語基礎。1893年，10歲的卡夫卡以優異成績升入國立德語九年制高級中學。這所學校是當時文科的標竿，卡夫卡就此投身德語文學的海洋。9年之間，他博覽群書。頭3年，教師特別強調童話文學，他因而深入接觸了北歐童話和中國民間故事，多年以後，他自己的文學創作將大受其益，成就黑色的「另類童話」（如《變形記》等）。系統的學習還包括《希爾德布蘭特之歌》（古高地德語英雄詩的孤本），《尼伯龍根之歌》（中古高地德語名篇），奧地利詩人和劇作家格里爾帕策、萊瑙等人及其作家群，歌德、

---

[254] 1904年1月27日致波拉克，見《卡夫卡全集》，第7卷，第25頁。

海涅、席勒、萊辛、施萊格爾、蒂克、諾瓦利斯等德國浪漫派作家群，臨近畢業時，他還對霍夫曼斯塔爾和尼采等人產生了強烈的興趣。

這所學校的猶太學生比例較大，反猶排猶的衝擊較小。部分由於這一原因，猶太同學胡戈·伯格曼得以充分發展其傳統文化取向：他熱愛猶太文化，傳承了猶太信仰的虔誠與智慧，就此出類拔萃。日後，在猶太復興的時代大潮中，他將承擔重要的文化使命。早在1910年，他即專程赴巴勒斯坦考察那兒的猶太復興形勢。1920年5月，他舉家遷居巴勒斯坦。在那兒，他被任命為耶路撒冷大學哲學教授，負責籌建耶路撒冷希伯來大學圖書館，並領導這座歷史意義的圖書館直至1935年。其時，卡夫卡辭世已然十年有一。還在卡夫卡彌留之際的1922年，伯格曼即熱情鼓勵，為他安排希伯來語教師，邀請他在身體允許的任何時候訪問巴勒斯坦。這些寶貴的支持伴隨卡夫卡走完最後的人生。

眼下，在布拉格這所德語中學，伯格曼在信仰上的虔誠最初並不為卡夫卡理解，相反遭到嘲笑。然而，事實上，嘲笑洩露了內心的反向作用——當然，這也與父親從小施教的「猶太信仰」有關。果然，1902年年底，伯格曼致信卡夫卡，以一如既往的虔誠告白自己的信仰，感動了卡夫卡。往後，伯格曼加入「巴爾-科赫巴」猶太人協會，並引導卡夫卡參加該協會各項活動。1909年1月20日，該協會聯名《自衛》雜誌社，邀請馬丁·布伯來布拉格演講「猶太教的意義」，1910年4月3日和12月8日，先後再作兩場演講「猶太教和人類」及「猶太教的革新」，三次演講，卡夫卡多半多在場。正是藉由伯格曼，卡夫卡對赫茨爾和布伯等人思想有了深入瞭解。只是，在赫茨爾式的猶太復國主義與布伯式的猶太文化復興之間，伯格曼大概走了一條中庸路線。因此，卡夫卡所受影響也比較複雜和微妙。綜而言之，在複雜的時代人生背景上，深邃的猶太文化，與成長中的卡夫卡發生微妙的互動。[255] 畢竟，單單一部《希伯來聖經》，已然一座無所不包的圖書館：文學、歷史、人類學、哲學、神學、律法等等。客觀而言，猶太文化與世界文學，有如希伯來與希臘，

255　關於卡夫卡學生時代所面臨的「猶太人問題」，可參見，布洛德《卡夫卡傳》，第105頁以下；阿爾特《卡夫卡傳》第二、六章等處相關內容。也請參見本書第一、二章。

猶太人質的悲與興：卡夫卡的曠野漂流
第二部：文學與使命

兩者之間，充滿巨大的張力，充斥卡夫卡的文學生命。如後所見，最終，卡夫卡將以畢生努力，走出「一個人的曠野漂流」之路，更確切地說，一條「反向」漂流之路。

1901年，卡夫卡順利通過中學畢業考試，進而註冊布拉格卡爾斯德語大學深造，這一來又是六年。

大學六年，天地更為廣闊。星漢燦爛湧進他的視野：斯賓諾莎、克萊斯特、福樓拜、陀思妥耶夫斯基、斯特林堡、梅特林克、漢姆生、狄更斯、托爾斯泰、湯瑪斯·曼、布倫坦諾、帕斯卡、達爾文、弗洛伊德、中國古代文化和古典文學（如老莊、李杜、蘇東坡、楊萬里、袁枚）等等。卡夫卡格外著迷於中國古代文化，三十年後，他論道莊周，竟然見地孤絕，而且一往情深，勝似異國鄉愁，令忘年交雅諾施驚訝不已。[256] 這其中的奧秘，可能關乎中、猶文化之心有靈犀、惺惺相惜。猶太民族亂世流離，深心渴望高山流水之情。兩千五百年前，即俞伯牙、鐘子期因《高山流水》而知音的前後，猶太民族藉先知以賽亞之口，表達深情厚誼，張開雙臂歡迎「那些從秦國來的」[257]，其時大約春秋戰國之交，秦國已然諸侯大國，開始雄視天下，後來果然一統中國，其國名流傳海外，即成以後的China（「秦」）。[258] 在「希伯來 - 希臘」的歐洲，希伯來（猶太）民族被希臘文化邊緣化，因流離而找不到知音，所以，他們的目光樂於投向春秋和唐詩的大地。此系他話。

今天的布拉格舊城廣場。芳塔夫人曾經在最右側的「獨角獸」大樓舉辦沙龍。1902年左右，還是大學生的卡夫卡常常光顧那裡。

---

256 參見 Conversations with Kafka.
257 《以賽亞書》49章12節，譯自 ESV。
258 崔瑞德等編，《劍橋中國秦漢史》，楊口泉等譯，中國社會科學出版社1992年1版印，第33頁。

據布洛德報導，大學時代，卡夫卡格外關注自傳或傳記體文學，包括書信、日記、紀實性報告文學等。他熟悉作者的程度，遠遠超過熟悉其作品。[259] 就此而言，他的閱讀範圍甚廣，包括赫貝爾日記，如歌德的《日記》、《旅行日記》、《詩與真》、《伊菲革尼亞》以及《歌德談話錄》，又如格里爾帕策和斯湯達等人的《日記》，拜侖的《日記與書信選》，瑪律摩斯·奧勒利烏斯的《冥想錄》，福樓拜、叔本華和陀思妥耶夫斯基等人的傳記，等等。生活的不幸賦予他一種直覺、一種關注。人性深處光影迷濛，再藉文化藝術折射出來。人群、光榮和鮮花的一旁，卡夫卡更關注大師們的「他的-存在」。在思想藝術的震撼之外，他邂逅大師們的孤獨、不幸、迷惘，相遇生存之網的謎底，血肉模糊。與其說他在閱讀，不如說他在尋找、在發現，等待著心靈的撞擊。

第二節：從歌德到克萊斯特的「傷口」

　　大學時代，隨著閱讀的擴展、思考的深入，幾位文化人格逐漸脫穎而出，格外影響著卡夫卡的文學生命。

　　首先，歌德一直令他至為景仰。1912年完成文學突破之前，他長期醉心於「不朽的」歌德藝術，常常整周沉浸其中，甚至一度打算撰寫專文詳論之。閱讀歌德令他激動莫名，以至無法寫作。布洛德描述說：「聽卡夫卡出神地談歌德，給人以一種非常特別的感覺；這就仿佛是一個孩子在談他的一位祖先，這位祖先生活在比今日更幸福、更純潔的年代，與神性有著直接的接觸。」卡夫卡視歌德為「至聖」之「人神」，象徵著文學的不朽。另一方面，歌德對人性的洞察又給他深沉的衝擊。「不做鐵砧，就做鐵錘。」「立志成大事者，必須善於限制自己。」歌德這些智慧呼應他深藏的「父親情結」，觸動他內心的不幸和渴望，激響他掙扎著的生命之弦。二十多年後，他踟躕於生死之際，糾結於情愛與污穢之間，自知不久於人生，情不自禁與青年朋友雅諾施論及相關話題：「一切都在鬥爭，都在搏鬥。只有每天都必定能征

---

[259] 日後卡夫卡自己的文學作品，其氛圍與場景，常常如真似幻，真假莫辨，沒有絲毫「文學腔」，可能與此處所論相關。

服愛情與生活的人才會得到它們。」接著他異常虔敬地感慨道:「關係我們人的事情,歌德幾乎都說到了。」

對「人神」歌德的崇拜,不僅事關「父親情結」,也源自悲劇人格的共鳴。

奧地利大詩人格里爾帕策,與卡夫卡諸多相似,屬於中歐-奧地利典型的「神經症」知識份子,攜帶著家族性的抑鬱症因數。他的母親和一位弟弟先後自殺,他自己則對人性深感絕望,終生自我懷疑、自我壓抑。無論生活或創作,他始終秉持心理學與倫理學眼光,無情審視,尖銳而深刻。

陀思妥耶夫斯基,典型的神經質天才,以可怕的激情,深究人類罪愆、苦難和希望。從這位同類,卡夫卡讀出了自己「不幸的存在」(being unhappy)。[260] 在信仰問題上,陀思妥耶夫斯有類克爾愷郭爾,憑藉使徒般的虔誠,追隨絕對彼岸的「最高存在」,對於卡夫卡,亦然潛在的「精神鄰居」。

福樓拜是「肉身成言」的典型,文學創作就是他的全部生命,他不懈追求藝術形式的盡善盡美,最大理想就是創作一部天書:「與一切無關⋯⋯與外部世界只有最小聯繫⋯⋯只是由自身風格的內在力量而得到統一」!亦然卡夫卡的先驅。

綜合而言,影響卡夫卡至深者,當數克萊斯特。絕非偶然,卡夫卡曾如下論及兩人的精神血緣:

如果不考慮影響和地位的因素,那麼我真正的血親是格里爾帕策、陀思妥耶夫斯基、克萊斯特和福樓拜。四人當中唯一結婚的是陀思妥耶夫斯基,然而(無論結婚與否他們都沒找到正確的出路),或許,只有當克萊斯特出於內外兩方面的必然性而在萬斯湖畔開槍自殺時,他才成為唯一找到正確出路的人。[261]

德國天才詩人克萊斯特,號稱「19世紀文學第一人」。跟後來的卡夫卡一樣,因氣質使然,年紀輕輕就深陷焦慮,絕望於人性。24歲那年,他遭遇

260　1913年12月14日日記。
261　譯自1913年9月2日致菲利斯。

精神危機，接下來 10 年內，他深陷恐懼，害怕淪為「命運的奴隸」。極度渴望掌握命運，反遭命運殘酷捉弄，始終不為同時代人所容，遂使靈魂與肉身雙重流浪，終至崩潰，開槍自殺，年僅 34 歲。

　　克萊斯特的創作常常突發於心理或病理的誘因，事先沒有任何跡象，直接湧現於無意識深處。命運襲擾，防不勝防。人類心理深不可測，生存衝動盲目而兇險，倫理 - 人際關係之網如此複雜而又如此脆弱，經驗之可憐，其不穩定、不確定、不可靠，無異於皇帝的新衣……因此，在克萊斯特的作品中，不安、焦慮及其次生災難不可一世。古典浪漫主義就此遭受陰森的懷疑。正因為如此，歌德把克萊斯特斥之為「病態的心靈」，「本來天生麗質，卻罹患不治之症」，讀者正要表示誠懇的同情，卻不由自主深感「恐怖和噁心」。顯然，後來的卡夫卡與之何其相似。布洛德曾就二人作過如下的對比：

　　卡夫卡的作品與克萊斯特的著作有一些實質上的、完全不可僅僅以回味相似來解釋的特徵，尤其在散文風格上，已經為人們反復提及。可是關於他們基本立場的心靈上的接近，據我所知還不曾有人指出過。這兩個人的基本立場的確是惟妙惟肖，甚至他們的肖像也相似，至少他們的童稚和純潔是相似的。在卡夫卡的作品中居於中心地位的竟然也 [跟克萊斯特一樣] 是對家庭的責任！[262]

　　兩人都成長於嚴厲的家庭環境，承受著家庭巨大的期冀。然而，因童年期創傷，兩人都缺乏現實的能力和興趣。兩人的倫理 - 人際關係都極為緊張。對於婚戀，兩人都極度憧憬，經歷曠日持久的訂婚狀態，最終不了了之。婚戀的衝動強烈，但天才的自保本能更強烈。兩人都忠誠於藝術本質，拒絕迎合時代標準，並一時不為世人理解。兩人都深陷神經症的執迷，物件再瑣細，也會形成「黑洞效應」，對於基本道德和哲學問題更是如此。兩人都珍視男子氣，追求個性與決斷的統一，不無諷刺的是，兩人都表現得複雜、多變、分裂、病態。兩人都為焦慮與絕望所困，搖擺於偏執的努力與徹底的放棄。兩人都具有潛在的自殺傾向——克萊斯特 34 歲死於自殺，卡夫卡則 34 歲發作「自殺性」的肺結核，最終死於克爾愷郭爾所謂「致死的疾病」。

262　布洛德，《卡夫卡傳》，第 33 頁

猶太人質的悲與興：卡夫卡的曠野漂流
第二部：文學與使命

在卡夫卡的最後歲月，青年朋友雅諾施曾談及阿波利奈爾，當時紅極一時的超現實主義先鋒詩人。就此，卡夫卡含著表示了斷然的否定。他說，真正的藝術絕非技巧的造作，而是痛苦的分娩。他舉證的案例，正是克萊斯特的作品：

這是真正的創作。語言非常清楚。您在這裡找不到矯飾的語言，看不到裝腔作勢。克萊斯特不是騙子，不是逗趣者。他的一生是在人和命運之間[……夢幻]似的緊張關係的壓力下度過的，他用明確無誤的、大家普遍理解的語言照亮並記述了這種緊張關係，他要讓他的[……夢幻]變成大家都能達到的經驗財富。他為此而努力，卻不要言語遊戲，不作評論，不施用誘惑。在克萊斯特身上，謙虛、理解和耐心變成任何一次分娩的成功所需要的力量。因此，我反復閱讀克萊斯特的作品。藝術不是瞬即消逝的驚愕，而是長期起作用的典範。[263]

克萊斯特的思想和創作包含一個重大意象：傷口。他把生存視為敞開的傷口，暴露在日常生活中，不斷遭受刺激、污染或破壞，永遠難以癒合。絕非偶然，「傷口」也是卡夫卡人生和藝術的重大象徵和隱喻：

可是良心上如果有了一個很大的傷口，倒是有益的，這樣它對每挨一口咬都會更加敏感。

但是，我像一個遍體鱗傷的人，只要不碰不磕，我就能在百般痛苦中苟延殘喘下去……

……這是一條地地道道的創傷管道。在管道內，每一陣疼痛都在來回遊動……

這場風波對我說：「……你的頭像正在潰爛的傷口……」

我蒙受著如此巨大的疼痛，這是因為傷口已經有好久了，積重難返啊！我有這種疼痛，並不是因為傷口很深，也不是因為傷口在潰爛。

當然這裡還存在著創傷，其象徵只是肺部創傷。

263　《卡夫卡口述》，第 162-163 頁。

第九章：學生時代及文學的準備

　　如果真如你所斷言，肺部的傷口（肺結核）只是一個象徵，傷口的象徵，F.[菲利斯] 是它的炎症，辯護是它的深處，那麼醫生的建議 (光線、空氣、太陽、安靜) 也就是象徵了。正視這個象徵吧。

　　血並非咳自我的肺，而是咳自⋯⋯一道致命暗傷。

　　《鄉村醫生》屬於卡夫卡自己認可的少數文字，在這部作品中，「傷口」的隱喻令人不寒而慄：「——此時我發現：這孩子確實有病。在他身體右側靠近胯骨的地方，有個手掌那麼大的潰爛傷口。玫瑰紅色⋯⋯蛆蟲⋯⋯從傷口深處蠕動著爬向亮處。可憐的孩子，你是無藥可救的了。我已經找出了你致命的傷口；你身上這朵鮮花正在使你毀滅。」接下來發生的事情更為恐怖、神秘，屬於卡夫卡最震撼的文字之一，出於卡夫卡對人類和自己的一個診斷，一個克萊斯特式的診斷：

　　「你要救我嗎？」這孩子抽噎著輕輕地說，他因為被傷口中蠕動著的生命而弄得頭眩眼花⋯⋯於是這家人和村子裡的長者一同來了，他們脫掉我的衣服⋯⋯把我放在朝牆的一面，靠近孩子的傷口。⋯⋯「你知道，」我聽到有人在我耳邊說，「我對你很少信任⋯⋯你不但沒有幫助我，還縮小我死亡時睡床的面積。我恨不得把你的眼睛挖出來。」「你說得對，」我說，「這的確是一種恥辱。但我是個醫生。那我怎麼辦呢⋯⋯」「你以為這幾句道歉的話就會使我滿足嗎？哎，我也只能這樣，我對一切都很滿足。我帶著一個美麗的傷口來到世界上；這是我的全部陪嫁。」「年輕的朋友」我說，「你的錯誤在於：你對全面的情況不瞭解。我曾經去過遠遠近近的許多病房，可以告訴你：你的傷口還不算嚴重。只是被斧子砍了兩下，有了這麼一個很深的口子。許多人都自願把半個身子呈獻出來，而幾乎聽不到樹林中斧子的聲音，更不用說斧子靠近他們了。」[264]

　　卡夫卡與克萊斯特，兩者的生命都是不可救藥的傷口，恰如卡夫卡自己所說：「未來已經在我身上。改變只是隱蔽的傷口的外露而已。」[265]

264　參見《卡夫卡小說選》。
265　《卡夫卡口述》，第 177 頁。

第三節：布倫坦諾：自明的「現象世界」

有人把卡夫卡的眼睛也視為其存在的「傷口」。誠然，不幸的生存與獨特的眼光之間，一定存在內在的聯繫。不過，就其更為根本的意義，卡夫卡的眼光珍藏特殊內涵，無法盡然以「傷口」加以概括。無論就生存還是文學，他的眼光獨具特質：細節上纖毫入微、理性、「客觀」、控制；與此同時，情節上卻飽含主觀因素，充斥夢境般的遊移和漂離；最終，整體上蘊含珍貴的自明性，令讀者產生強烈的「異化」感，形成卡夫卡思想藝術的獨特魅力。這樣一種眼光，與布倫坦諾（Franz Brentano, 1838-1917）的思想關係密切。

布倫坦諾，人類思想大師，里程碑式的德國哲學家和心理學家，廣義的基督教神學家，其不朽貢獻涵蓋諸多重大領域：形而上學、本體論、心理學、倫理學、美學、邏輯學、歷史哲學、編史學、哲學神學等等。[266]

1864 年，布倫坦諾出任羅馬天主教神父，1866 年被歐洲名校維爾茨堡大學聘為無薪講師，6 年後年升任教授。

作為基督徒，布倫坦諾與克爾愷郭爾一樣，堅守信仰，卻無法與教會達成共識。1870 年，他質疑教會無誤論，與之發生激烈衝突，並於 1873 年辭去神職。

因其信仰之虔誠、精神之純粹，布倫坦諾被歐洲一代知識精英奉為楷模。他的學生包括赫赫有名的弗洛伊德、E. 胡塞爾和 T. 馬薩里克，也包括斯通普夫（Carl Stumpf）、特瓦多夫斯基（Kazimierz Twardowski）、安東·瑪律蒂（Anton Marty）等優秀哲學家，還包括本書主人公卡夫卡。現象學大師胡塞爾投身哲學，即出於布倫坦諾人格、精神及學術魅力的感召。他後來寫下《回憶弗蘭茨·布倫坦諾》一文，歷數老師的曠代風采：聖徒般虔誠、赤子般坦率、天才而純真。該文唯一的「細微」保留，某種意義上，其實仍然折射了老師堅如磐石的信仰立場：他屬於一個古典、純粹而崇高的世界。

266　本處相關內容綜合參見〔德〕施太格繆勒，《當代哲學主流》，王炳文等譯，商務印書館，1986 年；《回憶布倫坦諾》《不列顛百科全書》等相關詞條。

1874 年，布倫坦諾出版《經驗立場的心理學》（Psychology from an Empirical Standpoint），奠定了其思想體系的基石，也是現代世界主流思想的基石。為了讓他的神-哲學體系堅不可摧，布倫坦諾拷問人性，提出了意向理論：在「生活世界」中，當事人自以為擁有「客觀」的眼光，能觀察到「客觀」的世界。然而，事實正好相反，所謂「客觀」的眼光，其實是一種無意識的眼光，就像一塊海綿，事先悄悄滲滿了各種主觀的意向因素：如價值、觀念、思想、情感、欲望等。所以，當事人眼中根本不可能存在所謂「客觀」的世界。

　　借用神學的用語，意向即罪，而無意識則是罪的大本營。由此界定了思想的任務——罪的分析，或者說，罪的描述（Descrption）或呈現。就此，事實上，布倫坦諾其實已然開啟了一個偉大的綜合，完成了精神分析-哲學神學-生存論的匯流。從根本上說，這一匯流著眼於無意識的描述或呈現，著手於意識與無意識的對話。借用精神分析的簡捷用語，對話即描述、即呈現，呈現即解決。然而，既然描述和呈現乃罪的描述和呈現，其過程和結果相當於認罪，從而也相當於救贖，因為「認罪即得救」。

　　如此描述、呈現，也可理解為「現象學」的「還原」。當事人所謂的「客觀」世界被「還原」成「他的-存在」。一旦自覺於自身存在，面對親身處境，當事人即「到場」進入「現象世界」，這是一個「澄明」和「自明」的世界。相形之下，過去所耽迷的「生活世界」虛幻不真，不過是傷害生命的「罪惡倒影」。藉此，自我解放的救贖得以成為可能。

　　某種意義上，布倫坦諾也是「中歐-奧地利」處境的特殊產物。對於這兒弱勢而痛苦的知識份子，尤其猶太德語知識份子，他的思想飽含生機。在原生態的「生活世界」中，弱勢的生存者被排擠到邊緣，因而特別敏感於「生活世界」的本性。藉由「現象學」的「還原」，現實的「生活世界」被翻轉為精神的「現象世界」或「象徵世界」。當事人的意向之罪得以贖償，抵達「自明」的澄明，獲致內心的平安。雖不免「同體大罪」，但亦然吊詭，「跳出殺人犯的行列」。

猶太人質的悲與興：卡夫卡的曠野漂流
第二部：文學與使命

所以，儘管布倫坦諾思想抽象而「悖謬」，遠離「生活世界」，卻為中歐 - 奧地利德語知識份子所尊崇，尤其為這兒的猶太德語知識份子所熱愛。布倫坦諾的學生安東·瑪律蒂任教於布拉格，正是卡爾斯大學哲學院教授兼院長，所以，布倫坦諾也來布拉格授課。一段時間，布拉格各大學都有布倫坦諾的講座，一度人滿為患。當時，連胡戈·伯格曼的博士論文也選題布倫坦諾哲學，其影響力由此可見一斑。布倫坦諾也為卡夫卡所在的卡爾斯大學授課。1903-1905 年間，卡夫卡有幸選修了他的課程。與此同時，布拉格的猶太精英沙龍——如「盧浮宮沙龍」和「芳塔夫人沙龍」——紛紛熱議布倫坦諾哲學。據當事人回憶，圍繞布倫坦諾哲學，圈內人經常展開繁瑣的抽象辯論，常常無休無止，直至深夜。布倫塔諾大師當然不在場，但他強有力的影響籠罩著現場。卡夫卡不善抽象思維，卻定期或不定期參與此類活動，按布倫坦諾思想的哲學 - 道德訴求，「像檢查鼴鼠一樣檢查自己」，發現來自「生活世界」的塵屑和污垢。[267]

1904 年，還在定期參加「布倫坦諾沙龍」期間，卡夫卡已然著手創作《一場鬥爭的描述》，至 1907 年完成第一稿。[268] 這部作品貌似晦澀，然而，在「現象學」的眼光下，卻具有高度的自明性。其中關於「禱告者」的內容，本書第二章已有分析。在那兒，布倫坦諾被卡夫卡運用於神學範疇。然而，相關內容中還有一場精彩的對話，在這場對話中，卡夫卡從布倫坦諾得到了精神分析的裝備：

禱告者向「我」聲稱，他之所以那樣禱告，「目的是讓別人看我」。這意味著，教堂裡有人關注他，無非是他自己的「心像」向外投射，成為「物像」，即常人所謂「慾望」變成了，造就了「現實」，類似於「相（像）由心生」。精神分析正式誕生之前，這一無意識的深層心理機制很難為人察知，然而，作為弗洛伊德的淵源，布倫坦諾的現象學已然洞悉個中奧秘。所以，

---

[267] 參見：阿爾特《卡夫卡傳》，第 94 頁以下；尼古拉斯·默里，《卡夫卡》，第 48 頁以下。值得一提的是，卡夫卡眾多中學和大學猶太同學都參與「盧浮宮沙龍」，而「芳塔夫人沙龍」的參與者則包括愛因斯坦、奧托·克倫佩勒、里爾克這樣的人物。

[268] 載《卡夫卡小說全集》，第 III 卷。也可參見 Description of A Struggle, 載 The Complete Stories by Franz Kafka.

「我」當下揭露說，禱告者已然背叛了「現象世界」的真實大海，逃進「生活世界」的假象，就此罹患一種「陸地上的暈船病」，而且像「麻風病」一樣會傳染。其結果，禱告者這樣的人，借投射扭曲真實的事物，所以「無法正常享受事物的真名」，於是陷入瘋狂的焦慮，企圖代之以喪失生命的虛名。然而，這些虛名卻無法抵達真實的事物，所以也無法緩解禱告者的焦慮。禱告者當然意識不到，這一悲劇出於他自己內心的慾望／恐懼，或者說，他投射自己所慾望之物，同時藉以文飾自己所恐懼之物：

你之所以把田野上的白楊叫做「巴別塔」，是因為你不想[不敢]知道它是一棵白楊。你這樣一叫，它又開始在天光下搖曳，因為它本來並無名稱。可是，它這樣一搖，你又把人家叫做「醉熏熏的諾亞」了。[269]

顯然，《一場鬥爭的描述》正是布倫塔諾哲學的一次實踐，一次「現象學還原」——事實上，正是布倫坦諾，把自己的「描述心理學」另稱為「現象心理學」。

另一個例子是《變形記》。在這篇名著中，夢境般的氛圍恰當地平衡了纖細入微的心理穿透力，從而逼真再現了「生活世界」的真相。加繆注意到這一點，他認為《變形記》是「一部明察秋毫的倫理學的驚人畫卷」。其實，這正是布倫坦諾明察秋毫的心理學，是「現象世界」的自明性。瓦爾特·本雅明也注意到這一點，尚未得到第一手資料，他便作出精彩的評論：「卡夫卡不知疲倦地分析、回想一個人的儀態，他總是十分驚奇地回想那些事情；從一個人的儀態中，他找到了自己思想的依據，那些依據是前世遺傳下來的，他還從中得到了無窮無盡的思考物件。」可見卡夫卡的自明性給他留下的印象之深。據布洛德回憶，卡夫卡曾經跟他談到「真實、簡單的事情」。卡夫卡只喜歡真實、簡單的事情，某種「大自然的悄聲細語」——恰如田野上那棵搖曳於天光的白楊——他認為其中充滿了魅力，並時常為此讚歎不已。相反，他不屑於一切人為的、杜撰的事情，無論其手法多高明、外表多漂亮。據布洛德生動的回憶：

---

[269] 譯自 Description of A Struggle.

猶太人質的悲與興：卡夫卡的曠野漂流
第二部：文學與使命

卡夫卡引述了他所喜愛的霍夫曼斯塔爾的一句話作為反證：「房子走廊裡潮濕的石頭的氣味。」然後他沉默良久，什麼也不加補充，仿佛讓這神秘的、不顯眼的氣氛自己說話似的。——這事給我留下了深刻的印象，以致我至今依然記得是在哪條街、哪座房子前說這番話的。[270]

這樣一種自明性的眼光，可謂之「純詩」的眼光。這樣一種「藝術之眼」，決定了卡夫卡之所見。事情絕非只是風格的問題，寧可說，由此決定了卡夫卡藝術的血肉之軀。內在生命與「純詩」風格高度統一，保證了「他的－象徵的勝利」，成就了隱喻和象徵大師卡夫卡。例如，在著名的《城堡》中，即可讀到這樣一種描寫，浸透了不朽的自明性：

城堡還像往常那樣靜靜地屹立著，它的輪廓已經開始消失了；K還從未見到那兒有一絲生命的跡象，也許從那麼遠的地方根本就不可能看出什麼東西來，可是眼睛總希望看到點什麼，它受不了這種寂靜。每當K凝視城堡的時候，有時他覺得仿佛在觀察一個人，此人靜靜地坐著，眼睛愣愣地出神，但並不是因為陷入沉思而對一切不聞不問，而是自由自在，無憂無慮，仿佛他是獨自一人，並沒有人在觀察他。可是他肯定知道，有人在觀察他，但他依然安靜如故，紋絲不動，果然，觀察者的目光無法一直盯著他，隨後就移開了，不知這是安靜的原因還是安靜的結果。今天，在剛剛降臨的夜色中，他的這種印象更加強了，他看得越久，就越看不出，周圍的一切就更深地沉入暮色之中。[271]

如前所述，「現象學」的眼光包含了精神分析的眼光。卡夫卡藉《一場鬥爭的描述》分析「禱告者」，正是一個經典的案例。所以，精神分析提供了新的角度，見證布倫坦諾對卡夫卡的影響。1900年，弗洛伊德出版《釋夢》，成為精神分析正式誕生的標誌。弗洛伊德就此聲名遠播，尤其對文學藝術產生巨大影響。其時正值卡夫卡的大學時代，檢閱他當時的日記和書

270　參見：布洛德《卡夫卡傳》，第40-41頁；瓦根巴赫《卡夫卡傳》，第41頁以下。
271　［奧］卡夫卡，《城堡·變形記》，韓耀成，李文俊譯，浙江文藝出版社，1995年，第93頁。同樣意味深長的是被卡夫卡自己刪掉的這樣一段描寫：「假如人們眼力好，可以不停地，在一定意義上可以是眼睛一眨也不眨地注視著那些事物，那麼人們就可以看見許多許多。但是一旦人們放鬆注意，合上了眼睛，眼前立刻變成漆黑一團。」同上，第345頁。

信，不難發現針對精神分析的犀利反諷，反向暴露了他對精神分析的熱情。《釋夢》有一句經典名言：「夢是通向無意識的黃金大道。」絕非偶然，卡夫卡日記詳記了他自己的大量夢境，側面證明了他對精神分析的關注。他的作品更是藉助了「夢境式的寫作方式」，形成獨特的藝術魅力，堪稱「卡夫卡黑洞」，其幽暗深處，意識無法理喻，靈魂卻身不由己。對於這種情況，榮格一段話正好作為經典的概括：「夢是精神最深處、最幽密處一扇隱蔽的小門，它通往綿延的黑夜，這黑夜是原始的精神之夜，存在於任何自我意識產生之前，而且，無論自我意識發展到什麼程度，這黑夜始終作為精神之夜而存在……所有的意識都支離破碎，然而，在夢中，我們扮做那個更具普遍性、真實性、永恆性的原始人，這個人生活在原始的精神之夜，在這樣的黑夜，整體依然存在，存在於那個原始人內部，與自然密不可分，與自我了無關係。夢就這樣從那些渾然一體的幽深暗夜升起，無比幼稚、無比荒誕、無比邪惡。」[272] 只是，卡夫卡作品——如《變形記》或《鄉村醫生》——的夢境，不僅「幼稚」、「荒誕」、「邪惡」，而且澄明，折射布倫坦諾的精神世界，遠勝精神分析。就此而言，卡夫卡堪稱布倫坦諾又一位偉大的猶太學生，足以與胡塞爾與弗洛伊德並肩。當然，卡夫卡的夢境，不僅澄明，而且深邃，其無窮的魅力關聯著偉大的猶太淵源。

第四節：生活、文學和日記

　　1906 年，卡夫卡通過博士論文答辯，結束了大學生涯。此後他一邊找工作，一邊寫作，完成日後的名篇《鄉間的婚禮籌備》，並在布洛德敦促和強制下發表了少量作品。經過幾年的謀職嘗試，1910 年 5 月 1 日，27 歲的卡夫卡藉助一位舅舅的人際關係，越過當時的排猶偏見與障礙，成為布拉格工傷事故保險公司的正式職員。猶太人就職於此類公共事業機構，當時僅有 20% 的機遇。

　　幾乎與此同時，卡夫卡開始日記寫作。這種日期上的重疊並非巧合，它反映了卡夫卡清醒的「文學生活」策略，一切都為了「他的 - 文學生活」。他要獻身文學，為此必須首先安頓好日常生活。

272　C.G.Jung, Memories, Dreams, Reflections, Collins Fount Paperbacks, 1980, p.413.

猶太人質的悲與興：卡夫卡的曠野漂流
第二部：文學與使命

23歲獲博士學位時的卡夫卡（1906年）

卡夫卡日記是卡夫卡創作中的重要成分。日記伊始，文學氣息即撲面而來。具體內容涉及文學、工作、體育鍛煉等等，但始終以文學為中心，包含文學描寫、文學活動、生活與文學等相關思考，其中文學活動又包括個人閱讀、相互朗讀、討論交流、投稿出版等事務。事實上，這些日記就是文學，完全沒有非文學的內容！卡夫卡說，他就是文學，卡夫卡日記正是見證之一。

日記也是卡夫卡作品的預演，不少作品甚至直接來自日記。一般認為，《致菲利斯情書》和《致米倫娜情書》也是卡夫卡文學的重要組成，然而，不少重要的情書內容都預寫在日記中，再抄錄成信，或反過來把信摘錄到日記中，如1913年8月28日致菲利斯父親的一封重要信件，見於此前一周的日記，又如1916年10月19日致菲利斯的重要信件，見於此前一天的日記。這一特徵也反映了卡夫卡作為猶太人的精打細算，如他自己所說，他是一個「吝嗇、優柔寡斷、斤斤計較、未雨綢繆」的人。[273] 生活中的一切，都被他據此「點石成金」，吸收為文學營養或材料。這一過程的主要現場之一，即卡夫卡日記。

卡夫卡十分清楚日記的意義。1921年底，他自知不久人世，遂將日記加以處理，鄭重交托米倫娜。[274] 稍後他致信米倫娜，專門提問：「你在這些日記中找到了反對我的最終證據了嗎？」[275]

這一提問透露出一個重大的資訊：日記之於卡夫卡，被視為生命的另一種呈現，它過濾了身體與愛欲所致的各種不穩定性、不確定性，留下高度內投的精神影像，精確展示了卡夫卡生命的內在邏輯。在上一章我們看到，卡

---

[273] 1916年8月27日日記。
[274] 卡夫卡可能毀掉了若干日記以及與日記相近的其他文字，如留給布洛德的八開本筆記和別的筆記等。見卡夫卡1919年日記結尾處的編者注，以及《卡夫卡小說選》第500頁以下布洛德的有關說明。
[275] 轉引自1922年1月19日日記。

第九章：學生時代及文學的準備

夫卡生命的內在邏輯，其位元相與「生活世界」的法則相反。如果以世界為參照，日記所呈現的內心世界就會顯得荒誕。但是，如果以卡夫卡日記為參照，世界就會顯得荒誕，以此為前提，卡夫卡日記就會澄明起來，表現出高度的內在和諧與統一，凸顯其生命的嚴密軌跡和深遠意義。

至為重要的是：在日記中，卡夫卡反覆深入思考自身文學創作的方向。1912年9月15日，卡夫卡找到了「獨特的自傳作家的預感」，一周後的9月22日，他完成《判決》，實現了文學的突破。須要強調指出的是，由本書核心內容可見，這一突破並非僅僅是文學的突破，毋寧說，這一突破出於卡夫卡生命的根本使命，這一使命——由本書可見——進而關聯著整體的猶太大命運、大使命，其意義之重大，遠遠超乎通常定義的文學本身。就此，更確切地說，卡夫卡文學不過是卡夫卡使命——亦即猶太大使命——的道成肉身。所以，1912年9月15日確立的「預感」，以及9月22日實際的突破，堪稱卡夫卡生命的核心標誌，足以說明我們領悟「猶太人卡夫卡」整個的生命旋律。

而這一切，卡夫卡日記都有詳細交代，與全部卡夫卡文學互文。

可以這樣說，離開卡夫卡日記，無法從根本上理解卡夫卡文學的意義。

回到當下。

從1910年5月到1911年9月底，卡夫卡日記的內容相對地特殊，因為其中主要傳達出關於文學的焦慮。固然，卡夫卡終生都在為文學而焦慮，但從來沒有像這段時期表現得壓倒一切：

5個月了，令我自己滿意的文字一點也沒寫出來，這是無法補償的事情。

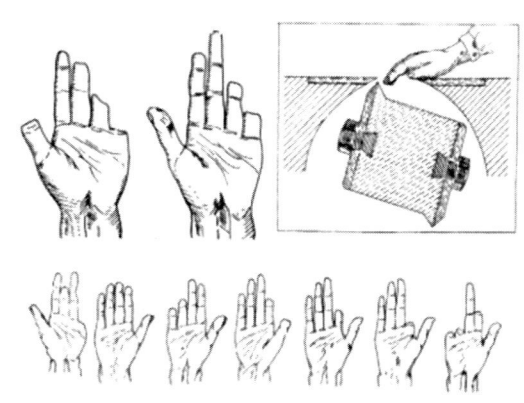

卡夫卡論文《槓旋轉刨床中的事故預防裝置》中的插圖(1910年)

猶太人質的悲與興：卡夫卡的曠野漂流

第二部：文學與使命

不知多少天又無聲無息地過去了；今天已是 5 月 28 日。難道我甚至沒有決心每天拿起這只筆？我真的認為我沒有這個決心。我划船、騎馬、游泳、曬日光浴，因而我的小腿還可以，大腿也不錯，腹部經得起檢驗，但胸部卻有些糟糕，而且頭部……

睡覺，醒來，睡覺，醒來，可憐的生活。

我不會再丟下日記。我必須堅持，這是我唯一的歸屬。

現在是晚上 11 點半。如果我不能從公司的工作中解放出來，我就完了……這從下面事情就能看出來：今天，我未能遵守我給自己規定的新作息時間……而且居然並不覺得這是很大的不幸……

今天什麼也沒寫，我怎樣原諒自己？無法原諒。

今天我甚至不敢譴責自己。向這個虛度的日子大喊一聲，得到的不過是討厭的回音。

今天我更仔細地檢查了我的書桌，在它上面什麼好東西也寫不出來。桌上堆滿了東西，雜亂無序……

可憐，可憐，不過心情還不壞。現在是午夜，由於我睡了一個好覺，所以才有可能原諒自己白天什麼也沒寫。燃燒的白熾燈，安靜的屋子，屋外的黑暗，醒來後持續的清醒狀態，這一切給我寫作的機會，哪怕寫下最糟糕的文字。趕緊抓住這個機會。這才是我。

我的力量連再寫一個句子也不夠。是呵，如果僅僅是詞的問題就好辦了，如果有足夠的能力寫下一個詞就好了，那我就能懷著安詳的心情離開，因為我終於且自己組成了這個詞。

從這些日記看得出來，卡夫卡的焦慮並非空洞的焦慮，而是深入了文字的質地。後人知道他是個惜句如金的人，據布洛德報導，平時在朋友圈中，卡夫卡總是十分低調、含蓄，多數時候都在傾聽，一旦說話，必語出驚人。在他口中，無論生活還是文學，都點石成金，化為絕妙的形象、精彩的悖論。

更不用說他千錘百煉的具體作品。[276] 一則日記透露了一點他的千錘百煉：「我寫下的詞，彼此幾乎都在發生刺耳的磨擦聲，令人痛苦不堪，我聽見輔音彼此磨擦，發出沉悶的噪音，而母音就像黑人化妝樂隊中的黑人在伴唱。每個詞周圍都佈滿我的疑慮，我只有先看到這些疑慮，然後才能看到那個詞，但結果，我完全看不到那個詞！我杜撰了那個詞！當然，這還不算最糟糕的事情，但願今後我能杜撰這樣的詞，它們能把死屍的氣味吹向別處，而不是我和讀者的臉上！」[277] 在兩天後的一封信中他又寫道：「我的整個身子都在警告我注意每一個字，每一個字在讓我寫下之前，都要向四面八方張望一番；句子在我面前裂成碎片，我看到了它們的內部，但卻必須馬上停筆。」[278] 文學首先是語詞。這是他的情結。日記的現場因而一片狼藉，「他的-文學生活」由此可見一斑。

稍加留心會發現，卡夫卡日記及作品多半寫於午夜前後。這就有理由為他的健康擔憂。剛才討論的日記及其所論寫作即是一例。事實上，半年後一天早晨，卡夫卡起床時一下子暈倒了。「原因很簡單，我工作過度了，不是辦公室裡的工作，是我自己的其他工作。」其實，卡夫卡辦公室的工作並不繁重，下班時間不會超過午後兩點半，這在當時的布拉格並不常見，卡夫卡之所以選擇這家公司，根本上也是因為看中了這一點。然而對於一位立志以文學為生命的人，即便這樣寬鬆的工作也會令他深感焦慮，而且隨著時間的推移越來越劇烈，這充分說明他在文學上所消耗的生命和精力。

終其一生，卡夫卡不斷往文學中轉移生命，「肉身成言」。然而眼下，直到1911年10月，其「肉身成言」主要局限於上述「純文學」的方式。某個意義上，他是在操練自己，等待突破的機遇。生命能量的轉換需要物件，

276　布洛德在他的《卡夫卡傳》舉出的例子留給人深刻印象。他日記中記錄的第一句卡夫卡言論是：「話像一根棍子似的從他嘴裡吐出來。」用以形容某人講話不容人打斷的特徵。當他登門布洛德家拜訪不小心吵醒布洛德午睡的父親時，他極為歉然地舉著胳膊，輕輕踮腳穿過房間，用極其溫柔的語氣說：「請您把我看作一個夢。」當幾位朋友談論文學一整夜、天亮才各自回家時，聽到蘇醒的城市最早的聲息（如送奶車聲等），他會傾聽著說：「大城市的蟋蟀！」
277　譯自1910年12月15日日記。
278　1910年12月15、17日致布洛德，見《卡夫卡全集》第7卷，第100頁。

完美的轉換需要理想的物件。無論如何,「純文學」無法容納卡夫卡複雜而豐富的精神生命。這大概也是他焦慮的原因之一。即便他的「老師」福樓拜,雖畢生幻想「純文學」,結果也只是一個精神指標。更何況卡夫卡,承受著巨大的壓抑,蓄積著驚人的能量,等待爆發。

1911 年 9 月底,卡夫卡的生命狀態進入了一個可怕的時期,他夜復一夜嚴重失眠、多夢、焦慮,「嚴格地說,我是睡在我自己旁邊」。白天則對人充滿敵意,甚至「企盼一個小小的機會來 [向妹妹] 發洩憤怒」。對於這種近乎心理分裂的狀態,卡夫卡高度警惕,在日記中作了深入分析,最終歸因於文學寫作。他渴望寫作上的突破,然而,眼下「大雜燴」式的閱讀和寫作,並未讓他看到希望。一時間,「純文學」山重水複,其「懸而未決」的狀態,他能堅持多久?堅持下去,有無崩潰的危險?[279] 除非從更高、更大的存在汲取力量,然而,更高、更大的存在,那是什麼?如何抵達?

第五節:生活策略:以文學為中心

事實上,卡夫卡所遭遇的問題既屬於文學,也屬於生活。這場心理危機的根源,潛在於他的人際關係模式。

卡夫卡屬於文學。人際關係對於他,不過「繩索」或「視窗」,用以保持與世界的聯繫。對此,卡夫卡與波拉克的友誼可資說明,而他自己也頗有自知之明:

假如相互寫信,就像有根繩子連接著;一旦停止寫信,繩子就斷了。哪怕只是一根細線,我也要迅速地、應急地把它連接起來。

這幅圖畫是昨天晚上抓住我的心靈的。人只有調動渾身的力量,友愛地互相幫助,才能在面臨地獄般的深淵時,使自己保持在勉強的高度,儘管那深淵是他們所願意去的地方。他們互相間都有繩索連接著,如果哪個人身上繩子鬆了,他就會懸吊在空中,比別人要低一段,那就夠糟了;如果哪個人

---

279 參見 1911 年 10 月 2-5 日日記。

身上的繩索全斷了，他跌落下去，那就可怕極了。所以必須與其他人捆在一起。[280]

所謂的「深淵」就是卡夫卡的文學。卡夫卡完全清楚，他屬於文學，然而為了文學，他不得不抓住一根友誼的繩索，「使自己保持在勉強的高度」。這樣的友誼，正常人恐難承受，波拉克正是如此。與後來的布洛德不同，波拉克並不鍾情文學，於是終止了與卡夫卡的友誼。為此卡夫卡曾借一篇作品悲歎說：「如果一個孤苦伶仃的人還想到處找朋友……而且還想理所當然地找到一隻可愛的手，想從中得到慰藉和幫助的話，那麼，這個人就會失去通向胡同的視窗，他的好景不會長。」[281]1907年，卡夫卡一廂情願愛上海德維希魏勒，在情書中竟然寫下這樣的句子：「你該看見了，我是一個可笑的人；如果你有點喜歡我，那無非是憐憫，屬於我的份下的是畏懼。」[282] 其結局當然不難想像。據現有資料，1910前後的卡夫卡也會偶爾進妓院，明顯意在尋找情愛關係的替代品，即所謂「繩索」或「窗口」。他甚至把妓院想像成情感家園：「我路過妓院就像路過所愛者的家門。」[283]1908年，卡夫卡致布洛德，就此提供了絕妙的說明：

我回到布拉格已經4天了，我是這樣地孤單。任何人都受不了我，我也受不了任何人，但第二點只是第一點的結果，只有你的書使我感到舒服……我讀著這本書時，就緊緊抓住它不放，儘管它本身也根本沒有幫助不幸者之意。就這樣我無可奈何地要去找一個只是友善地撫摸我的人，所以昨天我同一個妓女在旅館裡。她太老了，已經產生憂鬱之情，她只是感到遺憾（雖然她並不為此驚訝），因為人們對妓女不像對一種情愛關係那樣親切。我沒有安慰她，因為她也沒安慰我。[284]

280　1903年12月21日致波拉克，見《卡夫卡全集》，第7卷。這段話還告訴我們，為什麼卡夫卡會無休無止，尤其給戀人寫信；此外，患肺結核後，他與菲利斯揮淚訣別，寫給親人朋友的書信劇增，而日記銳減。
281　轉引自瓦根巴赫，《卡夫卡傳》，第33頁。
282　1907年8月29日致海德維希‧魏勒，見《卡夫卡全集》第7卷第41頁
283　Franz Kafka, The Diaries, Schocken Books, Inc.1976, p.11.
284　1908年9月致布洛德，見《卡夫卡全集》，第7卷，第64-65頁。

猶太人質的悲與興：卡夫卡的曠野漂流

第二部：文學與使命

第一點和第二點究竟誰是原因？誰是結果？這個問題很難說清楚。不管怎樣，對於人際關係，卡夫卡已然形成強烈的焦慮和恐懼：

> 我身上從來都存在這種對人的恐懼，令我恐懼的實際上並不是人，而是他們對我虛弱本性的入侵；因為，哪怕最親密的朋友把一隻腳踏進我的屋子，都會讓我充滿恐懼，也就是說，我對人的恐懼並不僅僅是一種外部象徵。[285]

凡此等等，暗合他關於「生活世界」的生存論思想。上一章我們看到，根據卡夫卡的哲學，在文學和人群之間沒有調和的餘地。他憑據文學周旋生活，搪塞倫理-人際關係的責任，甚至不憚荒疏婚事、家庭、友誼等等。生活在別處。惟有遠方——例如遠方的度假療養地——存在適合他的戀情。另一次度假期間，卡夫卡致信布洛德，反駁說他不合群的批評：

> 別說任何[我]反對合群的話！我就是為了尋找人群而來到這裡的，並為我至少沒有在這一點上自欺欺人而感到滿意。我在布拉格是怎樣生活的！這樣嚮往人群的要求我是有的，但它變成了恐懼；如果這種要求得到滿足，只有在度假期間才會給我以舒適感；我這個人肯定是發生了一定的變化。[286]

> 而他的情況卻是這樣的：他根本什麼也不尋求，不過是感到厭倦的人，讓自己的目光在民眾和天空之間上下地移動，他走到自己窗子的欄杆旁邊，但他什麼也不想做，只是把頭微微向後仰，所以下面的馬匹得以把他拉下去，拉進馬匹身後的車子和喧嘩之中，從而也把他拉進人世間的和睦之中。[287]

至少從後來的情況看，就內心的意義而言，卡夫卡的友誼圈子就是文學圈子。終生知己布洛德其實是只文學知己，兩人都心照不宣。如前所述，布洛德曾坦誠指出：「他想要脫離一切，最終也包括放棄與我的交往。」事實上，這一傾向始終貫穿二人關係。早在1911年卡夫卡就寫道：

> 今晨，我對寫作的感覺是如此清新，然而此刻，下午要向馬克斯[布洛德]朗誦的念頭卻完全妨礙了我。這也表明我對友誼是多麼不適應，假定即便如

---

[285] 譯自1913年6月26日致菲利斯。
[286] 1912年7月22日自容波恩致布洛德，見《卡夫卡全集》第7卷第123頁。
[287] 卡夫卡：《臨街的窗戶》，載《卡夫卡全集》第1卷。

此友誼對我甚至還有可能的話。無法想像不打亂日常生活的友誼，因此，雖然友誼可以通過未受損害的內核得到更新，但是，所有這樣的更新都需要時間，而且並非什麼事情都能盼到成功，因而即便不考慮情緒的變化，一個人也絕不可能在上次友誼出問題的地方重新開始。此外，即便是具備深厚基礎的友誼，每一次重新會面都必然引起不安……[288]

後來，在與戀人菲利斯相互瞭解、磨合的過程中，卡夫卡又談及他與布洛德的關係：

我確信我已完全喪失社交能力。除某些例外——可怕的例外——情況，我幾乎無法與任何人進行連續的、活躍的交談。例如，我與馬克斯[布洛德]彼此相知多年，經常單獨相處，有時幾天，有時外出旅遊則持續幾周，然而我記不起我們曾有過令我完全投入的、連貫的長時間交談。如果有的話，我不會記不起來。[289]

友誼和文學相衝突。於是，卡夫卡儘量以文學為前提界定友誼。後來，布洛德向卡夫卡引薦兩位好友鮑姆（盲人作家）、韋爾奇（哲學家），形成一個文人圈子。初見盲人鮑姆，卡夫卡表現出高度的分寸感，以至令鮑姆異常驚訝，這固然出於人格的深度，也涉及對友誼的態度。恰如鮑姆的評論：「他的嚴格而冷淡的與人的距離在人性的深度上勝過了通常的善意。」[290] 布洛德還評價說，卡夫卡是這樣一個人，幾乎不知激情為何物。[291] 之所以如此，既涉及人

奧斯卡・鮑姆(盲人作家)、哲學家費利克斯・韋爾奇，加上布洛德，三人是卡夫卡最好的朋友。

---

288 譯自 1911 年 12 月 31 日日記。
289 譯自 1913 年 6 月 10-16 日致菲利斯。
290　轉引自，布洛德，《卡夫卡傳》，第 102 頁。
291 參見布洛德，《卡夫卡傳》，第 69 頁：「激情對他來說幾乎完全陌生。」

格因素，也涉及以文學為中心的「文學生活」策略，或者說，「他的 - 文學生活」策略。

早在大學時代，布洛德就是文學活動的積極分子和中堅力量，後來又是頗為知名的作家。他極度關心猶太復國主義事業和猶太文學事業，並引為自己的社會事業，為之熱情投入。卡夫卡的定位與布洛德不同，他更徹底，完全以文學為生命，絕不引為社會事業。

卡夫卡的「文學生活」策略不僅貫徹於友誼，也體現於生活其他方面：

不難看出，我身上一切力量都在向寫作集中。寫作對我的存在是最具創造力的方向，當這一點在我身上一旦變清楚，一切就向寫作的方向湧去，致使我失去享受其他快樂的能力，如性、吃、喝、哲學思考、尤其是音樂，這些方面我都萎縮了。這很有必要，因為我全部的力量集中起來也只有那麼一點點，甚至滿足不了我寫作上一半的需要。[292]

然而，無可奈何的「萎縮」只是問題的一方面，另一方面，很大程度上，這也是一種策略性的收縮，雖然其中不無無意識的因素。這是卡夫卡「文學生活」策略的一個秘密。我們曾經說過，卡夫卡神經症的一個特徵是「放大」。這一特徵也體現於「文學生活」策略的貫徹，表現為半意識、半無意識的「放大」，從各方面誇大家庭和工作中的「恐懼」，從而讓自己有理由「萎縮」，退回文學的據點。例如他會向未婚妻這樣論證說：「但我的力量不夠，再小的阻力對我而言也太大了。」或者：「對於我來說，這個題目太大了。我只能向你講述全部事情的千分之一，而我所能向你講清楚的又只是這剩下的千分之一中的千分之一。」或者：「對於我來說，他們 [父母] 比事實上糟糕一百倍，而我對事實如何並不關心；他們的愚蠢是一百位，他們的荒唐是一百倍，他們的粗野是一百倍。另一方面，他們的長處卻比事實上要小成千上萬倍。」[293]

無論「萎縮」還是「收縮」，從心理學或人類學的角度來看，卡夫卡所運用的是一種巫術、一種魔法，實質上就是他自己的焦慮。借用 R.D. 萊恩

292　譯自 1912 年 1 月 3 日日記。
293　譯自 1916 年 10 月 19 日致菲利斯。

的話，卡夫卡利用自己的焦慮「巧妙地」對世界作了時空變換，對於他來說，「自我的孤獨狀態實際上是自我的一種努力：在自主性和完整性面臨威脅時維護自身的存在。」[294]

卡夫卡的存在就是文學的存在。他藉焦慮為巫術，以維護自身「他的-存在」。然而，我們將看到，他早晚會為此付出代價。魔法師藉魔法喚出魔鬼，卻無法繼續控制魔鬼，因而釀成災難。這正是卡夫卡命運的一種寫照。往後，卡夫卡會不斷遭遇這一問題，而眼下的1911年9月，他初入社會，問題即露端倪。這年他才28歲，年紀青青，竟然深陷神經症。世界和自我相分裂，自我和自我相分裂，要把他撕碎。他生平第一次面臨嚴峻的局面。

然而，就在此時，卡夫卡生活中出現了一件事情，至少從日記來看，它不僅讓卡夫卡走出了一場心理危機，而且在他的生命中喚醒了一種意義，因而，也令其「文學生活」有了一個中心。這件事情具有里程碑性質，其重要性怎樣強調也不會過分。

1911年10月5日，卡夫卡在日記中寫道：

昨夜，薩伏伊咖啡館。猶太依地語劇團。

---

[294] 萊恩，《分裂的自我》，第82頁。

第十章：猶太鄉愁與肉身的牽掛

> 我想寫出我全部的焦慮，把它寫進紙的深處，正像它出自我內心深處一樣，……今天，洛維談起他的不滿，……我把他的處境解釋為懷鄉病……
>
> ——弗蘭茨·卡夫卡

第一節：東歐猶太依地語劇團

依地語是德語、希伯來語、斯拉夫語等不同語言的混合體。1948年以色列復國之前，它是猶太人傳統的國際通用語言，也是中歐和東歐猶太人的主要口語。就其混合形態而言，依地語只能算作一種年輕的語言，然而可追溯到猶太民族古老深厚的歷史淵藪。依地語戲劇起源於拿破崙時代之後的歐洲19世紀中葉，短時期內即成就不凡，形成輝煌的表演風格，具有深刻的感染力。這一現象背後，是猶太復興運動的宏大背景。

1911年秋，從烏克蘭的萊姆貝格，一個東歐猶太依地語劇團巡迴至布拉格，一直演出至翌年2月，總共長達四個月。在此期間，卡夫卡的「文學生活」發生了重大的轉變。

1911年10月4日，在布拉格薩伏伊咖啡館，卡夫卡首次觀賞該劇團演出。兩天過後，即10月6日，他寫下這樣一段日記：

想見識大型的依地語戲劇班子，因為班底小和排練不充分會使演出遭受損失。還想瞭解依地語文學，顯然，一場延綿不斷的民族鬥爭傳統為這一文學打上了烙印，這場鬥爭決定了每一部作品。這樣一種傳統與別的文學無關，哪怕最受壓迫的民族，其文學也不具備這樣一種傳統。或許，別的民族在戰爭期間通過好鬥的民族文學取勝，或許，別的民族文學藝術作品站的地位較高、距離較遠，從觀眾的熱情中也贏得了某種民族性，例如《被出賣的新娘》，然而現在看來只有第一類作品才會最終取勝，而且事實上始終會是如此。[295]

日記提及《被出賣的新娘》，絕非偶然。這是音樂大師斯美塔那的歌劇代表作。斯美塔那是卡夫卡的同胞，亦然「布拉格之子」。不僅如此，他還

---

[295] 譯自1911年10月6日日記。

是 19 世紀著名的捷克愛國主義音樂家,第一位波希米亞民族主義大作曲家,其大部分作品均以民族和愛國為主題。1866 年,斯美塔那寫成《被出賣的新娘》,雖逢奧地利 - 普魯士戰亂,仍一鳴驚人,廣受擁戴,為樂迷們所珍愛,直至今日仍在他們的首選曲目之列。

卡夫卡不喜歡音樂,當然包括歌劇。他知道自己缺乏音樂細胞:「我缺乏音樂天賦,無法連貫地享受音樂。一首音樂只對我產生間斷的效果,幾乎不能說是音樂上的效果。」[296]

絕非偶然,這段自白正好作為上述日記的註腳:原來,他對依地語戲劇的熱愛、對斯美塔那含沙射影的攻擊,並非針對音樂作品本身,而是另有原因。

只是,這個原因非同小可。事實上,那是卡夫卡的「猶太情結」。

1911 年 10 月 14 日,即首觀劇團演出之後十天,卡夫卡日記中出現了一個人的姓氏「洛維」,與他母系的姓氏相同,此人正是劇團帶領人及主力演員吉茨夏克·洛維。他於 1887 年生於俄羅斯一個猶太富商家庭,一度揮霍錢財、生活動盪,後來投身猶太復興的時代大潮,並深受猶太教哈西德主義影響。

就從這天起,卡夫卡與洛維產生了友誼,並迅速發展,以至「常常思念」,某天的日記甚至承認自己「喜歡上了洛維」。眼下,為了洛維,他破天荒竟敢頂撞父親!洛維這邊,同樣情真意摯。1912 年 2 月,劇團結束巡演告別布拉格,洛維則隻身前

依地語戲劇演員吉茨夏克・洛維。1911 年,他隨劇團從波蘭巡迴演出到達布拉格。在卡夫卡重新發現猶太文化遺產的過程中,洛維起了至關重要的作用。

吉茨夏克・洛維。(攝影時間不詳)

296　譯自 1911 年 12 月 13 日日記。

猶太人質的悲與興：卡夫卡的曠野漂流
第二部：文學與使命

往匈牙利布達佩斯，在那兒，可能既因外部逼迫，也因自身異化，他陷入人生低谷。絕望時刻，他所能想到的還是卡夫卡：「您想想，我陷得多麼深，甚至斷了與您的這一聯繫……我……多麼盼望您的信啊！我早就脫開了一切，沒有朋友，沒有父母，沒有家庭……一切人中之最可愛的卡夫卡博士也失去了……這一失去是我沒有想到過的……您是唯一對我那麼好的人……是唯一說話說到我心坎裡去的人，唯一把我理解為還算不錯的人。」卡夫卡則回信說：「我覺得，當我們那時在布拉格的夜色中漫步時，我們倆心中燃著多得多的希望之火。那時我想，您一定會取得突破的，而且是一舉成功。此外，我必須告訴您，我對您的前景的希望並未熄滅。」[297]

終其一生，這樣的友誼對卡夫卡幾乎絕無僅有。事實上，這份罕見的友誼背後，是綿亙數千年的猶太深情。四個月巡演期間，洛維帶卡夫卡走進依地語戲劇與文學傳統，同時瞭解猶太教——尤其哈西德派——的精神實質與傳統習俗，包括參加割禮儀式等等。卡夫卡在日記中詳細記載了相關內容，例如音樂敬拜對於哈西德猶太人的意義：「哈西德派聚會，大家愉快討論塔木德[猶太教經典]。一旦冷場，或有人不積極，大家就開口唱和……」。[298] 實際也是如此，不僅為洛維，整個劇團，大家都「唱和」卡夫卡，以至他的日記中全是洛維和劇團，要不就是洛維講述的猶太傳統或逸事，或者由此激發的家世回憶。大篇大篇的文字源源湧來，充滿明亮心態，洋溢著善意、男子氣、熱情、正義感、民族精神、抱負與雄心等等，把習慣性的負面情緒一掃而空，幾乎不可思議。對此，卡夫卡10月22日的日記提供了如下解釋：

多好的演員，卻幾乎一無所有，他們甚至得不到應有的感謝和聲譽；我們對他們的同情，的確[不是出於膚淺的感情]，只是同情眾多高尚奮鬥者的悲哀命運，最終是同情我們自己。因而，這一同情也就表現得如此強烈，甚至有些過度，因為它表面上是對陌生人的愛慕，但實質上是在憐惜我們自己。[299]

---

[297] 布洛德《卡夫卡傳》，第109-110頁。又，1942年，洛維在特雷布林卡集中營去世。參見，尼古拉斯·默里，《卡夫卡》，第78-79頁。
[298] 譯自1911年11月29日日記。
[299] 譯自1911年10月22日日記。

卡夫卡的感情內秀而深切，以至他擔心捲入太深，導致身不由己。後來的事實表明，他的擔心並非多餘。就在當天，卡夫卡兄妹二人陪洛維散步，整整三個小時。途中洛維談及劇團人際關係方面的問題，包括演員們的分歧。第二天卡夫卡有感而發，在日記中委婉流露：他的愛雖然堅定，但尚有自省的空間。他迄今描寫演員們的文字，與真實的他們有距離。卡夫卡自覺有些矛盾，含蓄地歸結為自己的文字表述不穩定，「這種不穩定使我無法鮮明而正確地再現演員們的本色。」這樣一種情感流露，明顯包含某種「親情的愧疚」，一般只會發生在至愛親朋之間。看來，他的確有點捲入過深。絕非偶然，再下一天，日記對象一轉，落到母親身上，罕見地表達了對母親的深情、對家中溫暖的迷戀，並帶出一個重大主題，深入探討了「母親」的涵義：

母親整日操勞，毫不顧惜自己，她的心情視境況時而高興、時而不快。母親嗓音清脆，平時說話很響，但要是你心情不好，或是一段時間沒聽她說話，就會很舒服。很長一段時間以來，我一直抱怨自己身體欠佳，但又並非真有什麼必須臥床休養的病。這種意欲當然要追溯到這樣一件事實：我知道母親會帶給我多少溫暖，例如，當她從外邊亮著燈的房間走進我躺著休息的昏暗屋子，或者在黃昏，當白晝單調地漸漸化入夜色，母親從商店趕回家，用一道道關切的吩咐讓遲暮的一天在家中又從頭開始，而且把我這躺在床上的非法病人趕起來幫她做點小事兒。我想回到那樣的日子，因為那時我身體不好，因而能從母親所做的一切中享受到溫暖，能享受到孩子的快樂，在那樣的年紀，人特別具有享受快樂的能力。然而昨天我發現，我不能始終有能力回報給母親她應得的愛，因為德語使我無法做到這一點。在猶太語中，母親不像德語這樣叫「母親（Mutter）」，叫她「母親」讓她變得有點兒可笑（並非對她自己而言，因為我們家講德語），我們把一種德語的叫法加給一位猶太女性，然而卻忘了情感深處巨大而沉重的衝突。對於猶太人，「母親」是一個有點古怪的德語稱呼，它無意識地包含著基督教的光輝，同時也無意識地包含著基督教的冷漠，被叫做「母親」的猶太女性因而變得不僅可笑，而且陌生。叫媽媽（Mama）或許好一些，但是除非我們沒有想像它背後「母親（Mutter）」的含義。同樣，對於猶太語中父親的含義而言，德語的叫法

猶太人質的悲與興：卡夫卡的曠野漂流
第二部：文學與使命

「父親（Vater）」也相去甚遠，我相信，這僅僅是因為，早年猶太居住區的回憶仍然維繫著猶太家庭。[300]

如此纖毫入微而又如此明徹，卡夫卡的魅力令人歎為觀止。然而，這篇日記真正引人注意的，是那種徹骨的溫柔，這在卡夫卡的文字中堪稱絕無僅有。它深藏於卡夫卡的身心，之所以流露於此時，正是幽邃的猶太鄉愁使然。

跟所有人一樣，卡夫卡也有他的懷鄉病。他的家鄉，按《希伯來聖經》的說法，是在迦南，那是一塊「流著奶和蜜」的土地，是上帝應許給猶太人的恩典之家。後來，因歷史的不幸——猶太人懺悔為悖逆上帝之故——他們痛失這處家園，開始「永世的流浪」。在前後數千年的亂離中，迦南作為恩典的象徵，支撐著他們承受非人的苦難。悲哀的流浪似乎沒有盡頭，反而熬煉了永恆的鄉愁。一代又一代，回家的渴望始終在他們內心深處迴響。

卡夫卡渴望回家。這一精神（psyche）現象植根於民族的無意識，無論早晚，總要變成心靈的事實，及至信仰的體現。

眼下，自 1911 年這個金色的秋天，因文學的困境和心理的危機，他反而收穫了一個看似偶然的機遇。洛維，這位與母親同姓的猶太同胞，及其依地語劇團，喚醒溫柔的鄉愁，激起「回家」的渴望。鄉愁遙遠而溫柔，令卡夫卡沉痛檢討自身的失落，及至整個民族——包括父親赫曼卡夫卡——的「異化」，並叩問「母親」的象徵涵義。就此而言，德語的「母親」尤其令人難堪，象徵著猶太人的失落和異化。是啊，德語的世界中沒有猶太人的家。同樣，新教倫理的資本主義亦非猶太人的家。猶太人的家在迦南。那兒才是猶太人的溫柔之鄉，即便其鄉愁——如此刻卡夫卡所經歷——也是那麼溫柔徹骨，令他身不由己。

不錯，10 月 6 日日記的主題仍是文學，然而，猶太之根的關懷已在覺醒。文學固然給卡夫卡家園感。然而，對於卡夫卡，文學的家園感根植於更深邃的土壤，那就是猶太的鄉愁。眼下，因著鄉愁的甦醒，民族命運與文學使命相際遇、相交匯。

---

300 譯自 1911 年 10 月 24 日日記。

第十章：猶太鄉愁與肉身的牽掛

　　是猶太的血脈流淌著榮耀的抱負，還是文學的雄心渴望著深邃的源泉？此處，細究這樣一個「發生學」問題似乎並非必要。我們目睹的，是這樣一個事實：因著猶太血緣的神秘與幽邃，卡夫卡身上爆發了溫柔的鄉愁。一反常態，他聽任自己受惑於美麗的溫柔，罕見地把自己交托於「積極的事物」，甘心為它「著魔」，被它「詛咒」。他的生命因此綻放，景象奇異。他的雄心開始盤旋。視野的地平線上，偉人的半身像依稀呈現：歌德令他「激動無已」；拿破崙讓他感到「驕傲入侵內心，脖子上血脈賁張」；而克萊斯特呢？11月21日恰逢這位天才逝世一百周年，那天，天才的家人在天才的墓前獻上了一個花圈：「獻給家族最優秀的成員！」卡夫卡在日記中專門記載了此事。他「如饑似渴地、幸福地」閱讀《猶太史》和《依地語文學史》這樣一類書籍。用布洛德的話說，「卡夫卡懷著激動和愉快的心情闖入了東方猶太民族力量的新世界」。日記的篇幅在急劇增長，[301] 而日記的內容中出現了一個引人注目的亮點。卡夫卡開始反覆探討一個可能：那就是猶太民族的文學。它不再是某種「純文學」，而首先是民族的鄉愁。它仍要表現生存的不安與恐懼，但不再局限於自身自體，而是表達民族的「懷鄉病」。或者說，「他的-文學存在」捲入了「他的-民族存在」，並因而激起鄉愁特有的「憂傷」：

　　下午我就有過一種巨大的渴望，現在它又來了，我想寫出我全部的焦慮，把它寫進紙的深處，正像它出自我內心深處一樣，或者寫成這個樣子：我可以因此而將我曾寫過的東西全部汲收到我身上來。這種渴望不是藝術的渴望。今天，洛維談起他的不滿，談起他對劇團所作所為的漠不關心，我把他的處境解釋為懷鄉病，然而，在某種意義上，雖然我作這樣的解釋，但並非為他而作，而是留給我自己，並作為我自己一時的憂傷來享受。[302]

　　兩周以後，卡夫卡寫下母親的家史，一篇動人的猶太傳奇：「我的希伯來名字叫阿姆舍爾，跟母親的外祖父一個姓，他在母親的記憶裡是一位異常虔誠而博學的人，留著長長的白鬍子，他死的那年，母親才6歲。母親記得，她當時怎樣死死抓住外祖父的腳趾，請求原諒她可能對外祖父犯下的過錯。

301　相處不到5個月，日記篇幅已近全部日記（1910年至1923年）的三分之一。
302　譯自1911年12月8日日記。

猶太人質的悲與興：卡夫卡的曠野漂流
第二部：文學與使命

母親還記得外祖父佈滿屋子四面牆壁的藏書……」這段猶太傳奇前面，又是一段關於人神歌德的討論，只是，這次討論的調子不再「純文學」，或者說，現在，「純文學」竟然有了「無限的從屬性」：

> 歌德也許通過其作品的力量阻礙了德語文學的發展。雖然，散文的風格會不時朝著離他而去的方向發展，然而，它最終又會帶著強化了的渴望回到他那裡，甚至會沿用他那些已經過時的短語，就像眼下的情況，但是，眼下這樣一種沿用不再與他有任何特殊的聯繫，眼下，散文風格回到歌德，是為了徹底享受它無限的從屬性。[303]

從屬當然是對猶太鄉愁的從屬。就在同一篇日記中，卡夫卡憧憬一種偉大的猶太文學，對其可能性進行了雄心勃勃的探討，堪稱一份「猶太文學綱領」：

> 我透過洛維瞭解了華沙的當代猶太文學，並部分透過我自己的洞察瞭解了捷克當代文學，我發現一個事實：我們甚至可以透過這樣一種文學來發揮文學的諸多好處，它的發展前景因為缺乏傑出人物而實際上還不是十分開闊，然而它的發展前景會開闊起來。只要有這樣一種文學，那麼，文學的諸多意義就可以透過它而得以實現：如激勵人心；如統一民族意識（它總是傾向於解體，常常無法在公眾生活領域中實現）；如展現民族驕傲……如引導廣闊公眾生活領域的精神化；如同化不滿元素（它們立即被轉化運用於該領域，除非我們停滯不前，它們不會再造成危害）；如促成人民持久的團結（各種雜誌透過繁忙的運行締造這種團結，而人民珍視自己的團結）；如促使民族把注意力集中於自身並一定透過思考而接受外來文化；如鼓勵對文學人物的尊重；如不斷喚起年輕一代去追求更高的目標，並因而為歷史所銘記……

> 一個小民族記憶並不小於一個大民族的記憶，它因而能夠更徹底地消化生存的營養。的確，在這樣一種文學中文學史家的地位很低，然而文學本來就應該是人民而非文學史所關注的事情，人民至少會以可靠的方式保存這種文學，雖然這種方式不是那麼純粹。因為，一個小民族的民族意識對個體的

303　譯自 1911 年 12 月 25 日日記。

提出的是這樣一種要求：每個人都必須隨時準備熟悉落到他身上的那部分文學，承擔它，捍衛它，即便不熟悉、不承擔，也要捍衛它……[304]

卡夫卡希望「文學的鄉愁」在「民族的鄉愁」中實現自己，而「民族的鄉愁」則通過「文學的鄉愁」表達自己。洋洋灑灑的論述之後，他專門列出一個「小民族文學特徵一覽表」。他把小民族的文學特徵概括為三點：第一是生動（liveliness），體現為衝突、流派和雜誌三個方面；第二是較少限制，表現為不教條、小題目和象徵的自然性；第三是群眾性，表現為與政治的關聯、文學史和對文學的忠誠，這種忠誠可以形成自己的法則。卡夫卡認為，他所提供的一攬子方案相當於一個精神的家園，因為：「這樣的綱領可以為一個人的存在提供一種有意義的、幸福的生活，如果一個人感受到了這種生活，就很難轉而追求別的生活。」現在，「他的－文學生活」已然升級，成為「他的－猶太文學生活」。

新年第3天，他寫下一篇頗有代表性的日記，可視為新年的總結與展望，其中以罕見的自我肯定，審視了自己的文學情結，確認已找到文學的目的，可以安身立命了：

當然，並非是我自己有意識地找到了寫作的目的，而是它自己找到了自己，現在只有辦公室的工作還在干擾它，當然，這對它來說是根本的干擾。我再也不會抱怨各種各樣的事情了，諸如我無法與戀人相處，諸如我對愛情的理解幾乎就像對音樂的理解一樣少，只能滿足於最膚淺的結果，諸如除夕夜宵我只就著防風草伴波菜喝了一杯西爾裡斯酒，諸如週末不能參加馬克斯關於自己哲學工作的報告會等等，因為我會得到顯而易見的報償。就我所見，我的發展已經完成，沒有什麼令我不滿意的地方了；剩下的事情只是從這一團情結中把辦公室的工作扔開，以便開始我真正的生活，在這種生活中，我的臉終於得以隨著我的文學的進展按規律自然老去。[305]

再過三天，他寫下另一篇重要日記，公然提出了「自己的猶太教」：

---

304 譯自1911年12月25日日記。
305 譯自1912年1月3日日記。

猶太人質的悲與興：卡夫卡的曠野漂流
第二部：文學與使命

昨日觀看費曼（Feimann）的戲《總督》，其結果，我對猶太性（Jewishness）的敏感完全無法調動起來。他們表演得太單調、太不像話，沒頭沒腦突然暴發一陣哀號，還自以為得意。想當初，幾場戲下來，竟有可能讓我得以認為，我終於遇見一種猶太教，其中包含著我自己的猶太教的根源；兩者取向相同，因而，它可以啟蒙我自己的粗拙的猶太教，使之獲得充分的發展。然而，後來我越聽他們的戲，他們的猶太教就離我越遠。不過，只要這些演員還在，就仍然存在著希望。[306]

看來，兩個月下來，卡夫卡的確經歷了啟蒙。他的猶太情結迅速萌動、發展，竟然超越了老師，眼下盼望著繼續成長，等待決定性的突破。

如後可見，決定性的突破不久就會到來。1912 年 8 月 13 日，卡夫卡在布洛德家邂逅柏林猶太女性菲利斯；8 月 20 日，他認定對方為命運安排的婚姻對象。9 月 15 日，他靈光閃現，確立了一個預感，自我定義為「特殊的自傳作家」——換句話，他要如《希伯來聖經》《箴言》所說，做「溫良的舌」，藉文學為猶太立言。9 月 20 日，卡夫卡首致菲利斯。9 月 22 日，《判決》誕生。這一連串列動整合了「他的 - 猶太文學生活」，並正式拉開了帷幕。

往後的事實表明，他的預感終將完全實現。「我自己的猶太教」一路深情綻放，肉身成言並言成肉身，其深度與廣度，遠非他最初的憧憬所能及。

只是，未來一切的出人意外，不可能單單是喜人的收穫、成長，與此同時，也是肉身的撕裂、「傷口」的綻放。其深也，如臨淵之跬躇，其廣也，如曠野之徘徊，就此形成一場持續終身的「突破」，最終悲欣交集。

因為他是卡夫卡。與生俱來，他一路珍藏著猶太深情，也與罪同行；雖蒙受呼召，也攜帶著「骯髒」與「污穢」，承載著「恐懼」與「渴望」。

---

306 譯自 1912 年 1 月 6 日日記。

第二節：肉身的牽掛：地獄裡的溫柔？

1912 年 2 月，猶太依地語劇團完成了在布拉格的巡演，即將離去。有關方面定於 2 月 18 日在布拉格猶太大廳舉行告別晚會，晚會內容包括洛維的依地語朗誦和卡夫卡的演講。卡夫卡高度激動和亢奮，提前 10 天準備演講，甚至為此中斷了文學寫作，準備過程中，竟不時被一陣一陣無法控制的發抖所打斷。

卡夫卡的激動和亢奮並非完全沒有道理，因為演講的主題是依地語，他要藉此抒發他的猶太鄉愁。

晚會開幕，卡夫卡首先激動地發表了精心準備的演講。他論證說，依地語雖然看起來年輕，卻飽含著猶太民族數千年流浪的辛酸。

一方面，艱難困苦煉成了依地語，賦予它非凡的境界與力量，得以相容不同的語言。另一方面，這些不同語言並不對依地語形成威脅，因為她植根於古老的猶太血脈。例如，依地語與德語聯繫甚密，卻無法直譯成德語。卡夫卡希望大家用心傾聽接下來洛維的朗誦，因為，對於至今流浪的猶太人，依地語生死攸關，足以戰勝恐懼：

一旦你們懂得了俚語 [依地語]——俚語是一切，是言詞，是猶太音調，是 [洛維] 這個東部猶太演員自身的本質——那麼你們就將再也認不出你們先前的不安來。那時你們就將感受到俚語真實的統一性，這感受將是那麼強烈，以至你們將產生恐懼，但不再是對俚語，而是對自己。如果沒有俚語將賦予你們的自信，它會頂住這種恐懼，並且比它 [恐懼] 更強大，那麼你們靠自己將會受不了這種恐懼。[307]

卡夫卡演講成功了，洛維的依地語朗誦也成功了。

然而，2 月下旬，洛維和他的劇團走了。卡夫卡墜入低潮，要到 1913 年底，才逐漸復甦。

307　參見《卡夫卡全集》，第 5 卷，第 268-271 頁。據布洛德報導，卡夫卡草擬了一封信，致波希米來所有猶太復興組織，請求為劇團提供支持。參見布洛德《卡夫卡傳》第 108 頁。

猶太人質的悲與興：卡夫卡的曠野漂流
第二部：文學與使命

一開始，卡夫卡試圖保持4個月來的明亮心態，但很快迷失於習慣性的悲哀與無奈。從2月下旬到8月中旬，整整半年時間，他只寫下45篇日記，且內容稀疏，寥寥30頁，僅為劇團巡演期間的五分之一！

現實本身就很無奈。早在去年年底，即與劇團「蜜月」期間，父親已然頗為不滿。其時，卡夫卡疏於管理家中的木棉廠。他有投資在其中，參與分紅，卻未能投入相應的時間和精力。尤其因為洛維和劇團，讓他無暇他顧。為了「保護自己全心全意投入文學」，他未能直面現實。父親經常旁敲側擊，要末就憶苦思甜，要末就提醒他人際關係的問題。最後，父親忍無可忍，乾脆提出激烈的批評：「都三十而立的人了，文學夢沒完沒了，自己神經兮兮，對別人也不負責，那怎麼行？」

父親的批評似乎未能奏效。幾天後，母親出場了。母親委婉啟發，談及成家立業、生兒育女。卡夫卡則「生平第一次發現：母親關於我的想法是如何天真而不切實際」！他認為，母親完全不瞭解自己的文學抱負。又過了幾天，週末，父親代表家庭再次找他談話，依然無效，反而進一步刺激了他。家庭問題被他上升到民族路線鬥爭的高度，父子衝突也被概括為人類文明的宿命，聲稱要「賦予父親們與兒子們之間的對立以崇高意義，並使關於這一點的討論成為可能」。

最終，卡夫卡一如既往，沉迷於「他的-猶太文學生活」，因為他認為沒有讓步的餘地：

我對工廠的事一竅不通。今天早晨受命巡視工廠，我在那裡呆頭呆腦，像一條夾著尾巴的狗。我拒不接受深入工廠經營細節中去的可能性。如果我被迫陷身於沒完沒了的思慮和的繁瑣的關心，我能達到什麼目的呢？……我只適合做一些務虛之事……否則，如果剝奪我下午僅有的幾個小時，為工廠進行毫無意義的努力，勢將必然徹底摧毀我的生存；即使沒有這件事，我的生存面業已在不斷縮小了。[308]

---

[308] 參見1911年12月28日日記。

父親這邊，作為「生活的代表」，竭力要讓他明白生活的艱難和責任。現在，洛維和劇團走了，兒子理應把放飛的心收回來。觀望和等待了半個月，父親再次提出批評。而卡夫卡在日記中的反應則是想要「跳窗」。他決心殊死捍衛自己的文學生活。對於木棉廠事務，他一如既往「務虛」之，

「布拉格石綿工廠」的圖記

把全部精力用於寫作。然而，洛維和劇團已去，他需要尋找新的平衡點。民族的鄉愁一時退回內心深處，「純文學」的慘澹經營又有點回潮。

1912年3月8日：「今天洗澡時，我相信我又感覺到了舊有的力量，它們似乎未經觸動而度過了長長的間歇期。」

3月11日：「今天燒了許多令人作嘔的舊稿。」

3月16日：「週末。又有勇氣了。我再次抓住了自己，就像抓住一隻下落的球。明天，今天，我將開始一件大型的工作，不勉強自己，量力而行自然形成。只要我還抓得住，就不會放棄。寧可失眠，也勝於眼下這樣過日子。」

3月17日：「歌德，痛苦中的慰藉。」

5月6日：「第一次明顯感覺到寫作完全失敗。接受考驗的感覺。」

5月9日；「我是如何面對一切不安緊緊抓住我的小說［《美國》］啊！就像紀念碑上的雕像緊緊抓住底座望著遠方。」

6月6日：「剛剛讀了福樓拜的信：『我的小說是我攀附的海邊絕壁，我對世上發生的事一無所知。』——與我5月9日的日記相似。」

6月6日：「沒有重量，沒有骨頭，沒有軀體，沿街走了兩個小時，一邊想下午的寫作中我克服了什麼問題。」

8月7日：「長時間的勞累。最後致信馬克斯[布洛德]說我無法完清剩下的幾個片段，不想強迫自己做這件事情，因而放棄出版這本書。」

8月8日：「完成《騙子》，多少有些滿意。用盡了正常大腦的最後一點力量。已是午夜，我怎樣才能入睡？」

8月11日：「什麼也沒寫，什麼也沒寫！出版這本小書耗費我多少時間！」

8月20日：「如果羅沃爾特將稿子退回，我又會將這一切束之高閣，就像事情沒發生過一樣，但這樣一來，我只好又跟原來一樣不幸了。」

……

半年時間悄悄流逝。然而，從剛才的日記，可以發現一個值得注意的跡象：圍繞是否發表作品，卡夫卡相當哈姆雷特：發表？不發表？這是一個問題！這當然因為他的優柔寡斷，但暗中隱藏著更具體、更微妙的含義，關係到肉身的牽掛。

生存永遠是一個硬道理。事實上，正是在這段時期，卡夫卡一度想當記者或自由作家，以解決具體的生存。一度，他與布拉格幾位元記者如皮克、哈斯過往甚密。再往後，他會具體考慮赴柏林當記者或自由作家，甚至考慮移居巴勒斯坦。凡此等等，意在擺脫布拉格——「這帶爪子的小母親」，她象徵著卡夫卡生存和依賴。必須解決肉身的牽掛，才可能真正實現「他的-猶太文學生活」。尤其眼下，父母家中的日子越來越沒法過。在卡夫卡這半年為數甚微的日記中，除了文學，就是文學的「敵人」：

1912年3月8日：「前天因為工廠之事受[父親]指責。然後整整一個小時都躺在沙發上想怎樣跳窗。」

3月18日；「我不乏聰明，只要你願意，我隨時準備赴死，這倒不是因為我在乎交給我做的事，而是因為我完全沒做這些事情，而且根本不打算做。」

第十章：猶太鄉愁與肉身的牽掛

4月3日：「一天的時間就這樣過去了。上午辦公室，下午工廠。現在是傍晚，家裡到處都在大聲說話……我沒有任何時間可以用來做自己的事情。」

9月8日：「下午。母親和一群女人跟街鄰上幾個孩子大聲玩鬧，並要把我趕出房間……」

甚至對母親都有些過不去了。他並非冷血，但生活令他尷尬。

一方面，年近30的人了，還寄居父母家中，又不願承擔責任。如果父母加以遷就，反而無法理喻。父母不至於採取什麼強硬措施，但不可能視而不見。母親雖然十分仁愛寬懷，偶爾也不免情緒流露，令他耿耿於懷。另一方面，男人早晚必須獨立謀生。做自由作家前程未卜，做記者時機也不成熟。進退維谷之間，他迴避著一個無法迴避的問題。之所以迴避，並非試圖逃離，而是因為過於重大。事實上，這個問題是他的情結，也是他的癥結，即他的「婚姻綜合症」。

還在與猶太依地語劇團「熱戀」期間，卡夫卡就以大妹埃莉的婚姻作過設想：在卡夫卡看來，埃莉的婚姻充滿弊端，埃莉竟感到幸福，讓卡夫卡無法理喻。理想的婚姻是什麼姑且不論，但他決不要埃莉那樣的婚姻。[309] 眼下，恰逢二妹瓦萊麗訂婚，卡夫卡專門為之寫下這樣一首詩：「從熬乾生命的地獄我們昇華，伴隨新生的力量／冥冥諸神在等待／直至孩子們重墜深淵」。[310] 卡夫卡在冷酷地質疑婚姻的的本質：從「熬乾生命」的婚姻，真能升起「地獄裡的溫柔」嗎？

卡夫卡深懷「父親情結」或「世界情結」，其表現正是「婚姻綜合症」。他與父親所代表的世界展開決戰，其核心正是婚姻問題。這是雙方關係的樞紐、力量的要害。如果不用生命反覆掂量，「婚姻綜合症」就可能綻放為致命「傷口」。

309　參見1911年11月11日日記。
310　譯自1912年9月15日日記。

191

猶太人質的悲與興：卡夫卡的曠野漂流
第二部：文學與使命

正是在婚姻問題上，卡夫卡一直有意無意「懸而未決」。一方面要「絕對掌握」一己的生活，另一方面又試圖放棄人際關係。解決如此吊詭，似乎非婚姻莫屬，然而更為吊詭的是：婚姻本身，正是人際關係的集中體現。如前所述，婚戀物件與「父親」一樣，正是「生活的代表」，反而把當事人引回人際關係的「生活世界」。

然而，當事者迷。人的心理絕不甘心於進退維谷。愛欲永遠要表達自己。任務已經明確，眼下他迫切需要生存的獨立，只等恰當的人選出現。

1912年8月14日，卡夫卡的日記中出現了一個特殊的名字：

一無所獲的一天。躺著睡覺……老是想著F. B.——寫下這個名字讓我是如何為難啊。

他應該感到為難。他沒有理由不感到為難。因為無法「絕對掌握」自己的文學，他不得不考慮婚姻，然而，他能否「絕對掌握」婚姻？這位F. B.願意跟過「文學生活」嗎？如果不可能，又會出現什麼樣的局面？導致什麼樣的衝突？展開什麼樣的搏鬥？

不管怎樣，幾天後，仍然是在日記中，以其無法複製的精准筆法，卡夫卡對這位F. B.作了一番入骨三分的描述。這位F. B.是他肉身的牽掛，就像民族是他文學的牽掛。然而，按他自己的說法，這個人將代表世界撕開他存在的傷口，並最終把他撕成碎片。

第十一章：猶太自傳：菲利斯與「戀詩歌手」

> 最親愛的菲利斯：……多年來我只哭過一次，那是兩、三個月之前，我硬是在扶手椅中哭得全身顫抖，短暫的間歇過後再次哭得全身顫抖；當時我擔心我失控的悲泣會驚醒隔壁房間的父母；那是在夜裡，起因是我的小說[《判決》]寫到了一個特殊的情節。
>
> ——弗蘭茨·卡夫卡

第一節：「戀詩歌手」的生命本色

F. B. 小姐。8 月 13 日我到布洛德家時，她正坐在桌子旁邊。我並未在意她是誰，卻當即把她的在場視為理所當然。骨骼寬大的臉，臉上是一副毫無表情的神態。光著脖子。披一件外衣。穿著看起來像是個善於持家的人，雖然跟著就知道絕非如此。（我如此認真地審視她，這使我與她疏遠了一點。的確，我眼下是怎麼了？對一切好東西全都有些疏遠，什麼都不相信……）鼻子幾乎不完整，棕色的頭髮多少有些直、有些硬。結實的臉頰和下顎。我欠身坐下時仔細看了她最初的一眼，坐定後我已有了一個不可動搖的判斷。[311]

全部卡夫卡日記，如此描述，斬釘截鐵，僅此一例。

F.B. 小姐，全名菲利斯·鮑爾，一半猶太血統的德國人，1887 年生於德國上西里西亞的諾斯塔市，12 歲時隨父親舉家遷往柏林，時任柏林卡爾·林德施特羅姆答錄機股份有限公司銷售科科長，繼承了父親的商務事業。

這位時年 25 歲的姑娘，在五位兄弟姐妹中排行老四，其他四位依次為姐姐伊莉莎白（1883 年生）、哥哥斐迪南（1884 年生）、姐姐艾爾娜（1885 年生）和妹妹托妮（1892 年生）。1904-1910 年期間，菲利斯父母因故分居，菲利斯棄學謀職，跟兄姐一道，協助母親支撐家庭。父母於 1910 年復合，其時，23 歲的菲利斯已是一位成熟、穩重的職業女性。也許由於生活的磨練，菲利斯為人務實、平易、幹練。在生活中，她屬於那種積極而單純的人格類

---

[311] 譯自 1912 年 8 月 20 日日記。

猶太人質的悲與興：卡夫卡的曠野漂流
第二部：文學與使命

型。用卡夫卡後來的話說，她是個「快樂、健康、自信的女孩子」，布洛德的評價則是「審慎、能幹、寬懷大度」，正好是對卡夫卡評價的補充。菲利斯喜歡漂亮衣服，但又沒有一般女子身上那種「脂粉氣」；愛好旅行和音樂，喜歡享受生活，樂於家庭奉獻。對於文學，她具有那個時代一般中產階級的品味。

跟赫曼·卡夫卡家族一樣，菲利斯家族在體質上和心理上都稟有堅強的素質。後來，卡夫卡赴柏林首次見到菲利斯的家人，在他們面前，身高一米八二的他居然覺得自己很卑下，自認為「一定給他們留下了十分醜陋的印象」。在他眼裡，「菲利斯是不可摧毀的。她是普魯士-猶太人的混合種，這是一種強大的、必勝的混合體」。在兩人的一張合影中，菲利斯雖然小卡夫卡4歲，卻顯得獨立、沉穩，一眼看去像位母親，卡夫卡傍在她身邊，倒像母親的兒子。[312]

卡夫卡和他的女友菲利斯·鮑爾（1917年7月於第二次訂婚後）

菲利斯氣質獨特，從她身上，卡夫卡隱隱看到這樣一種可能的婚姻：既保證寫作所需的孤獨環境，又維持與世界的適當聯繫。如前所述，他把菲利斯當作了理想的「繩索」或「窗口」。後來，卡夫卡曾一唱三歎提出這樣的問題：「我究竟是打算讓你幹什麼呢？究竟是何物使我緊追你不捨呢？我為何不肯放棄，不理解一些示意呢？」[313] 這樣一種婚戀動機，多半意味著大走其極端的婚戀悲喜劇。經過嘔心瀝血的掂量、躊躇、盤算，終於，年近三十的卡夫卡粉墨登場，開始自編自導自演。只是，無論編、導、演，很大程度上，他又顯得那麼身不由己。

312 　有趣的是，本書所引用的瓦根巴赫《卡夫卡傳》中譯本就犯了這樣的錯誤，把菲利斯當成了卡夫卡的母親。
313 　《卡夫卡全集》第9卷，第375頁。

第十一章：猶太自傳：菲利斯與「戀詩歌手」

9月20日，即兩人見面之後一個多月，卡夫卡首致菲利斯，提醒她說，那天晚上布洛德家中聚會，某人曾聲稱要赴巴勒斯坦旅行，此人就是他——卡夫卡。他暗示說，他當時之所以如此果敢，是因為她當場表態要陪他同行。

很快，菲利斯回信了。卡夫卡立即覆信，「幾分鐘之後就寫了四大張信紙」。大概出於女性特有的心理特點，也可能因為卡夫卡表現得太急切，或許另有原因，菲利斯那邊沉默了一段。卡夫卡等待半月，之後迫不及待去信詢問。終於，菲利斯寄出第二封信，給卡夫卡一個巨大的刺激，當下即於辦公室覆信：「尊貴的小姐：即便三位經理此刻都在我桌旁看我寫字，我也必須立即給您回信，因為我望眼欲穿企望您的信已達三個星期之久，現在它出現在我眼前猶如從天而降……」

猶如一般戀人最初的往來，卡夫卡和菲利斯必然也「曾經滄海」，經歷難以言喻的波折和磨合。尤其是，卡夫卡如此神經質，菲利斯必定一時難以適應。事實上，到後來，布洛德和卡夫卡的母親都曾致信菲利斯，為卡夫卡的種種問題說難。然而，不管怎樣，卡夫卡的信逐漸發生了一些微妙而本質的變化：對菲利斯的稱謂稱變成「最親愛的」，自己的署名也越來越簡單，到最後竟消失不見。厚厚的信件加碼發往柏林，一天兩封是常事，不少時候一天3封，外加明信片、加急件、電報等，有時甚至一天五、六封。與此同時，自9月20日第一封信，到1913年2月11日，將近4個月時間，他僅寫下一篇日記！到1914年，兩人緣起緣落峰迴路轉終於訂婚，其時，卡夫卡發信已近400封，有人因此稱他為「20世紀上半葉無名的戀詩歌手」。

這樣一種超新星式的爆發，竟然發生於「不知激情為何物」的卡夫卡，多半事出有因。卡夫卡一生多次與女性發生碰撞，然而，被他歸納為必然者，只有3次，第一次即與菲利斯。文學是卡夫卡的生命，並非誰都可以進入他的文學存在。他不會完全沒有猶豫、搖擺、衝突、後悔、失控、輕浮乃至背叛，然而，對於性命相托的文學大計，他本質上不可能掉以輕心。之所以是菲利斯，乃因為她見容於卡夫卡的文學生活。她那「毫無表情的神態」和「善於持家」的樣子，給他的文學生活留有幾乎無限的想像空間。以他精打細算

猶太人質的悲與興：卡夫卡的曠野漂流
第二部：文學與使命

的猶太人天性，慘澹經營的審慎，他不會不在這個問題上錙銖必計。事實上，尚在情感的白熱化之前，他已然專門就此致信菲利斯，其內容堪稱經典：

我的生活在根本上無論現在或過去，歷來都是由寫作的嘗試所構成，而多半是失敗的嘗試。倘若我不寫，我便等於是癱在了地上，只有被清掃掉的份。我的力量小得可憐，假如我沒有明顯地察覺這一點，它自己也會顯露出來。所以我在各方面萎縮，到處都得有所捨棄，旨在保持勉強夠用的力量來服務於看來是我主要目標的事業⋯⋯有一次我給自己具體地開列了一份清單，列出我為寫作犧牲了些什麼，和為寫作的緣故我被奪走了什麼，換言之，只有這麼解釋，寫作所遭受的損失才是可以忍受的。

確實如此，像我這麼瘦，而我是我認識的人中最瘦的（這是能表明一些問題的，因為我已經常出入療養院），同樣，我身上的一切都是用於寫作的，絲毫沒有多餘的東西。如果存在一種更高的權勢（力量），它想要利用我，或正在利用著我，那麼我將作為一種至少明顯地被加工過的工具捏在它的手中；如果沒有這麼一種權勢（力量），那麼我就什麼都不是，會突然間被拋棄在一片可怕的空曠之中。

現在對你的思念豐富了我的生活，醒著時幾乎沒有一刻鐘我不曾想過您。

在許多個一刻鐘內，我別的什麼也不幹。但即便這件事也與我的寫作有所關連，只有寫作的波浪左右著我，當然，在暗淡的寫作時間內，我從來沒有勇氣向你求助。這是非常真實的坦白，同樣真實的是：從那天晚上以來我有一種感覺，好像我的胸口有個洞，風兒無法控制地被吸入，穿過⋯⋯儘管我以前一直以為，正是在寫作的時候，我根本不會想到您；但最近我卻驚訝地發現，您同我的寫作竟然有著親如手足的關係。在我寫下的一小段文章中，除了別的內容以外，顯示出與您和您的來信有如下關係：⋯⋯這些段落是我特別喜愛的，我把您放在裡邊，而您卻沒有感覺到，您也不必反抗⋯⋯

我的生活方式僅僅是為寫作設置的，如果它發生變化，無非是為了盡可能更適合於寫作而已。因為時間是短暫的，力量是弱小的，辦公室是災禍，住處是那麼喧鬧……[314]

顯然，這封信的本質是絕對地真誠，它以卡夫卡內心世界特有的明徹，驚人地表明瞭兩人關係的基本模式。卡夫卡迫不及待，採用「醜話說在前頭」的方式，向菲利斯「溫柔」攤牌，宣佈了自己以文學為中心的人生態度，絕無歧義。不僅如此，卡夫卡還暗示菲利斯，在這個問題上沒有調和的餘地。他不會意識不到這樣一封信可能產生的破壞性。事實上，正是這封信再加上別的對話內容，讓菲利斯感到「陌生和疏遠」。她是一位普通女性，而且身處婚戀的熱身階段，正在進入狀態。卡夫卡的邏輯超乎常理，令她困惑。最終，她致信布洛德詢問究竟，布洛德自然要為卡夫卡辯解，而且明顯是發自衷心：

我只是懇求您，在一些事情上寬恕弗蘭茨和他常常是病態的過分敏感。他也是一個人，想得到非得到不可的東西，萬物之中的極限。他從不甘心妥協。比如：如果他感覺不能全神貫注地寫作，他就可以一連數月隻字不寫（而將只寫了一半的好作品停下來）……正如對文學一樣，他在這方面也是全身投入。由此常常產生一種假像，好像他喜怒無常，神經過敏，如此等等。我十分瞭解他的性格，實際上他從來沒有這樣過，而在選擇實用物品時，他甚至很聰明，很靈活。只是在理想的東西方面，他很嚴肅認真……[315]

布洛德一語中的。此時的菲利斯正是卡夫卡心中「理想的東西」，是他「坐定後所產生的不可動搖的判斷」，而絕非什麼可這可那的「實用的物品」。正因為如此，卡夫卡才一上來攤出底牌。事實上，他心中有數，知道自己的直覺不會錯，菲利斯最終會理解和接納自己。12 年後，卡夫卡臨終，病床前，有人談及這位往日的戀人，問卡夫卡是否愛她，當時卡夫卡的肺結核已經轉移到喉頭，他無法說話，但在便條上寫下這樣的評語：

---

[314] 1912 年 11 月 1 日致菲利斯，引自《卡夫卡集》，葉廷芳編選，上海遠東出版社，2003 年 1 月第 2 版，第 362-364 頁。
[315] 轉引自，《卡夫卡全集》第 9 卷，第 61 頁。

猶太人質的悲與興：卡夫卡的曠野漂流
第二部：文學與使命

在她肯理解我的程度上是愛的，她在任何事情上都是那樣。[316]

就此而言，卡夫卡的「嚴肅認真」與其說針對菲利斯，不如說針對他自己。更何況，眼下正是亟需「嚴肅認真」的關鍵時段。

事實證明，如下可見，1912年9月，是卡夫卡文學人生最重要的里程碑。在這個金秋9月，他已然吹響衝鋒號，不僅首戰輝煌，而且急待投入重大的後續戰役。卡夫卡知道，就其文學人生而言，這一切生死攸關。然而不幸的是，無論事出客觀還是主觀，也無論情系事實還是心理，父母家庭對他形成的壓力越來越大，例如10月上旬，家中爆發了激烈的紛爭，顯然是家庭壓力的一個證據，而且說明家庭內部矛盾積蓄已久，並且長期存在。本來，這也是普遍存在的客觀事實，任何家庭無法例外。綜而言之，為了心愛的文學，卡夫卡需要突圍。菲利斯橫空出世，他並未辜負，竟一反日常的消極，迅速抓住這個宿命般的機遇。只是，作為猶太人和法學博士，他多半不會僅僅相信「一見鍾情」的直覺。相反，他一定要看到可持續發展的事實。這事實包括文學與人生兩個主次方面，兩方面又相互支撐。關鍵在於，眼下，文學作為主要方面，已然取得決定性的勝利，這一勝利包含著人生方面的呼應。由此說明，人生方面雖屬矛盾的次要方面，但其重要性依然不可輕視。對於猶太人卡夫卡，在猶太傳統文化的意義上，大寫的猶太人生在呼召他，所以他才慘澹經營了眼下這樣一種文學-人生。目前的問題可以嘗試這樣來表達：文學方面已然突破，有待人生方面的完美配合。

那麼，就上述文學方面，卡夫卡取得了怎樣一種突破呢？

事情的來龍去脈要追溯到9月15日，那天，卡夫卡產生了一個重大的預感：

獨特的自傳作家的預感。[317]

9月20日，他發出致菲利斯的第一封信。

316　轉引自，尼古拉斯·默里，《卡夫卡》，第292頁。
317　1912年9月15日日記。見《卡夫卡全集》第6卷，第235頁。

第十一章：猶太自傳：菲利斯與「戀詩歌手」

　　兩天後，9月22日，贖罪日（Atonement），最重要的猶太聖日。按傳統，猶太人須徹底齋戒，停止一切工作，聚焦於會堂，禱告上帝赦免一年來所犯罪愆。到最後，儀式化的「替罪羊」為這一天劃上圓滿的句號，象徵罪人得以與上帝復合——這正是 atonement 一詞另有之義，所以，贖罪日也是和解日。五年後卡夫卡一條日記充分詮釋了這一雙關涵義，其時，他因罹患肺結核，竟「反向作用」而成「絕望一躍」，拒絕了菲利斯共渡患難的表態，與之揮淚訣別。那個不堪言說的日子正是9月20日！當晚，卡夫卡在日記中記述了他與菲利斯訣別的對話輪廓，透露出強烈的負疚與留戀，但不欲姑息：

　　話雖這麼說，我還是願意把自己交托於死亡。一種信仰的殘餘。回歸一位父親。偉大的贖罪之日與和解之日（Atonement）。[318]

　　神秘就在於，五年之後，他的贖罪與復合，在復調的意義上，指向「一位父親」，他不是赫曼卡夫卡？但勝似赫曼卡夫卡？他也包含著赫曼卡夫卡？

　　然而，以那時為座標，眼下這個五年前，他意會的贖罪卻不包含復合？甚至，他是要藉助一場「判決」，向「判決者」宣告精神的覺醒與獨立？當然，更向世界宣告一次誕生——寧可說，一次分娩——痛苦、髒汙而偉大？

　　不管怎樣，就在這個贖罪日深夜，卡夫卡在父母家中那間屋子的燈光徹夜未滅。

　　從晚上10點到凌晨6點，他一直埋首寫字臺，只是偶爾直一直酸痛的腰背。在凌晨的秋寒中，腳凍得發僵，幾乎無法從寫字臺下抽出來，然而他無暇顧及。

　　他的第一位孩子——他首部里程碑式的小說——正在誕生。

　　故事竟然就在眼前展開，宛如無邊的大海。他在一片汪洋中前進，沉浸於極度的緊張和快感。

318　譯自1917年9月28日日記。參見本書第十四章，第二節。

猶太人質的悲與興：卡夫卡的曠野漂流
第二部：文學與使命

一切居然都可以表達。一切構想，甚至最陌生的靈感，宛如都被前方一片大火所迎接，等候它們在大火中涅槃。

夜裡兩點，他最後看了一次表，決然繼續運思和奮筆……

窗前，黑暗的夜空漸漸變藍。一輛車駛過樓下的街道。稍遠處的橋上，正走著兩個男人，聽得見他們說話的聲音。

此時的家中，保姆已經起床，正悄悄穿過前廳前往廚房開始雜役。

她路過了卡夫卡的房門。但是，她當然不會知道，房間裡，卡夫卡正在寫下這部小說的最後一個句子，伴隨著一陣「強烈的射精」的感覺。[319]

這部作品就是後人眼中的傳世名著《判決》。卡夫卡的文學生命就此取得歷史性的突破。

回首來路，這是一次漂亮的「三點一線」式戰役：8月20日關於菲利斯的判斷，9月15日關於自己作為自傳性作家的預感，以及9月20日的第一封情書。

沿此線索，9月22日深夜的創造力爆發接踵而來。

特別值得注意的是，《判決》開篇赫然寫著一句題獻：「獻給菲利斯·B小姐的一個故事」。

這句題獻至少可以作兩個解讀：第一，首肯自己與菲利斯關係；第二，呼喚這一關係的跟進與完善——這部作品以其這個題獻，在其他涵義之外，說明這份關係對於卡夫卡是何等重要，也表明他對這份關係的跟進與完善有著何等的期待。

然而另一方面，無論如何，《判決》已經誕生，擁有了自己獨立的意義。就此而言，上述題獻中另一個重大涵義不期呈現——「獻給菲利斯·B小姐的一個故事」——然而要知道，菲利斯·鮑爾小姐是一位猶太女性，在象徵大師卡夫卡的文學世界，她應該是猶太人的一個隱喻。

319　布洛德，《卡夫卡傳》，第125頁。

果真如此，《判決》也獻給了猶太人卡夫卡自己，進而——難道不會嗎？也獻給了普世的猶太人。

那麼，從《判決》這座首要的里程碑，我們不難讀出其最根本的復調含義。

進而恍然大悟於全部卡夫卡作品的基本象徵。

第二節：《判決》與「猶太自傳」：卡夫卡文學的基本象徵

小說《判決》從一個明媚的春日上午開頭。年輕的商人格奧爾格·本德曼正給一位朋友寫信。這位朋友似乎不太適應國內環境，幾年前「逃到俄國」闖生活去了，在彼得堡經營一家店鋪，結果也沒混出來，人越來越孤獨，氣色越來越憔悴，回國探望也越來越少，「並且準備獨身一輩子了」。格奧爾格自己也不清楚為何特別牽掛這位朋友，不時去信。眼下這封信尤為特殊，正式告之朋友自己訂婚的終身大事，並特別強調，除此而外，他們的友誼不會有任何變化。[320]

發信之前，格奧爾格來到父親陰暗的房間，父親老邁而有病，他覺得有責任先告之父親，自己給朋友寫了這樣一封信，事關婚姻大事，也算是對父親的尊重。

格奧爾格怎麼也想不到，父親對此敏感之極，繞著彎子追問為何寫信到俄國，話中有話地反問：「難道你在彼得堡真有這樣一個朋友？」繼而竟聲稱「你沒有朋友在彼得堡」！

窮於應付之際，格奧爾格滿懷愛心扶父親上床休息，掩蓋好被子，不料父親一語雙關又冒出一句：你把我掩蓋（蒙蔽）得很好吧！

接下來，父親終於爆發，原來，針對兒子，他自己內心掩蓋著巨大的敵意、憤怒和否定。

---

[320]「刻畫格奧爾格那位朋友之際，我頭腦中始終想著施托伊爾（Steuer）。」見1913年2月12日日記。施托伊爾係卡夫卡中學同學，成績不好，與卡夫卡交誼一般，中學畢業後赴國外，大概經商失敗後返回布拉格。參見，阿爾特《卡夫卡傳》，第74-75頁。

猶太人質的悲與興：卡夫卡的曠野漂流
第二部：文學與使命

據父親稱，他與這位朋友一直私下通信，早已成為知己。藉此，朋友知曉格奧爾格的一切。父親這番話讓格奧爾格不知所措，愕然之際，父親繼續發表內心的看法：「你打定主意之前，猶豫的時間可真不短啊！先得等你母親死了，不讓她經歷你的大喜日子；你的朋友在俄國快要完了，早在三年前他就已經十分潦倒；至於我呢，也到了你現在眼見的這副樣子。你不是有眼無珠，我是怎麼個狀況你是看得見的嘛！」

可憐格奧爾格滿懷愛心，卻遭此下場。他幾乎崩潰，唯一可能的正面表達，僅僅是一聲身不由己的抗議：「這樣說來你一直在暗中監視我！」他喊道。作為回應，父親則大聲判決他投河自殺。兒子條件反射一般，應聲衝出家門，跑到河邊抓住橋欄，如饑餓至極的人抓住麵包：「親愛的父母親，我可一直是愛著你們的。」說完，趁著橋上驀然間車來人往，他鬆手落入水中，告別了這個荒誕的世界。

的確，整篇小說氣氛荒誕，難以理喻。然而，其扣人心弦，自誕生起即為讀者公認。按布洛德記述，《判決》寫成不久，他與卡夫卡就達成共識，準備發表於布洛德主編的《阿卡迪亞》。校樣稿很快印製出來。校閱、修訂期間，卡夫卡決定朗讀《判決》，以期發現有待改進之處。1913年2月11日，卡夫卡偕小妹奧塔爾作客猶太朋友韋爾奇（哲學家）家中，朗讀了《判決》。朗讀中途，哲學家的父親老韋爾奇因故缺席了一會兒，回來後繼續聆聽。《判決》篇幅不長，按理說，他這一走，必然大大影響對《判決》的理解。然而，誦讀完畢，老韋爾奇當即感慨不已，特別讚賞小說的形象刻畫，情不自禁伸手空中：「睜眼就能看見這位父親，他就在這兒！」[321] 奧塔爾則乾脆認為，哥哥寫的，就是自己家裡的事情。

奧塔爾這一直覺得到卡夫卡自己的印證，他在日記中深思熟慮總結說：「這部小說從我身上誕生出來，就像一次真正的分娩，覆蓋著污穢和黏液，唯獨我擁有能觸及那軀體的手、以及實現這欲望的力量。」[322] 他還承認，在格奧爾格和他之間、格奧爾格的未婚妻和菲利斯之間，存在著暗合。

---

321 參見1913年2月12日日記。
322 譯自1913年2月11日日記。

凡此等等，均印證卡夫卡 1912 年 9 月 15 日的重大預感：《判決》是一篇「自傳性」小說。

然而，如果僅僅狹義理解「自傳性」，那就太低估作者的良苦用心了。卡夫卡指出，奧塔爾竟然把小說誤讀為家中之事，他對此「感到震驚（astonished）」，並當即作了辛辣的批評。[323] 這意味著，《判決》主題絕非通常所謂「俄狄浦斯情結」，而且，如下可見，即便以普世生存論（存在主義）的眼光加以審視，也屬於嚴重的誤讀。

正確的解讀來自卡夫卡自己。如本書導言所見，1913 年 2 月 11 日，即朗讀《判決》當天，卡夫卡在日記中寫道，理解這部小說的關鍵，乃在那位遠在俄羅斯的朋友。

最初，格奧爾格下意識認為，在這位朋友身上，存在著他與父親「所共有的東西」，並藉此「相信父親就在自己身上，因而得以靜靜地沉浸於那些轉瞬即逝的、略帶些悲哀意味的思緒」。

這意味著，格奧爾格以為，父親以一種「原生態」的方式，與他相互認同於古老的猶太身份。在這種身份中，融和著民族二千七百年的亂離，血肉模糊，所以才那麼「略帶些悲哀」。

然而，格奧爾格誤讀了父親。穿越歲月的的亂離，尤其抵達近代之後，隨著歐洲文明的轉型，猶太民族增添了一重憂患：

《判決》初版封面

在傳統的外部逼迫之上，自身內部的異化日益加劇。全球化資本主義 - 消費主義的大潮方興未艾，父親既逼迫，也被誘惑，最終異化於其中，成為與傳統猶太身份「異己的存在」。

323　參見 1913 年 2 月 12 日日記。

猶太人質的悲與興：卡夫卡的曠野漂流

第二部：文學與使命

　　悲劇在於，父親異化的「成功」，利用了猶太血緣的「共性紐帶」，即民族艱辛的養育與守護。然而，異化的結果，在全球化資本主義-消費主義的背景下，卻是猶太傳承的危機：格奧爾格「就這樣失去了一切，只剩下對父親的意識」。對此痛失之過程，《判決》選擇了俄國革命作為歷史背景，因朋友亡命俄國期間曾邂逅血腥事件——其實正是基輔的「貝利斯血祭案」，該案是以代表基督教紀元以來猶太人的生存大悲劇。更重要的是，該案發生於 1911 年，並持續至 1913 年，剛好重合於卡夫卡同期的生命大事件：因東歐猶太依地語劇團的鄉愁大爆發，與猶太人菲利斯的相識，《判決》的寫作等。大而言之的隱喻則是 19 世紀的反猶形勢，這一形勢自卡夫卡呱呱墜地（1883 年），愈演愈烈。

　　顯然，父親之所以被異化，乃在於他不敢面對慘淡的人生與淋漓的鮮血。面對外部的逼迫，他最終被內心的慾望誘惑，異化於全球化資本主義-消費主義大潮，有類於當年海涅改宗基督教，父親最終獲取了「歐洲文化的入場券」，藉此「成為共性紐帶的中心」，轉而否定兒子，發起攻擊。兒子則就此頓悟於猶太的現代命運，並為此付出更為悲哀的代價——被父親判決去死！

　　兒子之死，預警著猶太之死，也預警著人類共同的未來。卡夫卡當然無由具體指陳後來納粹的崛起。然而，這只猶太的「卡夫卡鳥」，有如祖上先知何西阿、阿摩司、以賽亞、哈巴谷、耶利米、以西結……秉有恩賜，深知世界與人的本性。毋寧說，他正是流淚的先知耶利米。《判決》深藏不露，卻彷彿一首現代的《耶利米哀歌》，承載著猶太的自傳。

　　這是《判決》的基本象徵意義。

　　技術上考量，無論是否作者的主觀意願，《判決》還包含眾多其他復調，例如：

　　拷問「人性法庭」，研究廣義倫理-人際關係中的權力難題；

　　反省現代社會「異化」問題；

　　探索「俄狄浦斯情結」，研究「父子衝突」；

向菲利斯的題獻之作，並就自身存在（命運、處境、觀念、前景）向菲利斯作一個交代；

甚至可以包括布洛德的一個理解：「至於《判決》中那個 [赴] 俄國朋友的形象，也有著 [東歐猶太依地語劇團] 洛維的某些特徵，這是十分明顯的。」[324]

……

然而，所有復調，都相容於猶太自傳這一主旋律。由此形成《判決》一書的兩大特徵：復調性和統一性。

至少對於卡夫卡，《判決》近乎真實的生命，含義複雜而微妙，無法概括成簡單的含義。

它的形式如此凝練、澄明，內容卻如此血肉模糊，仿佛猶太生命的一次再分娩。正因為如此，卡夫卡才在討論這部作品時用了令人發癢的形容，把它的誕生說成是一次真實的分娩，覆蓋著污穢和黏液「只有以這種方式，只有在這樣一種聯繫中，在這樣一種肉體和靈魂的徹底敞開狀態，寫作對於我才有可能。」[325]

應該說，《判決》的確是卡夫卡精神生命的痛苦分娩。就卡夫卡創作的具體歷程而言，它還是第一次分娩，就此而言，它更是一個象徵。

《判決》象徵著卡夫卡文學的突破，他的文學風格孕育多年，一朝成形。

往後我們會看到，卡夫卡所有的作品都具有與《判決》類似的復調性質。如《審判》、《鄉村醫生》、《獵人格拉胡斯》、《地洞》、《城堡》、《饑餓藝術家》、《女歌手約瑟芬或耗子民族》等篇，總體上復調又迭現。卡夫卡文學首先是他當前生存的再現，包括以上概括的各種復調。女性主角一般都與他當時的婚戀相關。

324　布洛德《卡夫卡傳》，第 109 頁。
325　譯自 1912 年 9 月 23 日日記。

然而，必須再次強調，猶太自傳乃全部卡夫卡文學的主旋律。借用卡夫卡第 46 條箴言所說，卡夫卡文學是「他的 - 生存」，或者說，是「猶太人的 - 生存」。

憑藉「卡夫卡式」的「隱語寫作」，他自己肉身成言，也為猶太民族立言，並作為勒維納斯意義上的「人質」，代言著整個人類的命運。

《判決》提供我們理解卡夫卡「文學生命」的鑰匙。[326]

第三節：《變形記》：異化噩夢的真相

然而，不幸的是，《判決》也隱喻著卡夫卡自身的生命。

某種錙銖必計的猶太天性，有意無意之間，精確安排著卡夫卡的生命。這一生命的所有組成，不約而同，象徵著生命漫長進化的結果，具有豐富的「多功能性」，亦即所謂「復調性」。他身高 1 米 82，體重僅 60 千克，絕無多餘的奢侈之物，全然為維繫生命所必需。就此而言，《判決》既是一次悲哀的總結，也是一個不幸的暗示。

《判決》的突破顯然讓卡夫卡大受鼓舞。兩天後，他著手重寫年初完成的長篇《美國》（另譯《失蹤者》）。

可是，與此同時，人生責任無法推諉。眼下是 10 月上旬，年關在即。父母支撐著整個家庭，對於他們，生存問題壓倒一切。於是，家中再度爆發關於工廠事務的糾紛，這一次，連奧塔爾也站在父母一邊反對卡夫卡。

無奈之際，卡夫卡致信布洛德詳述痛苦。他說，眼下他正在創作的關鍵時期，

30 歲，寫《失蹤者》時的年齡。

---

[326] 雖然如此，本書以下關於卡夫卡作品的分析，會按筆者的需要展開，不一定涉及全部的復調涵義。

不然恐怕早就自殺了。結果,他被迫活在「因此而得意的父母面前」,內心隱匿於「我的小說的內核之中,並生活在其中」。

這顯然是一封求救信。布洛德當下致信卡夫卡的母親,告之情況的緊急,母親隨即覆信稱:「我剛收到您的來信,您從我顫抖的字跡上看得出來,我和您一樣激動。為了使我所有的孩子都幸福,我願將我的心血奉獻給他們,而在此我卻束手無策了。然而我仍將竭盡全力使我的兒子幸福。」父親因多年操勞,已然罹患心血管系統疾病,不能激動。母親只好向父親撒謊,讓他相信卡夫卡每天前往工廠參與管理,暗地裡找人代替了卡夫卡的角色。

這一切都發生於卡夫卡首致菲利斯之後,無論如何,它們加速了卡夫卡走向菲利斯的步子。

1912年10月13日,卡夫卡發出第三封信,急於知道為何前信不覆。菲利斯終於覆信,卡夫卡當下熱度陡增,加之母親和布洛德分別致信菲利斯,也促進了兩人關係。布洛德的兩封信多半產生了效果,尤其後一封,對理解卡夫卡當下處境頗有參考意義:

弗蘭茨的母親很愛他,但她一點也不瞭解她兒子和他的需要。文學是「浪費時間!」我的天!……沒有理解,愛再多也沒用……弗蘭茨經過多年的嘗試,終於找到了適合於自己的食物——素食。……他父母[卻]用空洞的愛來逼他吃肉,讓他舊病復發,[他]在無聊的辦公室工作和搞文藝創作。但他父親……他父母不願意看到,對像弗蘭茨這樣不同尋常的人需要創造不同尋常的條件,不使他的智慧枯竭。最近我不得不就此給卡夫卡夫人寫了長達八頁的信。他父母要弗蘭茨每天下午去工廠。為此,弗蘭茨決心自殺……並已給我寫了告別信。在這關鍵時刻,我透過全面干預成功地從「愛子心切」的父母手中救出了弗蘭茨。

父母既然這樣愛他,為什麼不給他三萬盾,就像給女兒的嫁妝一樣,好讓他辭職,去海邊任何一個地方寫書,寫上帝讓他寫的書?弗蘭茨只要一天達不到這一點,就一天感覺不到完美的幸福。因為他的整個身體要求過一個祥和的、醉心於文學和無憂無慮的生活。在今天的條件下,他的生活在一定

程度上較為艱難，但帶有幸福的閃光點。這樣，您也能更好地理解他的煩躁不安。

目前正在出版卡夫卡一本出色的書。也許他從此吉星高照，可以開始他的文學創造生活。他也在寫一部大部頭小說，已寫到第七章，我希望他取得成功。[327]

布拉格 - 柏林，柏林 - 布拉格……除中途卡夫卡赴柏林晤面一次，雙方鴻雁往返保持聯繫。總的說來，兩地書日漸頻繁。雙方在磨合。由於菲利斯的信未能保留下來，加之這一時期卡夫卡日記全然一片空白，後人只能從卡夫卡致菲利斯推測大概的情況：卡夫卡一面寫信，一面寫作，其間穿插著母親和布洛德的幾次重要調停。《美國》第二稿堅持了一段時間，不久便中止，動手寫《變形記》：

1912年11月3日：「親愛的菲利斯小姐，今天這個美好卻十分短暫的星期天您是如何度過的？如果一個人想另一個人，就會打擾他的話，那您在半夜三更一定會被驚醒……就此擱筆吧！拖拉的郵局，您的信或許已經在布拉格放了一天了，就是不給我……現在已過午夜時分，真的，我只把校對搞完了，沒有睡覺，也沒有為我自己寫東西。現在開始寫是太晚了，何況我還沒有闔過眼。」

11月6日：「人們當著我的面在撕碎著您呢！您不要和太多的人交往，這也沒必要，好嗎？」

11月11日：「最親愛的菲利斯小姐：這麼說我並沒有失去您。我原以為多半失去您了。您那封信嚇壞了我，您在那封信中談到我的一封信，您說它讓您感到陌生和疏遠……我不知道該給您

《變形記》封面

327　轉引自《卡夫卡全集》，第9卷，第79-80頁。

寫什麼，上週末的兩封信人為地讓事情走向結束，我確實以為一切都完了……我現在處於這樣的心境，無論你是否願意，都要拜倒在你腳下，把自己全部交給您……我打算從現在起只給您寫短信……這部分是因為我要把全部精力用於寫小說［《美國》］，它最終也屬於您，更重要的是，它能告訴你我內心對你的感情，比最長的生命中所有最長的信還要清楚……」

11月14日：「最親愛的，最親愛的！既然世界上這麼多的美意，人就不必害怕，也不必焦慮。你的信到達了……」

11月15日：「親愛的鮑爾小姐：我剛從區政府辦公室回來；路相當長，要穿過莫爾道河，在遠處的河對岸。我慢慢走著去又走著回來。我認定今天不會有您的信了……由於各種原因我近兩天心情有些黯然和沉重……再見，請繼續保持友好。」

11月17日：「但今天無論如何應該有信了……我覺得，昨天夜裡寫的小說（《變形記》）愈來愈差，我的靈感已經到了最低點……」

1912年，卡夫卡把這張照片寄給未婚妻菲利斯・鮑爾，並說：「實際上我的臉並不是扭曲的，只有在閃光燈下才顯得這樣。」

11月17-18日夜：「我最親愛的，現在是夜裡1點半，昨天提到的故事還遠遠沒有完成……」

11月20-21日夜：「親愛的，我最親愛的，已是夜裡1點半了。我上午的信傷害你了嗎？我怎麼知道你與親戚和熟人有應酬！你折磨我，我又用指責來反復你。親愛的，請你寬恕！送我一枝玫瑰表示你已寬恕我……生活是多麼困難和艱苦。怎麼能公用由文字組成的信來留住一個人呢？要留人需要用手抓。我手裡抓著你的手。我生活中需要你的手。你的手我僅三次有幸握住，一次是我進房間的時候，第二次是你向我保證去巴勒斯坦旅行，第三次是我這個傻瓜送你上電梯。」

猶太人質的悲與興：卡夫卡的曠野漂流
第二部：文學與使命

11月23日：「親愛的，我的上帝，我是多麼愛你啊！現在是夜深人靜。我放下了我的小故事……這個小故事開始悄悄地生長成一個長篇故事了……我想給你念。這太好了。一邊念，一邊不得不拉著你的手，因為故事情節有些可怕。故事叫《變形記》，可能讓你嚇一跳……」

11月24日：「親愛的，這是一個多麼噁心的故事。我現在再一次放下它來，以便再在對你的思念中振作起來。這個故事已寫一半了。總的來說，我對它不是不滿意，但它太噁心了。你看，這兩種想法共存一顆心。你不必太傷心，因為誰知道，我寫了越多，越解放自己，可能對你就越純潔，越高尚。當然，我內心肯定還有許多東西要說，幾個夜晚都不算長。」

12月1日：「親愛的菲利斯：在結束與我小故事的鬥爭後……我無論如何要向你說聲晚安……親愛的，我很吃驚自己是多麼依戀你。這是我的罪過……但又擺脫不了。如果我在你身邊，恐怕會永遠不讓你孤獨──但我又會要求一個人待著──我們倆將會很痛苦，但這是幸福，是用痛苦也買不回來的幸福。」

12月5-6日：「哭吧，親愛的，哭吧，現在是哭的時候！我的小故事的主人公不久前剛剛死去。如果你需要安慰，那告訴你，他是在平靜之中，在與眾人和解之後死去的。故事本身並沒有完全結束，但我現在對故事已沒有興趣，所以把結尾放到明天再寫。」

12月6-7日：「親愛的，聽著，我的小故事已經完成……」

正如卡夫卡所說，《變形記》是一個可怕的、噁心的故事，講的是年輕的產品推銷員格裡高爾·薩姆沙一天早晨醒來，噩夢般發現：自己變成了一隻巨大的甲蟲。存在的焦慮、異化、悖謬、荒誕和分裂猝然突現：一方面是人與人之間血肉模糊的聯繫，另一方面是巨大的生存壓力，父母和妹妹寄予他無限期盼；市場經濟不相信眼淚，眼下這份工作來之不易，公司經理也抱以厚望；凡此等等，形成極度的心理壓力和生理疲勞，導致了格裡高爾的變形，並由此展開一幅倫理學和人學的逼真畫卷。

第十一章：猶太自傳：菲利斯與「戀詩歌手」

　　就從這天早晨，格裡高爾被生活撕碎。上班時間早過了，從不遲到的他竟始終不見走出臥室。不僅親人感到奇怪，就連公司經理也親自登門催促。大甲蟲格裡高爾·薩姆沙拼命克服了種種不便，打開臥室房門，經理嚇得「哦」一聲一溜煙不見蹤影，母親當場暈厥，父親呢？「他父親緊握拳頭，一副惡狠狠的樣子，仿佛要把格裡高爾打回房間裡去，接著他又猶豫不定地向起坐室掃了一眼，然後把雙手遮住眼睛，哭泣起來，連他那寬闊的胸膛都在起伏不定。」接下來只能是一個噩夢般的慢性死亡過程。不用說，格裡高爾越來越成為全家無法承受的心理負擔和實際負擔。未出嫁的妹妹一開始還能給他一點溫情和關懷，但三個月之後，連妹妹也對他完全失去信心：

　　「他一定得走，」格裡高爾的妹妹喊道，「這是唯一的辦法，父親。你們一定要拋開這個念頭，認為這就是格裡高爾。我們好久以來都這樣相信，這就是我們一切不幸的根源。這怎麼會是格裡高爾呢？如果這是格裡高爾，他早就會明白人是不能跟這樣的動物在一起生活的，他就會自動地走開。」[328]

　　生活的鐵血法則就是此般無情。現在是妹妹出場，替父親充當「生活的代表」，講出關於異化的真理：要想作為人，就必須認同「生活世界」，跟大家一樣活著。無論自覺與否，只要一個人脫離了人群及其法則，就失去了生存的資格。然而，尤其在全球化資本主義－大眾消費時代，「生活世界」的法則如此乖謬，無法相容自然、純真、美好，人性就此異化，沉淪於欲望／恐懼的旋渦，無法自拔。

　　然而——真是辛辣的諷刺——「異化」一詞也可反其道而用之。冒犯法則的個體，從人群中「被異化」出去了，正如此時此刻的大甲蟲格裡高爾。妹妹代表生活把他鎖進他自己的臥室，「現在又該怎麼辦呢？」一片昏暗中他自言自語，卻驀然發現挪不動身體。原來，父親那天扔爛蘋果砸他，結果嵌在背上，周圍已然發炎，還蒙上了柔軟的灰塵，早就不痛了，但終於無法動彈了。

328　《卡夫卡小說選》，第 80 頁。下同。

猶太人質的悲與興：卡夫卡的曠野漂流
第二部：文學與使命

　　他懷著溫柔與愛意想著自己的一家人。他消滅自己的決心比妹妹還強烈呢，只要這件事真能辦得到。他陷在這樣空虛而安謐的沉思中，一直到鐘樓上打響了半夜三點。從窗外的世界透進來的第一道光線又一次地喚醒了他的知覺。接著他的頭無力地頹然垂下，他的鼻孔也呼出了最後一絲搖曳不定的氣息。

　　誰被異化，誰沒異化，當然很重要，但更重要的是，格裡高爾死了。被折騰壞了的親人們選了一個陽光明媚的春日乘電車出遊，舒服地靠在座椅上談起了未來。大家突然發現生活原來如此美好。妹妹心情也越來越快活，以至父母突然發現，幾個月來，她雖然歷經艱辛而臉色蒼白，但已然出落成豐滿美麗的少女了。

　　他們變得沉默起來，而且不自覺地交換了個互相會意的眼光，他們心裡打定主意，快該給她找個好女婿了。仿佛要證實他們新的夢想和美好的打算似的，在旅途終結的時候，他們的女兒第一個跳起來，舒展了幾下她那充滿青春活力的身體。

　　《變形記》裡的妹妹作好了準備就要通過婚姻全面進入「生活世界」，通過以婚姻為代表的倫理-人際關係的網路實現自己的存在，現實生活中的卡夫卡呢？

第十二章：婚戀「法庭」與《審判》

> 我該做的事只能由我一個人來做。對末世該清楚。西方猶太人對此搞不清楚，所以沒有結婚的權利。這裡不存在婚姻，除非對末世不感興趣的人，比如商人。
>
> ——弗蘭茨·卡夫卡

第一節：婚戀中的哈姆雷特

還在寫作《變形記》之際，某天，卡夫卡一下子收到菲利斯兩封信，「兩封信！兩封信！哪個星期能讓我收到兩封信！」興奮之餘，他向菲利斯談起自己「開夜車」的事，並專門引證了中國清代詩人袁枚的《寒夜》：「寒夜讀書忘卻眠，錦衾香燼爐無煙。美人含怒奪燈去，問郎知是幾更天？」[329] 接下來的情書，他三番五次談及此詩意境，討論自己理想的生活方式，幾近中國文人胡適的憧憬：

我經常想，對我來說，最好的生活方式即帶著我的書寫工具和檯燈住在一個大大的、被隔離的地窖的最里間。有人給我送飯，飯只需放在距我房間很遠的地窖最外層的門邊。我身著睡衣，穿過一道道地窖拱頂去取飯的過程就是我唯一的散步。然後，我回到桌邊，慢慢地邊想邊吃，之後又立即開始寫作。那時我將會寫出些什麼來！[330]

然而，照此憧憬，菲利斯怎麼辦？她是東方文化的「美人」、還是西方文化的未婚妻？後來，菲利斯果然興師問罪，與卡夫卡發生嚴重衝突。菲利斯認為這個問題必須首先澄清，卡夫卡則竭力辯解，認為菲利斯言重了。

菲利斯言重了嗎？她是正統西方文化培育的結果。尤其是，作為猶太人，她更需要嚴肅的婚姻。就其主流的猶太-基督教傳統，[331] 西方文化強調婚姻的神聖性。「夫妻二人本為一體」。上帝造人，人理應努力遵循上帝之道。菲利斯在乎者，並非《寒夜》本身，而是卡夫卡內心極端的文學情結，它與

329　1912年11月24日致菲利斯，引自《卡夫卡全集》第9卷。
330　1913年1月14-15日致菲利斯，引自《卡夫卡全集》第9卷。
331　應該認為，猶太-基督教背景已然綜合了希臘背景。

猶太人質的悲與興：卡夫卡的曠野漂流
第二部：文學與使命

正統西方文化相去甚遠。卡夫卡的表述貌似滿懷深情、無限依戀、充滿誘惑。然而，憑藉女性的直覺，菲利斯不會就此輕率交出自己，除非對方作出調整。雙方你來我往，1913 年上半年就此度過，除了連篇累牘的情書，卡夫卡幾乎什麼也沒寫出來，日記也幾乎完全停止。不久，他有些沉不住氣了。恰逢父親過度勞累，母親陪他赴弗蘭岑溫泉療養，妹妹奧塔爾亦生病臥床，卡夫卡被迫全力以赴，暫時照管商號與工廠業務。「生活世界」形勢嚴峻，他終於提筆向菲利斯求婚，這封信從 6 月 10 日寫到 16 日，就其「戀詩歌手」的功力，可謂曠日持久，足見內心鬥爭之激烈。

　　菲利斯沒有給出肯定的答覆。說來也是，卡夫卡的求婚信居然請她慎重考慮：這位向他求婚的男子，「多病、孤弱、內向、傷感、呆板、無望，唯一可資肯定之處或許是：他愛你」。卡夫卡希望菲利斯作好心理準備，因為他已然「完全喪失人際交往能力」。接下來的信再三強調此點，聲明自己連至愛親朋也無法忍受，害怕人群，恐懼性生活，近乎不食人間煙火：

　　　　[母親] 只從這這兒聽說我想結婚。其他的她一概不知，因為從我這兒是一個字也弄不出來的。我跟誰都不能說，與我父母尤其不能。我雖由他們所生，但他們的樣子卻仿佛引起我的恐懼。昨天在昏暗中，我們大家，父母、妹妹們和我偶然被迫在一條骯髒的鄉間小路步行了一個小時。母親雖然費了好大勁兒，還是顯得很笨拙，把靴子、肯定還有襪子和裙子都弄髒了。但她自己卻想像著沒有料想的那麼髒。回到家後……她要我看她的靴子，說它們其實根本不那麼髒。請相信我，但我卻根本無法朝下看，只是由於反感而或許不是對於骯髒 [相反是對母親] 的反感。相反，昨天整個下午，我對父親產生了些許好感，或者說對他讚賞，他能夠忍受這一切，即母親、我以及妹妹在鄉下的家庭。那裡的別墅雜亂無章，棉花在盤子邊，床上所有的東西都噁心地攪在一起。一張床上躺著二妹，因為她嗓子有點發炎。她丈夫坐在她身邊，半開玩笑半認真的稱她為「我的金子」「我的一切」。小男子在房間中央，當別人跟他玩耍的時候，他忍不住就在地上大便，兩個女僕擠過來收拾，母親忙來忙去。麵包上的鵝肝油不停地順著手指往下滴。我在作解釋，是麼？我無法忍受這種場面，從事實中而不是從自身去尋找原因，於是陷入完全錯誤之中。整個場面令人討厭的程度比我在這兒和以前描寫的少一千倍，

但我對這一切的反感卻比所能描述的強烈一千倍。不是因為他們是親戚，而只因為他們是人，使我無法與他們在同一房間中待下去，……我無法與他人在一起生活，我絕對憎恨我的所有親屬，並非他們可能是壞人，並非因為我認為他們包藏禍心（並非像你所說徹底消除「可怕的羞怯」[就行]），而單單只是為了他們是人，生活得太近。我恰恰無法容忍與人們共同生活。的確，我甚至無力把這視為不幸。在毫無相干的情況下，所有的人會令我興奮不已。但 [即便如此] 這種快感還沒有大到使我不想在一個荒原、一個森林、一個島嶼，在身體條件具備的情況下，無法形容地更快樂地生活……[332]

既真誠，也可怕，的確如此。無論如何，如果菲利斯接受求婚，就相當於自甘淪落，成為對方的救命稻草，即卡夫卡自謂之「繩索」或「視窗」，供他藉此與世界藕斷絲連、害人害己。卡夫卡這方面呢？可以設想，如果有可能脫離「繩索」或「視窗」而生存，他一定會斷然逃離一切。只是，以他的冰雪聰明，他知道事情不可能是這個樣子。

菲利斯在等待和觀望。「生活世界」運行如常。書信往返之際，卡夫卡開始了新一輪焦慮，並寫下那條著名的日記：「我頭腦中有著龐大的世界，但如何解放我自己並解放它，而又不撕成碎片呢？寧願上千次地撕成碎片，也不能將它阻攔或埋葬在我體內，這是我在這世上生存的目的，我完全清楚這一點。」[333] 這句名言是一幅雙面鏡，絕妙反映內心的掙扎：結婚還是不結？文學還是婚姻？這是一個問題！他骨子裡的「婚姻綜合症」第一次大爆發。一封封火熱的情書寄出去，與此同時，一條條怨毒的日記寫下來，呈現一個現代的哈姆雷特：真實、悖謬、自我嚙齧、懸而未決：

7月1日：「寧願要一種不計後果、不顧一切的孤獨，自己面對自己。」

7月2日：「我也許永遠不會與一個和我在同一個城市裡生活了一年之久的姑娘結婚。」

7月3日：「通過結婚拓寬和提高生存能力。這是說教箴言，但我幾乎早就知道它的意義。」

332　1913年7月10日致菲利斯，引自《卡夫卡全集》第9卷。
333　譯自1913年6月21日日記。

7月21日：

別絕望，而且，對於不絕望這一事實，也別絕望。當一切似乎就要完結，新的力量便會應運而來，而正是這一點意味著，你還活著；如果它們不來，那麼一切就此完結，一了百了⋯⋯

總結了所有支持和反對我自己結婚的論點：

1．無力獨自承受生活，這並不意味著沒有生活的能力⋯⋯但我無力獨自承受：我自己生活中猝然的風雨，我自己人格的需要，時間和衰老的打擊，朦朧的寫作衝動，失眠，瀕臨瘋狂的狀態——我無力獨自承受這一切。我自然會加上「或許」一詞。與 F.[菲利斯] 的結合會給我的生存更多的力量，使之堅持下去。

2．一切事情直令我躊躇不已。幽默小報上那些笑話；我頭腦中關於福樓拜和格里爾帕策的回憶；父母床上為過夜而準備的睡衣；馬克斯[布洛德]的婚姻。昨天妹妹說：「所有結了婚的人（就我們所知）都很幸福，這事兒我真不明白！」這話也讓我躊躇，我又害怕起來。

3．我必須在很大程度上單獨生活，我所取得的一切成績都是單獨生活的結果。

4．我討厭與文學無關的一切事情，交談（即便與文學有關）令我厭煩，串門拜訪令我厭煩，親戚的苦樂令我厭煩得要死。交談使我的一切思考失去重要性和嚴肅性，使它們不再真實。

5．對結合的恐懼，對失落於對方的恐懼。以後，我再不能單獨生活了。

6．在妹妹們面前的我和與他人相處的我，是截然不同的兩個人，這在過去尤其如此。無所畏懼，坦率直爽，強大有力，讓人驚訝，富於感情，——此外只有在我寫作時才是這樣。要是通過我妻子能在任何人面前都表現為這樣一個人，那該多好！然而，那是否要以放棄寫作為代價？那可不行，那可不行！

第十二章：婚戀「法庭」與《審判》

7．如果單獨生活，有朝一日我真有可能擺脫我的職業[而專事寫作]。要是結了婚，那絕無可能。」[334]

7月23日：「和菲利克斯在羅斯托克。談及女人們的性欲爆炸。她們自然的非純潔性。」

8月13日：「也許一切都完了，我昨天的信也許是最後一封了。這肯定會是最好的結果……一年來我們哭泣，我們折磨自己，已經夠了。」

8月13日：「發生了相反的事情。收到了三封信。最後一封信我無法抵禦。我盡我的能力愛著她，然而，在恐懼和自責中，愛被窒息了，被埋葬了……對於兩情相依的幸福，性交是一種懲罰。要讓我有可能承受婚姻，那只能盡可能過禁欲生活，比單身漢還要禁欲。可是她呢？」

8月15日：「在床上痛苦轉側直到凌晨。看到了唯一的出路，那就是跳出窗外……」

如此心態，如此心情，他與關心他婚事的母親發生了口角。他埋怨說，舅舅也關心他的婚事，但全然不理解他內心，與陌生人無異。傷心的母親反唇相譏：「是啊，誰也不理解你，我想我也是陌生人吧，你父親也是。我們都不想為你好。」卡夫卡亦然反唇相譏：「不錯，的確如此，都是陌生人，只有血緣關係，不說明任何問題。」內心深處，他並非不知道母親的好，可他無法消解六親不認的黑色情結：「我將心如古井，與所有的人隔絕。與所有的人為敵，不同任何人講話。」

然而，就在8月15日這同一天，他的日記卻表達了對於結婚的信念：

通過這一點和通過一些其他的自我觀察，我被引往到這樣的看法中去了，在我的變得越來越明顯的堅定性和深信不移之中存在著不少可能性，那就是不管一切而能在婚姻中生存，而且這婚姻甚至會導向一種對我的情緒大有裨益的發展。不管怎麼說，這是一種信念，從某種程度上說，我已經在窗棱上抓住了這個信念。[335]

334　譯自1913年7月21日日記。
335　引自《卡夫卡全集》第9卷。

「窗櫺」暗示著自殺的邊緣。「窗櫺上的信念」意味著絕處逢生。因著這樣的大逆轉，同一天，卡夫卡致信菲利斯父親，正式表態向菲利斯求婚。8月18日，一次長時間散步之際，卡夫卡告之布洛德求婚之事，並透露了內心真實的想法。布洛德當天的日記透露了相關資訊：

> 弗蘭茨談他的婚姻。他求婚了。[他認為是]他的不幸。不成功便成仁。他的依據是完全通過感覺提出的，不加剖析，也不存在剖析的可能性和需求……他談到拉德柯維奇，那裡的婚後婦女性慾爆炸，在孩子們面前，也在懷著胎兒時，籠罩著一切。——他建議徹底與世界隔絕。[336]

第二節：克爾愷郭爾和「婚約殺手」

不管如何被動，決心是下了。求婚信發出去，只等柏林回信了。然而，才等到第六天，柏林回信未到，他先期邂逅了一位「精神鄰居」。此人內心與他一樣孤獨，生活中的孤獨更甚，以至自稱「絕對單數形式」之人。此人被埋沒大半個世紀，在卡夫卡的時代正為人重新發現，他就是克爾愷郭爾。

克爾愷郭爾是生存論-精神分析-宗教神學大師，極度虔誠的基督徒，孤獨的信仰騎士。此外，他還是一位可怕的婚姻殺手。

卡夫卡參與了世人對克爾愷郭爾的發現，但個中隱涵著他的私人邏輯。至少，在「結婚還是不結」的問題上，克爾愷郭爾曾經跟他一樣糾結。

1913年8月21日，法學博士卡夫卡得到了克爾愷郭爾的《審判者之書》[337]，並立即在日記中寫下了這樣的文字：

> 如我所料，除開一些本質差異，他的情況與我十分相似，至少，他和我站在世界的同一邊。他像朋友一樣支持我，為我作證。我草擬了給她[菲利斯]父親的信，若有信心，明日即發。[338]

---

336 布洛德，《卡夫卡傳》，第144頁。
337 Buch des Richters（即 The Book of the Judge, 載 Søren Kierkegaard's Journals & Papers, ed. & tr. by Howard V. Hong, Indiana University Press, 1976.）這是克爾愷郭爾的編年日記體文集，時間跨度自1834年7月8日至1855年8月，深刻審查他那個時代的基督教狀況，包括與他自身信仰狀況的關聯與衝突。
338 譯自1913年8月21日日記。

克爾愷郭爾認為，存在著三種生存狀態：美學狀態，倫理狀態，（宗教）信仰狀態。婚姻正是倫理狀態的典型表現。婚姻乃倫理 - 人際關係的焦點，集中反映了「生活世界」的根本法則。據此，克爾愷郭爾視世俗婚姻為自由之敵，阻礙當事人在信仰方向上的發展。他論證說，婚姻所代表的「生活世界」是一個巨大的磁場，令當事人身不由己，陷身倫理 - 人際關係，無法自拔。正因為如此，世上充滿形形色色的實利主義者，表面上四平八穩、循規蹈矩，骨子裡庸俗瑣碎、空虛盲目，暗地裡投機鑽營、無惡不作。這是人格的謊言，也是人格的牢獄。人性桎梏其中，飽受壓抑、扭曲、異化，無法張揚個體性和主體性。當事人想像力貧乏，激情遭閹割，更談不上信仰的救贖。藉此「同體大罪」，人類一步步走向暗夜，墜入「非在」的深淵。

　　克爾愷郭爾如是說，也如是生存。他把精神的純粹和靈魂的真誠看得至高無上。他呼喚「真正的人」：粉碎人格的謊言，衝決人格的牢獄，棄絕日常生活的巧言令色，擺脫倫理 - 人際關係的羈絆，就像莎士比亞筆下的李爾王，剝棄「借來的文化衣著」，赤身裸體挺立於生活的風暴，向無限的可能性敞開自己。

　　卡夫卡恰逢其時，邂逅了克爾愷郭爾的相關思想。據布洛德報導，他當即產生強烈的共鳴。上述日記兩天後，他與卡夫卡聚會莫爾道河，其間論及「集體感」、「人群」等重大問題：

　　下午同卡夫卡一起。游泳、划船。關於集體感的談話，卡夫卡說，他沒有這類感覺，因為他的力量只夠用於自己。船上的辯論。我在這一點上的轉變。他給我看基克加德 [克爾愷郭爾]、看貝多芬的書信。[339]

　　後面將看到，隨著歲月和生活的展開，卡夫卡將進一步捲入克爾愷郭爾。某些方面，他自認為可能——甚至的確可能——走得更遠。眼下，就婚姻問題而言，他與克爾愷郭爾互為知音。對於「倫理狀態」的人生，尤其婚姻，包括象徵性的訂婚儀式，兩人都心存恐懼，劇烈衝突，盡力反抗。兩人都試圖衝決或逃離，雖然存在著方向與決心的不同。克爾愷郭爾一無反顧，憑藉「絕望的一躍」投入「信仰狀態」。相比之下，卡夫卡格外優柔寡斷、猶豫

---

[339] 布洛德，《卡夫卡傳》，第 108 頁。

猶太人質的悲與興：卡夫卡的曠野漂流
第二部：文學與使命

不決、搖擺不定。作為猶太人，民族基因包含著進入「倫理狀態」的指令。然而，他深受文藝復興以降的世俗人文主義濡染，試圖在「美學（文學）狀態」中尋求救贖。作為猶太人，民族基因深諳真正意義的救贖，那正是克爾愷郭爾所謂的「信仰狀態」，而且，猶太民族的「信仰狀態」，其實完美相容著「倫理狀態」及其集中體現的婚姻。然而，「美學（文學）狀態」的救贖遮蓋了猶太民族的本性，干擾了「信仰狀態」的救贖。只是，總體而言，深邃的猶太根性雖飽受壓抑，卻不可能泯滅，某一天終會復甦。其時，卡夫卡會自覺走向「信仰狀態」，成為克爾愷郭爾真正的「精神鄰居」。此乃後話。

回到8月21日那篇日記。如日記所述，藉著克爾愷郭爾的精神支持，卡夫卡順勢草擬了致菲利斯父親的第二封信，說明自己對文學情有獨鍾，希望收回上一封信提出的求婚。然而，信未寄出，菲利斯父親的回信先已到達，同意他向菲利斯的求婚。無奈之下，卡夫卡將該信轉寄菲利斯，請她轉交她父親。菲利斯建議卡夫卡改變一下信中的若干表述，卡夫卡表示無法改變，並為此援引了格里爾帕策、陀思妥耶夫斯基、克萊斯特、福樓拜等人的相關事蹟。

這樣的局面剪不斷、理還亂。9月，他因公赴維也納出差，工作結束後，取道義大利裡瓦旅遊觀光。他對裡瓦情有獨鍾，此次照例住進一所療養院。大概出於健康原因，卡夫卡喜歡在出差或旅遊途中選擇療養院居留。8年前，在奧地利的楚克曼特爾療養院，他邂逅了一次甜蜜的浪漫，以至第二年很可能故地舊情重溫。種種跡象顯示，無論從哪個角度，對方應該是一位懂得享受而又謀事老練的成熟女性。[340] 此次在裡瓦，他大概遭遇了一場柏拉圖式戀情。對方是一位18歲的基督徒少女，生於瑞士，僑居義大利。大致可以認為，對於卡夫卡，這次戀情甚於第一次豔遇，以至他日後寫成小說《獵人格拉胡斯》暗中紀念。在常規的倫理－人際關係之外，這兩次浪漫愛情，成為卡夫卡人生的重要內容。他後來告訴布洛德：「我基本上同女性沒有過深厚的感情，只有兩次例外。」尤其第二次，他在日記作了特別的描述：「所發生的

340　參見：1915年1月24日日記；1916年7月6日日記；布洛德《卡夫卡傳》第115頁；阿爾特《卡夫卡傳》第111、114頁。並參下文。

一切都在抵制我把它們寫下來的想法。如果我知道這是她的要求在起作用（她不許我提到她，而我忠誠地、幾乎毫不費力地恪守著她的要求），我便會感到滿足，但事情並非如此，而是由於我的無能。」[341] 卡夫卡感到這場愛情太美好，即便少女允許，他也無法描述，只能感歎：

> 太遲了。悲傷的甜美和愛情的甜美。在船上她對我微笑。那是生命之美的極致。幾乎只剩下一死之願，而又尚未放棄；只有這才是愛情。[342]

這場「遠方的戀情」，既可視為隨機事件，也洩露了深刻的必然，包括內心對婚姻的極度衝突。事實上，講述那場戀情之前，他已然焦慮自己的婚事，坦言「對一次蜜月旅行的想像令我驚恐萬狀」。這段時期，出於大致相同的心理，他甚至「有意穿過有妓女往來的街道」，他在日記中寫道，「從她們身邊走過令我感到誘惑，與一位妓女同行，這種可能性雖然遙遠，但畢竟存在。這是下流？然而，我不知道比這更好的事情了，這對我基本上是純潔的事情，幾乎不會讓我後悔。我只想要碩壯豐滿的、年紀較大的女子，穿著不要時髦，然而加以各種裝飾，並因而表現出某種華麗。一位女子大概看出了我的心思……除了我，沒有人會從她身上發現誘人的地方。我們相互間匆匆看了幾眼。天不早了……那條小街對面，她開始守候。我向她回望了兩次，她也接過了我的目光，可我隨之還是很快離她而去了。」

自 9 月中旬的裡瓦戀情，直到 10 月底，卡夫卡足足有 6 周未給菲利斯寫信。菲利斯委託新識女友格蕾特從中斡旋。這位元女友因業務需要，不時往來於柏林和布拉格。結果，卡夫卡優柔寡斷、懸而未決的鐘擺又擺

格蕾特・布洛赫(菲利斯女友)

341　譯自 1913 年 10 月 20 日日記。
342　譯自 1913 年 10 月 22 日日記。

猶太人質的悲與興：卡夫卡的曠野漂流
第二部：文學與使命

回來。他恢復了與菲利斯的通信，並放棄了對那位基督徒少女的保密承諾，向菲利斯報告了他在那兒的戀情，努力進行了自我分析：

> 我認為，在這裡應該頗為真誠地與你說些我從未告訴過任何人的事情。在療養時，我曾愛過一個姑娘，一個孩子，大約十八歲，瑞士人，但生活在義大利的熱那亞附近。她的氣質對我說來十分陌生，很不成熟，卻引人注目。儘管我在病中，但那段戀情卻很珍貴，也很深沉。當時，我正感到空虛無望。即使一位微不足道的姑娘也可以征服我的心 [……後來] 我和她都清楚，我們倆並不般配。在短短的十天時間裡，我們必須結束這一切，甚至連一封信、一行字都沒有留下。然而我們還是都感受到了對方的重要。我不得不想盡辦法，以免她在分別時當著眾人號啕大哭。我自己的情形也差不多。隨著我的離去，一切都告結束。儘管這件事看上去很荒唐，卻也使我更加看清了自己對你的感情。那個義大利女孩也知道你，而且明白我所努力追求的實際上並非別人，只是能與你結合。後來我到了布拉格，與你失去聯繫，並且也日益失去了勇氣。[343]

「去年夏天我同菲利斯決裂了，那是因為我過多地考慮了自己的文學創作，……我那時一直認為，結婚會損害我的文學創作。」卡夫卡在日記中如此檢討生活的失落。現在他決定重新向菲利斯求婚，甚至在日記中探討求婚不成便跳樓自殺的可能：「我就將信放到桌上，走向陽臺，……F.[菲利斯]是我例外為之表明心跡的女子，沒有她我無法生活，我只有跳下去。」與此同時，卡夫卡數次赴柏林會晤菲利斯。他告訴菲利斯，如果她不接受他的求婚，他就留在柏林當記者或自由作家。

經過又一輪複雜的磨合，1914年4月13日，兩人在柏林非正式再次訂婚。卡夫卡父母喜出望外，母親當即致信菲利斯，在信中已然以母女關係相待。接下來就是緊鑼密鼓的一系列相關事宜。5月1日，菲利斯來布拉格，跟卡夫卡一道找房子。5月26日，卡夫卡的母親偕妹妹奧塔爾赴柏林，晤見菲利斯及其家人。5月30日，卡夫卡父親擱下百忙業務，親自陪同卡夫卡前往柏林，參加第二天的正式訂婚儀式。

343　1913年11月29日致菲利斯，引自《卡夫卡全集》第9卷，第468-469頁。

第十二章：婚戀「法庭」與《審判》

表面上看來，一切都在往正常發展。然而，此間為數不多幾條卡夫卡日記，依然彌漫著不祥的氣息。卡夫卡的刻薄與「怨毒」一如既往：

5月6日：「看來雙親已經為F.[菲利斯]和我找到了一所美好的住宅，我毫無收益地將整整一個下午東遊西蕩掉了。他們是不是在一種由他們悉心照料的幸福生活之後還會將我放進墳墓。」

5月27日：「母親與妹妹在柏林。晚上我將與父親獨自呆在一起。我相信，他害怕上樓來。我應該和他玩牌嗎？（我覺得這「K」[也是卡夫卡的「卡」]難看，他們幾乎令我作嘔，我卻要寫寫他們，他們很能反映我的性格特徵呢。）當我觸摸F.[菲利斯]的時候，父親會怎樣表示呢？」

5月29日：「早晨去柏林。那是一個我所感覺到的神經質的、或者是真正的、可靠的混合體？」

6月6日：「從柏林回，束縛得像一個罪犯……所有的人都盡力地將我引向生活，可是這並沒有達到容忍我這樣的人的目的。至少F.[菲利斯]是所有人當中的一個，當然完全有正當的權利，何況她遭受了極大的痛苦。對別人來說只是現象，對她來說卻是威脅。」

6月19日：「奧塔爾和我，我們多麼憤怒地反對人與人之間的關係啊。雙親的墳墓，裡也埋葬著兒子。」

與此同時，卡夫卡與菲利斯的通信再次落入冰期。奇怪的是，他與格蕾特的通信依舊熱烈。自1911年11月相識以來，他與格蕾特迅速建立了信任。雙方所涉甚深。格蕾特履行了朋友的義務，為卡夫卡與菲利斯恢復關係作了貢獻。然而，義務之餘，她不時情不自禁，擅自披露菲利斯的健康和家庭隱私。卡夫卡這邊，則不斷發出曖昧的信號，暗示自己罹患婚姻恐懼症，而格蕾特的貂皮大衣則讓他受了刺激云云，甚至要格蕾特「別打電話──盯著眼睛看」！直到1914年7月3日，卡夫卡31歲生日，格蕾特致信卡夫卡直言相告：她的本意是希望他和菲利斯幸福，但他卻讓她感到「擔當不起的責任」。

事實上，幾天前，格蕾特業已向菲利斯出示了卡夫卡來信的相關內容。

223

猶太人質的悲與興：卡夫卡的曠野漂流
第二部：文學與使命

一場大震盪即將來臨，而卡夫卡毫無察覺。他正在計畫又一次獨自休假出遊。此間，菲利斯來信，請他途經柏林時稍駐面談。這一下，敏感的卡夫卡嗅到了什麼氣息，遂於7月10日動身前夜致奧塔爾，自陳內心深深的焦慮。7月11日深夜，卡夫卡乘火車抵柏林。翌日上午11點，在他下榻的阿斯卡尼飯店，菲利斯如約前來，但帶來了格蕾特、姐姐艾爾娜和一位作家朋友，手提袋裡還裝著卡夫卡致格蕾特的相關信件！於是，這場會晤自然被卡夫卡體驗成「法庭」。[344] 一應「訴訟」之後，菲利斯宣佈了最終的「判決」：建議出於雙方各自利益而解除婚約。

遭此不可逆轉的變故，卡夫卡多半甚感不堪面對。然而，就在第二天，他邂逅作家恩斯特·韋斯，後者瞭解情況後，力勸他果斷放棄。卡夫卡當即隨韋斯赴丹麥東部海濱浴場瑪麗利斯特，在那兒度假兩周。其間，他給父母寫了一封長信，檢討人生，總結教訓，交待下一步的打算，並且，近乎空前絕後——除開5年後那封《致父親的信》——講了不少「真心話」：

因為我知道，如果像以往這樣繼續生活下去，整個這件事妨礙你們的幸福和我的幸福（實際上我們的幸福是一致的），所以我對柏林 [菲利斯] 的了斷深陷難以自已的欠疚。你們知道，我大概從來沒有給你們帶來過真正巨大的痛苦，但這次解除婚約很可能就是這樣的痛苦，而我此刻身在遠方難以作出估價。然而，我更沒有給你們帶來過真正持久的快樂，因為，請相信我，我基本從未能夠給自己創造過持久的快樂。為什麼會是這樣，父親你最容易悟出個中道緣由，因為你正是我自小模仿的偶像，儘管你不贊成這一點。你有時對我講述，你當初的境遇是多麼的糟糕。你不認為這是一種培養自尊心和滿足感的良好教育嗎？你不認為我過去的境遇太優越嗎？何況你自己也說過這樣的話。迄今為止，我是在缺乏自主、格外舒適的環境中成長起來的。你不認為這個環境對我的個性磨煉不夠嗎……我比自己的外表更加年輕。缺乏自主的唯一好處在於常葆青春。擔是，只有當結束依賴的時候，才會獲得新生。

然而，我在辦公室裡永遠得不到新生……

344　參見卡夫卡1914年7月23日日記。

我的計劃設想是：我有五千法郎，這筆錢足夠我在德國的柏林或慕尼黑生活兩年，即使沒有任何金錢收入也無妨。這兩年時間可以用於文學創作，使我幹出一番事業⋯⋯我的文學創作，則可以使我在兩年之後用自己的收入生活⋯⋯你們會反對我的想法，認為我錯誤地估計了自己的能力⋯⋯我已經31歲，這樣的年紀已不可能做此錯估⋯⋯還有一點可供商榷：我現在已經寫過一點東西，儘管為數很少，而這點東西已經受到相當程度的認可⋯⋯

　　就我的立場而言，對此似已看得很透徹。我現在迫切希望知道你們的想法。⋯⋯[345]

第三節：創作新高潮和神秘的《審判》

　　上面這封致父母的信，有一句話特別值得注意：「你是我自小模仿的偶像。」此刻，無論此話多大程度出於真心，都反映了相當的實情。卡夫卡身上的確秉有父親赫曼的頑強生命力，只不過，他不像父親那樣把這生命力投向外部世界，而是轉向內心，轉向「他的－文學存在」，從這方面說，這份巨大的能量的確是他從父親身上繼承的財富。而柏林「審判」再一次啟動了這份能量，加速了他走向自由作家的進程。

　　卡夫卡打下如意算盤。然而，命運神秘，永遠出人意料。1914年7月28日，距上面那封致父母的信大約三天，第一次世界大戰就在祖國奧地利點燃。他赴柏林當自由作家的計畫遂成泡影。布拉格——這「帶爪子的小母親」——始終是勝者，把他抓住不放。軍隊征走了兩位妹夫，他自己因身體虛弱得以倖免。大妹埃莉帶著兩個孩子回了娘家。父母照顧商店、工廠都忙不過來。自小，他一直抱怨父母的家庭無法忍受，卻一直離不開。眼下，因為一戰，他終於生平第一次離開父母之家，至少暫時名符其實，過起了單身漢日子。他東搬西遷，試圖租到一間不為雜訊所苦的房子，以保證靜心寫作。戰爭導致人手短缺，因而，眼下他必須每天下午赴自家的木棉廠協助管理。雖然戰爭乃非常時期，他的日記還是暴露了習慣性的焦慮：「我在我身上發

---

[345] 1914年7月致父母，引自《卡夫卡全集》第8卷，第20-22頁。

猶太人質的悲與興：卡夫卡的曠野漂流
第二部：文學與使命

現的無非是狹隘、優柔寡斷，對好戰者的嫉妒、仇恨，我以不可抑制的熱情願這些人得到所有壞的報應」。

不過，他現在不用無休無止寫信、收信、寫信了。要知道，多半由於這些情書，一年半之久，他幾乎什麼都沒寫成。人們拿起武器走向戰場流血犧牲，與此同時，卡夫卡也拿起了自己特殊的武器，走向另一種性質完全不同的戰爭。「描寫我夢幻般的內心世界——這個念頭高於一切，其餘均屬次要。……唯有描寫夢幻般的內心世界才能使我滿意。」卡夫卡進入了寫作狀態：「事實業已證明，我適合過這種獨身生活，單調、規律、空虛、令人神經錯亂。可以重新開始自我對話，再也不用盯著天空發呆。只有這樣，才會迎來轉機。」

戰爭是超級規模的「人群事件」，本質上屬於超級規模的「倫理-人際關係」。就此而言，卡夫卡不會有什麼興趣和好感。然而，戰爭和「審判」一樣，為他提供了豐富的契機，思考和聯想人類及個體的命運：「我的腦子與戰爭糾纏不清，我的思想折磨我，千方百計，無情吞噬我。過去菲利斯讓我苦惱，現在是戰爭。」在孤獨中，他渴望自我解救。頂著各種煩惱，忍著失眠、頭痛等神經症，卡夫卡開始沒日沒夜寫作，進入了自《美國》、《判決》和《變形記》之後的第二次創作高潮。

一戰正式爆發第二天，7月29日，卡夫卡日記中出現了一個虛擬的名字約瑟夫·K，他就是後來《審判》——又譯《訴訟》——的主角。到10月初，這部書最初幾章業已完成。與此同時，8月裡，卡夫卡在日記中寫下高度寫實主義的小說片斷《回憶卡爾達鐵路》。小說背景是俄國偏遠內地，大概是遠東，一條鐵路因資金匱乏而被迫停工。主人公出於「各種與此無關的原因」，自我忘卻於荒僻而惡劣的自然環境，孤獨而津津有味，與寒冷、老鼠和疾病打交道，不時被迫面對粗鄙的人際關係。然而，主人公越是顯得若無其事，讀者就越有噩夢般的感受。10月初，他寫出《美國》末章的片斷，他曾經擔心永遠無法完成這部長篇小說，現在終於有了一個結果。

11月底，卡夫卡完成代表作之一《在流放地》。這部短篇小說採用技術性的精細筆法，「冷靜」刻畫一架司法刑具及其運作。這是一架死刑機器，

在目標上追求「公正」，在技術上集「刑」與「訊」為一體。「刑訊」過程中，機器上的耙子刺入受刑者背部，以複雜的技術方式運行，一邊書寫其罪行，一邊執行死刑，整個過程可延續 12 小時。據稱，通常到第六個小時，連最弱智的受刑者也會茅塞頓開，「撅起了嘴仿佛是在諦聽」，最終明瞭自己的罪行，與此同時，耙子「已經幾乎把他刺穿了」。顯然，這是一架精神分裂的謀殺機器，科學而悖謬，冷靜而瘋狂。掌管機器的軍官狂熱擁戴這部機器。面對局外人一系列質疑，他口稱「時候到了」，親自躺進了機器，試圖以身說法來消除質疑。然而關鍵時刻，機器解體，未按程式在其背部精確刺出「要公正」的字樣，而是誤殺了軍官。死後的軍官，「面容一如生前；也沒有什麼所謂罪惡得到赦免的痕跡。別人從機器中所得到的，軍官可沒有得到。他的嘴唇緊閉，眼睛大睜，神情與生前一模一樣，他的臉色是鎮定而自信的」。可是——卡夫卡特別指出——「一根大鐵釘的尖端穿進了他的前額」。[346]

《訴訟》的頭幾頁和最後幾頁的手跡

　　跟卡夫卡其他作品一樣，《在流放地》也是典型的復調藝術。它是對戰爭的批判，不僅針對當時的一戰，也指向所有戰爭，更檢討法律、社會、文明和人性本身——它們是局部瘋狂的荒謬背景。

　　看來，任何事情總有兩面，就像眼下的戰爭之於卡夫卡。戰爭確屬不幸，但也暴露人性，觸發靈感。對於極度敏感的卡夫卡，事情更是如此。隨著戰

346　《卡夫卡小說選》，第 139 頁。

猶太人質的悲與興：卡夫卡的曠野漂流
第二部：文學與使命

火的蔓延，卡夫卡的文學創作也一路挺進。1915年初，他基本寫完《審判》，成為第二次創作高潮的一座里程碑。

　　銀行高級職員約瑟夫·K的30歲生日到了。不幸，就在生日早晨，他突然以「莫名之罪」被捕。一個神秘法庭實施了「不由分說」的逮捕，把他置於「懸而未決」悖論境地。例如，某天突然有電話通知他參加初審，卻不告之時間、地點；或者，初審之後，再審的通知始終等不來，終於等來了，卻因K遲到一會兒，法庭就聲稱不再負有審訊的義務。K無法忍受這種「莫名之罪」和「懸而未決」。更準確地說，他無法承受這種「不由分說的懸而未決」或「懸而未決的不由分說」。他起而反抗法庭的非理性權威，要澄清問題，並為此動用了一些人際關係，包括幾位女人。最終，在貧民區一幢樓房頂層，他找到了法庭，只是，它並非那個神秘法庭本身，只是其所轄的一個初級法庭。神秘法庭始終神秘。

1916年的卡夫卡，此時正值寫作《訴訟》期間。

　　在那個初級法庭裡，K發表了尖銳的長篇演說，劍指審判的合法性，其立場恰如與法庭對稱：「只有在我承認它是一次審訊的情況下，它才稱得上是審訊。」結尾處他慷慨陳詞：「在這個法庭的一切活動背後……存在著一個龐大的機構。這個機構不僅雇用了受賄的看守、愚蠢的監督和最大優點就是稀裡糊塗的預審法官，而且還擁有一批高級的和最高級的法官，這些人還有無數不可缺少的工作人員，包括聽差、文書、員警和其他許多助手，也許甚至還有劊子手，……為什麼要有這個龐大的機構呢？它的存在不外乎把無辜的人逮捕起來，對他們進行莫名其妙的審訊，大多數情況下……毫無結果。正因為整個都是這樣毫無意義，那又怎麼能夠避免官員中的貪污受賄、營私舞弊的現象呢……」

不難想像，面對荒誕的神秘法庭，如此演說純粹浪費表情。Ｋ豁然猛省，斷然離去。然而，可笑又可悲的是，初審之後，再審的通知久等未至，Ｋ竟然主動前往查看。此一荒誕舉止非同小可，提出一個普遍意義的哲學拷問：法庭的荒誕會傳染被告？或者，被告自身，其實與法庭一樣，亦然荒誕？更有可能，無論法庭還是被告，都罹患「強迫／焦慮」病症？受控於眾生如一的「欲望／恐懼綜合體」？回到小說的情結，這一次，主動前往法庭的Ｋ赫然發現，法庭作為依據的法律著作竟是些色情小說。審判庭外面的長廊，眾多被告坐等開庭，其佇列一眼望不到頭，令人窒息。後來，一位知情藝術家告訴他，幾乎每一幢樓房的頂層，都有法庭的辦事機構，被告早晚必遭判決，難有倖免。藝術家透露的情況，恰好印證了Ｋ上次的庭審演說：所謂神秘法庭，其實是一個無形的超級運作機構。引申開來，如此機構，無非代表著「生活世界」，象徵著人性與社會的同體大罪。當然，就眼下的一戰而言，上述法庭的訴訟，也隱喻政治利益的角逐，影射戰爭的內在機理。

在荒誕的鬥爭過程中，Ｋ一度因業務需要前往一座總教堂，不意邂逅一位年輕神父，自稱法庭監獄方面的神父，而且事先安排了這次見面。神父告訴Ｋ，他的案子情況不妙，因為他被認為有罪。Ｋ就此回應：「不對！一個人怎麼會有罪？大家都是人，所有人不都一樣嗎！」[347] 此一回應語義微妙，暗示眾生如一同體大罪，不存在單獨一個人的犯罪。神父則針鋒相對，同樣語義微妙：「這話不錯，可罪人都這樣說。」神父聲明自己對Ｋ並無陳見，只想提醒Ｋ，他的案子大概會曠日持久，在初級法庭上糾纏不清，而判決將以懸而不決的方式逐漸進行。神父認為他應該看到自己的問題：他過多利用外界尤其女人的幫助，它們並非真正的幫助。Ｋ自我辯解，並提醒神父是否意識到法庭本身有問題。神父突然從教堂的講壇上厲聲嚷叫：「你的目光難道不能放遠一點嗎？」

這是憤怒的喊聲，同時又像是一個人看到別人摔倒，嚇得魂不附體時脫口而出的尖叫。[348]

347　it's a mistake. How can a person be guilty anyway? We're all human, every single one of us. 參見 Franz Kafka, The Trial, tr. by Mike Mitchel, Oxford, 2009, p.152.
348　卡夫卡：《審判》，錢滿素譯，湖南人民出版社，1982年，第13頁。

猶太人質的悲與興：卡夫卡的曠野漂流
第二部：文學與使命

一陣沉默之後，神父應 K 的願望，而且也許還懷著歉意，走下講壇。交談中，他向 K 講述了著名的故事「在法的門前」。神父大概想通過這個故事告訴 K，那個神秘無形的法庭並不會向他提什麼要求。

如果你來了，法院就接待你；如果你要走，法院就允許你離去。[349]

神父是誰？這句神秘的隱語是什麼意思？要知道，此語幾乎包含著無限的闡釋空間。法庭是罪愆的對立面，而罪愆又取決於當事人是否願意面對法庭。如果像剛才所說，法庭就是「生活世界」的象徵，那麼，「罪」就意味著當事人與「生活世界」的疏離或「異化」。沿此邏輯，神父的話就成為一種解放的暗示：當事人是否有罪，完全取決於他怎樣面對「生活世界」。例如，當事人可以自覺選擇成為克爾愷郭爾所謂的「資產階級實利主義者」，並以此自滿，那麼，他身上任何背離「生活世界」的言行都是罪。[350] 然而，當事人也可以像克爾愷郭爾，自覺選擇反叛之路，其時，法庭的糾纏不復存在，相反，法庭本身反倒成為質疑、否定、審判的對象。

誰審判誰？這是一個問題。無罪的人審判有罪的人？——有無相反的可能？忠貞者審判不忠者或失貞者？——有無相反的可能？父親審判兒子？——有無相反的可能？「生活世界」審判「現象世界」？——有無相反的可能？「異化」的人審判「變形」的人？——有無相反的可能？大眾社會審判它的叛逆者？——有無相反的可能？多數人審判少數人？——有無相反的可能？基督教徒審判猶太教徒？——有無相反的可能？人群審判個人？——有無相反的可能？結婚的人審判單身漢？——有無相反的可能？幸福的家庭審判不幸的家庭？——有無相反的可能？「正常人格」審判「反常人格」？——有無相反的可能？精神病院審判精神病人？——有無相反的可能？……

349　《卡夫卡小說選》，第 494 頁。
350　在精神分析看來則屬精神分裂。或如一句箴言所指：「若是你看到了他的罪，那罪便是你的了。」見《From the Death I Come——林赫然箴言錄》，載《青年作家》2006 年第 5 期。也可參我的《家園尋蹤》第 232 頁。

的確，誰審判誰的問題，從人生到作品，一直糾纏著卡夫卡，成為他的情結，讓他成為「權力問題專家」，眼下則藉由神秘的神父暗示出來，令人驀然震驚。

還是那個問題：神父是誰？是朋友或敵人？智者或先知？是精神的父親，抑或「現象世界」的代表？他象徵著基督教的上帝？甚至，有沒有可能，他也暗示著猶太人的上帝？

神父也可能是另一個卡夫卡，所以如此清楚卡夫卡的人生策略，並洞悉其可能的問題。神父忠告 K，他利用外界和女人的幫助太多了。神父說，判決不會斷然下達，相反，將是一場曠日持久的懸而未決──這是卡夫卡的專利。甚至，神父那聲脫口而出的尖叫，其神經質，其關切，除了卡夫卡，誰還能喊得出來？

布洛德堅持強調卡夫卡作品的宗教涵義。據此，神父也可引向「原罪」概念。如本書第七章所見，在「原罪」問題上，一如在「權力」問題上，卡夫卡亦然「專家」。法與罪對稱。「不由分說」之罪，完全可理解為與生俱來的原罪。這就推導出律法與原罪的對稱。或許存在著最高的悖論：面對神秘無形的法庭，當事人盡可選擇反抗，但原罪永遠無法贖償。正因為如此，當事人「雖死而羞恥心猶存」。據此，K 的不幸可視為原罪的結果。不過，值得強調的是，在《審判》中，那位神秘神父應著 K 的願望，也許心懷歉意，走下了教堂的講壇。然而，誠如布洛德所說，卡夫卡文學是「猶太文學」，其宗教涵義主要特指猶太教。[351] 猶太生存處境（sein：猶太人的-存在）關聯著猶太的上帝。以此為背景，《審判》中「不由分說」的「莫名之罪」，可視為「猶太之罪」的象徵。整個《審判》，既可視為「猶太之罪」的陳述，也可視為「猶太之罪」的體認：一場獨有的、卡夫卡式的「認罪」。

卡夫卡藝術深邃而精確，同時，又包含近乎無限的複雜性。就此形成世所罕見的復調藝術，敞開著闡釋的空間。神父的神秘暗示，如果願意，也能聽出難知其詳的森然，提醒法庭的「霸道」，喚起生命的警覺。猶太人深諳此點，對於他們，世界血肉模糊，生死叵測，令他們格外珍惜拜神所賜的此

351　參見布洛德「《城堡》第一版後記」，載《城堡·變形記》第 338 頁以下。

猶太人質的悲與興：卡夫卡的曠野漂流
第二部：文學與使命

生。《判決》和《變形記》已然展示過類似的邏輯。誰審判誰，誰異化誰沒異化，云云，這樣一類問題固然重要，但並非重要之最。真正震撼人心的是：格奧爾格和格裡高爾死了！真正不勝悲哀的是：眼下，懸而不決的《審判》終於走到了盡頭：判決的來臨不由分說。你要來，你要走，都隨你的便，那是你自己的事情，然而，法庭自有壓倒一切的權威和規則。

「K 31 歲生日的前夕」，31 歲的卡夫卡寫道，「兩個男人來到他的住所」，他們就像秘密特工，趁著夜色，帶 K 穿越城市，抵達遠郊荒涼的採石場。銀色的月光下，又長又薄、兩面開刃的屠刀寒光閃爍。K 躺在一塊斷裂的石頭上等待死刑。最後一刻，生命的意義靈光乍現，前所未有，在月光下，比屠刀更加奪人心魄，美麗而沉重，令人全然不堪回首：一切的一切，已然明白得太遲！

他的目光落在採石場邊上的那幢房子的最高一層上。好像有燈光在閃動，一扇窗子突然打開了，有一個人模模糊糊地出現在那麼遠、那麼高的地方，猛然探出身來，雙臂遠遠伸出窗外。那是誰？是個朋友？是個好人？是個同情者？是個樂意助人者？是單獨一個人呢？還是所有的人全在？還會有人來幫忙嗎？是不是以前被遺忘的論點又有人提了出來？當然，這樣的論點肯定有。邏輯雖然是不可動搖的，可是它無法抗拒一個希望繼續活下去的人。他從來沒有看到過的法官究竟在哪裡？他從來沒有進去過的高級法院又究竟在哪裡？他張開手指，舉起雙手。

但是，其中一位先生的雙手已經扼住 K 的咽喉，另外一個便把屠刀深深地戳進 K 的心臟……他們臉頰貼著臉頰，在觀看著這最後的一幕。「像一條狗似的！」K 說，好像他人雖然死了，而這種恥辱卻依然存在於人間。[352]

面對卡夫卡藝術，我們深為感動，常常歎為觀止。可以肯定的是，《審判》中也有父親的影子，當然還有菲利斯的影子。3 年後，卡夫卡回憶說，全書最後一句話，對應著自己在父親面前「無限的內疚」。[353] 因而，他一定在悲悼自己的一生，自呱呱墜地便痛遭剝奪。內疚就是罪，它與法庭與權力有關，

352　《卡夫卡小說選》，第 499 頁。
353　《卡夫卡小說選》，第 535 頁。

也與神父和懺悔有關。卡夫卡一定還想到了 1914 年 7 月 12 日的柏林，阿斯卡尼飯店。那場審判和判決帶給他無盡的恥辱。或許，他還想到了自己對菲利斯及其家庭所造成的傷害，那也意味著另一種「無限的內疚」。

猶太人質的悲與興:卡夫卡的曠野漂流
第三部:人的盡頭

第三部：人的盡頭

　　所有這些所謂的疾病，看上去悲哀，其實事關信仰，乃危難之際的心靈抵達了母親般的土地……

——弗蘭茨·卡夫卡

第十三章：第二次訂婚和《鄉村醫生》的「傷口」

> 世界（F. [菲利斯] 是它的代表）和我的自我在難分難解的爭執中撕碎我的軀體。
>
> ——弗蘭茨·卡夫卡

第一節：決斷與撕裂

事實上，《審判》寫作之際，卡夫卡的確感到了對菲利斯的內疚。

1914 年 10 月 15 日，格蕾特致信卡夫卡，告之存在著與菲利斯重修舊好的可能。眼下，卡夫卡不清楚是否還愛菲利斯，「但無論如何，無限的誘惑再度出現」。他再次陷入對菲利斯的想像。這也難怪：「陷身辦公室，面對每況愈下的工作，我總是六神無主，不知所措。我最堅強的支撐，乃是以奇特的方式思念菲利斯。」

10 底，卡夫卡致信菲利斯，展開無情的自我分析，亦指明重修舊好的悖謬處境。這番話深情大義，鞭劈入裡，自我撻伐，低黯沉痛，催人淚下。面對菲利斯，這番話堪稱自我審查的經典；對於自身，也是入木三分的「蓋棺論定」。三年後，卡夫卡患肺結核，與菲利斯揮淚訣別，所說的話與現在相去無幾。眼下他寫道：

> 我說你不能理解我的處境，其實是說明我不知道你到底應該怎麼做，如果我知道，我不會不告訴你的。我總在不斷嘗試著向你解釋我的處境，你其實也理解了。但卻不能在活生生的現實中去面對它。無論過去還是現在，我心中一直有兩個人，在相互鬥爭。一個幾乎與你希望的一樣，他所缺少的，用心滿足你願望的東西，可以通過以後的發展去彌補，你在阿斯卡尼旅店的責難沒有一條是涉及他的。而另外一個則一心只想著寫作，寫作是他唯一關心的事，為了寫作，他可以去做最無恥的事，假如他最好的朋友去世了，他最先想到的竟是他的寫作會因此受到阻礙，即使這只是一瞬間的想法，也可被稱為是很無恥的行為，而作為彌補這種無恥行為的，則是他為了寫作也能夠忍受痛苦。這兩個人在鬥爭，前者依賴於後者，因為內部的原因，他永遠

沒有能力打垮對方，而實際上，他會為對方的高興而高興，一旦對方露出失敗的跡象，他就會跪倒在他對手面前，除了他不想再看到任何東西。就是這樣，菲利斯。他們是在鬥爭，你也可以同時擁有他們倆，只是你無法改變他們，除非將他們毀壞。」[354]

卡夫卡坦誠指出，菲利斯跟他一樣，也擺不脫「存在的恐懼」。差別在於，他選擇面對，而菲利斯試圖逃避，試圖追求「絕對的安全感」，與芸芸眾生無異。他進而委婉忠告：世上沒有絕對的安全感。「存在的恐懼」無法逃避，只有面對。

不管怎樣，卡夫卡重新逐漸靠近菲利斯。此間，12月5日，菲利斯姐姐艾爾娜來信告之，她們的父親突發心臟病去世，她們的家境一下子艱難起來。這加深了卡夫卡的內疚：「是我讓F.[菲利斯]不幸；她們眼下需要抵抗悲劇，而我削弱了她們亟需的力量；我對她們父親的死起了負面作用；是我離間了F.和E.[艾爾娜]，最後也造成了E.的不幸。」

1915年1月23-24日，解除婚約半年之後，卡夫卡與菲利斯重新會面了。卡夫卡立即發現，如果僅僅按照這次會面的樣子，兩人之間會有很長的路要走。「我們都發現對方沒有什麼改變；而且，我們都暗中認定對方不可動搖、無法改變，也毫無憐憫之心。我要過一種理想的生活，它專為寫作而設計，對此我不會讓步。這一無聲的要求她不予理會。她熱心通常的事情：舒適的住房，業務經營，豐盛的飯菜；有暖氣的房間，晚上11點就上床睡覺……」，云云。但是，卡夫卡「既不敢對她說，也不敢在關鍵的時刻對自己說」。菲利斯尚能感慨：「我們一起待在這裡多棒呵！」卡夫卡卻置若罔聞。相反，他認為菲利斯讓他無法自由呼吸，沒有片刻的好時光。他以兩位戀情女子來比較菲利斯，得出這樣的結論：「愛一個女人應該感覺到甜蜜——如我在楚克曼特爾和裡瓦；但是，除了在信中，我對F.從未有這樣的感覺，有的只是無限的欽佩、恭順、同情、絕望和自卑。」[355] 自這次會面起，卡夫卡看菲利

354　1914年10月底或11月初致菲利斯，引自《卡夫卡全集》第9卷。
355　譯自1915年1月24日日記。

猶太人質的悲與興：卡夫卡的曠野漂流
第三部：人的盡頭

斯的眼光發生本質的改變。他不再仰視菲利斯，抑或因自卑和恐懼而走向反叛。相反，他傾向於理性的審視，重新考量一切。

在這樣的基礎上，兩人關係逐漸有所恢復。但與此同時，卡夫卡陷入了情緒和寫作的低谷。一段時間，他的神經衰弱再度嚴重發作，令他飽受雜訊、病痛、失眠和抑鬱症之苦，只能藉助閱讀斯特林堡來緩解。

1月29日：「再次嘗試寫作，收效甚微。」

1月30日：「始終無能為力。中斷寫作幾有10天之久，幾乎難以為繼。再次面臨巨大的挑戰。必須專心致志潛到水下，迅速下沉，應該快過導致下沉的事情。」

2月7日：「徹底的停頓，無限的痛苦。」

2月22日：「完全無能為力，徹底無能為力。」

3月23日：「連寫一行字的力氣也沒有。……手裡拿著斯特林堡的《在海邊》。」

5月3日：「徹底冷漠與遲鈍……空虛，空虛……致F.[菲利斯]信，錯，無法寄出。過去或未來，有什麼能讓我為之堅持下去？當下陰森可怕，我並非坐在桌前，而是圍著它轉。空虛，空虛。荒蕪，無聊，不，不是無聊，只是荒蕪，無意義，衰弱。」

5月4日：「情況好轉，因為我讀了斯特林堡的《破裂》。我並非為讀而讀，而是為了躺在他懷裡。他將我孩子般托在左臂，我坐在那兒，宛如憑據著一尊雕像。有10次我險些滑下去，但第11次我努力坐穩了。我有了安全感，視野也廣闊起來。」

5月5日：「什麼也做不了，頭昏昏沉沉、微微發痛。下午在草坪上讀斯特林堡，他給我營養。」

5月27日，卡夫卡此前的日記本告罄，他最後補上這樣一句：「最終記載了如此眾多的不幸，一併走向毀滅，如此了無意義，了無必要，毀滅。」

第十三章：第二次訂婚和《鄉村醫生》的「傷口」

下一篇日記要到 9 月 13 日父親生日前夕才開始：「新日記；沒有往常的必要感；……精神渙散，記憶衰退，頭腦遲鈍。」

轉折要到下一年才姍姍來遲。1916 年 7 月 3 日，卡夫卡 33 歲生日之際，他與菲利斯在溫泉小城馬林巴特見面了，在一家旅店共度了 10 個晝夜。

第一天晚上，「門挨著門，兩個人都有鑰匙」。第三天，卡夫卡哀歎道：「共同生活的艱難。為陌生、同情、肉欲、膽怯、空虛所迫；或許，只有深處的一道細流才值得被叫做愛，在瞬間的瞬間閃現一下，無法細究。」第五天：

不幸的夜。沒有與 F.[菲利斯] 一道生活。無法忍受與任何人一道生活。不惋惜此事；惋惜的是：我本來只能過單身生活。然而，既然放棄，並最終達成理解，那麼，這一惋惜又是多麼荒謬。[356]

然而，十天的同居生活尚未結束，7 月 10 日，兩人共同致信菲利斯的母親，告之他們準備重續前緣。又過了三天，菲利斯先行離去，卡夫卡隨即從旅店致信布洛德：

……我同她一起進入了某種我從未見過的人際關係狀態，這種狀態可與我們關係最佳時期中兩個寫信者之間那種狀態相提並論。除了兩次例外……我實際上從未同一個女人產生過親密無間的感情。但現在我看見的是一個女人的親切目光，再也無法封閉自己了……（過去）我根本不瞭解她……現在不同了。情況良好。我們的協定簡約道來就是，戰爭結束後馬上結婚，在柏林近郊搞兩三個房間，每人都在經濟上自管自。F.[菲利斯] 將像從前一樣繼續工作，至於我，現在還沒法說。如果想要把這種關係表達得更形象化一些，大體如此，兩個房間……在一間裡，F.[菲利斯] 很早起床，離家，晚上疲乏地倒在床上；在另一間裡放著一張長沙發，我躺在上面，靠牛奶和蜂蜜度日。在這裡躺著個不道德的男人，伸展四肢（就像那著名的箴言所說的）。儘管如此——這麼一來就有了安寧、明確性，因而有了生活的可能性……[357]

---

356 譯自 1916 年 7 月 6 日日記。
357 《卡夫卡全集》第 7 卷，第 176 頁。

猶太人質的悲與興：卡夫卡的曠野漂流
第三部：人的盡頭

　　十天的同居生活，賦予卡夫卡一直缺乏的某種男人氣，讓他終於有了決斷的能力。在8月27日的日記中，他完成了一個重大思考，決心一改過去的惡習，包括「偏好、吝嗇、優柔寡斷、斤斤計較、未雨綢繆等等」，不再無條件仿效克爾愷郭爾、福樓拜、格里爾帕策、斯特林堡等人，因為自己不具備他們一往無前的意志。現在，卡夫卡視他們為——姑且這樣說吧——「革命先烈」，以一己之犧牲，祝福後人，並贏得感謝。另一方面，與菲利斯藕斷絲連業已4年，不能再像過去一味珍惜自己，兩人關係更需呵護。「人無法預知未來。哪方面事情會變好，無法預知……」不要隨便攀比前賢，那是「徹頭徹尾的兒童行為」。不能再作兒童，而要「成為士兵」。

　　卡夫卡的自信心和創造力均逐漸恢復。到這年9月，《觀察》、《判決》、《司爐》（即《美國》第一章）、《變形記》等佳作均已公開刊行，其中，《判決》和《變形記》被主流的庫爾特·沃爾夫出版社看好，另出了單行本。加之，他的《司爐》展示了人物刻劃和情節控制的功力，為表彰這一貢獻，上年，著名的馮塔納文學獎被獲獎者轉贈卡夫卡。凡此等等，提升了卡夫卡勇氣。10月18日，他以「士兵」的決斷語氣致信菲利斯，向她挑明結婚的前提：對外斬斷婚姻周圍的倫理-人際關係，對內擯棄物種繁殖的任務，完全以他的文學寫作為中心。這封信幾乎一字不漏摘錄到日記中，可見卡夫卡對它重視的程度：

　　我總是依賴他人生活，因而在每方面，我對獨立、自主、自由有著無限的渴望；我寧可對一切視而不見，一意孤行，哪怕落得可悲下場，也不願讓瘋狂的家庭生活干擾我的視線……任何一種不是我自己締結的關係……都毫無意義，它妨礙我走路，我仇視它，或近乎仇視它。路正長，能力又那麼薄弱，因而這仇視大有其理由。固然，我是父精母血的產物，並因而被締結在與他們和幾位妹妹的血緣關係中；平時……我意識不到這一點，然而從根本上說，我對它的重視出乎我自己的意料。某些時候，這也成為我仇視的目標；看著家裡那張雙人床，床上鋪好的被單和仔細擺好的睡衣，我會噁心得作嘔，五臟六腑都要嘔出來；就好像我的出生始終沒有完成，就好像通過那發黴的生活，我一次又一次被出生在那發黴的房間；就好像我不得不回到那兒，以便證實自己，以便跟這些令人厭惡的事情保持不可分離的聯繫——如果不在

第十三章：第二次訂婚和《鄉村醫生》的「傷口」

很大程度上，至少也在某種程度上；我的雙腳努力想要邁向自由，可甚麼東西仍然攀牢它們，緊緊攀牢它們，就好像那原始的黏液攀牢它們一樣。當然這只是某些時候。別的時候，我也知道，不管怎樣他們總是我的父母，是給予我自身力量的基本要素，他們屬於我，不僅作為阻礙、也作為人之本性為我所有。在這樣一些時候我想擁有他們，就像一個人想擁有完美；這是因為，無論我有多麼骯髒、粗陋、自私和怨毒，我在他們面前始終顫慄不已——直到今天仍然如此，事實上永遠不會中止；此外還因為他們——一方面是父親另一方面是母親——幾乎（這也是十分自然的事情）摧毀了我的意志，我要他們為他們自己的行為承擔後果。（在這裡我又一次想到，就此而言，奧塔爾[358]身上有著我所需要的母親的氣質：純潔、真實、誠摯、堅定，敏感而含蓄，獻身而獨立，羞怯而勇敢，幾乎達到完美的均衡。我提到奧塔爾是因為，我母親不管怎樣也是她身上一部分，雖然這一部分幾乎完全難以識別。）也就是說，我要他們為他們自己的行為承擔後果。其結果，對於我來說，他們比事實上糟糕一百倍，而我對事實如何並不關心；他們的愚蠢是一百倍，他們的荒唐是一百倍，他們的粗野是一百倍。另一方面，他們的長處卻比實際上要小成千上萬倍。也就是說，他們欺騙了我，然而除非發瘋，我又不能反叛自然的法則。於是又只有仇視，除了仇視幾乎再沒別的什麼。但你屬於我，我已經使你屬於我；我內心世界一直為你進行著激烈而絕望的鬥爭——從一開始，而且不斷重複，也許直到永遠；我不相信任何童話中為了任何女人曾有過更甚於此的鬥爭。因而你屬於我。因而，我與你親戚的關係，跟我與我親戚的關係，並沒有什麼兩樣，哪怕這關係……由於他們身上長處或短處[與我父母相比]的不同而不那麼緊張。他們也組成一張妨礙我的網（即便我與他們沒說過一句話，他們仍然妨礙著我），而就前面談到的意義而言，他們還不配。向你說這話的時候，我對你就像對我自己一樣坦誠。你對此不應見怪，也不應從中尋找自大和傲慢——這話裡沒有，至少，有也不在你認為能找到的地方。請設想你現在已經在布拉格，坐在我父母的桌旁，那麼，我與父母鬥爭的那塊戰場自然會增大面積。他們會認為，我與家庭的聯繫總的說

---

[358] 除生命晚期——即卡夫卡的「得救時期」外，卡夫卡只與一位親人有著深厚感情，那就是小妹奧塔爾，雖然兩人之間也有齟齬。另外，在反對父親的問題上，奧塔爾也是他的同盟。

猶太人質的悲與興：卡夫卡的曠野漂流
第三部：人的盡頭

來是增強了（而它沒有，它絕不），他們還會讓我感覺到這一點；他們會認為我已經加入了他們的戰鬥行列，其中一個崗位就是旁邊那間臥室（而我並未加入）；他們會認為他們在你身上找到了反對我的同盟力量（他們什麼也找不到）；在我眼裡，他們身上醜陋和可鄙的東西大大增加了，因為我知道他們會就我們這場較為重要的事情一哄而起……我站在這裡，面對我的家庭永遠揮舞著的刀子，既是傷害也是在保護他們。讓我在這件事情上代表你行動，而不用你在你家庭面前代表我。最親愛的，這樣的犧牲對你是否太大了？犧牲是太大了，但對於你來說，最好讓它變得簡單些；因為——既然我就是這麼一個人——如果你不這樣做，我就只好被迫從你那兒奪取。然而，如果你這樣做了，你就為我做了許多。

我會一兩天有意不給你去信，好讓你不受我干擾作出考慮和回答。我對你如此信賴：只需要你說一個字就足矣。[359]

仔細體會這封信，不難感受諸多懸念。首先是它的語氣，其決斷和「霸道」前所未有，對父母的非議也怨毒之極，隱隱散發不祥氣息。遲疑不決、惴惴不安、優柔寡斷的卡夫卡，眼下走向了自己的反面，就像一名統帥，揮手作出戰略性的決斷。然而我們說過，卡夫卡的軍隊只有一名士兵，那就是他自己。而且，這註定是他永遠的宿命。眼下，他鋌而走險，決斷實施自己理想的生活模式。不錯，後來的事實表明，菲利斯當時也「認了」。畢竟，兩人往來「拍拖」前後已達 4 年之久，總得有個結果。卡夫卡整體上固然不容於常理，但菲利斯也並非平庸之輩。特別是，卡夫卡稟有出眾的精神性、純粹性和柏拉圖之愛，對於「審慎、能幹、寬懷大度」的菲利斯，未必不是一種魅力。本來，女性內心不乏精神取向，在當前人類「雄性文明」階段更其如是。精神事物帶給女性超越命運的慰藉，哪怕「雄性文明」的遊戲規則最終主宰一切。菲利斯較之一般女性更為寬宏，而卡夫卡的「技術性處理」也為和平共處創造了條件。

至少在表面上，兩人的事情就這樣搞定。卡夫卡暫時勝出。

---

[359] 譯自 1916 年 10 月 19 日致菲利斯。

第十三章：第二次訂婚和《鄉村醫生》的「傷口」

不過，僅僅一時而已。不要忘了，生活永遠出人意料，而且，偶然中總是「滲透」了必然。

說來也是，女人可能如此這般屬予男人？人性和歷史恐怕無法予以證明。資本主義時代更無可能。即便有，也不過一時的假像，其下一定「文飾」著可怕的真相：那一定是破壞性的撕裂，即克萊斯特式的「傷口」。卡夫卡迷戀這樣的傷口，但也深諳其悲劇性質，並早已作出預見。如前所述，1916年生日之際與菲利斯重續前緣，他曾致信布洛德告之訂婚事宜，其間已然承認：訂婚之舉，不過順應形勢，尋求安定；所以既不招惹，也不反抗；然而，

我想永遠呵護的事情，大多已然撕裂（我說的不是局部，而是整體）；從這道裂縫將冒出——我明白——巨大的不幸，遠遠超出一次人生所能承受的程度……[360]

拉羅什福科早已指明：想要獨自完善是一種巨大的瘋狂。蒙田、維特根斯坦等人也就此作過專門的表述。也許正因為如此，卡夫卡才拼命要拉上菲利斯。遺憾的是，就其本質而言，卡夫卡只能是一個獨自完善的人。與別的類似人格相比，他或許要清醒一些，深刻一些，唯其如此，意味著更大的瘋狂，更可能撕裂。他的無意識深諳此點，正因為如此，他才一直拼命反抗。卡夫卡的悲劇在於，他最終無法反抗人性的基本法則，更無法反抗命運的神秘安排。「生活世界」是一架巨大無比的風車，而他，跟唐·吉訶德一樣，作為「最瘦的」挑戰者，其肉身註定要失敗，只留下純粹的精神。

卡夫卡最喜歡的散步道路，1916年－1917年在這一帶工作。

---

[360] 譯自1916年7月12-14日致布洛德。下同。

243

第二節：「鄉村醫生」的自傳性悲劇

　　1916 年 11 月 10 日，慕尼克高爾茲書店邀請卡夫卡和布洛德前往朗讀作品。在那兒，卡夫卡朗讀了自己的《在流放地》。菲利斯自柏林方向趕來，現場聽卡夫卡朗讀。在慕尼克，兩人外出時還發生了衝突，互相指責對方自私。最終，卡夫卡「滿懷勇氣從慕尼克歸來」。因為他預感到新一輪創作高潮。恰逢小妹奧塔爾談戀愛，交上一位非猶太裔男友，為避免家庭反對和干擾，奧塔爾悄悄在「煉金小巷」租下一間小屋，偶爾與男友在此會面。她向卡夫卡無私提供了這間小屋。就在這兒，自 1916 年 11 月到 1917 年 4、5 月之交，卡夫卡把生命能量全部聚焦於創作，甚至為此完全中斷了日記的寫作。至於菲利斯那邊，既然事情已搞定，也不用分心了。自 1916 年底到第二年 9 月確診罹染肺結核，整整 8 個多月，他沒給菲利斯寫一封信！

　　然而，在文學上，卡夫卡收穫了一個豐碩的冬春，創作了大量短篇作品：《橋》、《獵人格拉胡斯》、《騎桶者》、《豺狗和阿拉伯人》、《新律師》、《鄉村醫生》、《在胡同裡》、《在馬戲團頂層樓座》、《視察礦區》、《鄉村》、《弒親者》、《鄰人》、《中國長城建造時》、《一頁陳舊的手稿》、《敲了莊園的大門》、《十一位兒子》、《雜種》、《致科學院的報告》、《有家眷者的心事》以及一個劇本《守墓人》的片斷。它們在形式上都屬小型作品，但內容相當晦澀，甚至十分怪誕。事實上，它們浸透了深刻的哲理思考。純粹就藝術形式而言，它們確立了卡夫卡作為「短篇和小型題材專家」的地位。總體而言，它們折射出卡夫卡複雜而精緻的生命。

煉金小巷的小房子（左側第一座）。1916年，卡夫卡曾在這裡居住，寫作了短篇小說集《鄉村醫生》中的大部分作品。這裡如今是一家出售卡夫卡明信片的商店。

《獵人格拉胡斯》的主人公，獵狼功勳卓著，世稱「黑林山中偉大的獵手」。許多年前，他追趕一頭羚羊，陰差陽錯，跌落懸岩，不幸身亡。哪知他當即「幸福地扔下」生前驕傲，「迅速穿起死者的屍衣，心情就跟新娘子穿上結婚禮服一樣」。不料，去陰間的船開錯了方向，他再次陰差陽錯漂流於世，雖生猶死，既死且生，不知是否因為某種「莫名之罪」，永遠東奔西走，不得安寧。「我現在在這兒，除此之外一無所知，一無所能。我的小船沒有舵，只能隨著吹向死亡最底層的風行駛。」

《豺狗和阿拉伯人》以及《往事一頁》大概受啟於戰爭的思考。透過戰爭的表像，更有可能深刻領悟歷史與人性。《致科學院的報告》以進化論為背景，研究和反諷文明與人性。《中國長城建造時》透露了卡夫卡的中國情結，對於遙遠的東方古國，他連猜帶蒙，憑天才直覺觸及了一些複雜內容，值得另議。其中一篇千字寓言《皇帝的聖旨》尤為引人注目：

皇帝在彌留之際下了一道聖旨。然而，負責傳達聖旨的使者卻走不出重重復重重的滿朝文武、內宮外殿、庭院臺階，「幾千年也走不完」。即便假設他衝出了最後一層宮門（雖然那是不可能的事情）：「面臨的首先是帝都，這世界的中心，其中的垃圾已堆積如山，況且他攜帶著的是一個死人的諭旨。——而你卻在暮色中憑窗企盼，為它望眼欲穿。」一如《審判》中《在法的門前》部分，《皇帝的聖旨》也被卡夫卡單獨抽出發表，繼而親自編入短篇小說集《鄉村醫生》，躋身卡夫卡最優秀的自選作品如《鄉村醫生》、《一頁陳舊的手稿》、《豺狗與阿拉伯人》、《致科學院的報告》等。

《鄉村醫生》這部作品由卡夫卡親自於生前出版，連同另外為數極少的作品，由卡夫卡遺囑加以認可。作品中的核心小說《鄉村醫生》，是卡夫卡藝術的一個精湛呈現。主角原型來自卡夫卡最喜愛的「鄉村醫生」舅舅西格弗里德。整篇小說籠罩著神秘、斑斕、恐怖的夢幻氛圍。上述兩點，可概括為自傳性質和夢幻性質，正是卡夫卡藝術的理想所在。小說的精神主題是克萊斯特式的「傷口」。這一象徵的涵義，本書第九章第二節已有論及。在那位孩子的胯骨處，克萊斯特式的「傷口」如玫瑰花嫣然綻放，從傷口深處，朝著油燈的光亮，爬出蠕動的蛆蟲。人們唱起一首來意不善的歌：「脫掉他

猶太人質的悲與興：卡夫卡的曠野漂流
第三部：人的盡頭

的衣服，他就能治癒我們，如果他醫治不好，就把他處死！他僅僅是個醫生，他僅僅是個醫生。」上了年紀的鄉村醫生被脫掉衣服，抬到孩子身邊，與垂死的孩子對話，內容駭人聽聞。醫生要孩子相信，他那深及胯骨的巨大傷口並不可怕，相反值得慶倖，因為它如此潰爛、如此鮮豔。他——猶太醫生——話鋒一轉，用意極具隱晦，關聯到一段新約聖經：「現在斧子已經放在樹根上，凡不結好果子的樹，就砍下來，丟在火裡。」[361] 猶太醫生說：許多人自願奉獻半個身子，卻幾乎無聞林中斧聲，更談不上接近斧子！孩子將信將疑：「這是真的嗎，或者是你趁我發燒的時候來哄騙我？」醫生回答：「確實是這樣，你安心地帶著一個公家醫生以榮譽擔保的話去吧。」

於是他相信了，他靜靜地安息了。可是現在我得考慮如何來救我自己了……在這最不幸時代的嚴寒裡，我這個上了年紀的老人赤裸著身體，坐著塵世間的車子，駕著非人間的馬，到處流浪……我那些手腳靈活的病人都不肯助我一臂之力。受騙了！受騙了！只要有一次聽信深夜急診的騙人的鈴聲——這就永遠無法挽回。[362]

猶太人卡夫卡對話基督教信仰，充滿「甜蜜的怨毒」。就其人類學、歷史學、宗教學、神學內涵，基督教源於猶太教，猶太教乃基督教兄長。就此而言，卡夫卡的機鋒更顯意味深長。不獨《鄉村醫生》中的「斧子」，《判決》中那位基督教牧師，在騷動的人群中挺立陽臺，舉手向人群呼喚，而手心刻著血淋淋的十字……某種意義上，這正是其精粹短篇《殺兄》的主題，個中深藏痛楚。兩千年猶太亂離史，提供了震撼人心的注解。只須稍稍回憶一些傷痛的片斷：基督教的十字軍東征；克呂尼神父（Abbé of Cluny）就十字軍東征發表的極端反猶言論；1144年基督教復活節的「猶太血祭案」等等。如本書導言所示，歷史更是見證了猶太先知卡夫卡：二十年後，納粹以基督教的名義試圖滅絕猶太民族，卡夫卡的六百萬骨肉同胞「都化著煙霧升天」！[363]

361　《馬太福音》3章15節。
362　見《卡夫卡小說選》。
363　就其主觀而言，希特勒的確以虔誠的基督徒自居。出於同樣的心理機制，納粹德國戰敗後，又有基督徒全力幫助納粹罪犯潛逃。順便指出，如此「民族宗教比較學」，乃卡夫卡藝

第十三章：第二次訂婚和《鄉村醫生》的「傷口」

更深邃的神學涵義與信仰疑難另當別論。綜而言之，「傷口」的綻放也是《鄉村醫生》的綻放。卡夫卡藝術藉此驚鴻一瞥，其結局極具非理性的荒誕，糾纏多重復調的旋律，幾乎無法詳辨，只能意會，不可言傳。這更是卡夫卡自身，創生於毀滅的黑洞，爆炸於純粹的消極，綻放於無可救藥的傷口……

在文學的荒原上，卡夫卡狂風暴雪信馬流浪。在那兒，他試圖剝棄虛飾的文化衣著，一如莎士比亞的李爾王。至少，藉助文學的「鄉村醫生」，卡夫卡代悔「生活世界」，他在此受騙上當，誤入人間煙火，走進婚姻倫理，從生命至深處，撕開致命的傷口。他幻想用「他的－文學存在」包裹致命的傷口。1917年3月，卡夫卡租下一套住房。自去年生辰與菲利斯十日同居，他一直努力尋租理想的住房。7月，菲利斯來布拉格，兩人正式宣佈重新訂婚。據布洛德報導，訂婚儀式上，卡夫卡一副「悲憐」模樣。隨後，這對未婚夫婦在布拉格拜親訪友。繼而同往匈牙利看望菲利斯之妹。這趟旅行似乎並不太愉快。兩人分手後，卡夫卡返程路經維也納，順便拜訪詩人福克斯。20年後福克斯回憶說，其時卡夫卡「十分平靜地」告之，他「剛剛跟他的未婚妻吵翻了」。

7月27日，關於《鄉村醫生》集子的出版事宜，卡夫卡致信他的出版商庫爾特·沃爾夫，談及自己未來的打算，並請求幫助：

> 戰後可能發生很大的變化。我將辭去我的職業（事實上，這件事情是使我堅持下去的最強烈的希望），我將成家並離開布拉格，或許前往柏林。即便在那時，正如我現在傾向於認為，我將仍然無法完全依靠寫作維持生活。而我（或者我內心深處那位公務人員；

最早發現卡夫卡的出版家庫爾特·沃爾夫

術內含的復調之一。事實上，《殺兒》投稿的雜誌，正是馬丁·布伯主編的《猶太人》。同理可舉《一頁陳舊的手稿》、《豺與阿拉伯人》等。《十一個兒子》、《獵人格拉胡斯》等篇，則屬於民族和信仰立場的某種內省。

他跟我的要求相同）全然被未來可能發生的事情佔據了思想，感到害怕。我真誠地希望，親愛的沃爾夫先生，屆時你將不會完全拋棄我，當然，如果屆時我在某種程度上值得你幫助的話。眼下和將來有這麼多無法確定的事情，此時此刻，你一句有關的話將對我意味著很多很多。[364]

看來，卡夫卡決心已定。他要辭去工作，建立家庭，當自由作家。沃爾夫先生當即回信，表示完全理解，並承諾一俟戰爭結束，他將為卡夫卡提供「穩定可靠的物質支援」。

然而，這一友好而慷慨的承諾也許來得太晚。包括《鄉村醫生》在內，諸多跡象表明，卡夫卡的生命業已撕裂，「傷口」的暴露和綻放，幾天之後就將初見端倪。

364　譯自 1917 年 7 月 27 日致庫爾特·沃爾夫。

第十四章：肺結核及其象徵

未來已經在我身上。改變只是隱蔽的傷口的外露而已。

——弗蘭茨·卡夫卡

1917年8月初，卡夫卡游泳時吐了幾口鮮血。8月13日淩晨，在為婚事租賃的那套公寓裡，尚在夢中，大咳血開始了。第二晚又吐了一點血。接下來就是愈益嚴重的咳嗽、發熱、虛汗等症狀。9月4日，卡夫卡被醫學權威確診為肺結核。

第一節：菲利斯與肺結核

卡夫卡時代，肺結核號稱「白死病」，與恐怖的「黑死病」相對應。這不僅因為高度的傳染性，更因為特效藥尚未問世。患者不會必死無疑，卻生死未卜、「懸而未決」，相似於青黴素發明之前的梅毒患者。「白死病」這一別稱，充分流露了人們的恐懼。

一戰助長肺結核的漫延與猖獗。據戰後數年的統計，僅布拉格一地，肺結核死亡人數達總死亡人數的三成，健康帶菌者更是不計其數。致病管道和因素包括呼吸、食物、健康、情緒、遺傳等。有研究者認為，卡夫卡長期素食，為此大量飲用鮮奶，很可能就此感染。此外，他長期重度焦慮、超負荷寫作、體育鍛煉過度，大概也不無關係。

得知罹染肺結核，卡夫卡的第一反應是退休。他當天即向公司提出申請，未獲批准，僅同意休假三個月。他立即著手前往屈勞休養，那是波希米亞北部一座小村莊，小妹奧塔爾在那裡代姐夫經營一座小農莊。第二天，9月5日，卡夫卡致信布洛德，請他暫時保密肺結核及休假之事，並用表面上鎮定的語氣，首次論及肺結核的必然性：

此外，你在那裡說，我很輕浮。[事實恰好]相反，我太精打細算，《聖經》已預言了這些人的命運。但是我不訴苦，今天比以前更不大訴苦。我也預言了自己的命運。你記得《鄉村醫生》中的流血傷口嗎？今天F.[菲利斯]的信

猶太人質的悲與興：卡夫卡的曠野漂流
第三部：人的盡頭

到了，語氣平靜、友好，沒有任何補充，完全像我在多少夢中所見到她的那樣。現在難以給她寫信了。[365]

疾病一下子上升為文學的象徵和隱喻，那正是克萊斯特式的「傷口」。接著就提到菲利斯，指稱她是「傷口」的根本原因。接著他在日記中作了確切的說明：

肺部的感染只是象徵，它的炎症叫做 F.[菲利斯……] [366]

再往後，在藍色的八開筆記本中，他寫下這條著名的論斷：

如果我在不遠的將來死去或完全失去生活能力（這個可能性是很大的，因為我最近兩個夜晚已連續咳出大量的血來），那我就可以說，是我撕碎了自己。……世界（F.[菲利斯] 是它的代表）和我的自我在難分難解的爭執中撕碎我的軀體。[367]

也就是說，確診第二天，卡夫卡已對整個事情蓋棺論定。預言之事終於發生。他長期執著於「精打細算」的生活方式[368]，事實上一直在走鋼絲，大概如其箴言第一號所說：在高處走一條「真正的道路」，以免為生活的套索或羅網所絆。如此生活方式，出問題倒在情理之中。以其極度的敏感與神經質，他不可能完全不自知。

肺結核「懸置」了卡夫卡。他極度恐懼「懸而未決」，轉而試圖對自身生活加以「絕對的把握」。現在，肺結核把他懸置於他最恐懼的事物。與此同時，一口一口的鮮血卻如此確切無疑。換一個人，有可能因此振作起來。然而，就像卡夫卡極度恐病、疑病，一旦遭遇「白死病」，難免自我放棄。他不時會作自我診斷與評析，深刻而睿智，卻常常交織著抱怨。據布洛德報導，卡夫卡稱沒想到會得這個病，他「本來以為上帝對他會好些」，語氣貌似幽默。搬運工用小車代他取行李，他也會幽默一下：「他們來搬我的棺材來了」。體重因療養而增加，他又會說，「這就給今後屍體的搬運增加了難

---

365 《卡夫卡全集》，第 7 卷，第 202 頁。
366 譯自 1917 年 9 月 15 日日記。
367 見卡夫卡第五本八開本筆記，《卡夫卡全集》第 5 卷，第 84-85 頁。
368 參見 1917 年 9 月 5 日致布洛德。

第十四章：肺結核及其象徵

度」。在療養院，有人稱讚他的帽子，說是讓他看上去像飛行員，他當下機智回應「像橫臥員」。天才而幽默地抱怨，本是卡夫卡擅長的技藝，此時此刻，卻難免洩露內心的脆弱、衝突和痛苦。

　　To be or not to be？放棄還是堅持？面對「懸而未決」的肺結核，卡夫卡無法決斷地「向死而生」，而是陷入「懸而未決」的「懸而未決」。卡夫卡的不幸就在於，他被生活所催眠，為「懸而未決」所著迷，陷入一種無意識的消極狀態。但是，他絕非——如某些研究者的論斷——不想治癒自己。這年，卡夫卡37歲，他的生命將在一種「懸而未決」的「向死而生」中展開，7年之間，形成離奇悲壯、哀婉傷痛的風景。

卡夫卡和奧塔爾在波西米亞北部的屈勞的合照。1917年至1918年，他們在那裡共同生活，期間卡夫卡寫出了著名的《箴言錄》。

　　9月9日，卡夫卡致信菲利斯，告之實情，並表明自己的困惑：「讓我吃驚的不是急病、咳血等等。長年失眠、頭痛，早已埋下隱患。不過，我得了肺結核，此事足實讓我吃驚。」9月12日，他在奧塔爾陪同下前往屈勞，在妹妹精心護理下，他度過了自稱生平最幸福的8個月，所謂「美好的小小的婚姻」。9月15日，他在日記中警告自己：

　　只要有完全的可能性，你就還有重新開始的機會。別放棄這種可能性。如果你繼續堅持在自己內部深處翻掘，那麼你將無法避免由此泛起的污穢之物。但是，別在其中打滾。你認為肺部的感染只是象徵，它的炎症叫做 F.[菲利斯]，它的深度是自我辯解的深度；如果真是這樣，那麼醫學上的忠告（光線、空氣、太陽、休息）也是象徵。抓住這個象徵。[369]

369　譯自1917年9月15日日記。

猶太人質的悲與興：卡夫卡的曠野漂流
第三部：人的盡頭

請留意卡夫卡對「傷口」深度的理解，他的意思是說，別再像過去那樣偏執，別執著於自我辯解，因為辯解越深，「傷口」就越深。看來，他已充分認識到問題的嚴重性，並渴望獲救。

然而，9月18日日記，他又寫下含義不明的短語：「撕碎一切（Tear everything up）」。與此同時他致信布洛德，表明他對疾病的最終態度，後來的事實表明，這一態度持續到他生命的終點：

不過，仍然存在著創傷，就此而言，肺部的傷口僅僅是其象徵⋯⋯

不管怎樣，今天我對肺結核的態度，就像小孩子對母親的裙角，緊緊抓住不放。⋯⋯我並未追求得病，所以一直尋思得病的原因。有時我覺得，大腦和肺背開我達成了一致。大腦首先指出：「這樣下去不行啊！」五年之後肺宣告說：已作好準備協助大腦。[370]

所謂「五年」，就是他與菲利斯婚事糾葛的5年，卡夫卡顯然是在暗示，他就要與前來探望的菲利斯攤牌了。「婚床在我面前緩緩展開。但它最終不會展開」。卡夫卡決心把自己交給疾病這位「母親」，而不是菲利斯。他再次運用了「精打細算」的邏輯，把賭注押在這位「母親」身上：如果那是一位必然性的「母親」，那麼他的任何努力都毫無意義；然而，如果那是一位偶然性的「母親」，他也就存在著獲救的希望。當然，這種姿態也與他堅持多年的「自然療法」（亦稱「順勢療法」）有關。總之，無論偶然還是必然，都輪不到菲利斯，用他自己的說法，正是菲利斯，令他一往情深而又痛苦莫名，代表世界撕碎了他。

實事求是，5年的藕斷絲連，他不可能不心痛菲利斯。然而，以他的完美主義，他一定無法接受一場受妻子保護的婚姻，在其中，自己無法「絕對掌握」，無法成為真正的「父親」，最終也無法面對菲利斯。

卡夫卡明白自己的人生到了關鍵時刻，在菲利斯的問題上，絕不能再像過去優柔寡斷、遲疑不決。能否得救，盡在一念之間。他要牢牢抓住疾病這位「母親」，斷然放棄菲利斯。

---

[370] 譯自1917年7月中旬自屈勞致布洛德。

大約兩、三年之後，卡夫卡進一步深刻闡述了「疾病之母」，其時，關於肺結核之偶然或必然，他的認識更為確切。疾病上升到了信仰的高度。

9月20日，由奧塔爾陪同，菲利斯不辭30小時長途前來屈勞，最終傷心而歸：

我本該阻止她來這兒。在我看來，本質上因我之過，她橫遭極度的不幸。我無法戰勝自己，既可憐，又冷酷，不過擔心自己的生活路子被干擾……她只在個別細節上有錯，錯在要求她所謂的——或應有的——權利，就整個事情，她無辜遭判極刑；罪責在我，執行了這一錯誤的酷刑，而我自己最終也無法免於不幸的結局——馬車載著她和奧塔爾繞過池塘，我抄近路再一次接近她——隨著她的離去與一陣頭痛（我自作自受的結果），這日子結束了。[371]

第二節：抱負與傷逝

就在當天夜裡，卡夫卡夢見父親。夢中的父親「帶著高雅而苦澀的微笑」受挫於人群。夢中的他，頓生惺惺相惜之情。是啊，5年的深情傷痛，一旦棄絕，就會失落於可怕的虛空，就不得不渴望伸手抓住最根本的生命聯繫。除了父親，還能是誰？一生的不幸，曾經都推諉父親，然而，父親究竟有什麼錯？他不過代表生活要求我們，這恰好是他作為父親的愛心使然。如果他錯了，那是因為生活錯了。當我們因生活之錯而失落，父親會痛，如果我們因此指責父親，難道不是讓他痛上加痛？夢洩露無意識的秘密，哪怕意識總要抗拒。不管怎樣，卡夫卡在內心體會和掂量著「父親」的涵義。曾幾何時，因為「父親情結」，他走向菲利斯，當菲利斯代表世界撕開他生命的「傷口」，他不得不回到出發之地，以另一種傷痛的眼光，著迷於菲利斯、世界、死亡以及「一位父親」之間的關係：

與F.[菲利斯]對話的輪廓：

我：那麼，這就是我的結局。

371　譯自1917年9月21日日記。

猶太人質的悲與興：卡夫卡的曠野漂流
第三部：人的盡頭

F.：這是我的結局。

我：這是我帶給你的結局。

F.：的確如此。

緊接下來，他話鋒一轉：

話雖這麼說，我還是願意把自己交託於死亡。一種信仰的殘餘。回歸一位父親。偉大的贖罪之日與復合之日（Atonement）。[372]

所謂「死亡」，其實隱喻與菲利斯訣別。「一種信仰的殘餘」當然是猶太信仰的「殘餘」——寧可說，是重生之希望的火種。

然而，「一位父親」是哪位父親？

就是那位父親？或者，又不僅僅是那位父親？甚至乾脆就不是？

他是赫曼·卡夫卡？或不僅僅是？或乾脆不是？

卡夫卡再次設下神秘的謎局，而我們寧可說，那是他猶太根性的沉思與復甦，那是猶太血緣在召喚。

後來，生命彌留之際，他會留下自己的答案。眼下，無論懸而未決還是向死而生，他知道自己來日無多。大局上，他習慣以生命為賭注，於是想到了徹底交託和放棄——所謂「絕望的一躍」——這是信仰的前提。人的盡頭就是信仰的開端，是絕對的彼岸。對於一位走到人性盡頭的人，這個王國的存在至高無上，當然也在文學的存在之上：

---

[372] 譯自1917年9月28日日記。贖罪日（Atonement）是猶太民族一年中最重要的聖日。猶太新年之後第10天，猶太人徹底齋戒，停止所有工作，聚集於會堂，向上帝禱告懺悔，祈求赦免一年來所犯之罪。《希伯來聖經》時代，猶太民族在贖罪日舉行聖殿祭儀，殺死一頭公山羊祭祀上帝，與此同時，將另一頭山羊放逐曠野，讓它帶走眾人所犯一切罪孽。「替罪羊」一義即由此而來。然而，atonement一詞，在古典語境中，有「復合」之意。就此而言，贖罪之日也是與上帝復合之日。

假如還能寫出《鄉村醫生》這樣的作品（幾乎不可能了），我仍能得到一時的滿足。然而，僅當我能昇華世界，使之純粹、真實、不可改變，我才能得到幸福。[373]

「精打細算」的卡夫卡清楚自己，正如後面將看到，彌留之際，他將最終確認自己內心的事實：他來自猶太先祖的迦南應許之地（the Promised Land），出乎彼岸的恩典，客居此岸只為曠野漂流。恰如先祖的《希伯來聖經》之辭：「我在此世為客旅，惟賴你引我前行。」[374] 從「肉身成言」重返「言成肉身」，才是恩典的方向。眼下，在人的盡頭，蒙恩反而成為可能。事實上，如本書所見，「一個人的猶太復興」，早已成為他文學禱告之「異象」。

又過了一個半月，卡夫卡向菲利斯承認，他讀一部作品時被擊中了心頭隱痛：

到某處，讀不下去了，只好停下來，坐進沙發哭起來。好幾年沒哭過了。[375]

這部作品是德國猶太作家 A. 茨威格的悲喜劇《匈牙利宗教謀殺案》。卡夫卡出生前一年，匈牙利埃斯納地方發生了一起排猶和屠猶事件，起因僅僅是一些流言蜚語。《匈牙利宗教謀殺案》即以此為題，揭露該事件真相。卡夫卡之所以閱讀這部作品，本來僅為文學研究，卻不由自主悲從中來。他的隱痛不是別的，正是內心深處的「猶太情結」。

就此，卡夫卡進入了他的第三輪創作高潮。1916-1917 冬春之交，是卡夫卡的豐產季節。藉由寫作，他收穫了內心深處醞釀多年的果實，它們源自神秘幽遠的猶太根系。回想東歐猶太依地語劇團，聯繫未來卡夫卡生命的獨特景象，不難發現他內心深藏的偉大抱負。從現象上說，猶太根系密佈於卡夫卡創作，促生血肉模糊的生命。另外存在有力的旁證：1917 年初夏，卡夫卡正式開始學習希伯來語，這一努力持續了 7 年，從未中斷，直至他生命的終結。

---

[373] 譯自 1917 年 9 月 25 日日記。
[374] 譯自《詩篇》119 章 19 節。
[375] 譯自 1916 年 10 月 28 日致菲利斯。

猶太人質的悲與興：卡夫卡的曠野漂流
第三部：人的盡頭

換句話說，如我們所知，對於卡夫卡，「文學的存在」一直在歸向「信仰的存在」。一切的一切，原本啟發於猶太的血緣，其間峰迴路轉，無非成長的必然。只是，一場「白死病」加速了這一進程，由此引發一場可歌可泣的自救。

從眼下起，他要把自己交托給疾病的「母親」，而不是菲利斯——她無法擔當眼下的局勢。以他獨有的「反向作用」，這位「母親」換喻著「危難的抵達」。尤其當此世界大戰血肉橫飛，抓住「母親」的裙角，正是他「一個人」的同體大罪。

不患有罪而患不認罪。認罪就得救，惟認罪得救。舍此不存在所謂文學的禱告，遑論代言猶太和人類。

換句話說，從眼下開始，全部有限——因肺結核更其有限——的精力，必須高度聚焦於文學的鬥爭，更不用說超越文學的鬥爭。當年，年紀青青他已然自許：「我頭腦中存在著龐大的世界。然而，如何解放我自己，同時也解放這個龐大的世界，而不至於撕成碎片？我看得一清二楚：寧願上千次撕成碎片，也不能將它阻攔或埋葬在我內部，這是我此生此世的目的。」[376] 眼下，危難之際，惟有全神貫注於內心的禱告。全部的生命，須要悉數投入「對罪愆、苦難、希望和真正的道路的觀察」。固然，他尚未走到人生的盡頭，此岸自有此岸的任務，包括此岸的具體寫作過程，甚至包括此岸的「恐懼-渴望」。此岸畢竟是出發之地，而思想的地平線陰霾重重，渴望著澄明。無論如何，他要用明徹的眼光洞穿日常現象，窮盡可能的道路，讓自己站在絕對的深淵之前，迫使自己作出最後的選擇。這才是生死攸關之事：

我尚未寫下那件決定性的事情，我仍在分心，然而，等待著我的是一件巨大的工作。[377]

看來，隨著「白死病」猝然襲來，卡夫卡複雜的生命格局即將發生本質的變化。只是在此之前，有些事情需要了結。

376　譯自 1913 年 6 月 21 日日記。
377　譯自 1917 年 11 月 10 日日記。

第十四章：肺結核及其象徵

9月30日，卡夫卡致信菲利斯，以常人難以企及的勇氣，向未婚妻坦言自己內心的真情，他的話明徹、冷峻、尖利、決斷，並潛藏著深深的悲哀，足以催人淚下：

如你所知，在我內部有兩個彼此鬥爭的對手。好的那個屬於你，對於這一點，過去幾天我比任何時候都更為確信。五年來，不管是通過話語還是沉默，或者通過兩者的結合，你始終得以瞭解這場鬥爭的歷程，大多數時候，這讓你遭受痛苦……

……兩個對手在我內部鬥爭，或者說，他們之間的鬥爭構成了我（除一點小小的、苦惱不堪的殘餘外）。他們一個好，一個壞。他們不時調換角色，使本已混亂的鬥爭更加混亂。然而，儘管受到一些挫折，直到最近仍然存在著可能，使我想像會發生最不可能的事情……我，在這些年間變得可憐和倒楣的我，會最終獲得擁有你的權利。

現在事情突然顯示出：失血太多了。想要贏得你的好的一方（現在看來對我們是好的一方）失血過多，反過來幫助了他的敵人……在內心深處，我並不相信這病是肺結核，至少，在基本上說來它不是肺結核，而寧可說是我總崩潰的跡象。我原以為鬥爭會持續得長一些，可它不能了。血並非咳自我的肺，而是咳自鬥爭的一方所導致的一道致命暗傷。

……

請別問我為何要築起一道防線。別這樣讓我出醜。哪怕問一個字，我就會重新拜倒在你腳下……我的所謂肺結核……是一件武器，與早先使用過的無數其他武器（從「生理上的無能」到我的「工作」到我的「吝嗇」）相比，它似乎更方便、更根本。

現在，我要告訴你一個秘密，這秘密此刻連我自己也不相信（雖然那遠方的黑暗可能會讓我相信，那黑暗正降落在我身上，伴隨著我想要工作和思想的每一個願望降落在我身上），但它會變成現實：我好不了啦。原因很簡單，

猶太人質的悲與興：卡夫卡的曠野漂流
第三部：人的盡頭

那不是肺結核……而是一種武器，只要我還活著，它就會繼續表現為一種壓倒一切的必然性。但它和我都將死去。[378]

第一次世界大戰還在肆虐，戰場上血肉橫飛。在這樣的背景上，耶誕節快到了。卡夫卡中途暫離屈勞返回布拉格，菲利斯也從柏林趕來。兩人在一起度過了幾個「十分不幸」的日子，菲利斯明確表示要與卡夫卡共同擔當，卡夫卡同樣明確表示不接受這一犧牲，因為他不想再增加對她的罪責。他申明不再考慮結婚之事。催人淚下的悲劇已然尾聲。聖誕之夜，受布洛德及夫人之邀，卡夫卡偕菲利斯同往作客，氣氛十分緊張。按布洛德日記所載：「兩人都不愉快，一言不發。」第二天，「卡夫卡一早七點半就來了，要我陪他一上午……但他並不需要我當顧問，他的決心下得令人敬佩的堅定。」卡夫卡向布洛德談起托爾斯泰的《復活》，他說，一個人只能經歷解脫，而無法把解脫寫下來。這天下午，大家為放鬆心情外出郊遊，卡夫卡卻當著菲利斯及眾友人，講出一番沉鬱的話語：

我該做的事只能由我一個人來做。對末世該清楚。西方猶太人對此搞不清楚，所以沒有結婚的權利。這裡不存在婚姻，除非對末世不感興趣的人，比如商人。[379]

復活，末世，猶太，婚姻等等，對於卡夫卡——借用布洛德的評價——均屬「神聖範疇」。就此而言，生死關頭竟揮淚訣別，常人無法理喻，對於卡夫卡，卻是應有之義。不過此乃他話。以他自己的邏輯：卡夫卡也是人。正因為如此，他才需要「神聖範疇」。而且，更重要的是，即便他認同「神聖範疇」，依然是人，與所有人一樣，有朽，必死，恐懼，渴望，作死、造死，並因而不潔、污穢、骯髒……

唯一的區別在於自我審視的眼光，或者說，在於是否有一顆禱告者的心，更確切地說，在於一顆心是否在虔誠地禱告——向創造這顆心並決定相關一切的源頭——向創世的源頭。

---

378 譯自 1917 年 9 月 30 日日記。
379 1917 年 12 月 26 日談話，引自布洛德《卡夫卡傳》，第 168 頁。

自然，「虔誠」、「敬畏」或「猶太」，對於卡夫卡，始於「亞伯拉罕之約」，是先祖的遺產，無法見於言詞，更難以訴諸大眾——包括異化了的「西方猶太人」，或同化於全球化資本主義 - 消費主義的「商人」，包括一戰中的軍火商人。

大眾時代沒有敬畏和虔誠，所以沒有「末世」，當然也就沒有「復活」。正因為如此，本來美好的世界，才會污染至痛不欲生，更可怕的是內心的污染，因為正是內心的污染導致了世界的污染。那麼多人飲鴆止渴、雖生猶死、生不如死，無異於「活死人」。他們被瘋狂的欲望所催情：「我死後管他洪水滔天。」他們自以為得意，殊不知正是恐懼的奴隸。針對他們，馬丁·路德大聲告白世界：「即使世界明天就要毀滅，我仍然要在今天種下一棵小蘋果樹。」

獨自禱告的卡夫卡當然不是領導宗教改革的馬丁·路德，毋寧說，他可能相對接近蘇格拉底：「我去死，你們去活。」最終，他只是他自己：「我該做的事只能由我一個人來做。」寧可說，他真正認同的，恐怕只有「精神鄰居」克爾愷郭爾，深淵面前，他要完成「絕望的一躍」，成就他「一個人的猶太復興」。

只是，揮淚訣別的卡夫卡絕非鐵石心腸。他的人生屬於獨自禱告，所以，最關切的話，恐怕只有另類的表達，或顧左右而言他，雖然其中絕無一句虛妄，相反句句真情，而且深藏著無可承受亦無可言說之痛。

1917 年 12 月 27 日一早，耶誕節之後兩天，卡夫卡赴布拉格火車站送走了菲利斯。之後，他徑直前往布洛德辦公室。「他臉色煞白，神情變得十分嚴酷、冷峻。突然，他失聲痛哭起來，這是我所經歷過的最可怕的景象。……在那張沙發上，卡夫卡傷心的啜泣著，嗚嗚咽咽地說：『非要有這樣的事不成嗎？這實在是太可怕了！』淚水沿著他的臉往下淌，我還從來沒有見過卡夫卡這樣張惶失措。」[380] 第二天，卡夫卡致信小妹奧塔爾：「昨天下午我哭了，把我成年以後所有的哭泣加在一起，也沒有昨天下午這麼多。」[381]

380　參見，布洛德《卡夫卡傳》，第 188-169 頁。
381　譯自 1917 年 12 月 28 日致奧塔爾。

不管怎樣，長達 5 年的峰迴路轉，一場悲喜浮沉的不幸婚事，眼下終於徹底了結。

15 個月之後，在柏林，菲利斯與一位猶太富商完婚。

布洛德將此消息委婉告之卡夫卡，「他激動了，心裡充滿對這新的婚姻結合的最真誠的祝願，這也化成了他自己極大的喜悅。」

菲利斯婚後生育一子一女。1931 年，她舉家遷往瑞士；1936 年，因納粹崛起，再次舉家移民美國。1955 年，因卡夫卡已廣為世人所知，她向卡夫卡文獻的出版商提供了卡夫卡寫來的全部情書。

1960 年 10 月 15 日，卡夫卡殞命 36 年之後，73 歲的菲利斯在美國溘然長逝。

第三節：向死而生：「精神鄰居」克爾愷郭爾

隨著菲利斯的離去，1918 年開始了。新年伊始，卡夫卡著手為內心的「重大工作」尋找基礎。新年第一天，他第三次向公司提請退休，只獲准延長假期至該年 4 月底。他當即返回屈勞，完全中止了要命的日記，深入研讀克爾愷郭爾和馬丁·布伯，為下一步的思想表述作準備。他發現兩位大師的書「不可思議」，其中的思想精細之極，令人絕望，「連最健康的肺也會喘不過氣來」。「克爾愷郭爾是一顆明星，雖然他所照耀的空間與我相去太遠。」一如既往，他話中有話，不意間自負流露：「這樣的談論需要煞費苦心，比如我，只因目前的處境，我才得以如此談論。這樣的書，至少要確實略勝哪怕那麼一點點，才能寫，才能讀。」他大概想說，機會恰當的話，他能寫出更好的文字、更絕望的思想、更不可思議的書。當然，眼下還不是時候：「眼下，我對它們心懷嫉妒。」[382]

春天來了。卡夫卡通過大量閱讀發現，克爾愷郭爾和自己原屬「精神鄰居」。無論就氣質、生理、婚姻、思想或作品（尤其作品的「自傳性質」），兩人均頗為相似。然而，兩人的表達方式卻大相徑庭。克爾愷郭爾更像「精

382　譯自 1918 年 1 月中下旬致奧斯卡·波姆。

神上的父親或導師」，傾向於正面表述，例如曾以絕對的自信聲稱，只要他願意報一個價，就會「讓整個歐洲的基督徒化為烏有」，因為在他看來，這些人徒有基督徒的稱號，思想言行為卻相去甚遠。卡夫卡不習慣這樣的表述，所以他發現，克爾愷郭爾「從鄰居變成了遙遠的明星」，令他欽佩之餘，並未充分認同：

>以《恐懼和顫慄》為例，⋯⋯其思想的正面性質表述得真有點大而無當，恐怕只有遭遇——例如——某位地道的普通舵工，才可能有所節制。我的意思是：正面表述走得太遠，就會彆扭起來。他看不到地上的普通人⋯⋯，卻在天上把亞伯拉罕表述得大而無當。[383]

卡夫卡暗指克爾愷郭爾的基督教立場。接下來，他以一貫的幽默式刻薄寫道：

>克爾愷郭爾無須言說，僅其立場即構成反駁。在他看來，一個人與上帝的關係，從根本上說，排除任何外部判斷。照此邏輯，甚或耶穌都無權判斷某位追隨者 [克爾愷郭爾？] 走了多遠。某種程度上，對於克爾愷郭爾而言，這一問題事關末日審判，也就是說，答案只能見於末日之後——如果那時還需要答案的話。[384]

亞伯拉罕乃猶太先祖，尊為「信心之父」；克爾愷郭爾以「信仰騎士」著稱；卡夫卡則屬「世俗猶太人」。卡夫卡反諷克爾愷郭爾，指稱後者未能正確表述亞伯拉罕。他舉出「普通人」作為抗辯，而「普通人」其實就是「世俗人」，近乎卡夫卡自己。他進而暗示亞伯拉罕跟克爾愷郭爾一道，違背了日常理性。三個人，牽涉三種信仰取向——猶太教、基督教與世俗人本主義（secular humanism）——三者關係複雜而微妙。

按道理，卡夫卡應與自己的先祖亞伯拉罕走得更近，並藉此更加深入理解克爾愷郭爾。後面兩位，各自代表猶太教和基督教，不約而同，一致抵達信仰的絕對真理：真正的信仰是純粹的恩典，出乎絕對與無限的神愛。對於吾人，信仰意味著超越對立範疇的深淵：創造與受造、神愛與愛欲、恩典與

383　譯自1918年3月中旬致布洛德。
384　譯自1918年3月末致布洛德。

猶太人質的悲與興：卡夫卡的曠野漂流
第三部：人的盡頭

歷史、神本與人本、恩典與罪愆、神愛與律法、啟示與理性、信仰與人生、超越與日常、神聖與世俗、彼岸與此岸、無限與有限……對於吾人，萬古以來有愛有罪，其範疇相互對立，非此即彼，理性無法整合，自由意志也不容混淆，然而，神愛之恩典卻可以成全。最終，萬古以來只有愛，愛成全律法，化腐朽為神奇，變歷史為恩典。事實上，這一切已然見證於創世的瞬間。[385] 恩典自我運動、自我成就，這是恩典的奧秘。對於這一奧秘，二人均「活出來」一種「道成肉身」的悖論：亞伯拉罕藉由獻祭獨子以撒，克爾愷郭爾則通過體認兩則思想：「把理性的眼睛挖出來」，因為信仰是「絕望的一躍」──舍此無法超越上述對立範疇的深淵！

然而，恩典真正的奧秘在於，無論亞伯拉罕還是克爾愷郭爾，「絕望的一躍」並非原因，而是結果。換句話說，就連「絕望的一躍」，也是恩典。概而言之，歷史既是歷史更是恩典，恩典必成就歷史為恩典！這意味著，恩典的真正奧秘只能是恩典自己──是恩典的自我運動與自我成就，而且就此而言，恩典無法抗拒。藉臨終日記，克爾愷郭爾完美表述了這一奧秘：

> 生活在凡俗的目的就是要使我們進到最高層次的厭世……上帝以他的愛而使他達到這點的人，……已經經受住了生活的考驗，已經變得成熟而進入永恆之境。

> 我曾犯有違逆上帝的罪行。這一冒瀆之舉在一定意義上不是我本人的，但它是與生俱來的，使我在上帝眼中有罪。與這冒瀆相應的懲罰是：被剝奪了一切生活的情欲，而被引至最高層次的厭世。人總想模仿上帝的工作，即使不是從無中創造人類，至少也要傳種接代。「你必須為此付出代價，因為你在今世的目的是──以我的仁慈（我只向那些得救的人顯示我的仁慈）──把你引向最高層次的厭世。」

---

385 參見《希伯來聖經·創世記》第 1-3 章，第 50 章 20 節。就律法最深刻的涵義，「創世」可視為律法的源起，更意味著「愛成全律法」。可參《馬太福音》5 章 17-19 節、22 章 37-40 節，《羅馬書》8 章、13 章 8-10 節。

第十四章：肺結核及其象徵

　　大多數人如今已喪失靈性，遠離聖恩，這種懲罰已經不適用他們了。他們已喪失了今世的生活，所以執著於今世的生活；他們原本就是虛無，所以成了虛無；他們虛度了此生。

　　那些持有一些靈性，沒有被聖恩所忽視的人被引入一種境界，在這種境界裡，他們體驗到那最高層次的厭世。但是他們不能使自己和那種境界協調起來，因此反叛上帝，等等。

　　只有那些被引入[最高]厭世的境界的人能夠在上帝聖恩的幫助下，堅信上帝依著愛行事，所以在他們的心靈裡，甚至在他們心靈的最幽深處，對於上帝是真愛，不存有絲毫的懷疑：唯有這些人才是成熟到可以進入永恆之境的人。

　　……一旦聽到那被他引入厭世之境的人讚美他，上帝便自語道：啊，就是這副嗓音！他說「就是它」，仿佛是一個發現；而實際上他早有準備，因為他自己早已出現在那人面前，並且親近他，幫助他，上帝能幫助他的，是僅在自由的範圍裡能夠實現的一切；只有自由意志才能實現這一切；但是妙就妙在能用稱謝上帝的方式表達自己，……以至聽不到任何東西，任何關於那一切出乎他自己所為的東西，只是滿懷感激之情，把一切歸於上帝，祈禱上帝，一如既往：一切皆上帝所為，所以那人不信自己，只信上帝。[386]

　　基督徒克爾愷郭爾如此，猶太人亞伯拉罕亦然。但是，猶太人卡夫卡卻不然。恰如克爾愷郭爾的一針見血，他算是「持有一些靈性」，亦然蒙恩得以「體驗到那最高層次的厭世」，然而自身無法與此「協調……，因而反叛上帝」。與其說他「迷路於克爾愷郭爾」，[387] 不如說他迷路於「理性的夢魘」。在反叛中，他只能相信自己，相應地，也無法不留戀今世。他挖苦克爾愷郭爾與「有限事物」缺乏聯繫，卻反而洩露了自身的文飾。

　　不錯，與卡夫卡一樣，克爾愷郭爾也恐懼婚姻。訂婚雷琪娜之後，也跟卡夫卡一樣惶惶不安、猶豫搖擺，同樣以解除婚約告終。此舉加劇了克爾愷郭爾的孤獨與痛苦，其程度，恐怕遠甚於卡夫卡。然而，憑藉信仰的恩典，

386　1855 年 9 月 25 日生平最後日記，載《克爾凱戈爾日記選》。
387　1918 年 3 月中旬致布洛德。

猶太人質的悲與興：卡夫卡的曠野漂流
第三部：人的盡頭

他得以「絕望一躍」，棄絕紅塵，上升至「最高層次的厭世」，「活出來」恩典的奇跡。如此「精神鄰居」，卡夫卡多少有點不堪面對。他與菲利斯揮淚訣別，情節感天動地。其後多次表示今生不問婚事。但事實表明，他一再背叛其自我承諾，就像他為之抗辯的「普通人」，再三陷入婚戀糾葛，用他自己的話說，「在人世間的骯髒和污穢中打滾」。

不過，既然歷史既是歷史更是恩典，那麼，卡夫卡最終也沒錯。後面將進一步看到，無論他有意無意如何「打滾」、「逆反」、「搗蛋」，無法這樣做出於主動還是被動，最終，上帝決定一切，恩典無法抗拒。以理性為依據，他看到了問題。以生命為憑藉，他亦然創造之受造。對於他，創造亦然早有特殊的預備。雖然回頭方知，不妨有所預感，哪怕一慨三歎：「難啊……通向愛的路總是穿越泥汙和貧窮。而蔑視的道路又很容易導致目的的喪失。因此，人們只能順從地接受各種各樣的路。也許只有這樣，人們才會到達目的地。」[388]

無論如何，最終，從浩繁的星空，卡夫卡本能地選擇了克爾愷郭爾。甚至他的反諷，不過也體現了內心深處的「反向作用」，暗示他深知其意義和價值，以至如此在乎。他的無意識不會欺騙他。無論當下形勢屬於「懸而未決」抑或「向死而生」，他亟需特殊的精神支持，非克爾愷郭爾這樣的「精神鄰居」無法提供。克爾愷郭爾一生孤獨無人能及；他承受家庭「症狀」之「重複」，遠勝於卡夫卡；生理條件更其可憐。面對克爾愷郭爾，他的確無話可說。尤其是，克爾愷郭爾憑藉恩典，化焦慮為「焦慮學校」，得以「接受畏懼[焦慮和……]可能性的教育」，砥礪出來「一個人的信仰」——或者說「一個人的迦南」——獨自面對上帝。這一信仰化腐朽為神奇，在焦慮之死的陣痛中永葆青春。克爾愷郭爾為人類留下「肉身成言」的寶貴遺產，包括卡夫卡眼下研讀的《恐懼和顫慄》、《致死之病》、《非此即彼》、《人生諸階段》、《再現》（又譯《重複》）、《瞬間》等作品。對於卡夫卡，克爾愷郭爾既是精神鄰居也是對立面和對話者，在絕境中轉移和吸引了他的注意力，刺激他思想的活力，其主要結果之一就是著名的八開本筆記，其中珍藏著思

---

[388] 《卡夫卡對我說》，第206頁。

想的礦藏，豐富而深邃，已要介於本書第六章。只是，終而言之，克爾愷郭爾作為「絕對個體」，無法取代「不一不異」的另一位「絕對個體」卡夫卡。

第四節：第三次訂婚：尤麗葉·沃莉澤克

1918 年 4 月 30 日，公司批准的假期結束了。卡夫卡重返布拉格——這位「帶爪子的小母親」。公務之餘，他抓緊時間操練思想，錘煉箴言，其成果即 8 部著名的八開本筆記。除開 1919 年 11 月寫完的《致父親的信》，這是他眼下唯一的工作。四個月的屈勞休假令他元氣大增。上午上班，下午學希伯來文，或赴郊外果園，參加「勞動生活」。偶爾約布洛德散步、游泳，不再頻繁晤面。有規律的生活讓他感覺充實。當然，他另有肺結核作為「母親」，對此，他不去住院療養，而是緊緊拉住「母親」的裙邊。

一戰行將結束。然而，10 月中旬，「西班牙流感」爆發，橫掃歐洲，再次打倒卡夫卡，並誘發可怕的雙側肺炎，令他生命垂危。好不容易康復過來，拖著虛弱的身子回公司上班，發現物是人非。原來，戰爭結束了，原來的奧地利（即奧匈帝國）解體為奧地利、匈牙利、捷克斯洛伐克。5 天前，原來的波希米亞王國改頭換面，成為捷克斯洛伐克共和國。公司性質也相應改變。

和平時期又開始了，但似乎與卡夫卡無緣。「在和平中你寸步難行，在戰爭中你流盡鮮血。」無論戰爭還是和平，對他有什麼區別？上班不到一個星期，感冒復發，高燒盜汗、呼吸困難，不一而足。「母親整日哭泣，我盡力安慰。」父親一直被蒙在鼓裡，現在眼見兒子雙病纏身，竟一反平日的嚴厲，躡手躡腳走進房間，站在門口，伸長脖子探望床上的卡夫卡，神情關切，舉手致意。以至卡夫卡「止不住幸福地哭起來」，日後憶及，「不禁又潸然淚下」。

眼下，奧塔爾正在農校學習農藝，打算學成之後前往巴勒斯坦尋找新生活。這也是卡夫卡支持的結果。家中無多餘人手，母親親自送他前往布拉格以東的小城什累申，在那兒休假療養。他在那兒一住就是 4 個月，並在一家膳宿公寓結識了尤麗葉·沃莉澤克。28 歲的她，同樣來自布拉格，父親是猶太鞋匠兼猶太教堂雜役，未婚夫在一戰期間不幸喪生。卡夫卡向布洛德描述

猶太人質的悲與興：卡夫卡的曠野漂流
第三部：人的盡頭

說，她大概屬於某種「懸而未決」的類型：「既平凡又奇特；既不是猶太人，也不是非猶太人；既不是德國人，也不是非德國人。喜歡看電影，聽輕歌劇和看喜劇，喜歡塗脂抹粉戴面紗，……總的說來很無知，樂而少悲……此外，她的心靈勇敢、誠實、忘我，——這麼多特徵集於一身，身體上無疑不是沒有美感，可是如此微不足道，就像一隻對著我的燈光飛來的蚊子。」她長於猶太依地語，單是這一點十分吸引卡夫卡。兩人交往期間，卡夫卡專門向布洛德借閱《猶太復國主義之第三階段》，並請推薦類似書目，試圖「改造」這位混血的猶太姑娘。

照卡夫卡的說法，兩人之所以聚到一起，是因為不幸的驅趕。膳宿公寓冷冷清清，兩個人似乎都有些歇斯底里，「每次相會，就要不停地笑上好幾天。在吃飯的時候，在散步的時候，當我們面對面地坐在一起的時候，我們都要笑一通。總起來說，我們的笑聲是不舒暢的，因為我們沒有充足的理由這樣縱情歡笑，這莫名其妙的笑聲是折磨人的、令人羞慚的；這笑聲使我們更加疏遠……我像一個遍體鱗傷的人，……我和尤麗葉剛認識時，我一到夜裡就輾轉反側，徹夜不眠……」

由於「遍體鱗傷」，卡夫卡最初高度約束自己，儘量與尤麗葉保持距離，減少見面的機會。寒冬漸臨，膳宿公寓的客人先後離去，最後只剩他們兩人。來往自然多了一些，還是保持了適當的距離。

尤麗葉・沃莉澤克（1891年－1944年），1919年卡夫卡曾同其訂婚，最中因為米倫娜的出現而同她解除了婚約。

卡夫卡雙親後來也經常光顧的療養公園

　　然而春天到了。1919 年 3 月，兩人先後返回布拉格。一回布拉格，卡夫卡無法再約束自己。他發現自己充滿想念。當即致信對方，然後兩人就「像被誰驅趕著似的飛到一塊兒去了」。陶醉在愛情中的卡夫卡甚至恢復了日記的寫作，留下短短幾條日記，雖然一如既往充滿寒意，但圍繞尤麗葉起了衝突。果然，他不久就萌發了結婚的念頭；於是，訣別菲利斯僅一年半之久，相識尤麗葉僅半年，也在生日之際，卡夫卡再次訂婚了。

　　36 歲的卡夫卡很快為結婚作了諸多準備。然而，據他稱，他告之父母此事，父親卻斷然反對，而且出語刻薄：「多半她穿了一件什麼迷人的襯衫，布拉格的猶太女人就會來這一套，你當然就一見鍾情，立刻決心要和她結婚。而且越快越好，一個星期以內就要結婚，甚至明天，最好是今天。我不明白你，你是個成年人了，你是在都市里，可你卻什麼能耐也沒有，只會隨便找個女人馬上同她結婚。難道除此以外就沒有別的辦法了？你要是害怕，我親自陪你去好了。」母親則「藉故離開了房間」。

　　旁人無法追查當時實情。然而，卡夫卡感覺很受傷，仿佛不幸的童年再現，並決心置父母意見於不顧。他和尤麗葉一起努力找到了一套房子，發表了結婚預告。不巧，婚事之前兩天，那套房子竟然先行租出去了。於是，雖

猶太人質的悲與興：卡夫卡的曠野漂流
第三部：人的盡頭

婚約尚存，第三次婚事自然流產，令人哭笑不得。事實說明父母當初的反應自有其道理。卡夫卡卻惱羞成怒，「舊恨新仇」一起湧上心頭，加之《鄉村醫生》和《在流放地》兩部集子出版，父親據稱不以為然，令他無法釋懷。其結果，他斷斷續續，最後寫成那封著名的《致父親的信》。

半年多之後，卡夫卡與與尤麗葉正式退婚。他滿懷歉疚致信尤麗葉的妹妹，解釋絕非有意傷害她的姐姐。他說，這次婚事雖然源於愛情，但根本的基礎還是理智。正是理智告訴他，他沒有結婚的條件和權利。「你的情況是：緊張過度，完完全全地為文學所吸引了，肺功能已經虛弱不堪，整天在辦公室搞那些抄抄寫寫的事，累得喘不過氣來。你還要在這種情況下結婚？而且，你還大言不慚地承認，自己必須結婚。你心懷這個目的，卻還有膽量，要求自己心安理得地進入夢鄉。第二天，你的頭像正在潰爛的傷口，疼得要命，但你還惝恍迷離地到處亂跑。難道，你還想憑著白天的這種精神狀態，連累一個完全依賴你、獻身於你、對你忠心耿耿的姑娘，讓她傷心？」

然而接下來，他又開始傷害尤麗葉。其時，他最終離開舍勒森返回布拉格，帶著一封《致父親的信》。11月24日，他致信尤麗葉父母，再次提出婚事問題：

> 不管它[傳言]的內容是什麼，又是如何得到證實和傳播的，都好像是在誹謗我，使我顯得可鄙、可笑。但是無論怎樣解釋，在這方面它是真實的，我給最純潔最善良的J·[尤麗葉]帶來這麼多痛苦，與此相比，任何僅僅來自社會的處罰都是微不足道的。
>
> ……請讓我們在一起吧，越過我所有的弱點，我們感覺彼此休戚相關。抱著一些希望，我打算2月份去慕尼克，大約待三個月。J[尤麗葉]也一直想離開布拉格，或許她也能去慕尼克。我們將見識另一片天地，有些東西或許自身會發生些變化，或者將改變某些弱點、某些恐懼，至少是改變它們的形式和它們的方向。[389]

---

[389] 1919年11月24日致尤麗葉沃莉澤克父母，引自《卡夫卡全集》，第7卷，第322-323頁。

帶著一紙「懸而未決」的婚約，卡夫卡走進 1920 年。這一年，他的生命將發生天翻地覆的巨變，當然不會因為尤麗葉，而是因為另一位非猶太的布拉格女子。她比卡夫卡年輕 12 歲，個性熱烈，敢作敢為。她的名字叫米倫娜傑森斯卡。

第十五章：米倫娜：「恐懼」與「骯髒」的戀情

難啊……通向愛的路總是穿越泥污和貧窮。而蔑視的道路又很容易導致目的的喪失。因此，人們只能順從地接受各種各樣的路。也許只有這樣，人們才會到達目的地。

——弗蘭茨·卡夫卡

第一節：勇敢者的遊戲

米倫娜何許人？借用卡夫卡的象徵，她擁有「可資自豪的肺」，與卡夫卡恰成對比，[390] 雖然後來證明此事並不屬實。維利·哈斯——卡夫卡和米倫娜共同的朋友——這樣描述說：

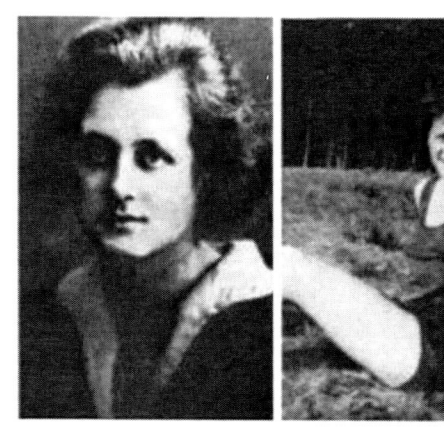

米 倫 娜

有時，她像 16、17 世紀的一個貴族成員，精神飽滿、神采飛揚……在需要她作出決斷時，她充滿了激情，敢作敢為，冷酷、聰穎；在需要激情時，她會不假思索，採取一切手段獻出激情——她在青春時代總是這樣的。作為朋友，她有著取之不竭、用之不盡的友情，有著無窮無盡的幫助人的辦法，人們往往為之瞠目，真不知道她是怎樣找到那些辦法的；她對朋友也有沒完沒了的要求……作為情人，她也是如此。那時，她揮霍無度，她揮霍的範圍

390　卡夫卡最初在進入布拉格工傷事故保險公司時所作的體檢就顯示肺部有濁音，只是尚未影響健康。

簡直難以令人置信,她自己的生活、錢財和情感都包括在內。在她看來,她自己的情感和別人的情感是一種必要的資本,這些必要的資本是供她自由支配的。[391]

米倫娜據稱擁有貴族血統,出身於布拉格一個古老的捷克愛國家族,該家族曾勇敢反抗奧地利統治者。早在 17 世紀,一位祖先即因此被處極刑,家族姓氏因此鐫刻於一面巨大的青銅紀念牌,成為公共愛國遺產。然而,米倫娜的個人生活卻相當不幸。父親是布拉格著名的醫學教授,在家中卻獨斷專行。13 歲那年她失去母親,從此獨自一人——像卡夫卡一樣——面對父親的「暴政」。後來,米倫娜離經叛道愛上猶太人艾恩斯坦·波拉克,父親激烈阻止,甚至將她送交護理所強行監管。米倫娜從那兒逃出來,與波拉克逃離布拉格,私奔到維也納成婚,其性格特徵就此可見一斑。時代精神為米倫娜提供了理想的舞臺。她首批畢業於一所著名的人文女子學校,一戰後捷克共和國誕生,她自然躋身於共和國第一代自由女性。當時,布拉格人都激動不已,熱烈談論怎樣投奔自由,如何「出走」或「私奔」。據她晚年一位友人描述,「對她來說,愛情是唯一真正偉大的生活……她從不害臊、從不靦腆;她從來認為,強烈地感受到別人對自己的愛慕,這決不是一件令人羞愧的事情;她認為,愛情是一件清白無辜、理所當然的事情」。在憧憬愛情的同時,米倫娜也熱衷革命。她積極參加共產主義運動,活躍於反法西斯的鬥爭,憑藉傑出的文筆參加戰鬥。她擁有眾多朋友,其中包括伏契克這樣的人物,後者是著名的捷克共產主義者,留下大名鼎鼎的《絞刑下的報告》。

米倫娜的丈夫波拉克,也是當時小有名氣的作家。身為猶太人,他竟遭時代精神完全同化,成功叛逆種族的命運。從個性上講,他是那種所謂「永遠的大學生」,才華橫溢而又風流成性,身邊始終圍繞著一大群女性崇拜者,接二連三發生婚外情。由此形成心理學上的奇觀:猶太人波拉克讓米倫娜備受打擊,又無法擺脫丈夫的魅力,也沒有勇氣放棄婚姻。其時,一次大戰行將結束,維也納遍城充斥咖啡店式的文學沙龍,其間輕浮與才學混雜,米倫娜遂成座上客。本質上她並不適應,因而十分痛苦,有一陣子,甚至藉可卡

391　轉引自,瓦根巴赫《卡夫卡傳》,第 131 頁。

猶太人質的悲與興：卡夫卡的曠野漂流
第三部：人的盡頭

因麻醉自己。苦悶和壓抑損壞了她為之自豪的肺，不僅呼吸困難，還偶有咳血，以至醫生不得不提出警告。恰逢其時，她遭遇了卡夫卡。

還在 1919 年 10 月底，卡夫卡收到一封來信，對方提醒說她是米倫娜，他們曾經見過面。卡夫卡想起來，他的確見過米倫娜和她的丈夫波拉克，但不甚清晰。米倫娜在來信中希望能得到允許，由她把卡夫卡的一些作品由德文譯成捷克文。卡夫卡覆了信，但不知何故未獲回音。

1920 年 1 月 1 日，卡夫卡被公司提升為「書記官」。4 月初，公司批准他赴義大利美蘭（Meran）療養三個月。一到美麗的美蘭，卡夫卡即致信維也納的米倫娜，委婉希望對方來美蘭一晤，不久又再去一信，並終於收到對方回信，此後兩人通信漸漸頻繁起來。米倫娜告之自己「呼吸困難」，卡夫卡則聽出弦外有音：「我多想把美蘭賜給您啊！……假如您到這兒來，在這雙重含義上事情總會有所緩解的。」作為過來人，卡夫卡不時就米倫娜肺部病情發表意見。同病相憐既是實情，也是微妙的隱喻。無論二人是否自覺，內心都暗藏疾病的隱憂和死亡的恐懼，生之渴望因此更加強烈。二人內心都想尋覓患難知己，也不忘表現英雄救美的仗義。經由這樣的你來我往，到 5 月初，卡夫卡認為已贏得米倫娜的芳心：

失眠頻頻向我襲來，特別是最近這段時間。失眠可能有種種原因，其中之一也許是同維也納[米倫娜]的通信。她是一團我從未見過的生機勃勃的烈焰，儘管如此，卻只為他而燃燒。燃燒時極其溫柔、勇敢、聰穎，她犧牲一切，或者若她願意，通過犧牲贏得了一切。而激起這團火的又是怎樣一個男人呢？[392]

卡夫卡正確地估計了自己，因為他知道自己是一個什麼樣的男人。然而，他錯誤地估計米倫娜，因為她不會「犧牲一切」。而維也納那邊，米倫娜也正確估計了自己，但錯誤地估計了卡夫卡，因為她不知道卡夫卡是一個什麼樣的男人。

---

[392] 1920 年 5 月初卡夫卡自義大利美蘭致布洛德，《卡夫卡全集》，第 7 卷，第 348 頁。

第十五章：米倫娜：「恐懼」與「骯髒」的戀情

果然，沒出多久，米倫娜就發難了。她明明知道卡夫卡是猶太人，卻還是要問卡夫卡是否猶太人。大概就從這兒開始，卡夫卡逐漸清醒起來。5月30日，卡夫卡從美蘭回覆米倫娜，開篇即反問，「您對人性瞭解多少？」接下來慢慢引入正題：

那麼現在來處理「猶太人」問題。您問我是否猶太人，也許不過一句玩笑，也許只是想瞭解：我是否屬於那種惶恐不安的猶太人。[393]

致米倫娜手跡

敏感、敏銳如卡夫卡，他意識到米倫娜提出了委婉的指責。從米倫娜這邊，以她的性格，也可以說，她慢慢瞭解到卡夫卡性格的「絕對單數性質」，或許是他的優柔寡斷，可能是他的謹小慎微，概而言之是缺乏勇氣，用哲學的話說即是：恐懼。不過，雙方畢竟身處熱戀的激情，因而，米倫娜的質疑可能十分隱晦，卡夫卡的回應也相當隱忍。情不自禁，他寫下那段著名的「猶太哀歌」。

6月3日，卡夫卡繼續抒寫他的哀歌：

也請想想看，米倫娜，我怎麼才來到您身邊？我用了38年的人生（因為我是猶太人，這段路其實要漫長得多）！看起來，是在人生轉折處，我出乎預料遇見您。過去沒指望過能遇見您。如果說相遇恨晚，那麼，米倫娜，我哭不出來，即便內心也哭不出來⋯⋯[394]

然而，就在這封信中，卡夫卡已然將兩人的對話升級，提出「同體大恐」的問題：悲哀的恐懼並非猶太人卡夫卡私有，也為基督徒米倫娜共有。往後，

393　譯自1920年5月30日自義大利美蘭致米倫娜。
394　譯自1920年6月3日自美蘭致米倫娜。

273

猶太人質的悲與興：卡夫卡的曠野漂流
第三部：人的盡頭

卡夫卡進一步提出「同體大罪」乃「同體大恐」的終極誘因。情書往返，血肉模糊，其間，他最終完成了里程碑式的論證：猶太人，包括猶太人卡夫卡，不過是人類「同體大罪 - 大恐」的人質或「替罪羊」。

回到眼下，療養假期就要結束了，37歲的生日也快到了。一個動議不知被誰提上了日程：趁卡夫卡返布拉格之際，在維也納共度7月3日的生日。對此動議，卡夫卡致信米倫娜表示了「恐懼」：

我不想（米倫娜，我詞不達意！）我不想（並非口吃）去維也納，因為我無法承受精神壓力。我精神上有病，肺病無非是精神病氾濫成災。[395]

當然，5月31日這封信表示的「阻抗」，可能與頭天信中的「猶太人」問題有關。不過，熱戀總有熱戀的溫度，而且，熱戀說明雙方並不真正瞭解。最終，卡夫卡終於成行維也納——客觀上講，為達成真正的瞭解。

6月27日，卡夫卡動身離開美蘭返回布拉格，中途自6月30日至7月4日在維也納逗留了四天。

經過四天的「親密接觸」，米倫娜終於認識到事情的實質，她在後來致布洛德的信中寫道：

他跑了一整天，上山，下山，他在陽光下行走，沒有咳嗽過一次，他的胃口好得嚇人，睡得像個風笛，他就是健康的，他的病在這幾天中對我們來說就像是一場小小的感冒，假如我當時同他一起去布拉格，那麼我對他來說將至今仍然像當時一樣。但……我沒有能力離開我的丈夫，也許我的女性味太濃了，以致我沒有力量投身於那種生活，我知道這意味著一生度過最嚴厲恪守的苦行生活。然而在我心中卻燃燒著一個無法抑制的欲望，一個對另一種生活的瘋狂的欲望，渴望我正在過和必將過的生活，渴望有一個孩子的生活，渴望一種接近地面的生活。這種欲望在我心裡戰勝了其他一切，戰勝了愛情……我知道，他不曾抗拒生活，而僅僅是抗拒這兒生活的這種方式。假如我能夠同他一起生活，那麼他會同我一起幸福地生活的。但這些我今天才

395　譯自1920年5月31日自義大利美蘭致米倫娜。

明白，所有這些。當時我是個凡俗的女人，就像世界上所有的女人一樣，一個渺小的、有性衝動的小女人。他的恐懼由此產生。[396]

換句話說，卡夫卡要婚姻，而米倫娜給不出他所要的婚姻。然而，事情還有更深的機理：一方面，米倫娜內心留戀丈夫；另一方面，卡夫卡並不能給出米倫娜想要的婚姻。正如菲利斯深知，卡夫卡只能過他柏拉圖式的「貞潔的婚姻生活」。但是，這樣的生活無法滿足米倫娜，她要一種有性生活、有生育的婚姻——事實上，如後所見，她最後爭取到的，正是這樣一場婚姻——雖然迅速又失去，哪怕偶然地，見證了一次「卡夫卡式」（Kafkaseque）！

第二節：較量與見證

7月5日，卡夫卡休假結束返布拉格，當日即約見未婚妻尤麗葉，經過痛苦的衝突，卡夫卡解除了生平第三個婚約。[397] 此前此後，他與米倫娜頻繁通信，進行漫長的對話與爭吵。7月13日，醫生告之，相比美蘭休假之前，他的病情反而加重了。兩天後，奧塔爾結婚。卡夫卡再次叩問米倫娜：是否願意衝破名存實亡的婚姻，離開維也納來布拉格。米倫娜一方面擔心他因偏執舉止而進一步損害健康，另一方面直陳己見，批評他深懷恐懼。卡夫卡乘勢公開袒露恐懼作為反擊。米倫娜轉而承認卡夫卡恐懼的合理性，願一道進行分析和討論。卡夫卡乾脆申明：「我就是恐懼所組成。或許，它是我身上最好的成份……除此之外，還有什麼值得你愛？」對於四天的維也納之行，他解讀為浪漫愛情，聲稱是他此生唯一的幸福與自豪；正因為如此，他渴望與她結合。但是，他沒忘挑明：他害怕那道入夜的鴻溝，恐懼「床上的半小時」——他專門指出——米倫娜不也輕蔑謂之「男人的事情」？米倫娜指稱他存在「恐懼-渴望」，即對渴望充滿恐懼。卡夫卡尖銳反駁，說自己沒有渴望，只有恐懼；人性本骯髒，甚至陀斯妥耶夫斯基也無法倖免；但他對骯髒沒有渴望，只有恐懼；而且，他恐懼一切，而不單單是與她做愛。為支持

---

[396] 米倫娜致布洛德，1921年1-2月，轉引自布洛德《卡夫卡傳》第238-239頁。
[397] 據稱，幾年後尤麗葉被送進了一家精神病院，後來可能死在那裡。參見：尼古拉斯·默里，《卡夫卡》，第20章。

猶太人質的悲與興：卡夫卡的曠野漂流
第三部：人的盡頭

自己的反駁，他專門引證了他生平第一次性愛，特別還有美蘭假期與米倫娜的兩次偷情。

　　一方面柔情蜜意，一方面明槍暗箭，兩人思想情感的較量不斷升級，最後達到世界觀的高度。如本書第七章所見，卡夫卡的結論是，這個世界上無人不恐懼，米倫娜也是人，所以米倫娜也跟他一樣恐懼，只是表現形式有所不同而已，必要的時候，人們完全可能通過欲望來表達恐懼。

　　如此你來我往，其結果不難想像。8月初，米倫娜鄭重聲明無法離開丈夫，因為她太愛丈夫，而丈夫也太需要她。與此同時她向布洛德發出一封重要的長信。

　　大概在7月裡，經卡夫卡介紹，布洛德曾就某事宜諮詢過米倫娜。7月21日，米倫娜回覆布洛德，順便希望瞭解卡夫卡更多情況。布洛德回信談及卡夫卡的病情。7月29日，米倫娜再致布洛德，驚訝於卡夫卡的病情，並述及卡夫卡與自己戀情的程度，另外暗示「我的婚姻以及我對丈夫的愛情十分複雜」。布洛德覆信米倫娜，大概委婉表達了對事情的關心。接下來便是米倫娜8月初那封重要的長信，信中她正言若反，細數卡夫卡的「畏懼」，並表示無法理喻卡夫卡的「畏懼」。她不同意布洛德的看法：卡夫卡「畏懼愛情而不畏懼生活」。為此她列舉了生活中的卡夫卡為一兩個克朗而踟躕再三：

　　我真想夜以繼日地回覆您的信。您說，為什麼弗蘭茨畏懼愛情而不畏懼生活呢？然而我想，事情不是這樣的。生活對他來說與對所有其他人完全不同，首先，金錢、交易所、外匯中心、甚至一台打字機在他心目中都是神秘的事物（事實上它們也是如此，只不過我們花叢沒有感覺到而已），它們對他來說是最奇怪的謎，他面對它們的態度與我們完全不同。比如他的公務員工作是一種普通的履行職責嗎？在他眼裡機關（包括他自己的）是那麼謎一樣，那麼值得欣賞，就像一個孩子看待火車一樣。他弄不懂世界上最簡單的事。您曾同他一起去過郵局嗎？他按照格式寫好電文，搖著頭去找他最喜歡的一個小視窗，於是（絲毫無法理解為什麼）從一個視窗直到另一個視窗，直到碰到合適的，然後他數好錢，拿到找頭，點一點收到的零錢，發現人家多給了他一個克朗，把這個克朗還給坐在窗後的小姐。然後他慢慢走開，再

點一遍錢，在最後一道樓梯上他發現那給還的一個克朗仍然應該是他的。這會兒您站在他旁邊不知怎麼辦才好，他兩腳交替落地，考慮該怎麼辦。走回去是困難的，上面擠著一堆人。「讓它去吧」，我說。他震驚地看著我。怎麼可以算了呢？他並不是為這個克朗難過。但這樣不好。這根本不是一個克朗的問題。怎麼能聽之任之呢？他就此說了很多，對我非常不滿。而這樣的事重複發生在每個飯店裡，在每個女乞丐那兒，以各種各樣的形式出現。有一次他給了一個女乞丐兩個克朗，想要收回一個。她說她沒錢找。我們在那裡站了兩分鐘，考慮怎麼辦這件事。後來他想起來，他可以把兩個克朗都給她。但剛走開幾步，他就變得悶悶不樂。而這同一個人不言而喻會毫不猶豫地、激動地、非常愉快地給我兩萬克朗。[398]

「可是，」米倫娜假定說，「假如我請求他給我二萬零一克朗，我們就必須找個地方換錢，如果不知道在哪裡可以把 [一個] 二克朗換成兩個 [一克朗]，那麼他就會認真考慮，他應該怎麼處理不該給我的那個克朗。」她繼續細數卡夫卡的「狹隘」與「恐懼」：

他對錢的狹隘幾乎同對女人的狹隘一樣。他對機關的恐懼同樣如此。有一次我給他打電報、打電話、寫信，懇求他看在上帝的份上到這裡來一天。當時對我來說非常必要。我拼命詛咒他。他幾夜睡不著，折磨自己，寫了一些充滿自我踐踏的信來，但人沒有來。為什麼呢？他不能請求休假。他不能向經理——即那個他從內心深處（真實地！）欽佩的經理，因為他打字速度快——他不能向他說，他要到我這兒來。找別的藉口——又是一封震驚的來信——怎麼說呢？撒謊？對經理編個謊言？不可能。假如您問他，為什麼他曾經愛他第一個未婚妻，他回答：「她是那麼會做生意。」說這話時，他的臉因為敬重而放光。

如我們所知，卡夫卡的確「狹隘」、「恐懼」，然而，他真像米倫娜的描述，竟然如此「狹隘」、「恐懼」？

或許，卡夫卡只是下意識抗拒與米倫娜的關係——非他所願的「這兒生活的這種方式」——而這個短語正是由米倫娜自己加上了著重號。

398　米倫娜致布洛德，1920 年 8 月初，見布洛德《卡夫卡傳》，第 231-234 頁，下同。

猶太人質的悲與興：卡夫卡的曠野漂流
第三部：人的盡頭

甚至，深患「婚姻綜合症」的卡夫卡，雖然向米倫娜訴諸婚姻，但骨子裡同時也恐懼婚姻，一如既往？果真如此，那麼，所謂的「狹隘」、「恐懼」，無非是卡夫卡深層無意識的「狡計」，一如他三年前與菲利斯訣別前的懺悔：「我的所謂肺結核……是一件武器，與早先使用過的無數其他武器（從『生理上的無能』到我的『工作』到我的『吝嗇』）相比，它似乎更方便、更根本。」為什麼需要這樣的武器？個中理由也一如既往：一旦涉及婚姻，無論菲利斯還是米倫娜，無不化身為「生活的代表」，就像生身父親赫曼·卡夫卡，代表著世界，要將他撕碎。所以，末了，他——「兩腳交替落地」——猶豫、踟躕、分裂、痛苦……而終至於「狹隘」、「恐懼」。

這一切，米倫娜也許並不完全明瞭，但不可能毫無領會。事實上，接下來，她話鋒一轉，論及另一位——也是同一位——卡夫卡：

噢，不，整個世界對他來說是……「會做生意」的 [世界]。……打字打得快的人、有四個情婦的人對他來說是不可理解的……

……我們不知何時已在撒謊中找到了避難所，避到了目不見物、精神激昂之中……但他從來沒有逃到某種避難所之中……他絕對沒有撒謊的能力，就如他沒有灌醉自己的能力一樣。他沒有一絲一毫庇護，沒有棲身之處。他就像一個赤裸裸的人處於穿著衣服的人們中間。……而他的苦行主義毫無英雄氣概——因而更顯得偉大和崇高。任何「英雄主義」都是謊言和懦弱。這不是一個由於其苦行主義作為達到某種目的之手段的人；這是一個由於其可怕的洞察力、純潔性和無妥協之能力而被迫採取苦行主義的人。……

他的書是令人驚訝的。他自己則是更令人驚訝得多。

正是在這封信中，米倫娜向布洛德——也向世人——沉痛驚呼：「弗蘭茨不諳生活！弗蘭茨無力生活！弗蘭茨好不了啦！弗蘭茨要死了——千真萬確！」

然而不知何故，約兩週後，8月中旬，兩人竟在捷克-奧地利邊境小城格蒙德共度週末，沉湎情愛，讓「格蒙德」一度成為兩人的標誌用語。只能這樣理解：米倫娜一方，恐怕更多是真實的遊戲，或許暗含「英雄救美」的

第十五章：米倫娜：「恐懼」與「骯髒」的戀情

惺惺相惜；卡夫卡則偏執一如既往，既孩子氣又十分老成執著。兩人似乎都想來點自我證明——當然，其中也不乏情愛（eros）的自我見證，這是情愛的本性：「我很自豪，全世界都可以從我被雨水澆透了的衣服上看出，我是從格蒙德來的。」[399]——如此豪言壯語，來自大約8月19日卡夫卡致米倫娜。很快，情愛開始為自己埋單。

米倫娜大概內心失衡，首先發難，並稱「我不需要你就此答覆」云云。[400]這個問題——大概連同相關內容——令卡夫卡敏感，並加以「甜蜜而怨毒」的反擊。8月26日，卡夫卡回覆米倫娜：「我的確骯髒，米倫娜，骯髒之極。這就是為什麼我要大聲疾呼純潔。」前一句大概正言若反，捍衛自己的純潔；後一句大概提醒米倫娜，別忘了「格蒙德之愛」的細節。接下來，他順勢寫出那句千古名言：「相比地獄最深處的人，無人能唱得更純潔。凡我們以為天使的歌唱，其實是他們在歌唱。」兩人你來我往，一反二複，自8月底9月初，開始糾纏「骯髒」、「污穢」、「原罪」或「恐懼」。卡夫卡堅持認為，這些現象源自曾經純潔的伊甸園，是人類共同的遺產，絕非他個人的專利。「米倫娜也是人！」——言下之意，任何人，包括米倫娜，無法逃避同體大罪的命運，因而也無法不「同體大懼」、「同體大髒」。爭吵顯然愈演愈烈。9月15日，卡夫卡收讀米倫娜來信後首次提議中止通信。9月20日，卡夫卡繼續「甜蜜而怨毒」的反諷：「我一直過著自己骯髒的生活，這是我自己的事情。然而，不巧讓你也捲入進來，事情的性質就完全不同了，甚至不僅僅是對你的冒犯。……更可怕的是，你讓我更加認識到自己的骯髒……這讓我額頭直冒恐懼的冷汗；至於你的過錯，根本無從說起。」如此「格蒙德之愛」，當然令他深感「對佔有的疲倦」。年底他赴馬特里亞利療養，從那兒至今米倫娜，再次強烈呼籲停止通信：

---

[399] 約1920年8月19日自布拉格致米倫娜，引自《卡夫卡全集》第10卷，第383頁。
[400] 轉譯自1920年8月26日自布拉格致米倫娜。包括以下書信，均譯自1920年8-9月卡夫卡致米倫娜。二人往來線索之所以無法詳考，主要是因為米倫娜信件的缺失——她曾委託布洛德代為燒毀她寫給卡夫卡的信，不知結果如何。參見布洛德《卡夫卡傳》第244頁。順便指出，這樣一種不對稱的書信留存，也見於卡夫卡與菲利斯之間。推而廣之，此處疑難，普遍存在於類似案例。例如，文森特·凡·高與弟弟提奧的通信往來，凡·高信件保存完整，提奧信件卻基本缺失。

不要寫信來，阻止我們再會面。只有這個請求靜靜地充實著我的內心，只有它能使我以某種方式活下去，其它一切只能繼續摧毀。[401]

第三節：「她去的地方還會有黑暗嗎？」

自此，兩人通信大體上結束，但並未斷絕往來。米倫娜希望不時與卡夫卡會面，卡夫卡堅持強調：反對婚姻的替代物。如前所述，對於猶太人卡夫卡，無論就其文學象徵或信仰實質，婚姻承載著「亞伯拉罕之約」。就此而言，婚姻乃不可承受之重，令他無暇顧及什麼「生死中不可承受之輕」云云。他身材修長、體型姣好、相貌出眾，卻絕無沾花惹草之心，也完全沒有任何色情趣向。恰如一位生前好友的回憶：「關於姑娘們他頂多只是泛泛談及⋯⋯布拉格一位年青漂亮的姑娘告訴我，她給卡夫卡寫過許多信，她愛上了他。卡夫卡給她寫了詳細的回信，提醒她當心自己。」[402] 事情的確反諷，有如卡夫卡不朽的文學，自稱「骯髒」、「污穢」的他，滿懷其「婚姻綜合症」，情願在地獄至深處天使般獨唱。雖然「渴望」，終歸「恐懼」，無意「神魂顛倒」，不屑「高貴的反叛」，罔顧「浪漫的友情」等等。他「不知激情為何物」，空有「地獄的溫柔」。正如 1920 年 9 月 14 日他致信米倫娜所述：

情況大致如此：我，林中之獸，那時很少待在林中，只是躺在某處一個骯髒的溝壑中（骯髒自然只是由於我目前的處境），看見你在外面，你是我見過的生物中最美麗的，我忘記了一切，甚至完全遺忘了自己，站了起來，走近些，我的心在這新鮮的、可仍然是屬於家鄉的自由空氣中顫抖著，但還是走近了，一直走到你的身邊。你是那麼和善，我在你身邊蹲了下去——好像你允許我這麼做似的，把臉貼在你的手上。我是多麼幸福！多麼自豪！多麼自由！多麼強大！如同在家裡一樣，我總是這麼說：如同在家裡一樣——可是從根本上說我卻只是一頭野獸，只有森林是我的歸宿，而能夠 [暫時] 待在 [森林之外的] 野外只是由於你的慈悲。我從你的眼睛裡尋找我的命運，而自己卻並不知道（因為我已經忘掉了一切）。但這持續不了多久。儘管你用最仁慈的手撫摸著我，你總會發現我身上的某些奇怪跡象，表明我來自森

401　轉引自，布洛德，《卡夫卡傳》，第 236 頁。
402　魯道夫·福克斯，《回憶弗蘭茨·卡夫卡》，見布洛德《卡夫卡傳》，第 269 頁以下。

第十五章：米倫娜：「恐懼」與「骯髒」的戀情

林,表明森林是我的老家,我真正的家鄉。我們不得不談到,不得不一再重複著「恐懼」,它折磨著我的每一根裸露的神經(也折磨著你,但不是故意地),它在我面前不斷增長著。對你來說我是怎樣一種不潔的禍害,怎樣一種到處干擾你的障礙啊![……終於]我想起了我是誰,在你的眼睛裡我看到錯覺已經消逝,我懷著惡夢般的驚恐(在某個不該來的地方湊熱鬧,就像是在自己[父母]家裡一樣)。我真的懷著這種驚恐,我必須回到黑暗中去。我受不了目光,我絕望了,真像一隻迷途的野獸,奔跑起來,儘快地跑呀,腦子裡只有一個想法:「要是我能帶走她該多好!」還有一個對立的想法:「她去的地方還會有黑暗嗎?」[403]

「生活世界」,人性本悲哀。置身如此悲哀的現實,關切越深,傷痛越深。所以,常人——包括「小女人」米倫娜——恐難面對,遂有意無意需要這樣那樣的「替代」,尤其「婚姻的替代」。但卡夫卡不需要,若是需要——簡言之——三年前他就不會與菲利斯揮淚訣別,一如眼下與米倫娜痛斷情緣。

大約一年之後,即1921年秋,米倫娜數度赴布拉格看望卡夫卡,就在這個秋天,卡夫卡把生平全部日記交米倫娜保管,包括《美國》和《致父親的信》手稿。其中日記和《致父親的信》這兩部分,在當時看來,極具私密性,就此而言,他信任米倫娜堪比信任布洛德,甚至有過之而無不及。與此同時,兩人尚能保持零星通信。

1922年3-4月之交,已近彌留之際的卡夫卡致米倫娜一封重要的長信,[404] 信中進一步深化了他關於「恐懼-欲望」的辯證法,他論證說,甚至寫信的欲望也出於恐懼:恐懼孤獨,恐懼失去人與人的聯繫,恐懼從生存之網上「跌落」進死亡的虛空。他論證說,這種恐懼其實無法通過寫信來克服,相反,寫信反而會誘發和強化這種恐懼。卡夫卡說,這一切都出於他自己血肉模糊的經驗:

403　1920年9月14日自布拉格致米倫娜,引自《致米倫娜情書》,見《卡夫卡全集》第10卷,第398-399頁。
404　參見1922年4月6日日記。

猶太人質的悲與興：卡夫卡的曠野漂流
第三部：人的盡頭

　　我已經很久沒有給您寫信了，米倫娜夫人。今天我也只是因為一件偶然的事才提筆的。我不想為不寫信道歉。您也知道，我對信是多麼痛恨。我一生的一切不幸（我在此並不想抱怨，只是想總結出一條普遍的教訓來）都來自信件或者來自寫信的可能性，假如可以這麼說的話。人們幾乎沒有欺騙過我，但是信總是在欺騙，並且不是別人的，而正是我自己的信。發生在我身上這是一種特殊的不幸，對此我不想多說了，但同時也是一種普遍的不幸。單單從理論上看，由於寫信想寫就可以寫，輕而易舉，這就勢必把可怕的靈魂紊亂帶來世間來。這是一種同幽靈打交道的行動，不僅是同接信人的幽靈，而且也是同自己的幽靈。幽靈在寫信的那只手下成長……[405]

　　卡夫卡話鋒一轉，直指問題的本質：寫信只是通向欲望的手段，寫作就像魔法師一樣召喚出了欲望。然而問題在於，欲望一旦被召喚出來，就無法通過寫信來平息。所以人類不斷花樣翻新，更新文明，試圖以此平息欲望，最終亦屬徒勞：

　　人們怎麼會偏偏產生這樣的想法：人與人可以通過信件互相交流！人們可以想起一個遠方的人，人們可以抓住一個近處的人，其他一切都超出人的力量。但寫信則意味著：在貪婪地等待著的幽靈面前剝光自己。寫下的吻不會到達它們的目的地，而是在中途就被幽靈們吮吸得一乾二淨。它們正是通過這種豐富的營養駭人聽聞地繁殖著。人類感覺到這一點，也在與此鬥爭。為了盡可能把幽靈似的東西與人隔絕，為了達到自然交往的目的，獲得心靈的安寧，他們發明了鐵路、汽車和飛機，但已經起不了什麼作用。這顯然是些在毀滅過程中產生的發明；其對立面則更平靜、更強大，它為郵政發明了電報、電話。幽靈們不會餓死，而我們將會滅亡。

　　然而，即便如此，卡夫卡還是坦率承認自己身上仍然存在著「幽靈」：

　　這個關於信的故事給了我一個寫一封信的機會。……那麼，米倫娜夫人，我為什麼不能給您，也許是我最願意的人，也寫一封信呢（只要還願意寫信，

---

[405] 1922 年 3 月末自布拉格致米倫娜。譯文引自《卡夫卡全集》，第 10 卷，第 429 頁 -431 頁前五行（此劃分依據：Franz Kafka, Letters to Milena），下同。

何樂而不為呢?這話當然只是說給那些貪婪地包圍著我的桌子的幽靈們聽的)。

收讀此信,米倫娜於 1922 年 4 月 27 日再次前往布拉格探望卡夫卡。[406] 這是他們最後的會面:

M.[米倫娜] 來過,再也不會來了;這或許是明智、正確之舉,不過,可能性並非完全不存在:我們關上門,我們守住門,唯恐它打開——或者寧可說——唯恐我們把它打開,因為它自己不會開。[407]

一年後,卡夫卡邂逅多拉·迪亞曼特。這是一位年輕的猶太姑娘,她帶著全新氣息走進卡夫卡的生活,並陪伴他走到人生的末了。

1924 年 6 月 3 日,卡夫卡辭世。第三天,米倫娜寫下訃告,刊登於次日的捷克文報紙 Národní listy,其中引用卡夫卡情書中的思想,對往日戀人作出如下評價:

弗蘭茨·卡夫卡博士,……多年遭受肺結核折磨,在爭取治療的同時,也有意扶植,在思想中加以培養。他曾在信中寫道:當心靈無法承受,肺就主動來分擔。……此舉賦予他不可思議的溫柔,令他的精神氣質如此高雅,世所罕見。……

他為人靦腆、焦慮、溫和、善良,然而,他的作品卻具有可怕和痛苦的力量。在他看來,世界充滿看不見的魔鬼,撕裂並毀滅毫無防備的人類。他如此敏銳,如此智慧,以至無法生存,……他擁有高貴的軟弱,……像他這樣的人,其生命如此美麗,所以害怕人間的誤解、惡意、聰明的謊言等等;由於首先意識到自身的孤弱,他們無法與自身的害怕作鬥爭;然而,他們的失敗卻羞辱了勝利者。他……幾乎就是一位先知。他對世界的瞭解平凡而深刻,他自身就是一個平凡而深刻的世界。……

他的作品無不真實,樸實,痛苦,……它們充滿了直截了當的蔑視和敏銳的透視,擁有如此眼光的人,對世界的本性如此清楚,以至無法繼續堅持,

---

406 參見 1922 年 4 月 27 日日記。
407 譯自 1922 年 5 月 8 日日記。

猶太人質的悲與興：卡夫卡的曠野漂流
第三部：人的盡頭

這樣的人註定活不下去，因為他拒絕妥協或庇護，無法像別人那樣有意無意巧智經營，甚至兜售體面的謊言……[408]

不久，米倫娜將卡夫卡所交托的手稿全部轉交布洛德。在此前後，如卡夫卡所預見，她與猶太人丈夫的「婚姻和愛情」最終破滅。1925 年，米倫娜與自己所反叛的父親和解，重返布拉格父親家中暫居。她一面保持寫作，一面參與「旋覆花社」的活動，這是當時著名的捷克先鋒派青年文學藝術團體，在其中，她結識了傑出的捷克建築設計師亞羅米爾·克列耶卡，並與之相愛、成婚，終於達成自己所渴望的生活。其時乃 1927 年，她 32 歲，距卡夫卡辭世不過 3 年。次年，她如願生下女兒賈娜，卻落下左腿麻痺的終身頑疾。治療過程中使用了嗎啡，遂不幸導致藥物上癮，致使她無法寫作。更不幸的是，第二次婚姻也因此毀於一旦。其後，米倫娜加入捷克共產黨，漸漸恢復活力，開始為黨報寫稿。與此同時，她與黨內一位猶太同志產生了感情，成為伴侶。1936 年，前蘇聯公審並槍決季諾維也夫與加米涅夫，米倫娜和她的男友雙雙退黨。之後投身反法西斯的民主解放運動，為該運動刊物《存在》撰稿，警告世人納粹的威脅。後來，納粹佔領布拉格，她甘冒生命危險幫助猶太人──包括她的男友──逃往波蘭。《存在》遭納粹關閉，她繼續為反納粹地下刊物撰稿，直至 1939 年被捕，關進柏林北郊著名的拉文斯布呂克集中營。在那裡，她一如既往，以熱情的天性鼓舞難友們努力活下去。她自己卻未能堅持到最後：1944 年 5 月 17 日，米倫娜因腎病不治，死於拉文斯布呂克集中營，時年 49 歲，距卡夫卡辭世剛剛二十個年頭。現在，若九泉下亡靈有知，她一定會痛切憶及 1920 年 9 月 14 日那封卡夫卡來信的結尾：

[終於] 我想起了我是誰，……懷著這種驚恐，我必須回到黑暗中去。我受不了目光，我絕望了，真像一隻迷途的野獸，奔跑起來，儘快地跑呀，腦子裡只有一個想法：「要是我能帶走她該多好！」還有一個對立的想法：「她去的地方還會有黑暗嗎？」

---

[408] 譯自 Milena Jesenská's Obituary for Franz Kafka. 見 Franz Kafka, Letters to Milena.

雖非猶太人，但這一次，她大概能深切體認卡夫卡的「恐懼」和「踟躕」——按卡夫卡自己的說法，它們始於「出生之前」——那是對世界「同體大罪」的體認，也是人性盡頭絕望的擔當——

果真如此，她與卡夫卡，這對曾經滄海的戀人，眼下哪怕單單作為知己，難道不會相擁而泣？

猶太人質的悲與興：卡夫卡的曠野漂流

第三部：人的盡頭

第十六章：「臨終日記」：懺悔與曠野漂流

他並非是在死亡的邊緣才望見了迦南，而是畢生走在通往迦南的路上。

——弗蘭茨·卡夫卡

從尤麗葉到米倫娜，第三、第四次婚事努力相繼流產。尤其與米倫娜的較量，傷筋動骨。大概主要由於這一原因，1920 年 8 月底，卡夫卡重啟 3 年前擱下的文學創作，陸續寫出多篇小型作品，包括《城徽》、《波塞冬》、《共同體》、《夜》、《拒絕》、《談談法律問題》、《考試》、《徵兵》、《禿鷲》、《舵手》、《小寓言一則》、《陀螺》、《歸鄉》等。這些文字痛定思痛，出於生死感悟，具有深刻的象徵含義。

與此同時，肺結核卻進一步惡化了。10 月裡，新婚不久並懷孕的奧塔爾去卡夫卡公司，為他請到病假。12 月 18 日，卡夫卡赴馬特里亞利療養院進行臥床增肥療法。1921 年 3 月 10、11 日，臨產的奧塔爾再次前往卡夫卡公司，爭取到續假，5 月初，分娩不久的奧塔爾第三次為卡夫卡爭取到續假。這一次，卡夫卡再次前往馬特里亞利療養院，在那兒一直休假至 1921 年 8 月底。

其間，他遭遇了一場顛覆性的生命體驗。

第一節：恐懼與懺悔

事情要追溯到當年 1 月，即卡夫卡決心與米倫娜痛斷書信往來之際。當時，樓下一位捷克肺結核患者病情惡化，轉移到喉頭，極為痛苦和恐懼。周圍罕有人會捷克語，這使他格外孤獨，加劇了痛苦和恐懼。剛好卡夫卡會捷克語，於是，護士請他代為探望，以示安慰。這位患者感激之餘，向卡夫卡出示了兩面鏡子，藉助它們，他得以把陽光聚焦，準確反射至喉頭結核潰瘍處，幫助殺菌治病。不幸的人特意現場操作了一次，讓卡夫卡觀摩。卡夫卡勉強看完，跟跟蹌蹌逃出病房，內心如遭電擊，大腦一片空白。後來他反思此事，一方面，覺得該患者此舉無異於「延長刑期」，另一方面，後悔自己倉皇逃離，無意間傷害了本已如此不幸的人。這樣的思考多半強化了現場回憶，激發了強烈的恐懼反射。結果，卡夫卡竟然中止了長期堅持的素食，以

期增強體質，抵禦肺結核的傷害。幾天後他致信布洛德談及這場恐懼，他承認，他不期遭受了恐懼的洗禮，有如滅頂之災，並暗示要改變態度，不再把疾病當「母親」牢牢抓住。

可這不是別的，正是最普通的恐懼，死之恐懼。就像一個人抗拒不了誘惑，遊到海裡去，滿懷喜悅、莊嚴感。「現在你是人，是一個偉大的游泳家」，突然，沒有太多的誘因，他直起身子，只看到天和海。波濤中只有他小小的腦袋，他感到一種極度的恐懼，其他的一切都無所謂了，他必須回去，哪怕肺部撕裂。就是這樣。[409]

卡夫卡的生命軌跡從此發生根本的嬗變。表面看來，死亡恐懼擊垮了卡夫卡，似乎導致了一場心理退行。然而，這場嬗變其實是一次進步。我們知道，卡夫卡從來缺乏勇氣去正視「看不到底的事物」。面對這樣的事物，他會陷於「懸置」狀態，為「懸而未決」所催眠。所謂「看不到底的事物」，其實正是死亡的象徵。對於卡夫卡，死亡就是看不到底的終極事物，對死亡的恐懼亦然。本質上，類似一切神經症人格和創造性藝術家，卡夫卡格外恐懼死亡，並擁有自己特殊的恐懼形式，即恐懼「看不到底的事物」。差別僅僅在於，他身上的神經症和創造性如此「出類拔萃」，因而，他內心深處的死亡恐懼亦然超乎一般，令他完全無法正視，遂產生「懸而未決」的暈眩感。現在，因一場陰差陽錯，死亡恐懼竟森然浮現，幻放於「懸而未決」的暈眩淵面。他一直在玩死亡遊戲，但眼下，他生平第一次意識到，原來死亡離自己如此切近。格外恐懼之餘，他實際上完成了一場心理突破。「懸而未決」的魔咒開始終結，向死而生之路就此展開。

不患有死，而患死亡的文飾。同樣，不患恐懼，而患恐懼的文飾。前面說過，古典之罪等價於現代之神經症。就此不難得出更廣義的表述：不患有罪，而患不認罪。

面對死亡，承認死亡恐懼，意味著卡夫卡走到頭了。自覺面對的盡頭，在心理學上意味著自己的改變，在信仰上意味著懺悔。恩典就此敞開，受造與創造得以復合。

409　1921 年 1 月 13 日致布洛德。《卡夫卡全集》第 7 卷。

猶太人質的悲與興：卡夫卡的曠野漂流
第三部：人的盡頭

從眼下算起，卡夫卡的生命還剩三年半，其間，他作品不多，且多涉及終極關懷。特別是，馬特里亞利整整九個多月的療養，他一個字也沒寫，日記也全然放棄。相形之下，他繼續強化希伯來語的學習，並著手研究猶太教義。特別是，他結識了猶太青年克羅普施托克，醫科大學生，眼下正在這家療養院實習。交往之際，二人經常討論聖經和克爾愷郭爾。後來的事實表明，他們的友誼延續終身。卡夫卡彌留之際，守候其旁的人，除了猶太愛人多拉，就是克羅普施托克。在這所療養院，卡夫卡也常致信布洛德，討論猶太文學相關問題。[410]

仲春四月，療養院又發生了一場悲哀的事件，主角正是那位展示兩面鏡子、無意間反遭傷害的患者：

那位備受折磨的人了結了自己，顯然半是有意，半是意外，在行駛著的特快列車上，他從兩個車廂之間掉下去了。……此事我們大家都有罪過，……對他後來的絕望有責任。每個人都躲他，躲這位渴望交際的人；傷害的方式很冷酷——就像大難臨頭，人人各自拼命逃生，不顧一切。[411]

1920年或1921年，卡夫卡在馬特里亞利療養院時與其他遊客的合照。站在後排中間的是匈牙利醫生羅伯特‧克羅普施托克(1899年－1972年)。在卡夫卡最後的日子裡，克羅普施托克悉心照顧他，兩人成為親密的朋友。克羅普施托克和多拉‧迪亞曼特一起構成了卡夫卡的「小家庭」

深深的自責，出於人類同體大罪的思想，稍後可見，這樣的拷問還將繼續深入下去。八月底，卡夫卡結束了療養，返回布拉格。他一反往日積習，態度積極面對生活。他致信一向疏於來往的大妹埃莉，詳細討論子女教育問題。他緊湊安排時間會見友人，包括作家友人韋斯、青年朋友雅諾

---

410 參見《卡夫卡全集》第 7 卷，第 377、381、415-421 頁等處。
411 譯自 1921 年 4 月中旬致布洛德。

第十六章：「臨終日記」：懺悔與曠野漂流

施、病友閔策、米倫娜等。雅諾施是公司一位同事之子，青春年少，才華橫溢。兩人相識於 1920 年春。自此經常往來，廣泛討論文學、藝術、人生、愛情、革命、哲學、現代社會、工業技術等問題，有關內容被雅諾施記錄下來，卡夫卡去世後，以《卡夫卡口述》為名問世。10 月初，卡夫卡把畢生日記全部交付米倫娜，此一重大舉措充分說明他內心的嬗變。10 月 15 日，卡夫卡重啟中斷已久的日記。到 10 月 18 日日記，全新氣息，峰迴路轉，撲面而來：

永恆的童年。生命再次召喚。

完全可以想像，壯麗的生活始終呵護著我們每個人，它永遠那麼豐富，但亦在遮蔽中，深邃難及，遠不可見。不過，它就在那兒，並無敵意，既不抗拒，也不沉默。若以正確的話語召喚，以正確的名字召喚，它就會前來。這是魔法的實質：不創造，而召喚。[412]

我們不是創造者。但是，作為受造，我們本可接受恩典，那是唯一的永生之路。我們本屬恩典，卻因執迷不悟而失喪，枉然受苦。然而，恩典之所以為恩典，是因為——僅僅是因為——恩典是其所是。恩典自我運動，自我成就，永不改變，更不放棄；既深邃難及，也近在眼前，更屬吾人之心；就連恩典的遮蔽也是祝福！所以，虔誠召喚足矣。所謂召喚，那是不拘的禱告，惟願話語正確，惟願所奉之名正確。然而，有言說就有傾聽，有渴望就有呈現。童年再現，生命更新，似曾相識，已然不意光景——那正是恩典自己！

這篇日記，意蘊豐厚而深遠，暗含瑰麗色彩，流露感人希望。相比卡夫卡一貫絕望而晦澀的灰色文字，恰成鮮明對照，堪稱絕無僅有。第二天的日記，其主題更是前所未有，論及猶太先知摩西。摩西是亞伯拉罕之後最重要的猶太先祖，80 歲那年，帶領猶太人逃出埃及，奔向「流淌奶與蜜」的迦南，那兒是上帝應許亞伯拉罕之地。從埃及到迦南，只有 40 天路程。不幸的是，猶太人自暴自棄，順從自身自由意志，悖逆上帝，其結果，40 天的路，居然演變成 40 年的曠野飄流！其間，歷經千難萬苦，同時生兒育女，他們終於抵達約旦河，望見了對岸的迦南。然而，此時父輩一代，幾乎全部倒斃曠野，就連摩西本人，也剛剛來得及眺望對岸迦南，向人民重申上帝旨意，之後竟

---

[412] 譯自 1921 年 10 月 18 日日記。

溘然長逝，只剩約書亞和迦勒二人，帶領後代們最終進入迦南。曠野漂流隱喻著猶太信仰的本質特徵，飽含張力：人性與神性、順服與悖逆、罪愆與恩典、死亡與重生、絕望與希望……其意蘊豐富而複雜、偉大而神秘。那麼，回到眼下，具體對於卡夫卡，曠野漂流終歸意蘊何在？這位亞伯拉罕和摩西的後裔，以色列和猶太的子孫，迄今 40 年的一生，不也正是一場「一個人的曠野漂流」？

曠野飄流的本質。他 [摩西] 帶領他的人民走這條路，頭腦中依稀殘存著往日的記憶（更多的記憶則無法想像）。他一生都走在去迦南的路上；臨終居然親睹了那塊土地。這彌留之際的異象，只能傾向於解釋為：人的生命是多麼不完美的瞬間。之所以不完美，是因為摩西這樣的生命本該不朽，最終仍然只是一個瞬間。摩西未能進入迦南，並非因為生命短暫，乃因為這只是人的生命。[413]

人性盡頭，「永恆的童年」隱隱開啟，「生命再次召喚」。越過隱喻的約旦河，他恍然望見了迦南異象，就此身不由己潛入思想的深處，清理自身與民族的聯接，體會信仰與生死的關係。

轉折已然來臨。

生命縱使短暫，不再一樣。

第二節：同體大罪與曠野飄流

就在思考「曠野飄流」的當天夜裡，卡夫卡在一陣短促不安的睡眠狀態中做了一個夢。這個夢包含著數不清的關係和頭緒，牽連罪愆與救贖，關涉信仰。它是卡夫卡的生死大夢。

他夢見並不存在的弟弟[414]，弟弟犯了重罪，大概殺人了。眾人參與罪行，卡夫卡自己也身在其中。於是，懲罰和死亡的徵兆從遠方逼來，愈近愈烈，讓人喘不過氣來。只是，森然逼近的徵兆中另有神秘事情，過去幾乎未有體

413　譯自 1921 年 10 月 19 日日記。
414　如前所述，卡夫卡 2-4 歲期間，母親先後生了兩個弟弟，第一位近兩歲死於麻疹，第二位半歲死於中耳炎。

驗，但他知道到那是拯救。所有人都意識到徵兆在逼近，所以氣氛那麼緊張，充滿懸念。人群中另有人——似乎是妹妹——不斷發出警告，提醒徵兆逼近的事實。

與此同時，夢中的卡夫卡一直拼命高喊，歡呼這些涵義複雜的徵兆。徵兆愈近愈烈，然而，徵兆愈近，他呼喊也愈烈。語句簡促，一聲勝一聲，如臨生死關頭，永遠鑴入靈魂深處。他渴盡全力，鼓起腮幫，高聲呼喊如患牙痛，歇斯底里而又極度幸福。最終，應著呼喊，懲罰來臨。他迎上前去，滿懷寧靜，堅定而幸福。他知道，此情此景必定感動神靈。果然，他感到了神靈的感動，轉而自己感動得熱淚盈眶，最終在「極度的幸福」中醒來。[415]

卡夫卡醒後，無法憶及夢中呼喊的話語，卻被夢境牢牢抓住，有如痛苦的抽搐，無法忘懷。夢是什麼？夢是意識與無意識之間的混沌地帶，是深層心理的象徵和隱喻。夢境曲徑通幽，終至人性迷宮的深處。卡夫卡的生死大夢是一個終極的提醒：眾生如一，同屬生存之網，無人例外。所以，每一椿罪行，都見證同體大罪的實情。恰如《審判》中 K 的結論：不存在單獨一個人的犯罪。眼下，卡夫卡再次涉及這個終極真理。只是，在《審判》中，他據此自辯；而在眼下，他藉此自審。兩次指涉，內容相同，方向相反，生死攸關的改變已然發生。

卡夫卡認罪了。他走到了人性的盡頭，但人性盡頭正是重生的開端。在生命的絕境中，一場生死大夢終結了「理性的夢魘」，讓他不再幻想控制一切。他一直在憑藉理性追問：「有罪還是無罪？」就此抗辯生活，包括父親、菲利斯和米倫娜。現在，一場生死大之夢啟示他：罪愆不分你我，沒有緣由，因而無法計較。它並非「懸而未決」，卻是「不由分說」。就此而言，罪是「原罪」，足令吾人同體大罪、大死而至大悲，難有倖免，他自己也無法例外。甚至寫作，貌似一條出路，似乎可助吾人遁入「現象世界」，逃避「生活世界」。然而，正如卡夫卡下一年將要指出：寫作無法讓我們免罪，跳出殺人犯的行列；相反，寫作充滿犯罪的誘惑與危險。除非寫作本身變成禱告。除非認罪，否則沒有得救的可能。

---

[415] 參見卡夫卡 1921 年 10 月 20 日日記。

猶太人質的悲與興：卡夫卡的曠野漂流
第三部：人的盡頭

不患有罪，而患不認罪。認罪即得救，遂死而重生。卡夫卡死於「理性的夢魘」，重生於認罪和懺悔的救贖之夢。他嬰兒般回歸「原罪」的事實，張開雙臂迎接罰懲的降臨，因而感動了神靈，從而得救。他所夢見的「神靈」，隱喻著他一直試圖「壓抑」的上帝——就在第二天，他寫下如下一條乍看神秘的日記：

他不可能踏進這所房子，因為他早已聽到有聲音告訴他：「等著，直到我帶你進去！」於是他繼續躺在房子前面的塵埃中，雖然大概沒什麼希望了（就像撒拉會說的那樣）。[416]

撒拉是誰？她是猶太先祖亞伯拉罕之妻。《聖經》記載，上帝多次向亞伯拉罕應許無限美好的未來，特別應許他一位兒子來成就大業，其時，亞伯拉罕已然100歲，撒拉已然90歲，兩人對生兒育女早已絕望。然而，上帝的應許終成事實：他們生下一位兒子以撒。後來，上帝又要亞伯拉罕奉獻以撒作為燔祭。無法承受的考驗落到亞伯拉罕身上，然而，他一聲不響遵行旨意。誰知手起刀落時刻，上帝卻送來一頭公羊代替以撒。無法承受的考驗，結果憑藉絕對的信心安然度過，亞伯拉罕遂成「信心之父」。此一事件，其內涵正是「因信稱義」，即恩典的自我運動、自我成就，這是聖經思想的核心，也是猶太信仰的生命線。那麼，當卡夫卡寫下這條日記，他已然回歸先祖傳統，徘徊在古老而偉大的猶太信仰門前。

辭舊迎新，年關又到了。卡夫卡也快要四十而不惑。如他日記的隱喻，在信仰門前，他躺臥於塵埃，被肺結核和焦慮所苦，幾近崩潰。他知道，疾病向他提出了緊迫的時間表，讓他遭受「非人的追逐」。這「非人的追逐」自有其背景，那就是生存之網上的瘋狂。對此，卡夫卡身心脆弱，尤其不堪面對。這是他一生的痛楚，後來又遭肺結核充分放大。如今，轉折已然來臨，無論生理狀況具體如何，他心理上獲得了強大的支撐——用他自己的說法——來自「上面」，或者說，來自亞伯拉罕和克爾愷郭爾的上帝：

---

416 譯自1921年10月21日日記。

第十六章:「臨終日記」:懺悔與曠野漂流

事實上,「追逐」不過是隱喻。我也可稱為「人世盡頭」,甚至還可以說,這是自下而上——來自人——的衝擊;但這也是是隱喻,因此,我也可換一種隱喻說:這是自下而上——來自上面——的衝擊。[417]

卡夫卡不復一味尷尬於「法的門前」,被「審判」的「追逐」所暈眩。相反,他在猶太信仰門前等待「來自上面」的恩典。他終於站到亞伯拉罕和克爾愷郭爾一邊,學會了克爾愷郭爾式的神學辯證。疾病、苦難、「非人的追逐」等等,出於人本(包括他個人)的歷史。人本的歷史同體大罪,然而,人性本相害,但神意本慈愛,所以必赦免罪惡,拯救罪人生命,成就恩典的光景。[418] 恩典化腐朽為神奇,藉罪愆熬煉救贖。正是在這樣的意義上,歷史既是歷史,更是恩典;所以,感恩即蒙恩。

卡夫卡開始觸摸到恩典的體溫,同時體會到感恩與蒙恩的神學辯證,或者說,他開始捲入恩典的自我運動。現在,所有疾病、苦難、「非人的追逐」等等,無非是「化了裝的祝福」,最終統統來自「上面」。

他重新審視自己一生的意義:所有不幸與努力,現在都可視為「人世盡頭」的另一種「追逐」,其持續的衝擊,直指「下面」的人性底線,以便走到盡頭。現在看來,一切都是回歸的準備。猶太根性開始復甦。他對此甚為自知,表示自己其實一生都在為此奮鬥。事實的確如此,本書相關內容已有充分說明。

回到眼下,卡夫卡預感到,自己這一次真的在靠攏「精神鄰居」克爾愷郭爾,就要面臨「絕望的一躍」。他知道,現在唯一所需要的就是勇氣。他需要憑勇氣戰勝諸多軟弱或偏執:恐懼、優柔寡斷、猶豫不決、對文學的執著、對彼岸的疑慮等等。為此他思前想後,好不艱難。

---

417 譯自 1922 年 1 月 16 日日記。
418 譯自 Gen 50:20, ESV,並參見《創世記》37 章、50 章等處。約瑟所算數的,絕非僅僅十一位兄長之罪,也包括他自身驕傲的至大之罪。例如,他蒙恩做異夢,卻不知感恩,反而驕傲,終至害人害己,若無耶和華的赦免與成全,早已萬劫不復。當然,如《創世記》37 章所示,約瑟之罪源於雅各,而雅各之罪,一如眾生之罪,則始自伊甸園。

猶太人質的悲與興：卡夫卡的曠野漂流
第三部：人的盡頭

第三節：「臨終日記」：一個人的曠野飄流

接下來，1922 年 1 月 28 日，卡夫卡突然寫下另一篇更其神秘的日記，暗示一種前所未有的力量：雖受困於絕境，他並未束手待斃，相反自有其「武器」。絕非偶然，他再次論及迦南，只是，這次的主角並非摩西及其所帶領的猶太人，而是他自己！他說，他跟先祖一樣，曠野飄流已近 40 年，差不多正是他的真實年齡（39 歲）。然而，兩次曠野漂流存在差異，而且非同小可——先祖曠野漂流是為進入迦南，他的曠野漂流卻始自迦南，是對先祖之迦南的背離。換句話說，這是一種「逆反」（反向）的曠野漂流，是他「一個人的曠野漂流」。卡夫卡解釋說，如此「逆反」，就某種意義、某種程度而言，出乎他自身自由意志，針對生身父親，因為是他造成了自己童年的不幸。然而，總體而言，這一「逆反」最終取決於「上面」的「他」——另一位父親，猶太民族的「天父」，即上帝。一切的一切，包括生身父親的「暴政」，以及他自己 40 年「逆反」的曠野漂流，無不出於所謂「父親的過錯（Father's fault）」，即這位父親始於創世之初的大計畫。就此而言，他的「逆反」可理解為父親大計畫的某種「反響」，針對自己施行某種「極限政策」，以便加速舊我的死亡，促進新我的誕生。

這篇神秘日記，開篇論及神秘的「武器」，在整個卡夫卡日記中，僅重複於一年半之後的 1923 年 6 月 12 日日記，[419] 那剛好是卡夫卡生平最後一篇日記：

後發制人的可怕的咒語，不可計數，幾乎是無休無止。散步、夜晚、白天，除了痛苦，對一切都無能為力。

然而。沒有「然而」……

寫作時越來越恐懼了。這不難理解。每個詞，都在幽靈之手中反扭——這種幽靈之手的反扭是幽靈們的獨特姿勢——反扭過來指向說話的人自己。這是至為獨特的標誌。而且是永遠的標誌。唯一的安慰或許在於：無論你是

---

[419] 次月，卡夫卡即邂逅此生最後的愛人多拉·迪亞曼特。參見本書第十八章。

第十六章：「臨終日記」：懺悔與曠野漂流

否願意，事情總會發生。即便願意，也幾乎得不到什麼好處。不過，你也有武器，而且，這不僅僅是安慰。[420]

好一個絕處逢生的「武器」！而且，卡夫卡明確指出，「這不僅僅是安慰」。稍後可見，卡夫卡所言不虛。

而且，絕非偶然，全部卡夫卡日記就結束於 1923 年 6 月 12 日，此後，直至 1924 年 6 月 3 日辭世，他再未寫下任何日記。

那麼，無論就現實、象徵或字義，「武器」乃卡夫卡日記最後的、唯一的「關鍵字」，是他生命的落筆。

這樣，事隔一年半，同一個生死攸關的「武器」，將兩篇重大日記關聯起來。

就此而言，眼下這篇 1922 年 1 月 28 日日記，其內容之重大，已然具備「臨終日記」的意義。

這篇「臨終日記」全文如下：

有點暈眩，坐平底雪橇累了；不過，對於我，仍然存在著武器(weapons)，雖或我難以啟用這些武器。之所以難，是因為從小未能學會使用，因而不懂得使用的快樂。只是，這並非全然出於「父親的過錯（Father's fault）」，還因為我自己想破壞「和平」，想打破平衡——當我尚在此處竭盡全力埋葬一個人，就不能允許他在別處重生。當然，總體而言，事情最終出於「父親的過錯」，因為，為什麼我想放棄日常世界？乃是因為「他」不讓我活在那個世界——那個他[生身父親]的世界。對於此事，我不應過於計較，因為一切已成事實：我已然棲居於這另一世界，它與那個日常世界的關係，就像曠野與其後之迦南的關係（我[反過來]背離迦南在這曠野上飄流已然 40 年）。不過，雖不應過於計較，但眼下回首日常世界，我的身份的確像個外邦人。事情的性質並未因兩個世界的差異而有所改變——這是我身上來自父母的遺產——我是最卑微、最怯弱的受造。然而，在這另一世界，感謝各項安排所決定的特殊性質，我得以存活。在這兒，甚至最卑賤的生命也可能

420　譯自 1923 年 6 月 12 日日記。

猶太人質的悲與興：卡夫卡的曠野漂流
第三部：人的盡頭

得到提升，閃電般抵達至高之處，當然也可能承受大海般的重量，以至徹底粉碎。我應該鐵石心腸不感恩？當初尋找通向這另一世界的路，做對了嗎？來自其中一個世界的「放逐」，加之另一世界相應的拒絕，不會在兩個世界的邊界把我擠碎？沒有什麼（非我，當然）能抗拒父親的判決，父親的權力（Father's power）不正是如此？事實上，我眼下的路屬於反向的曠野飄流：我認為，眼下，我一直沿著曠野邊緣飄流，充滿孩子般的（尤其對於女人們的）渴望，如此，「或許我終將居留迦南」——四十年如一日，我始終飄流於曠野，如果這一切希望不過是絕望的海市蜃樓，尤其當我也不過沙漠中最不幸的受造，那麼，迦南必然是我唯一的應許之地（Promised Land），因為對於人類而言，不存在第三個世界。[421]

如前所述，1921年10月19日，卡夫卡在日記中論及摩西曠野漂流，經過3個多月思考，尤其包括米倫娜事件的痛定思痛，眼下，他終於抵達生死攸關的結論。

「臨終日記」本身已然說明一切，如果是知音，就會激發強烈共鳴。

只是，與卡夫卡的整個生命一樣，這篇「臨終日記」生死一線，窮心竭力，錯綜複雜，思想慎密，飽含衝突，充滿拷問。

特別重要的是，如前所述，這篇日記深涉信仰的複雜本質，包括打引號的「父親的過錯」，以及不打引號的「父親的權力」。

思想行走於衝突與張力的極限，有如克爾愷郭爾的深淵邊緣，更是卡夫卡自己的曠野-迦南之邊緣。

或者，宛如「平底雪橇」的過山車，因而，連卡夫卡自己都「有點暈眩」。

這也難怪，因為事情並非僅僅一篇日記，相反，「臨終日記」事關卡夫卡的一生。

事實上，它是卡夫卡整個生命的高度概括和最終解密。

421　譯自1922年1月28日日記。

第十六章:「臨終日記」:懺悔與曠野漂流

總體上,它是卡夫卡迄今全部生命的里程碑,總結他迄今生命的旋律。其線索與情境,血肉模糊,峰迴路轉,藉此歷歷重現;其內在關聯,最終令人恍然大悟。

不僅如此,它還是卡夫卡今後全部生命的異象。

從眼下算起,卡夫卡的生命僅剩不足兩年半,他雖不能預知具體的時間表,但深知來日無多。猶太民族身處不測,對生命格外珍重,加之他自己身為法學博士的嚴謹,因而,對於此生剩餘的路途,他已然嘔心瀝血,未雨綢繆。其大體的路線圖,已然鋪陳於這篇「臨終日記」。

那麼,無論對卡夫卡,還是對我們,這篇「臨終日記」承前啟後,意義之重大,超乎預想。

往後,兩年半的有生之年,卡夫卡將延續他「一個人的曠野漂流」,一如既往,「在離去時歸來」,貌似背離,其實回歸。一切無不出於「父親的過錯」,或者不如說「父親的權力」,即「他」(創造者)始自萬古以先的大計畫,是專為卡夫卡預備的個體恩典。如此「一個人的曠野漂流」,其實直接源於「他」的自我定義之言:「我是我所是。」如此定義已然內涵了猶太信仰的個人性。

另一方面,「難啊……通向愛的路總是穿越泥汙和貧窮。而蔑視的道路又很容易導致目的的喪失。因此,人們只能順從地接受各種各樣的路。也許只有這樣,人們才會到達目的地。」[422] 卡夫卡此語中的「愛」,如果視為信仰之愛的隱喻,正好可以用來概括其「一個人的曠野漂流」,稍稍展開一點,也反映了他與克爾愷郭爾——另一位「絕對個體」——的異同。

卡夫卡深知,作為「絕對個體」的自己,除迦南(恩典)之外別無出路,然而同時,他同樣深知,作為「絕對個體」的自己,無法不置身於普遍歷史的「泥汙」之內。

正是在這兒,卡夫卡生命的缺憾與消極(「非我,當然」)反而成全了他,因為歷史既是歷史更是恩典,恩典必成就歷史為恩典,如前所述,這是

---

422 《卡夫卡口述》,第180頁。

猶太人質的悲與興：卡夫卡的曠野漂流
第三部：人的盡頭

恩典的自我運動與自我成就（「我是我所是」）。奧秘在於，有類於「發生學」的「重演律」，就歷史而言，普遍歷史同時也是個體歷史，恩典亦然——如前所述——普遍恩典首先呈現為個體恩典。這是恩典的不二！沒錯，恩典的奧秘完全可以表述為：惟有在歷史中，才是在恩典中，背離歷史就背離恩典；反之，恩典必保守我們與歷史相諧合，最終成就我們於歷史之中。然而，我們有幸擁有更為感恩的普遍表述：個體無不有幸蒙恩，稟具各自的歷史和恩典，就此而言，背離個體的歷史正是對不二恩典的根本棄絕——因而也是至為危險的愚頑與僭狂。

就卡夫卡這位「絕對個體」而言，他自身「泥汙」之個體歷史，與人類「泥汙」之普遍歷史，從某種角度說，恰好稟有相當程度的重合。就此而言，他的「同體大罪」迥異於克爾愷郭爾的「同體大罪」。後者主要體現「同體大罪」的超越，憑藉「肉身成言」之個體歷史，代言人類普遍歷史的神本批判，最終表達為近乎完美的神哲學抽象。卡夫卡的「同體大罪」則浸淫於歷史的具象，以絕望為希望，認同於「言成肉身」的個體命運，等待恩典的自我運動與自我成就——那也是猶太人卡夫卡一己的救贖。只是，無論前者還是後者，兩者都回應著約翰·多恩的「喪鐘」，不一不異，不約而同，根據各自的生命旋律，共鳴著同體大愛 - 大救的復調。

難啊，的確，向內的路才是向外的路，然而，承載於身體的存在，無法推諉外在的路。尤其對於作家卡夫卡，其同體大罪，即如他稍後所指：是藉寫作「享樂」，與魔鬼為伍，並藉此成為替罪羊，或勒維納斯意義上的「人質」：

作家，一個這樣的作家的定義及其作用（如果有那麼一種作用的話）的解釋是：他是人類的替罪羊，他允許人享受罪愆而不負罪，幾乎不負罪。[423]

其實，無論是誰，無論是否作家，其生存，無不依據於歷史的規定性。歷史的規定性就是吾人之十字架。無論是誰，直面歷史的規定性就背起了自己的十字架。歷史自在自為，在這樣的歷史中，個體與整體不二，因而，背起自己的十字架，也就背起了人性和人類的十字架。這是無可承受之輕，也

---

[423] 卡夫卡 1922 年 7 月 5 日致布洛德，見《卡夫卡全集》第 7 卷。

是無可承受之重，無人例外，然而，有無自覺，生死攸關。若無自覺，就必然文飾、推諉，其十字架就成為刑罰，雖不為個體自知，但暗中損害個體，並禍及整體。相反，若有自覺，則已然走上凡·高式的「朝聖者之之旅」，最終必蒙祝福，進而祝福整體。只是，「朝聖者之旅」本身需要保守，有賴於卡夫卡「臨終日記」中那件神秘的「武器」。

在本體論的意義上，真正存在的只有兩樣事情：罪與愛（Agape），其關係即如前述約瑟之言：人性本相害，但神意本慈愛，所以必赦免罪惡，拯救罪人生命，成就恩典的光景。以約瑟此言，真正存在的只有一樣事情：愛！

卡夫卡是作家。本來，在自發的人性狀態，寫作被罪愆支配，用卡夫卡自己的話說，淪為「魔鬼」的「享樂」，其結果不外乎害人害己。

然而，卡夫卡有幸自覺背起了寫作的十字架，成為猶太意義上的「替罪羊」，亦即勒維納斯意義上的「人質」。此時，他要末跟從一位真正的「總替罪羊」或「終極人質」，[424] 要末接受神秘「武器」的保守。

既然如此，讓我們稍事停留，對「臨終日記」所涉之重大關切——如「武器」、「父親」、「替罪羊」、「人質」等概念——略作深入探討，以便更深理解卡夫卡這場一個人的、反向的曠野漂流。

第四節：「臨終日記」：「武器」與「父親」

首先，卡夫卡開篇論及的神秘「武器」究竟是什麼？它為什麼生死攸關？又為什麼「難以啟用」？

卡夫卡自己交代說，「武器」是他兒時未能學會的某樣事情。因為「不懂得使用」，所以也沒收穫相應的「快樂」。卡夫卡進一步追根溯源，最終歸結為「父親的過錯」，這就再次牽涉到 1919 年底那封《致父親的信》，在那兒，他圍繞猶太信仰進行了長篇申訴。

---

[424] 請特別參見我的《憂傷的朝聖者：凡·高的流放與回歸》後記第 4 節「十字架的復調」，西南師範大學出版社 2015 年 1 月。

猶太人質的悲與興：卡夫卡的曠野漂流
第三部：人的盡頭

　　他說，早在兒童時代，他已然遭受「信仰的失落」。父親從小給他造成的一切不幸，本來可藉猶太信仰得到救治，然而，不幸中之不幸在於，父親同時窒息了他猶太信仰的根芽。他直言說，闖蕩生計之初，父親身上猶太教精神尚存，但隨著奮鬥成功逐漸名存實亡，「就我所見，[⋯⋯你對猶太教]確實是在走過場，尋開心，甚至連尋開心都談不上。你一年去四次教堂 [猶太教會堂]，在那兒並非鄭重其事的教徒，倒更像無動於衷的人」。雖然卡夫卡承認，猶太傳統在父親身上並未完全泯滅，然而，

　　⋯⋯但要把它繼續傳給孩子就太少了。當您傳授時，它就只剩下微不足道的一小團兒了。⋯⋯一方面是由於您的性格令人畏懼。而且不可能使一個由於害怕而觀察入微的孩子理解。您以猶太教的名義漫不經心地走過場會有更高的意義。[425]

　　「我從你那兒得到的是什麼樣的猶太教呀！」——《致父親的信》如是說。由於「父親的過錯」，卡夫卡「從小未能學會使用」信仰的武器，相應地，也「不懂得使用的快樂」，其結果，至今「難以啟用這些武器」——眼下他在日記中如是說。至此，「武器」的含義已然鮮明，那正是悠久深邃的猶太信仰。

　　在人性的盡頭，卡夫卡孤獨一人，曠野漂流。然而，他遭遇了恩典。在最後的絕望中，他反省了絕望的原由，同時找到了希望的確據：「對於我，仍然存在著武器。」而且，這「不僅僅是安慰」，也就是說，他的「武器」並非所謂的心理暗示，而是當下的救贖，「唯一的應許」。

　　在卡夫卡的時代，猶太人處境艱難，與此同時，猶太人卡夫卡竭盡真誠，並且——很大程度上——因此優柔寡斷。凡此等等，令他凡事審慎，信仰問題上更是如臨深淵，生死一線，近乎失語狀態。其結果，恰如布洛德的觀察，卡夫卡正式發表的作品絕口不提「上帝」和「猶太」，這正是精神分析所謂「反向作用」，足證「上帝」和「猶太」令他何等揪心，以至無法輕率言及。

425　參見《卡夫卡小說全集》，第 342～344 頁。

兩者均深涉信仰問題。所以，絕非偶然，他會寫下著名的箴言：「信仰就像砍頭斧，如此輕快，也如此沉重。」[426]

然而眼下，在「臨終日記」中，卡夫卡在信仰問題上卻如此堅定。深刻的反省讓他體認到自身的巨大缺憾，不過，此情此景，最重要的已不是缺憾本身，而是對缺憾的體認。體認就是認罪。認罪就是得救。人的盡頭就是信仰的開端，也是救贖的開端。從這兒開始，一條路超乎常理，把人帶到始料不及的地方。只是，要深刻理解這一點，需要我們依次澄清這篇日記的若干疑難之處：「父親的過錯」，主動與被動，兩位「父親」與兩種逆反，「天父」的本性，等等。

卡夫卡自謂「難以啟用」信仰的「武器」，然而，充滿辯證意味的是，當他如此表述，他已然開始了「武器」的使用。他論及「父親的過錯」，原文加了引號，意味著所論者並非真正的過錯。這表明，相比《致父親的信》，這篇日記對「父親的過錯」已然重新界定。在《致父親的信》中，卡夫卡認為，自己只是單方面受害於「父親的過錯」，遂致「從小未能學會使用 [武器]」。然而，眼下，在生死攸關的緊迫思量中，他意識到事情另有一面：

「並非全然……還因為……」——如此語式表明，卡夫卡是在強調自身自由意志的一面。他的意思是說，兒時未能學會使用「武器」這件事，不能僅僅歸因於「父親的過錯」，也要看到自身自由意志在起作用。他的自由意志支配他「想破壞」「想打破平衡」等，從心理學上說，就是存心逆反，故意跟「父親」作對搞蛋。換句話說，事情既有被動，也有主動；局部主動，但總體上被動。這就是所謂——主動與被動的疑難。

主動的方面在於：他違背「父親」意志，順從自身自由意志。對於日常世界，父親越是希望他投入，他就越是趨向於放棄。被動的方面在於：所發生的一切——包括上述主動的方面——無不取決於另一位大寫的父親，即日記中的父親，或者說「天父」。要說主動，創造宇宙萬物的「天父」才是真正的、絕對的主動。相對於「天父」，一切皆屬被動。

426　譯自箴言第 87 條。

猶太人質的悲與興：卡夫卡的曠野漂流
第三部：人的盡頭

這樣，主動與被動的疑難，進一步引向對「天父」體認。由於「天父」的存在，所謂「逆反父親」也就具有兩種完全不同的含義——

兩位「父親」與兩種逆反

事實上，此處詳細討論之先，本書已然指出：那位絕對主動的父親是大寫的「天父」，即猶太民族的獨一真神耶和華，而非卡夫卡的生身父親赫曼·卡夫卡。仔細體會卡夫卡的意思，不僅「父親」一語雙關，他對「父親」的逆反亦然。換句話說，他的逆反，不僅指向生身父親，也同時指向創造宇宙萬物的「天父」。

對於針對「天父」的悖逆，《希伯來聖經》稱為「硬著頸項」或「心裡剛硬」。

按《希伯來聖經》，「天父」耶和華把猶太人領出埃及為奴受苦之地，返回迦南應許之地，猶太人竟不知感恩，反而悖逆，以至於曠野漂流四十年，甚至遭遇分裂、亡國、亂離、大流散、大逼迫、大誘惑、大異化——可一言蔽之曰曠世漂流——綿亙二千七百年，直至失落於全球化資本主義-消費主義的不歸之路，恰如卡夫卡自己的父親赫曼·卡夫卡。

按猶太傳統，悖逆是人性的邏輯，一如救恩是神性的邏輯。人性要造死、作死，神性要愛人、救人。歷史就在兩者之間展開，驚心動魄，並以神性的勝利告終。正如亞伯拉罕之孫雅各，作為人性的代表，自私、算計、狡詐，甚至與「天父」摔跤，結果反被「天父」賜名「以色列」，意即「與天父摔跤者」。

眼下，「以色列」的後裔，猶太人卡夫卡，正在反省自己：他一生「與天父摔跤」，糾結於「父親的過錯」，對「天父」的權力耿耿於懷。眼下終於明白，他一生悖逆天父，造死、作死，卻蒙「天父」之愛，為「天父」被救贖。而這一切皆出於——「天父」的本性

表面上看，是卡夫卡主動悖逆「天父」，但事實上，他對「天父」的悖逆，最終仍然出於「天父」的意志，即「天父」的某個「大計畫」。一切都在「天父」掌握之中，無論日常世界還是他一個人的曠野，因而，生身父親赫曼·卡

夫卡之一切所作所為，以及由此決定的父子關係，包括卡夫卡自身的人格結構等等，在終極的意義上，仍然無不出於「天父」安排。甚至猶太民族所歷經之分裂、亡國、亂離或大流散——可一言以蔽之曰「廣義的曠野漂流」——最終出於打引號的「父親的過錯」或不打引號的「父親的權力」。

「天父」決定一切，這是猶太傳統的根本信念。所以，無論地震、洪水、瘟病、刀兵、被擄、流離等等，面對一切天災人禍，猶太先知始終高聲讚美耶和華，因為「我們是泥，你是窯匠。我們都是你手的工作。」[427]

更重要的是，猶太傳統堅信：「天父」大愛，不僅決定一切，而且祝福一切。一切天災人禍，無不是化了裝的管教和祝福。管教就是祝福。甚至自身罪愆，皆因「天父」大愛，最終化腐朽為神奇，變成祝福——哪裡有罪，哪裡就有恩典，而且「罪愈多，恩典愈豐盛」。[428] 恩典藉罪愆熬煉救贖，讓生活既是生活，更是恩典；世界既是世界，更是恩典。日月星辰、春夏秋冬、花開花落、飛鳥或頭髮是否掉下來、一個人的心是否剛硬[429]……在終極的意義上，無不出於天父旨意。

或者，例如對於個體的猶太人卡夫卡而言，他是否「最瘦」、婚戀成敗與否、父親對於他是否「暴君」、他是否（因此）逆反父親……以及最後，他是否（因此）逆反「天父」——所有一切的一切——最終無不出於「天父」旨意，而且，最終意味著祝福。

第五節：「臨終日記」：一個人的反向漂流

綜而言之，還是那句話：歷史既是歷史，更是恩典。當事人這樣的理解，已然感恩心態，更確切而言，這是蒙恩的結果——正是在這樣的意義上猶太人凡事感恩，並因此蒙恩——如前所述，這是恩典的自我運動與自我成就，恩典的奧秘僅在恩典自己，就此而言，恩典無法抗拒。

427　參見《哈巴穀書》3章、《以賽亞書》64章8節等。
428　譯自 Rom5:20, ESV。
429　可特別參見《摩西五經》之《出埃及記》。也參《馬太福音》，第10章第29～30節等。

猶太人質的悲與興：卡夫卡的曠野漂流
第三部：人的盡頭

那麼，當卡夫卡寫下 1922 年 1 月 28 日日記，他已然進入恩典狀態，而且，這一事實無法抗拒，不以他自己的意志為轉移。用這篇日記自己的話說：「在這兒，甚至最卑賤的生命也可能得到提升，閃電般抵達至高之處」。雖然，恩典要藉歷史來展開，主觀上還會有各種「打滾」、「逆反」、「搗蛋」，客觀上還會有各樣打引號的「父親的過錯」，即各式考驗，誠如他所言：「當然也可能承受大海般的重量，以至徹底粉碎」——這不是最重要的事情。最重要的是：卡夫卡已然明瞭，「天父」最終決定一切。「我應該鐵石心腸不感恩？」藉由這樣的自我拷問，他已然明瞭：尤其對於他，「沙漠中最不幸的受造」，接受恩典是唯一的選擇，因其無法抗拒。「因為對於人類而言，不存在第三個世界。」而這一結論，他一路思想過來，最晚大約兩年前，已然完成基本的表述：

所有這些所謂的疾病，看上去悲哀，其實事關信仰，乃危難之際的心靈抵達了母親般的土地——即信仰的共同體。……恐怕只有信仰的共同體，能為當前人類所寄望。

另一方面，那些抵達信仰母體的心靈，已然紮根真切的土地。這些現象，並非僅為私人擁有、可資交換的財富。相反，如此現象先天預成於人類共性，並將沿自己的方向繼續造就人的存在（連同其身體）。[430]

「對於人類而言」、「信仰母體」、「預成於人類共性」——這一系列用語非同小可，顯示卡夫卡認識的深度與廣度，也表明他並不僅僅代言自己。

當他就信仰問題痛定思痛，他同時也也代言著猶太民族與整個人類。

猶太人卡夫卡，猶太民族，人類全體，這三個概念之間，共關聯之深切，恐怕血肉模糊，出人意料。而卡夫卡的「臨終日記」，為我們提供了一條體認的路徑。

如前所述，卡夫卡有幸自覺背起寫作的十字架，成為猶太意義上的「替罪羊」，亦即勒維納斯意義上的「人質」。神秘「武器」呵護了他，保守他走向個人、民族和人類的終極歸因。

---

[430] 譯自 1920 年 11 月自布拉格致米倫娜。

第十六章:「臨終日記」:懺悔與曠野漂流

猶太人勒維納斯(1906—?),他的親人幾乎全部死於納粹集中營,他自己僥倖逃生。跟猶太同胞卡夫卡一樣,他也在個人、民族、人類三位一體的歸因中領受天啟。他思想的終極背景是自由,也即「終極人質」或「總替罪羊」或「最後的十字架」。如此終極背景決定了猶太民族、個體及整個人類的位置與關切:

在世界中面對 [人類] 所有他者的我們 [猶太人] 不是自由的,僅僅是他們的見證人。我們 [猶太人] 是他們的 [與終極人質相對應的一般的] 人質。人質是我在自由那裡得以確定自己的概念。……也許正是在那裡,有 [……希臘文化] 中所沒有的某種東西。

作為所有他者人質之人對全人類都是必要的,因為沒有這樣的人,道德不會在任何地方發生。世界上產生任何一點寬宏都需要人質之人。猶太教對此已經有所教導。它置身受迫害的處境,也許只是對該教導的一種履行——即神秘的履行,因為執行這一教導的人全然不自知。[431]

猶太民族是人類的人質,而卡夫卡——無論是否自知——是相關歷史進程中猶太民族的人質。或者說,他是人質的人質,是替罪羊中的替罪羊。

按《希伯來聖經》,悖逆「天父」是人性的罪愆,也是猶太人性的罪愆。因悖逆「天父」之罪,在象徵的意義上,曠野漂流成為猶太民族的宿命:從亞伯拉罕-摩西時代的「希伯來人」(約西元前 2000—西元前 1500 年),到大衛-第二聖殿時代的「以色列人」(約西元前 1500—西元前 500 年),再到第二聖殿-卡夫卡時代的「猶太人」(約西元前 500—),稱呼可以變換,但曠野漂流所象徵的宿命依然。

正是在這樣的背景上,卡夫卡展開自己「反向」的曠野漂流。

「反向」的曠野漂流,這是對曠野漂流的反動;與此同時,在屬世/屬靈的完整意義上,也是對數千年民族亂離的一場「生命重演」。

因而,「反向」的曠野漂流,完全可以解讀為代猶太民族認罪、替罪、悔罪。

---

431 勒維納斯,《塔木德四講》,第 124-125 頁。

猶太人質的悲與興：卡夫卡的曠野漂流
第三部：人的盡頭

然而，最後一個終極的問題仍然橫亙在我們眼前：為什麼是「一個人」？

答案來自卡夫卡的「精神鄰居」克爾愷郭爾，他與卡夫卡一樣出人意料，執著於自己一個人的、反向的曠野漂流，就此為歷史所銘記：

信仰的本質是成為秘密，成為單個個人（the single individual）的秘密。

432

當然，按《希伯來聖經》的邏輯，一切的一切，無不出於恩典。

「反向」漂流的卡夫卡，「一個人」代言自己的民族，進而代言整個人類。

於是，(恰如猶太人勒維納斯所說)「在世界中面對所有他者」之時，(恰如猶太人卡夫卡所說)「感謝各項安排的特殊性質，[……猶太民族] 得以存活。在這兒，甚至最卑賤的生命也可能得到提升，閃電般抵達至高之處」！神秘在於：罪愆引發管教，而管教竟然正是恩典。還是那句話：一切的一切，最終不外恩典的自我運動與自我成就。既然如此，罪愆的代言也就是恩典的代言。哪裡有罪，哪裡就有恩典，哪裡罪愆愈氾濫，哪裡恩典愈豐盛，終將藉吾人之罪，熬煉吾人之救贖。

剩下的事情就是自覺虧欠的自省：「[……猶太民族] 應該鐵石心腸不感恩？」

其實，如此自省，已然感恩。而感恩者即守望者，勢必儆醒如猶太先知哈巴谷、以西結、但以理等等，時時警覺，轉而祈求保守，以免「在兩個世界的邊緣被摔碎」。

就這樣——恰如猶太人勒維納斯所說——「[猶太民族] 置身受迫害的處境，……全然不自知」，卻履行著神秘的使命——活出猶太信仰的教導——甘作全世界的人質，守望彌賽亞的降臨。

432　參見 Kierkegaard, Works of Love, 1995, pp.24-29. 就像保羅和凡·高的「雖然憂傷卻始終快樂」，克爾愷郭爾在此深刻闡釋了使徒身份的「吊詭性」。他是一切「個體使徒」的知音，恰如他自己所說：他的這一思想，是對「單個個人」的奉獻，認同這一思想的個體，他「滿懷喜悅和感激稱為我的讀者」。參同上，Historical Introduction, p.ix.

「因為」——恰如猶太人卡夫卡所說——「對於人類而言，[在屬世的希臘文化或屬靈的猶太信仰之外]不存在第三個世界。」人類自以為「上帝已死」，遂自暴自棄，浸淫於物質主義／虛無主義而無法自拔，藉大眾消費／感官主義而飲鴆止渴，沿不歸之路愈行愈遠。然而，時候到了，日子近了。

第六節：眺望迦南

卡夫卡的峰迴路轉的確出人意料。然而，藉由眼花繚亂的「否定之否定」，他和我們都更加接近了那個偉大的神秘。

卡夫卡知道，就像摩西一樣，他的「反向」曠野飄流也只是一條路，他至今還在路上。什麼時候抵達迦南，完全取決於打引號的「父親的過錯」或不打引號的「父親的權力」。然而，抵達本身，也許並非一個幾何上的點，而仍是一條路，一個進程，而這個進程的主旋律就是和諧。

和諧作為信仰的終極境界，與信仰本身一樣，就日常邏輯而言，具有不可證明的性質。也許，信仰或和諧都無法用肯定的語法來陳述或談論。但是，假如可以說：信仰是苦難的「彼岸鏡像」，那麼，和諧則是苦難的「此岸鏡像」。反過來，我們也可以把苦難看作信仰與和諧的鏡像，三個「鏡像」之間的內在關聯是「大計畫」的神秘，我們無法談論；然而，用人的語言我們可以說，三個「鏡像」之間，存在著血肉模糊的聯繫；我們還可以說，信仰必然包含苦難與和諧作為其必要條件！

後面我們將看到，卡夫卡與他的同時代猶太同胞維特根斯坦一樣清楚地意識到，無論是否出於信仰，一個人最終必須保持與世界的和諧，而不是放棄世界或曠野飄流。和諧是人的至深渴望，也是卡夫卡生命的最痛。和諧就是廣義人際關係的和諧，首先是親子關係的和諧。和諧就是生活在當下。卡夫卡自幼被剝奪了和諧，他無法生活在當下，所以一生苦難，不得不棄世飄流，親證徹骨的恐懼。然而，就在飄流的絕路上，卡夫卡遭遇了「他」的神秘，認同了「他」的「大計畫」。他的苦難與恐懼因而點石成金，成為和諧與信仰的代價。信仰就是「他」之「大計畫」的認同，和諧就是「同體大愛」，就是「重返迦南」！

猶太人質的悲與興：卡夫卡的曠野漂流
第三部：人的盡頭

　　從這樣的意義上說，卡夫卡遭遇了救贖，他復活了。整個 1922 年 1 月 28 日這篇「臨終日記」，可以視為救贖的見證。他因和諧的缺憾而飄流，在飄流中親證苦難與恐懼，通過親證而認罪，通過認罪而得救。無論就其「人的天性」而言還會有多少起伏，來自「他」的「非人」的拯救和應許已然無可阻擋。「臨終日記」之前數月，卡夫卡尚無法與父母「和諧」。某晚，父母勞碌一天之後玩牌消遣，他獨坐一旁，「全然像個陌生人」。父親大概覺察到他的心情，邀請他加入，「至少一旁看看也行」，然而卡夫卡無法加入——不過——「表達了一點歉然的心情」。

　　這一歉然的表達，大概可以視為轉折的萌芽。事實上，他當晚即在日記中靜心深入反思此事：

　　自童年起，這種拒絕即不斷重複，意味著什麼呢？……或許，總體上出於力量的薄弱，也特別出於意志的薄弱——明白此點用了很多年。我過去肯定這種拒絕（被朦朧的巨大希望所誤導，而我珍視這些希望）；今天，這種親切意味的理解僅存殘餘。[433]

　　大致可以認為，卡夫卡自幼渴望著來自父親赫曼·卡夫卡的溫情。然而，另一位大寫「父親」始終用他的「權力」阻止此事，誘發卡夫卡的拒絕，使之重複了漫長的歲月。

　　然而，峰迴路轉的一生下來，這另一位「大寫」的父親終於完成了他的熬煉，見證於卡夫卡的「臨終日記」，也見證於卡夫卡日常的生命。

　　事實上，就在「臨終日記」之後 5 天，卡夫卡竟然加入到父親的牌局中去了！據他在日記中說，當時他只感到一種「接受的跡象」，並仍然混和著疲倦、無聊和虛廢之感。然而，突破已然形成，導致他繼續反思人生的「牽掛」，最後竟引發感恩：

　　設想某人這樣說，「我對生活有什麼牽掛呢？只是由於我的家庭的緣故，我才不想死」。然而，這個家庭正是生活的代表，這就是說，他希望活下去的理由最終仍然來自生活。的確，只要牽涉到母親的事，也就牽涉到我，雖

---

[433] 譯自 1921 年 10 月 25 日日記。

然要稍晚一點才會牽涉到我。然而另一方面，難道不是感激和同情導致了我內心這種變化嗎？是的，是感激和同情，因為我看到，在這樣的高齡，懷著無窮的精力，母親怎樣竭盡全力來補償我因為孤獨而導致的缺憾。當然，感激也是生活。[434]

說來也是，眼下，父母雙親已然分別 70 歲和 66 歲了！兩位老人為兒為女一生辛勞，滿身病痛，再度啟動了卡夫卡內心深藏的「親切的殘餘」。血肉之軀的「共情」，也體認為同體大愛的總結：

我也可以說，我由於母親的緣故而活著。但這不可能是事實，因為即便在過去，在我比現在重要得多時，我仍然不過是生活的一位使者，如果不是通過別的什麼，也是通過生活的使命與之相連。[435]

他終於發現——或者說承認——自己也跟芸芸眾生並無本質區別。他也是生活的代表，只是承擔的任務不同而已。在深刻思考的同時，他多半還聯想眾多：除了對自己「無限寵愛」的母親，還有自己一生對父母的依賴，菲利斯、尤麗葉和米倫娜，馬特里亞利療養院那位自殺的肺結核患者，等等，等等。他也可能想起拉羅什福科著名的箴言：「想要獨自完善是一種巨大的瘋狂。」無論他到底想了些什麼，感受到什麼程度，他生平第一次表達了這樣一個重大感受：

與人在一起的幸福。[436]

後面將看到，這條至為簡明的日記蘊含了卡夫卡問題的最終解決。生死僅系一念。此念是生，彼念是死。下一章第三節「《城堡》與迦南」，藉助維特根斯坦天才而嚴密的表述，我們還將跟卡夫卡一道重返此處的討論。

更重要的是，自此迄後，卡夫卡的「反向」曠野漂流無論怎樣峰迴路轉，始終指向迦南。

434　譯自 1922 年 1 月 30 日日記。
435　譯自 1922 年 1 月 31 日日記。
436　1922 年 2 月 2 日日記。

猶太人質的悲與興：卡夫卡的曠野漂流
第三部：人的盡頭

　　有人說，通往死亡的道路是如此之寬，以致那麼多人都擠得下；與之對照，通向生命的道路卻是如此之窄。

　　一個「欲望／恐懼」的世界走著一條寬闊的道路。那是死亡之路嗎？

　　當一個人走著生命的窄路，他的使命為何無比地巨大和沉重？

　　那僅僅是因為窄路本身的艱難嗎？

　　窄路本身為什麼艱難？

　　是因為窄路與寬路背道而馳，因而冒犯了寬路上人們的意願，讓他們面對內心不願面對的不和諧？

　　正因為如此，他必須反諸自身，向內尋求，更深地認罪？並代人們禱告懺悔？也為人們祝福，與世界一致，同體大愛，與人們保持情感的和諧？他的使命因此更其巨大和沉重？抑或相反蒙恩得以釋放？

　　更嚴格地說，只要還存在著使命的巨大和沉重之感，哪怕因認罪、替罪、代禱、祝福而巨大和沉重，那就還不是真正的窄路，不是真正的生命之路、救贖之路？

　　應該說，生命之路既窄又寬。

　　或者說，這條路越走越窄，也越走越寬。

　　在眼裡很窄，但在心裡很寬。

　　既寬又窄，像刀鋒，幾近於無，但唯其無，因而無限寬，意味著真正的自由。

　　向內的路就是向外的路。窄路就是寬路。

　　真正的獨自承擔就是真正的相愛，反之亦然。

　　因為沒有單獨的得救。

　　真正的得救中必然包含著和諧的恩典。

第十七章：肉身成言：絕境中的《城堡》

　　假如人們眼力好，可以不停地，在一定意義上可以是眼睛一眨也不眨地注視著那些事物，那麼人們就可以看見許多許多；但是一旦人們放鬆注意，合上了眼睛，眼前立刻便變成漆黑一團。

——弗蘭茨·卡夫卡

　　塵世、恐懼、疾病、幸福、曠野、迦南……語詞如此這般，何等舉重若輕。隨著病情的發展，卡夫卡越來越審慎地掂量它們的涵義。還有一個重要的語詞，那就是「文學」。二十年來，他一直嘔心瀝血「肉身成言（文）」。如今，在人性的盡頭，肉身風雨飄搖，前景愈益森然，文學的歸宿卻反而得以澄明。

第一節：《饑餓藝術家》：絕境與希望

　　還在1921年，卡夫卡在秋天的蕭殺寒意中感染了雙側肺炎，於是從11月起又開始了3個月的休假，並一再延期，直到1922年7月1日退休為止。在這期間，他接受了一次系統治療，隨後於1922年1月27日前往巨人山區的施賓德爾穆勒療養，在那裡繼續進行「曠野飄流」和「同體大愛」的思考。與此同時，他又開始了文學的構思。2月17日，他從施賓德爾穆勒返布拉格，隨身帶回短篇小說《饑餓藝術家》，這部重要作品後來被他在一份遺囑中加以認可。小說深刻剖析了藝術與藝術家的關係。小說中的「饑餓藝術家」本身就是一個悖謬：一方面，饑餓是他賴以為生的藝術，是其生命的唯一維繫；另一方面，饑餓恰好又否定著他的生命，並因而否定著他用生命熱愛的藝術本身。用卡夫卡的話說，饑餓既是他的樂趣，也是他的絕望，是「樂趣和絕望」。當然，只要還有人熱愛古典的饑餓藝術，饑餓藝術家就不致斷絕獻身的激情，加之他偶爾也會「稍稍啜一點兒水」，並「有一套使饑餓輕鬆好受的秘訣」，這讓他好歹總算堅持下來。

　　然而，時代在變遷，人們拋棄了饑餓藝術家，潮水般湧向各類新潮演藝圈。「而饑餓藝術家卻仍像他先前一度所夢想過的那樣繼續餓下去，而且像他當年預言過的那樣，他長期進行饑餓表演毫不費勁。但是，沒有人記天數，沒有人，連饑餓藝術家自己都一點不知道他的成績已經有多大，於是他的心

猶太人質的悲與興：卡夫卡的曠野漂流

第三部：人的盡頭

情變得沉重起來。」生命也逐漸衰退。

彌留之際，饑餓藝術家道出真實心聲：他的饑餓藝術不應得到讚賞，雖然他的確渴望有人讚賞。「因為我只能挨餓，我沒有別的辦法」。別人問這又是為什麼，他則唯恐對方漏掉一個字，用最後一絲力氣回答說：

去施賓德爾穆勒的卡夫卡（右一），照片攝於1922年。

因為我找不到適合自己口胃的食物。假如我找到這樣的食物，請相信，我不會這樣驚動視聽，並像你和大家一樣，吃得飽飽的。[437]

話未落音，他的瞳孔已經開始擴散，同時流露出這樣的信念：他要繼續餓下去！其神情雖不再驕傲、卻仍然堅定（或偏執？）如初。

就求生的本能而言，誰也不願始終挨餓，至死方休。但是，既然生而為饑餓藝術家，自始至終餓下去才合乎邏輯。正如卡夫卡自己所說，不寫作的作家只能意味著瘋狂，那恐怕是比死亡更為可怕的事情。

為了在信念和邏輯上擺平自己，饑餓藝術家不得不首先「擺平」自己的肉身。或者說，與許多人的做法相反，他用肉體的死亡代替了信念和邏輯的死亡。他死了。很快，他的位置被一隻兇猛的小豹所佔據，這只小猛獸生猛美麗、令人賞心悅目、心曠神怡。「它似乎都沒有因失去自由而惆悵；它那高貴的身軀，應有盡有，不僅具備著利爪，好像連自由也隨身帶著。它的自由好像就藏在牙齒中某個地方。它生命的歡樂是隨著它喉嚨發出如此強烈的吼聲而產生，以致觀眾感到對它的歡樂很是受不了。但他們克制住自己，擠在籠子周圍，捨不得離去。」

小說豐富的復調中，有一道旋律特別突出：在人的絕境中，藝術有沒有突圍的可能？卡夫卡的回答顯然是沒有。在一個「原罪」的世界上，饑餓藝

---

437 參見《饑餓藝術家》，載《卡夫卡小說選》。下同。

術家苦於找不到「適合自己口胃的食物」，所以才拼死表演饑餓藝術。然而吊詭在於，既然沒找到自己的食物，他的表演意義何在？——這絕非僅僅是一句刻薄的反諷，相反，這是一個直指人心、震撼靈魂的問號。饑餓藝術家以生命為代價，提醒我們藝術與人的絕境。在人的普遍絕境中，藝術也絕無突圍的可能！我們多次說過，卡夫卡是一位偉大的生存論心理學大師，在弗洛伊德之前很久，他已然洞穿了藝術心理學的奧秘。恰如精神分析天才奧托蘭克指出，藝術的本質是神經症，其誘因不外死亡恐懼。藝術家藉藝術營建「神化工程」，締造「私人宗教」，虛構一己之「彼岸」。跟神經症患者沒有兩樣，藝術家「把周圍現實當成其自我（ego）的一部分，所以，他與現實的關係才會那麼痛苦——因為所有的外部過程，無論本身多麼了無意義，最終都與他息息相關……他生活在一種巫術般的統一體中，與周圍生活整體相連，……潛在地把整個現實都引入了自身」。[438]

W.哈森克萊夫、F.韋爾弗和K.品圖斯，表現主義三巨頭，其中韋爾弗是卡夫卡的好友。

　　另一位精神分析家也指出，藝術家「對生活進行巫術般的轉化，把注意力從死亡、罪感、無意義感等對象轉移到別處。……某種意義上說，他的神經症使他有可能把握自己的命運——把生命的全部意義轉化為被他自己簡化了的意義，這簡化了的意義來自患者自我創造的世界。」[439]

　　「當你把所有的雞蛋都放進一隻籃子，你就必須為了親愛的生活而攥緊這只籃子。這就好像一個人想要獲取整個世界，卻先把整個世界安全融入單一物件或單一恐懼之內。」[440] 藝術家與常人其實並無本質區別。區別僅在於，常人試圖把世界一口一口咬下，而藝術家則試圖一口咬下。藝術家跟芸芸眾

438　轉引自《死亡否認》，邊碼第182頁。
439　轉引自《死亡否認》，邊碼第181頁。
440　參見《死亡否認》，邊碼第180頁。

猶太人質的悲與興：卡夫卡的曠野漂流
第三部：人的盡頭

生一樣，屬於有朽與必死的受造，區別僅在於，藝術家感受有朽的強度，遠遠超過芸芸眾生。藝術家知道他的作品就是他，是他的「肉身成言」，絕不可能反過來支撐他的存在。在「原罪」的生活中，所有人，包括藝術家，都苦於尋找本質的意義，掙扎於「饑餓」的絕境，在死亡的虛空中「恐懼和顫慄」。

正是在生存論心理學的意義上，卡夫卡的《饑餓藝術家》以自己的方式揭露了藝術與人的絕境，痛徹表現為「饑餓藝術家」之死——它同時意味著藝術家及其作品之死。

這當然也是人之死。

這是雖生猶死的絕境，在這樣的絕境中人活著還有什麼意義或希望？

在終極的恐懼之外，有無別的實體？

如果有，那肯定不是文學。

那是曠野？或者迦南？

——當問題這樣提出來，《饑餓藝術家》就呈現出猶太民族肉身命運的復調。更重要的是，當問題這樣提出來，我們就再次聽見了「臨終日記」的旋律。

然而，當問題被這樣提出來，小說另一個重大復調不經意顯現：饑餓藝術家？細細體量，這不正是一位堅守信仰的殉道者嗎？他的臨終遺言貌似悲觀，引人同情：「我找不到適合自己胃口的食物。」然而事實上，此語不正是蘇格拉底的訣別之辭：「你們去活，我去死。」只是，此語借「饑餓藝術家」說來，更顯隱微、反諷。上帝已死！感官主義/虛無主義的不二大潮波濤洶湧。大眾消費時代，天空飄滿淡淡的血痕。罪惡漫天飛舞，人性隆冬凜冽，生命最後一口寒氣尚未呼出，已然徹骨冰涼。真誠的靈魂簌簌發抖，雖然許多人佯裝不發抖，許多人聲言他們本來可以不發抖，許多人激動地宣稱他們激動得發抖，另有許多人竭力掩蓋或文飾自己在發抖，試圖讓自己或別人相信：他們的確是因為激動，所以發抖……如此這般的生活不值得過，因為——在先知般敏感的卡夫卡看來——已然雖生猶死，甚至生不如死。要是在其中

第十七章：肉身成言：絕境中的《城堡》

找得到食物，那才邪門！恰如正常人生活於不正常的時代，「吃得飽飽的」，怎麼可能？！即便有食物，也多半屬於飲鴆止渴，如時下所說：「我愛每一片綠葉，但每一片綠葉都有毒，都想殺死我！」這其中的隱喻一清二楚：虔信者生逢物慾亂世，除了殉道，難道還有更好的出路？果真如此，那麼，告別的時辰就快到了……

就在《饑餓藝術家》寫成前後，卡夫卡先後留下兩份遺囑。第一份大概寫於 1921 年，要求布洛德將所有作品，包括日記、手稿、來往信件、各類草稿等，「一點不剩地全部予以焚毀」。第二份則作了一些溫和的讓步：

在我的全部文字中，只有《判決》、《司爐》、《變形記》、《在流放地》、《鄉村醫生》和一個短篇故事《饑餓藝術家》還可以。（那幾篇《觀察》可以保存下來，我固然不願意讓人家拿去搗成紙漿，但是也不希望再版。）我說這五本書和一個短篇還可以，意思並不是說我希望把它們再版，留傳後世，恰恰相反，假如它們完全失傳的話，那倒是符合我本來的願望的。不過，因為它們已經存在了，如果有人樂意保存它們，我只是不加阻止罷了。

然而，此外我所寫的一切東西（刊登在報刊雜誌上的作品、手稿或信件），只要可以搜羅得到的，或者根據地址能索討到的（大多數人的地址你都知道，這主要涉及到……[省略號為原有]特別不要忘記那些筆記本，裡面有……[省略號為原有]），都毫無例外地——所有這一切，都毫無例外地，最好也不要閱讀（當然我不能阻止你看，只是希望你最好不看，但是，無論如何也不要讓別人看）——所有這一切，都毫無例外地予以焚毀，我請求你，儘快地給予辦理。」[441]

顯然，或多或少，第二份遺囑透露了某種內心的平靜。可以認為，寫完《饑餓藝術家》的卡夫卡，已然與過去那位「饑餓藝術家」有別。正如上面的分析，他已然超越了過去的倫理 - 人際關係範疇，直指人的絕境與出路——即所謂終極關懷。終極關懷包含了倫理 - 人際關係，但另外意味著無限豐富

---

[441] 轉引自《卡夫卡小說選》，第 502 頁。原有的省略號系布洛德編輯的結果，大概是為了保護相關人事及隱私。

的空間。以其決絕的方式,《饑餓藝術家》嘔心瀝血拷問「人的盡頭」以及「盡頭之後」:除了因信仰而重生,還能是什麼?

在一個虛胖而饑餓的時代,這是普世的拷問。

在一個虛脫而饑餓的時代,這更是猶太的拷問。

第二節:《城堡》及其復調

在生死一線的糾纏中,1922年的生日又到了。然而,這個生日完全不同於往常。還在生日之前一個月,醫生鑒定:卡夫卡業已喪失工作能力。6月7日,時任公司秘書長的卡夫卡再次向公司提出退休申請。7月1日,公司終於批准卡夫卡退休。從這一天起,他只能依靠退休金為生,其數額遠不及過去薪金的一半。還沒等到退休批准正式下達,6月底之前,卡夫卡已然前往小鎮普拉納,位於波希米亞森林中的盧施尼茨河畔,奧塔爾在那裡租有一套房間。在遠離布拉格的普拉納,卡夫卡痛苦掂量生與死,思尋生命的出路。7月5日,幾個痛苦的不眠之夜之後,他向布洛德寫下一封近四千字的長信,其自我分析冷峻、深刻、甚至殘酷。在這封信裡,這位自稱「我就是文學」的人,轉而對自身意義提出了根本的懷疑和否定,進而揭露自身恐懼的根源:試圖藉寫作來逃避生活、代替生活。這封信催人淚下,因為其自我拷問真誠之極,也無情之極,幾乎超出了人的極限:

昨夜輾轉無眠,在煎熬中反復思考每樣事情。前一段因相對平靜而幾乎忘懷的想法,昨夜竟又清晰再現。

我想說的是,原來,我生命的支撐竟如此脆弱、形同虛空!黑暗勢力為所欲為,全然不顧我的踉蹌與蹣跚,摧毀我的生活,時刻置我於絕望——而在此之上我竟想寄託自己的生活!既然如此,與其說寫作支撐著我,不如說寫作支撐著這樣一種生活?

1922年的卡夫卡

當然，我並不是說，如果不寫作，我的生活會好一點。寧可說，如果不寫作，我的生活更將一塌糊塗，全然不堪承受，並必然以瘋狂告終。當然，這需要首先假定我是一位作家，即便不寫作也是作家，而不寫作的作家只能是怪物，自作瘋狂。

然而，做一位作家，這本來意味著什麼？不錯，寫作是甜蜜而神奇的獎賞，可獎賞什麼呢？昨夜無眠，答案竟如此清楚，清楚得有如孩子們的啟蒙課本：寫作之所以是獎賞，乃因它替魔鬼服務。在生活的下部，你付出大可懷疑的努力：或自甘墮落、與黑暗勢力為伍，或釋放本來受縛的幽靈，或別的什麼——然而在上面，你對此一無所知，竟自就著陽光撰寫自己的故事——或許存在著別的寫作，但我只知道這一種！夜裡，恐懼襲來，無法入眠，我終於懂了這種寫作，並認清其邪惡本質：那是虛榮與淫蕩，圍繞著自身——甚或他人——縱情享樂，忙個不停，同時自我膨脹，最終成就一個自欺欺人的太陽系。天真的人有時心裡暗想：「我倒情願一死，看大家怎樣為我哀傷。」這樣的作家始終沒長大：他作死（毋寧說他不活），同時藉此自悲。由此引發可怕的死亡恐懼，它未必展示為死亡恐懼，卻可能表現為對於變化的恐懼……至於這種死亡恐懼的理由，可如下一分為二：

第一個理由，他沒活過，所以特別恐懼死亡。我的意思並非是：要想活，必須首先擁有妻子兒女、農田牲口。寧可說，真要想活，就必須放棄自我陶醉，老老實實搬進屋子，而不是繞著屋子巧言誇飾，裝點門面。當然，面對這樣的問題，或許可以認為：一切出自命運的安排，並非誰都能唾手可得。然而，為什麼隨之總會不滿、抱怨？是為了讓自己更可愛、更可口？部分如此。但是，為什麼這些不眠之夜總讓人反復念叨「我本可活卻沒有活」？

第二個理由（或許只有一個理由，或許它們眼下並不想對我分成兩個）基於下述意見：

「我筆下的事情終將發生。這意味著，我未能藉寫作贖回自己。長久以來，我一直自己作死，可眼下，我真的要死了。與別人相比，我的生活更甜蜜，那麼，相應地，我的死也更可怕。當然，我身上那位作家也將隨之死去，因為他的身份了無基礎，虛幻不真，連塵土都不如，無非瘋狂人世的某種可

猶太人質的悲與興：卡夫卡的曠野漂流
第三部：人的盡頭

能性、某種享樂的幻想——這就是你的那位作家！至於我自己，因並未活過，所以也無法活下去了。此生我始終是塵土，未能將火星燃成火焰，最終僅夠照亮我自己的屍體。」

這將是一場奇怪的葬禮：這位作家，如此虛幻不真，竟向墳墓交托自己的屍體——這具年深月久的陳屍。此情此景，我倒有充分條件作為作家善加賞識，或者——其實仍屬一回事——願意盡力藉自我遺忘而善加描述，因為，自我遺忘——而非警覺——乃作家的首要前提。然而，今後不會再有這樣的描述了。只是一切結束之前還有一個問題：為什麼我在這裡談論真實的死亡？因為，它與生活並無兩樣。眼下，我以作家的舒適姿勢坐在這兒，準備描寫所有美好的事情，必然慵懶觀望——因為除寫作外難道我還能做什麼？——與此同時，我的自我，這可憐而了無防備的自我，被魔鬼用鐵鉗夾住，痛加毆打，隨便找一條藉口，就欲致它於死地……作家的存在挑戰靈魂的存在，因為靈魂明顯逃自真實的自我，卻並未改進自身，而僅僅變成了一位作家。[442]

「我就是文學，此外什麼都不是，也不可能是什麼。」——曾幾何時，卡夫卡如此告白，近乎「怨毒」。

然而眼下，從那麼要緊的「文學太陽系」，他最終覺悟出來。

以他此刻的眼界，這樣的作家，不僅自己犯罪，而且誘惑讀者，就其效果而言，堪比魔鬼的狡猾：

作家，這樣一位作家，其定義及其作用（如果他可能擁有的話）如下：他是人類的替罪羊。他讓人享受罪愆而不負罪，或幾乎不負罪。

然而，事實上，卡夫卡從來不是自戀的、「天真」作家。何況，如「臨終日記」所示，眼下的卡夫卡，已然越過人生分水嶺。哪裡有罪愆和危險，哪裡就有恩典與救贖。就其至深意義，眼下的卡夫卡深諳此點。正因為如此，他深知「世界上只有一種病」，其實就是同體大罪的結果。在「污穢」與「骯髒」的世界上，無論身心怎樣關聯，身體的「房子」可能率先垮塌，如果靈

---

442 譯自 1922 年 7 月 5 日致布洛德。下同。

魂先知先覺，就會在垮塌之前出逃，成為作家，雖然因此遭受致命的削弱，卻得以見證同體大罪-大病-大死的過程，包括「黑暗勢力」或「邪惡勢力」的運作機制。如此見證，當然是一種認罪。那麼，這樣的作家，作為「替罪羊」，本身固然罪愆，也就此成為恩典與救贖的媒介或「管道」。所以，在這封重大信件中卡夫卡另外寫道：

1922年6月9日，卡夫卡在這個名叫普拉納的鎮子，在他妹妹和姊夫租用的兩居室假期住宅裡完成了《城堡》的後九章。

　　靈魂與自我分離，竟會遭受如此的削弱嗎？（我不敢肯定這一點。但不敢肯定也是錯。）假設我不在家，在此前提下，家中房子突然垮塌，一定會讓我警覺。畢竟，我知道哪些原因會導致房子垮塌。那麼，不會是我移居別處、而把房子留給了所有的邪惡勢力？

　　回到「人類的替罪羊」一語。如我們就「臨終日記」所展開的分析，「替罪羊」一詞，意味著深刻的懺悔，甚至救贖。卡夫卡希望懺悔，希望自己有可能放棄寫作，至少試一試用幾天時間把自己和寫字臺隔絕。然而，命運之神秘的吊詭在於，在波希米亞森林中的普拉納小鎮，在如此罪感與絕望的悲劇氣氛中，卡夫卡正在進行《城堡》的寫作，這是他繼《美國》和《審判》之後的另一部長篇小說，是他生平第三部、也是最後一部長篇小說。他從年初開始動筆，在上面那封信之後一個多月最終棄筆。

　　K——他只有這樣一個代號般的姓氏——被委派為城堡的土地測量員。但事實上，城堡似乎並不需要土地測量員。因為，在城堡和它所統轄的世界裡，一切相關事宜早已登記在冊，準確無誤，所依據的法則，其非理性的權威毋庸置疑。事實上，與《審判》中的情況一樣，城堡的法則來自某個大象無形、滲透一切的運作機構。所有成員都生活於一個封閉而精確的世界，在其中，例如，哪怕一塊界石的微小調整，都被視為破壞行為，從而給自己帶

猶太人質的悲與興：卡夫卡的曠野漂流
第三部：人的盡頭

來危險。繁複而嚴密的組織部門，辦事認真的官僚和下屬、成櫃成捆的卷宗和檔……城堡有條不紊地運行，然而，荒誕和悖謬的是，那份聘用土地測量員的卷宗卻怎麼也找不到了。於是，就像《審判》、《判決》或其他作品的主人公，K 發現自身已然罹受非理性權威的「莫名之罪」，沉陷「不由分說的懸而未決」或者「懸而未決的不由分說」，於是，鬥爭開始了。

《城堡》手跡

然而，這並非一場轟轟烈烈的鬥爭。至少在主觀上，K 並不自以為代表了普遍的正義、公正、理性、良知等等。相反，他是一個幾乎無名的人，恰如其姓氏所暗示；他「頭腦單純」，沒有惡意；不錯，他孤獨而漂泊異鄉，可他並不追求孤獨，也不以漂泊為榮，相反，他希望安身立命，結婚，建立家庭……一句話，他只要求進入城堡的權利。

在城堡邊上的那座村子裡，K 執拗地堅持尋找通往城堡的道路，「從未生過氣」，也始終不放棄。他幾乎嘗試了一切辦法，也像《審判》中的約瑟夫·K，試圖從女人那兒得到幫助，因為她們「跟城堡有聯繫」。然而，無論他如何努力，魔幻般的城堡始終保持著自己出神的存在，矗立在遠處的山岡上，輪流披戴著暮色、夜色、陽光或晨曦，永遠令他可望而不可及。

假如人們眼力好，可以不停地，在一定意義上可以是眼睛一眨也不眨地注視著那些事物，那麼人們就可以看見許多許多；但是一旦人們放鬆注意，合上了眼睛，眼前立刻便變成漆黑一團。[443]

K 終因心力衰竭而在鬥爭中死去。彌留之際，從城堡終於下達了一個決定，它並未批准 K 在法律上定居這個村子的權利，但是，「考慮到某些其他情況」，允許他在村子裡暫時居住和工作。不用說，這仍然是一種「不由分

443　轉引自布洛德，《<城堡>第一版後記》，《卡夫卡全集》，第 4 卷，第 415 頁。

說地懸而未決」，不過，鬥爭畢竟有了某種結果。悲劇在於：尚能堅持之際，眼前毫無希望；當希望降臨，卻再也無法再堅持下去。[444]

作為一部作品的《城堡》，與這部作品所描述的「城堡」一樣，是一座巨大的迷宮，卡夫卡的復調藝術在這裡發揮得淋漓盡致。

北波希米亞的弗里德城堡，是小說《城堡》的背景，1911年卡夫卡曾來此出差。

一如此前的作品，《城堡》也表現了卡夫卡的「父親情結」，那無處不在的絕對權威，猶如《審判》中的法庭，可視為父親的象徵，而 K 進入城堡的願望最終失敗，則意味著父親的「判決」。城堡也可能象徵著律法加恩典的上帝，要是那樣，K 進入城堡的奮鬥即可視為靈魂的救贖過程，而他全部努力的徒然，以及在彌留之際所得到的「應許」，則圖說了猶太教的根本教義之一：人永遠找不到通向上帝之路，然而，上帝的恩典卻隨時可能出現人的面前，尤其在人徹底「放棄」（順服）之時。

然而，如果我們想到，骨瘦如柴而又赤身露體的卡夫卡，其實也是一個人性溫暖的人，那麼，《城堡》就會呈現更豐富的涵義。例如，在《城堡》中的「女人們」身上，K 留下了他的體溫。這些女人是誰？

---

[444] 《城堡》系未竟之作，在卡夫卡去世後正式出版，結尾部分依據卡夫卡向布洛德所做的敘述。參見布洛德，《<城堡>第一版後記》。

猶太人質的悲與興：卡夫卡的曠野漂流
第三部：人的盡頭

按瓦根巴赫和卡夫卡身前友人維利·哈斯的意見，這些女人身上至少暗含米倫娜的形象。[445] 值得注意的是卡夫卡的相關描寫：K跟這些女人在「污穢」中打滾，以至感覺到沒有了「故鄉的空氣」，感覺到令人窒息的誘惑，並因而身不由己，只好一任迷失下去。

關於「污穢」、「骯髒」及其誘惑，我們並不陌生。然而，「故鄉的空氣」象徵著什麼呢？與卡夫卡異曲同工的另一位猶太天才海涅曾經談及猶太人的貞潔或童貞：

> 如果讓潔西嘉[莎士比亞筆下猶太商人夏洛克之女]穿男裝，從她臉上就會發現一種難以掩飾的羞怯。也許從這表情中，人們可以看到那種罕見的童貞，這種童貞是她的部族所特有的，並賦予這個部族的女子們一種神奇的魅力。猶太人的童貞也許是他們自古以來對東方的感官和性崇拜進行鬥爭的結果，……我幾乎想說，猶太人是一個禁欲的、節制的、抽象的民族……[446]

海涅反復論及猶太民族的貞潔，他把風這種貞潔引為自豪。他說，這種貞潔被東方式的感官主義和性崇拜所包圍，所以尤其顯得珍貴，而所謂感官主義和性崇拜，其實就是卡夫卡所說的「骯髒」或「污穢」。如果有機會進行比較，我們會看到，海涅與卡夫卡，這兩位猶太天才存在諸多相似之處，其中相當重要的一點就是：在愛情和性愛問題上，他們都是典型的柏拉圖主義者，更確切地說，都有著刻骨銘心的「伊甸園情結」。在一個非猶太的、異教的、感官的世界上，他們內心深處都懷念著古老的猶太家園，渴望那貞潔的「故鄉的空氣」。在性愛問題上，卡夫卡有著這樣的自我評價：

> 作為一個小夥子，我在性生活方面是清白的，也是無動於衷的。我對它，就像對待相對論一樣，漠不關心。[447]

445　參見瓦根巴赫，《卡夫卡傳》，第87、140頁等處。又見維利·哈斯，《<致米倫娜情書>編後記》。
446　[德]海因希裡·海涅，《海涅全集》，田守玉等譯，河北教育出版社，2003年，第七卷，第354頁。
447　轉引自瓦根巴赫《卡夫卡傳》，第230頁。

第十七章：肉身成言：絕境中的《城堡》

出於生存的需要，卡夫卡被動地捲進了與女人之間不清不白的關係，他內心的嚮往仍然屬於貞潔的猶太人。

在「城堡」的重調中，有一層重要的象徵，那就是非猶太的、異教的、感官的世界，即所謂「生活世界」。從某個意義上說，米倫娜這樣的女性正是這個世界的代表。如我們所知，這位非猶太女性感性強烈，是個弄潮兒，或者，如她自己所說，「是個凡俗的女人，就像世界上所有的女人一樣，一個渺小的、有性衝動的小女人」。這樣的女人跟「生活世界」聯繫緊密，她們象徵著「生活世界」。如果把她們看作愛情、婚姻、家庭的象徵，那麼，卡夫卡在這裡講出了「生活世界」的基本法則：任何想要成功進入「生活世界」的人，必須首先通過由女人所象徵的倫理－人際關係網路，即愛情、婚姻、家庭的基本樣式。然而，如果僅僅把她們看作女人本身，那麼，卡夫卡就講出了 K 這類特殊個體的特殊命運：她們是進入「生活世界」的仲介。K 是誰？是卡夫卡的自傳形象？還是猶太人的普遍隱喻？答案可能兩者都是！果真如此的話，卡夫卡「臨終日記」中的「反向」曠野漂流不意呈現一個全新的復調：

他，耶和華的選民，亞伯拉罕和摩西的子孫。某種看似偶然、來自「上面」的神秘意志，帶他離開猶太人的「應許之鄉」迦南，開始一個人的「反向」曠野漂流，按「臨終日記」的說法，「我認為，眼下，我一直沿著曠野邊緣飄流，充滿孩子般的（尤其對於女人們的）希望」。就此而言，可以有把握地認為，對於卡夫卡，曠野也象徵著異教的「生活世界」，而「女人們」則是「生活世界」的代表或仲介，卡夫卡對之充滿「孩子般的渴望」。

如此說來，四十年「反向」曠野漂流，他既憧憬重返迦南，但也身陷吊詭，渴望進入「生活世界」，並因此首先設法接近這個世界的女人們，與她們周旋和糾纏，同時失落了自身，卻仍被拒之門外。他最終發現，她們所代表的，既是普遍意義的「生活世界」，更是非猶太的「他們的－生活世界」。就這樣，他的流浪逐漸顯現出必然的性質：這是一次「證罪」的流浪。

罪是什麼？罪是他無法進入「城堡」的事實。罪是死亡的事實。流浪者至多獲准暫時居住和工作於「生活世界」，條件如此苛限，卻索取了生命的代價。

323

這既是拒絕者之罪，也是被拒者之罪。拒絕者過著一種異教的、原罪的生活，而被拒者渴望進入這種生活，因此暴露出同樣性質的原罪。而被拒的事實，既是原罪所招致的懲罰，也意味著人性的盡頭。

然而，正如我們反覆談及，信仰的奧秘就在人性的盡頭。於是，出人意料，在《城堡》看似悲哀的結局，一場大慈大悲的「救贖」悄然展開。吾人心力衰竭之際，「故鄉的空氣」再次吹拂。那是來自「上面」的氣息。它提醒流浪的吾人：除了重返迦南，吾人還能去往何方？

第三節：《城堡》與迦南

不錯，迦南。

然而，連迦南本身也是復調，不僅意味著屬靈的家園，也指陳著屬世的土地——亦即國家地理之意義的土地。

論及土地，一個問題順理成章自然呈現：為什麼 K 的身份是「土地測量員」？而且，為什麼他竟如此溫和，以至「從未生過氣」？

還是猶太人的《希伯來聖經》說得好：「謙和之人，必蒙恩傳承土地。」[448]

《希伯來聖經》這一啟示，讓答案不言而喻。

事實上，「土地測量員」甚至算不上一個隱喻，而是一句告白，代言著猶太民族對「迦南」的地理訴求。

這是《城堡》的復調的重大旋律，它直陳胸臆，呼之即出。

聆聽這一旋律，只須謹記：

卡夫卡關切自身民族的歷史命運，其程度之深，無論怎樣強調都不會過份。然而，這只是問題的一方面。另一方面，卡夫卡這一關切，與 1920 年代前後如火如荼的猶太復國主義運動既聯繫，又區別，而且，聯繫是淺層，區別是深層。如前所述，早在 1916 年夏秋之交，他的相應思想即得到了經

448　Psalm 37:11 ESV: But the meek shall inherit the land…

典的表述，其時，他致信當時的未婚妻菲利斯，鼓勵並支持她積極參與「柏林猶太人之家」的各項工作，其中的相應思想是如此重要而清晰，值得在此再次引證：

無論如何，你不必為猶太人之家感到不安，雖然它被視為猶太復國主義；你不太熟悉，但不必在意。藉由猶太人之家，別的力量正在運行，產生作用，它們與我內心更貼近。大多數猶太人今天容易接近猶太復國主義，至少容易接近其外緣，然而 [對我而言]，猶太復國主義不過是一扇門，通向遠為重要的事情。[449]

按此信的邏輯，「柏林猶太人之家」有別於當時的猶太復國主義熱潮。卡夫卡相對認同於「柏林猶太人之家」，然而，即便「柏林猶太人之家」，也並非他終極關切之所在，因為還有「別的力量在運行，……與我們的內心更貼近」，相比「柏林猶太人之家」與猶太復國主義，這一「別的力量」指向「遠為重要的事情」。

一個多月後，卡夫卡再致菲利斯：

[現在「柏林猶太人之家」的參與者們] 還無法做出什麼成績，因為他們還不太瞭解其中的意義，還不是十分明朗，然而，一旦他們理解了其中的意義，他們就會傾注自己的心血，竭盡全力，做出他們所能做到的一切，這在另一個方面意味著很多，而且本身就意味著很多。我認為所有這些工作與猶太復國主義之間存在著聯繫，雖然對你未必如此，這一聯繫在於這樣一個事實：柏林猶太人之家將從猶太復國主義汲取充滿活力的鬥爭方式，那是始終生機勃勃的青春力量，在其他方式失敗的地方，這種力量卻從猶太民族深厚的歷史遺產中得到祝福，並因而得以點燃民族熱情的火焰。我認為，沒有這樣一種界定，猶太復國主義就無法生存。[450]

與上一封信相比，此信側重強調「柏林猶太人之家」與猶太復國主義的關聯，然而，最終的關切仍在兩者之外，直指「猶太民族深厚的歷史遺產」，及其內含的「祝福」。不言而喻，卡夫卡的關切，與一般意義的政治猶太復

449　譯自 1916 年 8 月 2 日致菲利斯。
450　譯自 1916 年 9 月 12 日致菲利斯。

猶太人質的悲與興：卡夫卡的曠野漂流
第三部：人的盡頭

國主義，不可同日而語。如果考慮「臨終日記」的維度，那麼，卡夫卡的關切也遠遠超越一般意義的猶太文化復興。寧可說，所謂「別的力量」，是卡夫卡一己的內心力量，其中複合著克爾愷郭爾和馬丁·布伯的思想內核。他，孑然一身的「土地測量員」，無家可歸的異鄉人，克爾愷郭爾式的孤獨鬥士，他的抱負既關切人群，也異於人群。卡夫卡蒙受的呼召與眾不同，乃是他「一個人的」猶太復興。就此，「土地測量員」的訴求，令我們回想起「臨終日記」的靈肉呼告，一樣充滿血肉模糊的悔悟與盼望：

「或許我終將居留迦南」——四十年如一日，我始終飄流於曠野，如果這一切希望不過是絕望的海市蜃樓，尤其當我也不過沙漠中最不幸的受造，那麼，迦南必然是我唯一的應許之地（Promised Land），因為對於人類而言，不存在第三個世界。[451]

只須聽出「我」中的「我們」——猶太民族——足矣。只須銘記，猶太人卡夫卡，如本書第十一章等處所見，他早已自覺成為「獨特的自傳作家」，代言著一個三位一體的命運綜合體：一己的生命／民族的苦難與希望／整個人類的命運。如是，我們就不難讀懂《城堡》復調中的主旋律，那是猶太民族痛失土地兩千年的血淚呼告——為了迦南的祝福，他們決心追隨那位「和平之君」，不懈鬥爭而又不「生氣」，並不惜以世代生命相許：「至於我和我家，我們必定事奉耶和華。」

只是，「大的事情小聲說」，最大的事情，只能大音稀聲——這是卡夫卡。

所以，在《城堡》中，讀不到「猶太」這個詞，而且「也不曾在卡夫卡的其它小說或短篇小說中出現。」

他深情眷念自身民族，一如他痛切憂慮「普遍人性」。[452] 就此而言，《城堡》既是猶太的自傳，也是人性的自省，就像那座城堡本身，在人性盡頭，冥想著「最大的事情」：

451　譯自 1922 年 1 月 28 日日記。
452　布洛德，《無家可歸的異鄉人》，見《論卡夫卡》第 81 頁。

第十七章：肉身成言：絕境中的《城堡》

在猶太民族漫長的受難史中，人們曾經聽到過所有這些聲音。K 以可憐而又可笑的方式遭到了失敗，儘管他曾以那麼嚴肅而又認真的態度來對待一切。他始終是寂寞的。在這部長篇小說經過的所有不愉快的場面之上，在所有無辜得來的不幸上隱隱約約地晃著這個口號：這樣不行。要想紮下根來，必須尋找一條新的、完全不同的途徑。[453]

一條新路？一條完全不同的路？在人性盡頭、在徹底的絕望中還能有這樣的路？當然，國土也可視為一條路，至少，「沉重的影子像大路／穿過整個國土」。然而，對於猶太民族，若無信仰之恩典，哪來國土？血肉模糊的猶太歷史早已揭示：任何時候，信仰亡則國土亡。若無信仰，連民族也早已灰飛煙滅，皮之不存，毛將焉附，哪來國土？反之，一個民族痛失國土，舉世流離，卻能守住一個約定，生死無悔，正是信仰之恩典使然。既然如此，所謂一條新路，必然是信仰的恩典之路，否則還能是什麼？是的，那是「道成肉身」的得救之路，其救恩既指向卡夫卡一己之生命，也指向他千迴百轉、哀宛傷痛的民族，進一步傳遞給普世人類……不過，此處，在眼下這部《曠野飄流》，我們暫時還須略作徘徊，再次回到他一己的靈肉之路。

不久於人世之際，與另一位猶太天才海涅一樣，卡夫卡也超越了文學。在人性盡頭，海涅曾因猶太信仰的失落痛心疾首，並立下一份遺囑，包括以下一段文字：

四年來我已經放棄了一切哲理性的自尊，恢復了宗教的觀念和感情。我懷著對「一個唯一的和永恆的上帝、造物主」的信仰死去，並且為了我的靈魂永存而懇求他大發慈悲。我後悔在作品裡有時談起一些神聖的事物時未曾懷著應有的敬意，不過更確切地說，我是受到了時代風氣和我自身癖性的影響。如果我不自覺地冒犯了作為全部一神教信仰的真正精華的良好習俗和道德，我請求上帝和人們寬恕我。[454]

與上帝的和解就是與世界的和解。在上一節，我們在卡夫卡身上也看到這一點，在他與親友、尤其與父母的和解中表現得尤為突出。與上帝的和解

---

[453] 布洛德：《卡夫卡傳》，第 192-193 頁。
[454] 《海涅全集》，第十二卷，田守玉等譯，第 393 頁。

猶太人質的悲與興：卡夫卡的曠野漂流
第三部：人的盡頭

也是與文學和和解。現在，對於卡夫卡，「寫作乃祈禱的形式」[455]，確乎如此。無獨有偶，另一位奧地利猶太天才維特根斯坦也有過相關的心路歷程，兩相比較，有助於我們進一步理解卡夫卡。

1916 年，第一次世界大戰血肉橫飛之際，時年 33 歲的卡夫卡正與未婚妻菲利斯痛苦磨合，暗中撕裂生命成傷口，並嘔心瀝血創作《鄉村醫生》等名作。同年，27 歲的維特根斯坦正在軍隊服役，他一邊思考抽象的邏輯哲學問題，一邊完成了關於信仰與幸福之關係的重大思考，無論在起點上，還是結論上，與卡夫卡的關切頗為相近。維特根斯坦問自己：「對於上帝和人生的目的我知道什麼呢？」他自我回答說，「我們可以把上帝稱為人生的意義，亦即世界的意義」，而「祈禱就是思考人生的意義」，他寫道：

信仰上帝即理解了人生的意義問題。

信仰上帝即看到了世界的事實還不是事情的終極。

信仰上帝即看到了人生有一種意義。[456]

以信仰為基礎，維特根斯坦就找到了通向幸福之路。他說，「幸福的人必無所畏懼。即使面對死亡亦無所畏懼。」反之，

面對死亡的恐懼是虛偽的即惡劣的人生的最好的標誌。[457]

維特根斯坦的意思是說，人會因為死亡恐懼而虛偽地相愛、色厲內荏地放縱、歇斯底里地爭強鬥狠、脆弱地瀟灑、麻木地平靜、沾沾自喜地思考和寫作等等，所有這樣一類行為方式，其實質都是因恐懼而反向作用的欲望，或者說，是死亡恐懼的反面表現，就像卡夫卡所指出的那樣，它們與死亡恐懼的關係猶如同一枚硬幣的兩面。也可以認為，它們與死亡恐懼形成了一個「欲望／恐懼綜合體」，其中恐懼與欲望相互強化，惡性循環，不指向當下，而指向未來，飲鴆止渴，所以欲望／恐懼而直至雖生猶死，甚至生不如死。

---

455 《卡夫卡全集》，第 5 卷，第 206 頁。
456 《維特根斯坦全集》，2003 年，第 1 卷，第 153～155 頁。
457 同上，第 157 頁。

根據類似的思路，維特根斯坦找到了克服死亡恐懼、走向幸福生活的道路，那就是：放棄指向未來的欲望／恐懼綜合體，一心虔敬，「活在當下」：

只有並不生活在時間中而是生活在當下的人才是幸福的。

因為當下的人生是沒有死亡的。

死不是人生的一個事件。它不是世界的事實。[458]

世上本無死亡的事實，因為我們恐懼死亡，才有死亡的虛像。並非死亡產生恐懼，而是恐懼投射死亡。而「活在當下」既消除了死亡的恐懼，也平息了不朽的欲望，最終解構了死亡的虛像。

但是維特根斯坦指出，問題還有更深刻、更重要的層面，那就是：怎樣才能「活在當下」？他回答說：只有與上帝和解、與世界和諧，捨此別無他途：

為了生活得幸福，我們必須同世界一致。這就是「幸福」的含義。[459]

絕非偶然，維特根斯坦也意識到了那個生死攸關的問題：即卡夫卡所謂「與人在一起的幸福」！同時代兩位猶太天才，不約而同得出完全一致的結論。兩人都屬「中歐－奧地利德語猶太知識精英」，典型的神經症人格。更有甚者，維特根斯坦家族攜帶自殺性心理因數，三位哥哥先後自殺身亡。從心理學的角度說，他具有高度的心理危機係數。事實上，維特根斯坦的確也曾充滿焦慮，無法恰當地處理人際關係，並且也是終身未婚。然而，藉助信仰的思考和體證，他拯救了自己。就在上述一系列哲學思考的末尾，他寫下這樣一條結論：「幸福地生活吧！」他不虛此言。62歲那年，他因前列腺癌去世，死前留下平靜的愛心遺言：「告訴他們，我度過了美好的一生。」[460]

那麼卡夫卡呢？按他自己的說法，他的得救之路需要首先順從各種各樣別的道路，穿過所有的泥濘和污穢。當他終於意識到「與人在一起的幸福」，他真的走到自身人性的盡頭？並由此開始領受新生的恩典？

458　同上，第156頁。
459　同上。
460　《維特根斯坦全集》，第12卷，江怡譯，第444頁。

第十八章：言成肉身：多拉與猶太歌手之死

> 迦南必然是我唯一的應許之地，因為對於人類而言，不存在第三個世界。
>
> ——弗蘭茨·卡夫卡

數十年間，卡夫卡一個人獨自「反向」曠野漂流，未能像維特根斯坦那樣「活在當下」。

然而，在人性的盡頭，他直面恐懼、承認「原罪」，終獲救贖。

他終於承認迦南是「唯一的應許之地」，那麼，從邏輯上講，他已然「活在當下」，雖然現實尚待跟進，但不如說，上帝的「大計畫」如序開放，自有其日程與季節——這正是創造的神秘。

第一節：柏林的迦南

1922年8月底，在波希米亞林中小鎮普拉納，卡夫卡最終放棄了《城堡》的寫作。總體上的寫作當然不會放棄。一生「反向」曠野飄流，寫作始終見證著「言成肉身」與「肉身成言」的悲欣交集。事實上，在後來的「奇跡」最終發生之前，他仍然寫出了幾篇小型作品。只是，他天生作家的稟賦還在等待著全新的機遇。9月18日，卡夫卡從普拉納返回布拉格。在這一年剩下的時間裡，他只寫下3篇日記，最後一篇寫於12月18日：「這段時間全部躺在床上。昨天讀 [克爾愷郭爾的]《非此即彼》。」

我們知道，幾乎從一開始，他就一直熱心於猶太復興的社會活動。多年來，他一直堅持學習希伯來語，為移居巴勒斯坦作準備，而約旦河以西的巴勒斯坦，正是古時的迦南，流淌奶和蜜的土地，即「臨終日記」中「唯一的應許之地」。眼下，回歸迦南的意願更為強烈，支撐他拖著病體，頑強努力。他當時的希伯來語教師，後來成為傑出的以色列教育家，半個多世紀之後，這位教師生動回憶了當年的教學情景：

> 他滿腔熱誠，感人至深，每堂課都拼命學單詞。然而，肺病始終讓他飽受折磨，拼讀單詞之際，他咳嗽頻發，甚為苦惱，我只好暫停，讓他稍事休息。其時，他雖一時無法說話，卻用黑色的大眼睛默默請求，希望我別停下來，

第十八章：言成肉身：多拉與猶太歌手之死

再教一個單詞，然後再教一個，然後再教一個……仿佛希伯來語是治病的神藥。他住父母家，他母親會不時輕輕推開門，示意我該讓他休息了。然而，他的熱情無法止息。最終，他取得了優秀的成績……[461]

這位教師是一位女性，名叫普阿·本托維姆，當年年方 19，青春年少，生氣勃勃，充滿吸引力，同時又具有驚人的自製力。她來自巴勒斯坦的猶太古都耶路撒冷。兩年前，耶路撒冷希伯來大學籌建圖書館，負責人是卡夫卡中學同窗好友胡戈·伯格曼，後者委派她常駐布拉格募集資金，同時註冊布拉格大學深造，業餘時間則教授希伯來語。自 1922 年秋到第二年春，她每週兩天執教卡夫卡。據說，對於這位來自迦南的同胞少女，卡夫卡漸漸萌生了某種感情。多年以後普阿·本托維姆回憶稱：「我很快就覺得事情有點不對勁。他就像失足溺水的人，掙扎求生，不管什麼，能抓住就行。我有我自己的生活。我既無意願、也無能力去保護這位大我 20 歲的男人——換了今天我對他的瞭解，事情也不會兩樣。」[462]

1923 年 4 月，伯格曼回布拉格進行相關活動，他現在是耶路撒冷希伯來大學教授，兼圖書館館長。卡夫卡撐著病體參加了一次報告會，聆聽同窗老友關於巴勒斯坦文化的講演。伯格曼向卡夫卡發出熱情邀請，希望老同學在身體允許時前往巴勒斯坦，卡夫卡則報以興奮的憧憬。

5 月 9 日，卡夫卡致信米倫娜，兩位曾經的情人後來偶有來往與通信，其間熱情全無，拙於應對，但這一次，卡夫卡秉筆直書，洋洋灑灑寫成一封長信，專門探討了寫信的生存論哲學，即所謂「幽靈」的問題。這是他給米倫娜的最後第二封信。在信的結尾處，卡夫卡突然再次談到結婚的抽象話題：

我奇怪地相信——將虛構的對話變成真實的對話：猶太教！猶太教！——如果不是由於寂寞中產生的絕望才要求結婚，那麼結婚是可能的，而且會是在頭腦高度清醒的情況下結婚。我相信，天使也是這麼認為的。因為，那些由於絕望而結婚的人會贏得什麼呢？假如把孤寂放到孤寂之中，那麼永遠不

461　Ernst Pawel, The Nightmare of Reason: A Life of Franz Kafka, New York: Farrar·Straus·Giroux, 1984, p.429.
462　同上，p.430。

猶太人質的悲與興：卡夫卡的曠野漂流
第三部：人的盡頭

會產生家鄉，而只會產生一個 [……不幸的疊加]。一種孤寂反映在另一種孤寂之中，即使在最黑暗的深夜也是如此。假如把孤寂與安全放在一起，那麼對於孤寂來說情況將更糟糕（除非是一個溫柔的、姑娘般無意識的孤寂）。[463]

卡夫卡「奇怪地相信」，而且認為天使也會同意他這次的看法。他遇見什麼神秘的啟示了嗎？一個月以後的 6 月 12 日，40 歲生日前夕，他寫下此生最後一篇日記，在其中第二次，也是最後一次談到了「武器」，另一次是在他討論「反向」的曠野漂流之際。他所謂的「武器」就是迦南——猶太人「唯一的應許之地」。

就在寫下此生最後一篇日記之後，奇跡終於發生了。

1923 年 7、8 月間，隨大妹埃莉和她的兩個孩子，年屆 40 的卡夫卡前往波羅的海海濱浴場米里茨休養。在米里茨，他參觀了一座度假村。這座度假村屬「柏林猶太人之家」所有，而卡夫卡早就對這個猶太人社團懷有深情，還在 1916 年，他即鼓勵當時的未婚妻菲利斯積極參與該社團，並取得出色成績。卡夫卡當時即認為，在這個社團的日常活動中，「別的力量正在運行，產生作用，它們與我內心更貼近」。它們源自「猶太民族深厚的歷史遺產」，與一般意義的猶太復國主義相比，它們「通向遠為重要的事情」。這個社團因此蒙受「祝福」。[464]

眼下，就在這座度假村的廚房裡，卡夫卡看到一位溫柔的猶太姑娘正忙著刮魚鱗，他當即表示了自己的不贊成：「多麼溫柔的手，可幹的活兒又是多麼殘忍！」姑娘聞言立即害羞了，向她的上司提出調換工作的要求。這位姑娘就是卡夫卡最後的愛人多拉·迪亞曼特。

多拉·迪亞曼特，1898 年出身於東歐某猶太虔敬教派一個名門家庭。[465] 她對親愛的父親充滿敬意，但無法忍受父親稟承的傳統習俗。1920 年代，猶太民族的自我解放運動已深入人心。許多青春朝氣的猶太姑娘，紛紛衝出家

463　《卡夫卡全集》第 10 卷，第 434 頁。
464　參見卡夫卡 1916 年 8 月 2 日、9 月 12 日致菲利斯。也請參見本章相關內容。
465　參見，阿爾特《卡夫卡傳》，第 632 頁。也參見，尼古拉斯默里，《卡夫卡》，第 273 頁。

庭，闖蕩世界。與她們一樣，多拉也違背父母意願出逃，漂泊到柏林定居下來，並加入「柏林猶太人之家」。這位猶太姑娘純樸自然、天真無邪、為人熱情、樂於助人，這些性格特徵深深吸引了卡夫卡。不僅如此，多拉還說一口流利的希伯來語和依地語，並藉此掌握了豐富的猶太傳統寶藏，尤其令卡夫卡心醉神迷。

這正是不可理喻的神秘。完全可以認為，獨身一人的多拉，正好見證了卡夫卡致米倫娜信中的憧憬：藉年青美麗的體溫，葆存著那「溫柔的、姑娘般無意識的孤寂」，等候著一位鄉愁般的知己。

多拉這方面，以她當下25歲的年紀，正滿懷青春憧憬，敏感，善良，內心充滿溫情。然而，身邊現實般般無情。舉目四望，滿眼是欲望所敗壞的大地。離鄉背井的生活舉目無親，尤其凸顯人性的險惡。就在這時她遇見了卡夫卡。這位男人長自己15歲，德語歐洲人，有教養、有頭腦、有風度、智慧超群，而且跟她一樣，有一顆猶太人的心；這位男人溫和而多情，懂得關心體貼人；這位男人表情寧靜，然而目光痛苦，神態悲哀，觸發了她身上既是孩子又是母親的雙重反應；最重要的是，這位男人需要她──正是這份需要，成為多拉最最充分的理由：她愛卡夫卡。

卡夫卡終於走到了曠野飄流的終點，多拉可視為一個象徵。

如他所述，「反向」的曠野飄流，本來延伸於迦南與「生活世界」之間，回歸的希望與迷失的危險並存。

然而眼下，「父親的錯誤」卻翻轉為一個不可思議的恩典，正是「父親的權力」的本意：在迦南與「生活世界」之間，多拉既屬於生活，更屬於祝福；既屬於芸芸眾生的世界，更屬於猶太民族悠久深邃的血緣。

多拉・迪亞曼特(1892年－1952年)，卡夫卡最後歲月中的伴侶。(柏林克勞斯・瓦根巴赫檔案館提供)

猶太人質的悲與興：卡夫卡的曠野漂流
第三部：人的盡頭

　　8月7日，卡夫卡隨多拉前往柏林，在多拉一個人的小家逗留了兩天，然後返回布拉格。幾天後，他前往什累申療養，奧塔爾也正好在那兒度暑假。他顯然向奧塔爾談及多拉之事，並得到鼓勵和支援。9月24日，卡夫卡不顧父母反對，搬到了柏林多拉的小家。第二天，他在柏林另租了一間好一點的房子，和多拉開始了同居生活。

　　猶太民族神秘的血緣，藉由多拉，成就了卡夫卡的救贖。由於某種來自「上面」的神秘安排，他「反向」曠野飄流40年，歷盡悲哀。多拉的出現，是對這40年人生的見證，既美麗又圓滿，充滿了祝福，她讓卡夫卡像維特根斯坦所說「生活在當下」，最終成就了「與人在一起的幸福」。一位前來探望的朋友發現他十分堅強，但「極其思念親友」。從現在起，卡夫卡寫給父母親友的信中充滿了溫情，包括他從不喜歡的二妹瓦萊麗：

　　親愛的瓦萊麗，桌子位於爐子旁邊，我剛離開爐子旁，因為那裡太暖和了，連那永遠冰涼的背脊都受不了。我的煤油燈燃得棒極了，這既是製造燈具者的傑作，也是購買的傑作（它是由不同的東西拼湊起來並一起買來的，當然不是我幹的，我哪有這個本事！有一個燃嘴的燈，像茶杯那麼大，它的結構使點火容易，不必取下內外燈罩；它唯一的缺點是，沒有煤油它就不燃燒，但我們其他人也是如此，我便這麼坐著，拿起你那封現在已那麼舊、那麼可愛的信來……[466]

　　尤其致父母的信，現在，這些信靜靜流淌著兒女之情，前所未有，那正是猶太家庭唇齒相依的雋永深情。

　　1923年10月17日：「最親愛的父母親：如果我沒記錯，已經10天沒有得到你們的消息。這是相當長的時間，尤其是因為我經常成為通信中的主要談論對象，如今家裡的許多小事（但願沒發生大事）我都不知道，而這種小事是肯定每天發生的。這就不應該了。」

　　11月初：「最親愛的父母親：這封宣布親愛的母親您可能來訪的信今天來得正是時候。」

---

[466] 1923年11月致瓦萊麗，引自布洛德《卡夫卡傳》第201頁。

11月20日：「最親愛的父母親：這一回談到你們倆的來信，得知親愛的父親身體健康，我特別感到高興。」

11月23日：「最親愛的父母親：包裹已完好無損地寄到，什麼也不缺，什麼也沒遺忘，便鞋比從前的鞋暖和多了。寄送要花掉多少錢，費掉你們多少辛勞啊……親愛的母親你不必煞費苦心照料我……」

12月19日：「最親愛的父母親：收到這樣一封信，看到你們度過星期天下午，安安靜靜，父親精力充沛準備到波多爾去……看到你洗完澡躺在沙發榻上看報（可惜光線半明半暗），這真叫人高興。這些都是美好的信件……」

1924年1月3-4日：「最親愛的父母親：……天氣確實冷得厲害，但是蓋著高級輕柔而暖和的高級鴨絨被我感到很溫暖，有時在這裡陽光下一座公園的斜坡上甚至會有一個溫暖的瞬間，背靠著暖氣片也是相當舒服的，如果兩隻腳偏偏還套在暖腳套裡那就更美啦。當然在你們房間裡爐邊也是很美氣的……你們在一起好好烤火吧（你們晚上坐在哪個房間裡）？」

1月5-8日：「最親愛的父母親：不，這確實是太多了，說這沒有『破費』什麼，這是不對的，這確實是花了不少錢。最近那個郵包簡直了不起，這麼多好東西、甜食、果品和紙幣，挑選、搭配得這麼好，但是如今我也請求給我一個好好休整的時間，好讓我能夠安安寧寧把這一切吃掉，而不致讓新到的包裹轉移了我的注意力……你們那盛大的除夕慶典（在場人當中我沒有發現舅舅）和舞蹈令我感到十分高興，我也慶祝除夕了，即使只是躺在床上慶祝。雖然我住在花園叢中……但是開著窗嘈雜聲便一邊數小時不絕於耳，毫不顧忌這嚴寒，天空充滿焰火，方圓好大的圈子裡全是音樂聲和喊叫聲……」

1月底：「最親愛的父母親：……包裹今天已經收到，既漂亮又豐富。不顧早晚鐘點也不顧肚子饑飽，我打開就吃……多謝快要織成的毛線背心，可是這不是太費工夫了嗎？這不是要妨礙玩牌，妨礙午後小睡，妨礙讀報，妨礙和維拉玩耍以及你的種種雜務……」

猶太人質的悲與興：卡夫卡的曠野漂流
第三部：人的盡頭

2月2-7日：「最親愛的父母親：這是一封了不起的，內容豐富、充滿著錢的信。你們大家對我這個無所事事、養尊處優卻還一點也沒胖起來的人多好啊。——正好是現在我從窗戶朝外面的花園和樹木看了很久，為了從那兒找到一個聰明的主意，告訴我對舅舅的慷慨相贈該採取什麼態度……如果你們來這兒，你們就會看到我的日子過得多麼闊綽。我會給舅舅寫信的，也會給埃莉寫信，今天我收到她的一封親切的長信……」

2月20日：「最親愛的父母親：……親愛的母親你在那些信裡表示想和舅舅一道來……考慮到你們的包裹信裡的一段表示某些憂慮的話我便不由得要擔心……」

3月1日：「最親愛的父母親：……你們別為黃油擔憂，這裡貨源充足。但是主要是我大概根本不會在這時久住……」

3月15日：「最親愛的父母親：這簡直不是背心，這是一個傑作，這麼漂亮，這麼暖和，你是怎樣親自一針一針編織起來的呀？D.[多拉]也覺得不可思議。無論從哪方面說它都比這件我迄今所穿、也已經被我認為是很好的背心好不知多少倍。也令我感到非常高興的是——與背心有著適當的距離——寄來的黃油……」

為了生活得幸福，我們必須同世界一致。這就是「幸福」的含義。

將近半年的柏林生活，藉由猶太親情的祝福，卡夫卡取得了與世界的一致，成了維特根斯坦所說的幸福的人。與世界一致的幸福也體現為心理分裂的終結：卡夫卡徹底放棄了日記，那位在日記中對世界冷眼旁觀的卡夫卡幻化了，那位既怨毒又刻薄的卡夫卡，被多拉所代表的祝福感化了。柏林半年，他與多拉相親相愛。用布洛德的話說，他們是「天生的一對」。不錯，病情繼續發展，醫療費用奇高，恰逢歐洲又發生嚴重的通貨膨脹，按布洛德的說法，由此導致的生計艱難和營養不良差不多要了卡夫卡的命，[467] 大部分時間他只能臥床休養……然而，用維特根斯坦的話說，凡此等等，不過「世界的事實」，並非「事情的終極」。不錯，人的生命短暫而脆弱，卻隨時可能得

---

[467] 布洛德認為這是卡夫卡之死的真凶。見布洛德《卡夫卡傳》第204頁。

第十八章：言成肉身：多拉與猶太歌手之死

到祝福，事情的終極可以幸福得沒有邊界。卡夫卡的祝福來自多拉，來自迦南，來自巴勒斯坦的耶路撒冷，來自「他」的應許。奇跡在於，他的屬世生命向來——用他自己的話說——「子虛烏有」，現在卻充實而溫暖；他從來厭惡和恐懼人類繁衍的親情，現在居然想有一個自己的孩子！他的靈肉都在新生。柏林半年，他堅持定期赴「猶太教學院」上課，赴師範學校預備班聽取關於猶太聖典的報告，並繼續攻讀希伯來課程。二十五年後多拉回憶說：

> 我不可名狀地懷念著弗蘭茨，這麼多年的懷念彙集在一起，我沉浸其中時便完全不能自拔。弗蘭茨的夢想是，得一個孩子並到巴勒斯坦去。現在我有一個孩子——沒有弗蘭茨同去巴勒斯坦——沒有弗蘭茨同行，可是我用他的錢買一張去那兒的車票。至少如此。[468]

大約 1923-1924 年之交，從柏林，卡夫卡生平最後致信米倫娜，成為他的自我證言。約一個月之前，他曾致信米倫娜，告之邂逅多拉並移居柏林之事。那封信雖異常樂觀，結尾處仍身不由己，流露舊有的思想情感，諸如「我也會很快就失去它的」，甚至還在討論「恐懼」。[469] 而眼下這封最後的信表明，最終，憑藉自迦南的祝福，他戰勝了恐懼。過去的煩惱依舊，「幾乎把我摔倒在地上」，但他放下執著，從容應對，因為，「我在這裡受到了人間最大限度的溫柔與周到的照料」。[470]

卡夫卡放下的，不僅是舊有的生活態度，也包括宿命般的寫作。柏林幸福生活的一個重要標誌是：他擺脫了「替罪羊」性質的寫作。某種意義上，正是這樣的寫作導致了「虛偽的和惡劣的生活」。早在青年時代，卡夫卡就自知中了寫作之「魔」，[471] 然而現在，他終於贖回了自己：「我逃脫了魔鬼，搬到柏林來是一個壯舉。」在柏林，卡夫卡仍在寫作，但其性質已然完全不同，因為不再出於「魔鬼」的驅使，相反，眼下的寫作融入了一部偉大的「即興作品」，即他「當下的生活」，包括他與多拉的愛情，他的親情，等等。

---

468 轉引自，布洛德：《卡夫卡傳》，第 203 頁。
469 參見《卡夫卡全集》，第 10 卷，第 435-437 頁。
470 參見《卡夫卡全集》，第 10 卷，第 437-438 頁。
471 參見卡夫卡 1902-1904 年致奧斯卡·波拉克信，以及 1922 年 7 月 5 日致布洛德信等。見《卡夫卡全集》第 7 卷。

猶太人質的悲與興：卡夫卡的曠野漂流
第三部：人的盡頭

在柏林，卡夫卡寫成不少作品，然而只有《一個小女人》和《地洞》保存下來，其餘要嘛由他指示多拉焚毀，要嘛後來被納粹抄走而散落。[472] 尤其重要的是，在柏林，卡夫卡贏得了一位最好的讀者、最好的闡釋者，那就是與他骨肉相親的多拉。多拉親身體認了卡夫卡的復活，她知道他現在活過了，並正在活著，因而不再像過去那樣恐懼死亡。某種意義上，他也「放下」了關於作品的情結。應該說，他現在對作品態度傾向於就事論事，僅就作品論作品，也據此決定作品是否保留。根據多拉的回憶，他現在希望焚毀的，多半是柏林之前的文字：

> 他曾一次又一次地說道：「呃，我想知道我是否已經擺脫了那些幽靈」。他把來柏林之前折磨他的一切都稱作「幽靈」……他似乎緊抓住這個念頭不放……希望燒毀 [來柏林前] 自己寫下的一切，以便使靈魂從「幽靈」那裡解放出來。[473]

正是依據卡夫卡柏林時期這一根本轉折，布洛德最後決定違背卡夫卡遺囑，為後世留下他的作品：

> 馬丁·布伯……說：「婚姻是模範性的連接，沒有其他東西像它一樣載著我們進入偉大的約束之中，而只有作為受約束者，我們才能進入上帝給他的孩子們的自由之中……不錯，女人處於有限性最危險的聯繫中，不錯，有限性是一種危險，因為沒有什麼東西比與她們粘連在一起更嚴重地威脅著我們的我；但我們得到拯救的希望正是與這種危險鍛造在一起的，因為只有越過充實的有限性，我們人類的軌道才會通向無限性。」……在這個意義上，我看到卡夫卡在他生命的最後一年中（這一年儘管他的病非常可怕，仍然使他得以圓滿地結束一生）在正確道路上，在他的生活伴侶的伴隨下確實感到幸福。他興致勃勃地工作……當我把他介紹給「鍛造」出版社領導人時，不須發揮長時間的說服藝術，他很快就同意發表四篇小說……由於他這一根本上

472　柏林期間，卡夫卡讓多拉焚毀了部分手稿，也保留了部分手稿。
473　轉引自：尼古拉斯·默里：《卡夫卡》，第284頁。

的轉變，由於這一切轉向生活的跡象，我後來才能鼓起勇氣，將他給我的（在此很久以前寫下的）禁止發表任何遺墨的叮囑視為無效。[474]

第二節：《女歌手約瑟芬或耗子民族》：猶太歌手的天鵝絕唱

1924年3月初，卡夫卡病情惡化，親友們隨即趕往柏林。3月17日，多拉、布洛德、克羅普斯托克一道護送卡夫卡到車站，並由布洛德帶他回布拉格；幾天後，多拉收拾好行裝，也隨後趕來。

卡夫卡知道他的時光已經不多了。他要給這個世界留下最後一個姿態。那是什麼姿態呢？他對前來探望的克羅普斯托克說：「我已經開始對畜生進行研究，我想，這麼做是很及時的。」3月底，卡夫卡的天鵝絕唱《女歌手約瑟芬或耗子民族》問世。

女歌手約瑟芬屬於「耗子民族」。這是怎樣一個民族呢？

我們民族的成員沒有青少年時代，童年也微乎其微。……一個孩子，只要他稍稍能跑，稍稍能辨別周圍環境，就必須像成年者一樣照料自己；出於經濟上的考慮，我們不得不分散而居，我們的地域太廣，我們的敵人太多，我們的生活危機四伏，防不勝防，因此，我們不能讓孩子們遠離生存的鬥爭，否則他們會夭折。……別的民族會精心照料孩子們，會為他們辦起學校，[……可]我們沒有學校……一個孩子剛出世，就已不再是孩子了，他身後已擠滿了新的孩子面孔，……我們無法給予孩子們一個真正的童年。這種情況的後果就在於，我們民族充滿了某種無法泯滅、無法消除的孩子氣；與我們的最大長處——我們可靠務實的思維方式——完全相悖，我們有時的行為愚蠢至極，像孩子幹傻事一模一樣，荒唐、揮霍、大手大腳、輕率，這樣做常常只為了一時的高興……

……我們沒有青少年時期，一下子就變為成年者，而成年階段又太長，因此普遍感到某種厭倦與絕望廣泛侵入了我們這個總體上堅忍不拔、充滿希望的民族。[475]

474　布洛德，《卡夫卡傳》，第200頁。
475　《女歌手約瑟芬或耗子民族》，見《卡夫卡小說全集》，第3卷，第116～117頁。

猶太人質的悲與興：卡夫卡的曠野漂流
第三部：人的盡頭

　　的確，「耗子民族」影射的是哪個民族，根本無需明言。僅議一題：所謂「學校」，正是猶太民族痛失近二千年的國土國家，[476] 其餘不難舉一反三。以「耗子民族」為隱喻，猶太民族的苦難、偏執、童貞、老成、可笑、認真、實際等等性格，在卡夫卡筆下魔幻般躍然紙上，催人淚下。用一種象徵的手法，彌留之際的卡夫卡終於痛暢淋漓，放聲抒發內心珍藏的猶太深情，令他的知音讀來痛心疾首。飽含著個人與民族之血淚與隱忍，盼望著恩典，他在哀慟！奇跡在於，他———猶太人卡夫卡——是那麼明察秋毫、纖細入微，同時又那麼千迴百轉、柔腸寸斷，乃至貌似深藏不露、難知其詳、甚至顧左右而言他——或者不如說，是我們，我們這些讀者，自以為聰明，自以為看得見，自以為是他的知音，卻罔顧他的微言大義（一如「土地測量員」），更不諳他那顆猶太之心？！……

　　此乃他話。眼下，存在著進一步的問題：女歌手約瑟芬究竟是誰？她與自己的民族關係如何？作為藝術家，她稟有怎樣的藝術風格？可以為自己的民族作出怎樣的貢獻？

　　早在 1911 年 11 月 29 日，卡夫卡就在日記中記述了歌聲對於猶太人的意義：「哈西德派聚會，大家愉快討論塔木德 [猶太教經典]。一旦氣氛不熱烈，或有人不積極參與，大家就開口唱歌……」。其時正值東歐猶太依地語劇團巡演布拉格，喚醒了卡夫卡內心深處的猶太深情。當然，歌聲是隱喻，而歌手，也可以是卡夫卡自己！

　　我們的女歌手叫約瑟芬。誰沒有聽過她的歌唱，就不會懂得歌唱的魅力。我們無不為她的歌唱所吸引，由於我們民族總體上並不熱愛音樂，這就更難能可貴了。靜悄悄的安寧就是我們最熱愛的音樂；我們的生活很艱辛，……我們認為自己最大的長處就是某種務實的精明，這當然也是我們所急需的，我們總是精明地微微一笑，就把一切都看開了，即便我們——當然，這並沒有發生——有朝一日會渴求幸福，而這幸福可能源於音樂。只有約瑟芬是個

476　至 1948 年以色列復國之前。

例外；她熱愛音樂並且懂得傳播音樂；她是獨一無二的；如果她謝世，音樂會隨之從我們的生活中消失，誰知道會消失多久。[477]

然而奇怪的是，同胞們最終弄不清楚：約瑟芬「究竟是不是在歌唱」？

這真算得上歌唱嗎？可能只是吹口哨？吹口哨我們當然都懂；這是我們民族真正的藝術本領，或者說得確切些，不是本領，而是獨特的生活表達。我們全都吹口哨，自然誰也不會想到把它作為藝術來表演，我們吹口哨時漫不經心，毫無意識，許多同胞甚至根本不知道，吹口哨是我們的特徵之一。假若約瑟芬真的不是在歌唱，只是在吹口哨，她可能——至少我這樣覺得——並沒有超出一般的吹口哨水準，甚至可能連一般的吹口哨的力氣都不夠，而一位普通的打地洞者能整天輕輕鬆鬆地一邊幹活一邊吹口哨，如果真是這樣，雖然駁斥了約瑟芬的所謂藝術家身分，但是，正因如此，更應解開她的深遠影響之謎。[478]

吹口哨？那是猶太民族賴以為生的禱告嗎？對於他們，禱告是呼吸，是生命之不可承受之輕，更是生命之不可承受之重。此乃他話。經考證，發現約瑟芬發出的聲音不僅僅是吹口哨：

要理解她的藝術，不僅要聽她唱，還要看她唱。即便這不過是我們天天都在吹的口哨，它的不尋常之處首先就在於，鄭重其事的登臺表演，做的卻是最尋常的事。[479]

這就是約瑟芬藝術的神秘：在一個都會吹口哨的民族中，「她的藝術使我們感到愜意，而我們感到愜意時，就會吹口哨；可她演出時，沒有一位聽眾吹口哨，全場靜悄悄，仿佛我們終於擁有了渴盼已久的安寧，至少我們自己的口哨聲使我們得不到這份安寧，於是我們一聲不響。使我們陶醉的，是她的歌唱呢，還是她的細弱聲音四周的靜穆？」

477　《卡夫卡小說全集》，第III卷，第110頁。
478　《卡夫卡小說全集》，第III卷，第110-111頁。
479　《卡夫卡小說全集》，第III卷，第111頁。

猶太人質的悲與興：卡夫卡的曠野漂流
第三部：人的盡頭

那麼，約瑟芬是民族的代禱者嗎？或者，約瑟芬就是《創世記》中約瑟的隱喻？約瑟，這位「以色列」之子，與其父以色列（雅各）一樣，與神摔跤，經受耶和華的熬煉，終成大器，興起了猶太民族，讓「亞伯拉罕之約」成為現實。更重要的是，約瑟最終明白了恩典的奧祕：人性本相害，但神意本慈愛，所以必赦免罪惡，拯救罪人生命，成就恩典的光景。還是那句話，人要造死、作死，但神要愛人、救人。吾人罪愆深重，無可饒恕，但最終必蒙赦免，並得救贖。如前所述，恩典自我運動自我成就。蒙恩得救者，感恩之餘，必自覺虧欠，遂成民族與人類的代禱者，即前述勒維納斯意義上的「人質」，代言民族與人類同體大救的盼望。果真如此，約瑟芬，耗子民族的「饑餓藝術家」，她正是卡夫卡內心深處的理想人格！

無論怎樣，最終，約瑟芬因為她的藝術而受到了民族的照顧：

她弱不禁風，需要庇護，在某方面——她自己認為是在歌唱方面——出類拔萃，是被託付給我們民族的，我們必須好好照顧她……[480]

民族是怎樣照顧它的歌手呢？「可能會產生這種看法，認為約瑟芬幾乎置身法律之外，可以為所欲為，即便她的行為威脅著全民族的生存，仍會得到寬恕。」[481] 但事實並非如此。民族不會完全失去自己的原則性，尤其當約瑟芬自己想要以藝術家自居時，民族就會表現出自己的原則，她在民族眼裡反而就不是藝術家了。民族有這個理由和權利，因為，她的藝術本身並非藝術而是民族特色的口哨，是民族的「闡釋學」使她的口哨成為藝術，沒有民族的傾聽，她的口哨就什麼都不是。她的出類拔萃是民族使然，是自然而然，如果她反過來要求民族對自己作出認可，她首先就否定了自身。這就是約瑟芬作為藝術家的悖論，這一悖論跟她的藝術的悖論具有相應的性質。這兩個關於藝術和藝術家的悖論又形成一個怪圈，正是在這一怪圈面前，約瑟芬暴露出她邏輯上的矛盾和「世界觀」上的問題：

很久以來，可能自從約瑟芬的藝術生涯開始，她就在鬥爭，希望民族考慮到她的歌唱，免去她的所有勞動；……這些恐怕應當交給全民族共同承

480　《卡夫卡小說全集》，第Ⅲ卷，第114頁。
481　《卡夫卡小說全集》，第Ⅲ卷，第118頁。

擔。……比如，約瑟芬指出，勞動的辛苦會損害她的嗓音，……下一次演唱時，她即便竭盡全力，仍然達不到最佳狀態。[482]

公眾聽約瑟芬爭辯，權當耳邊風。這個容易感動的民族也會無動於衷，也會斬釘截鐵地拒絕，令約瑟芬大吃一驚。「她像是順從了，乖乖地幹著她那份活兒，盡其所能地歌唱，可這只持續了一小會兒，接著，她又抖擻起精神開始鬥爭了——只要是鬥爭，她似乎有使不完的勁兒。」

顯然，約瑟芬所真正謀求的……不過是民族對她的藝術的承認，這個承認應當是公開、明確、恆久、遠遠打破一切先例的。她在別的事上幾乎都能如願以償，唯獨這個要求碰壁了。或許從一開始，她就應當把矛頭指向另一個方向，或許現在她自己也意識到了這個失策，可她已騎虎難下，退卻意味著背叛自己，她已不得不與這個要求共存亡。[483]

可以肯定的是：約瑟芬這一象徵稟有復調的旋律，其主要旋律之一，正是卡夫卡的自傳形象。卡夫卡在懺悔。但是，論及懺悔，我們就身不由己隨他進入內心，感受此刻更為深沉、悲哀的情懷。這是因為，圍繞約瑟芬，起伏著血肉模糊的復調旋律，當然涉及藝術和藝術家，更涉及「父親」——「父親」就是可歌可泣的赫曼·卡夫卡，這位肉身的、73歲高齡的父親；然而，即便赫曼·卡夫卡，在終極的意義上，也不過代表著「民族的父親」、「猶太的父親」：

我們民族照顧著約瑟芬，就像父親對孩子一般。孩子向父親伸出小手，誰也說不清，這是請求呢，還是要求。大家會以為，我們民族不適於履行這種父親的義務，其實它做得很出色，至少在照顧約瑟芬上是這樣的……我可不敢對約瑟芬說這些事。她會說：「我才不稀罕你們的庇護呢。」對，對，你不稀罕，我們這樣想。當她鬧彆扭時，其實算不上反抗，不過是孩子氣的做法和孩子氣的感激，父親的態度就是不把這當回事兒。[484]

---

482 《卡夫卡小說全集》，第III卷，第118-119頁。
483 《卡夫卡小說全集》，第III卷，第119頁。
484 《卡夫卡小說全集》，第III卷，第114頁。

猶太人質的悲與興：卡夫卡的曠野漂流
第三部：人的盡頭

這是懺悔。憑藉行將熄滅的生命，彌留之際的卡夫卡在懺悔。糾結一生的父子關係，今天他給出全新的總結。曾經，出於逆反，他陷身「反向」的曠野飄流，以「浪子」眼光看待這一關係，然而眼下，他被賜予新的眼光，滿含迦南的祝福。哦，父親，多麼沉重的詞！在父親業已老病的肉身中，一如既往，滿含著血肉模糊的「猶太屬性」，辛酸依舊，只是因著死亡之鷹的翼蔭，更其令人潸然，勝過任何舊日時光。與此相應，在這傷痛莫名的「猶太屬性」中，那至高無上的天父——那另一位終極意義的父親——究竟設計了什麼樣的熬煉和恩典？在約伯[485]的天平上，民族和它的歌手究竟關係如何？又是怎樣舉輕若重或舉重若輕？……卡夫卡在反省深藏不露的至偉抱負。那年，洛維和他的東歐猶太依地語劇團巡演布拉格，屈指一數，已然十載有三。往事蒼茫，但那一年猶太歌手深情綻放，無法揮去。不過，今天的今天，事情的本質已經全然不同：今天的卡夫卡不再是飄流中人，他蒙受著迦南的祝福，他對世事人情有了新的準繩。

……約瑟芬的看法相反，她認為她是在保護我們民族，是她的歌唱把我們救出了惡劣的政治或經濟境況，她功績赫赫，她的歌唱即便不能消除不幸，至少給予了我們承受不幸的力量。她沒有這樣直說，也沒有含沙射影地這樣暗示，她平時就不多言語，在喋喋不休的同胞中間，她顯得沉默寡言，但這話在她的雙眸裡閃爍，從她緊閉的雙唇——我們很少有能閉嘴的，而她就能——流出。每當壞消息傳來……她就立即站起身來，伸長脖子，而她平時總是無精打采地躺倒在地，她想把同胞盡收眼底，就像牧羊人在暴風雨前查看羊群似的。……當然啦，她沒有挽救我們、也沒有給予我們力量，……我的意思是說，事後以我們民族的救星自居是輕而易舉的，因為我們民族總是又設法挽救了自己，即便也做出了犧牲，歷史學家為這些犧牲感到觸目驚心……[486]

今天的卡夫卡是蒙恩的卡夫卡。他首先是一個回歸迦南的人，然後才是一位藝術家。正因為這一根本的轉變，他反而擁有了本真的眼光，得以正確

---

485 約伯，舊約先知，經上帝反覆考驗而遭受莫大苦難，然而其信仰益發虔誠，催人淚下。
486 《卡夫卡小說全集》，第Ⅲ卷，第114-115頁。

看待自己的藝術。擺脫「藝術替罪羊」的命運，猶太歌手的藝術反倒有可能真誠至極，也血肉模糊，融入民族的生存，而不至於失去平衡——恰如卡夫卡對這篇小說標題的設計——「這種夾著『或』的題目雖不很漂亮，但在這裡也許有特殊的意義。有點像一架天平。」[487]

……確實如此，恰恰在危急時刻，我們比平時更專心地傾聽約瑟芬的聲音。

……當我們難以抉擇時，約瑟芬那絲絲縷縷的口哨聲宛如我們民族在敵對世界的風雨飄搖之中勉強維持的生存。約瑟芬挺住了，她用平庸嗓音和平庸歌唱挺住了，打動了我們。念及此，我們深感欣慰。

……她在我們這兒所取得的效果是一位歌唱藝術家無論如何也達不到的，而這種效果恰恰產生於歌唱技巧的欠缺。這恐怕主要與我們的生活方式有關。

……在鬥爭的匆促間隙，全民族都在做夢，每位成員彷彿都癱軟了，就像一刻不停的奔波者終於能在民族的溫暖大床上小憩片刻，盡情地舒展四肢。於是約瑟芬的口哨聲時不時地飄入夢中……口哨聲中有辛酸而短暫的童年，一去不復返的幸福，也有當前忙忙碌碌的生活，生活中難解難述、實實在在的小活力。……約瑟芬所吹的口哨擺脫了日常生活的桎梏，也使我們得到了片刻解脫。[488]

放棄作藝術家的執著，竟然真正成為藝術家！然而吊詭的是，與此同時，告別的旋律也悄然升起：約瑟芬衰老了，受傷了。她一瘸一拐，被追隨者攙扶著。追隨者懇求她唱，她很想唱，卻唱不了，追隨者圍著她說安慰話，奉承話，幾乎把她抬到事先選好的演唱地點，「她不知為何眼淚汪汪，終於讓步了，當她顯然下定最後的決心，就要開始歌唱時，她的身子卻虛弱無力，雙臂不是像往常那樣前伸，而是有氣無力地低垂著，看上去仿佛短了一截——她剛要開始歌唱，卻又不行了，她生氣地一擺頭，就癱倒在我們面前了。」

---

487 轉引自布洛德《卡夫卡傳》，第209頁。
488 《卡夫卡小說全集》，第Ⅲ卷，第115-118頁。

猶太人質的悲與興：卡夫卡的曠野漂流
第三部：人的盡頭

最新的情況是，有一次該她演唱，她卻銷聲匿跡了，「徹底離開我們了。」[489]

……過不了多久，她將吹出最後一聲口哨，然後就悄無聲息了。她是我們民族的永恆歷史中的一個小插曲，民族將彌補這一損失。對我們來說，這不會是件容易事；集會怎能鴉雀無聲呢？當然以前有約瑟芬的集會不也是沉默的嗎？難道她那時的口哨聲比回憶中的響亮得多，生動得多？在她的有生之年，這不就是一個淡淡的回憶？[490]

什麼叫恩典？恩典就是一個人自我放棄時所蒞臨的拯救，放棄之時，他無法預期任何拯救。他放棄，他絕望一躍，他僅僅放棄並絕望一躍！如果他心中尚存一念，那就是順服——全然順服絕對彼岸那位至高無上者——凡「他」所計畫、安排和成就，皆是恩典。

卡夫卡復活了。只有復活的他，才會如此寧靜直面下述事實：民族需要他的藝術，而且，這既不值得驕傲，也沒必要疑慮，因為這絕非一己之事，並與個人努力無關。相反，它是恩典使然。

我們可能根本不會有多大損失，而約瑟芬擺脫了塵世的煩惱——她認為，只有出類拔萃者才會承受煩惱——躋身於我們民族的無數英雄中，將會快樂地消失，由於我們不撰寫歷史，她很快就會像她的所有兄弟一樣，在更高的解脫中被忘卻。[491]

「我們不撰寫歷史」——如此輕鬆說出這句生死攸關的話，這正是女歌手約瑟芬「吹口哨」的藝術，或者不如說，這正是猶太歌手卡夫卡舉重若輕的藝術，而他——就此勝於其他同胞——恰恰代言著他舉輕若重的民族！事實上，萬事無輕重。一切皆輕，亦然一切皆重。

相對於萬事的源頭則輕，相屬於萬事的源頭則重。而歷史亦屬萬事，最終來自萬事的源頭，即創造之源頭——那至高無上的「上面」，絕對彼岸的

489　《卡夫卡小說全集》，第Ⅲ卷，第 121-122 頁。
490　《卡夫卡小說全集》，第Ⅲ卷，第 122 頁。
491　《卡夫卡小說全集》，第Ⅲ卷，第 122 頁。

「他」，不可道之「道」，是其所是的「父親」——臨在於諸天之上、萬事之外，也永駐諸天萬事之內心、體恤芸芸眾生之悲欣。

一個人，或一個民族，當且僅當其無條件敬畏創造之源頭，才會如此輕鬆——亦如此虔誠——說出那句生死攸關的話。藉生命體溫懂得「父親」的體恤，這樣的人或這樣的民族有福了！對於他／她，向內才是向外，結束等於開始，歷史正是恩典，死亡亦即重生。「最後一聲口哨」標出「悄無聲息」的日子，其時恩典已然降臨，賜予他／她昇華解脫的幸福，被世界忘卻，但被「他」銘記——寫進「他」親手創造、撰寫的歷史。

卡夫卡要告別了，他所領受的恩典在於，四十年曠野飄流，之後竟然仍能重返迦南，回歸偉大的「父親」——這是某個意義的「三位一體」：是赫曼·卡夫卡，也是他千迴百轉哀宛傷痛的猶太民族，更是計畫、安排、憐憫、赦免並成就一切的「他」。

第三節：彌留與解脫

1924 年 4 月上旬，病情惡化的卡夫卡被送往「維也納森林」療養院。早在 3 月裡，在布拉格父母家中，喉頭就產生了異樣的腫痛，致使他只能低聲說話，《女歌手約瑟芬或耗子民族》的寫作也因此如分娩般痛苦。在「維也納森林」療養院，醫生們發現結核病菌已轉移至喉頭，形成「喉結核」，在當時已屬絕對的不治之症，對於不幸的卡夫卡，其宿命般的病例之一，即三年前馬特里亞利療養院那位不幸的患者！4 月 13 日，卡夫卡向護士詢問病情：「喉嚨裡看上去是什麼樣子？」護士直率回答：「就像巫婆用來熬魔湯的廚房。」

接下來的一天，風雨交加，療養院派一輛敞蓬汽車，把卡夫卡送往維也納醫院。敞蓬車一路顛簸，多拉始終堅持站立，用身體為卡夫卡遮風擋雨。那天，布洛德在他的日記中寫道：「維也納醫院。確診為喉結核症。最可怕的不幸的日子。」

遠在柏林的克羅普施托克得到消息後，不顧卡夫卡的阻攔，立即著手暫時中斷手頭正在進行的結核病醫學研究（日後他在這一領域取得了重大成

猶太人質的悲與興：卡夫卡的曠野漂流
第三部：人的盡頭

果），準備前往護理。4月19日，由於無法在維也納醫院爭取到單間病房，卡夫卡被轉往維也納附近由霍夫曼醫生主持的基爾林療養院。5月初，克羅普施托克趕到，以專家身份接管了一部分醫護工作，與多拉一道全力照料卡夫卡。正如卡夫卡在寫給父母的信中所說，如果沒有多拉和克羅普施托克所付出的「難以想像的努力」，他恐怕早已無法從衰弱中掙扎出來。危難當頭，多拉和克羅普施托克完全成了卡夫卡的親人，三個人組成了相親相愛的「小家庭」，在森然逼近的死亡面前從容地展開日常的生活。由於卡夫卡的病情不忌諱酒精，相反需要酒精作為藥物參與治療，三人因而常在一起大飲啤酒。情感和著酒精，解除了卡夫卡大腦皮層的壓抑，釋放出他心理深處的回憶。他現在時常想到父親。由於喉頭結核已經完全無法說話，就用筆和紙向多拉回憶童年時代跟父親一道喝啤酒的情境：「當我是小孩時，我還不會游泳，有時我同父親一起到淺水池去，他也不會遊。然後我們光著膀子坐在小吃部那兒，每人要了一份香腸，半升啤酒。父親一般自帶香腸，因為游泳學校賣得太貴。你應該仔細體會一下，一個魁梧的男人手裡牽著一個小小的、畏怯的骨頭架子是什麼樣子，體會一下比如說我們在小更衣室內怎麼在暗中脫衣服，然後他怎麼拽我出去，因為我感到害羞，他怎麼想要把他所謂的游泳本領教給我，等等。在此之後有啤酒喝！」

多拉做出美味可口的飯菜，卡夫卡現在每頓都吃得很多，就著啤酒和葡萄酒大進營養。按多拉的說法，眼下的卡夫卡「已經成為一名豪飲者，幾乎每餐必喝啤酒或葡萄酒」。一段時間之後，病情居然有所緩解。卡夫卡從醫生那裡得知這一情況，高興得掉下了眼淚，一再擁抱多拉，他用筆向多拉寫道，他從未像現在這樣渴望健康、渴望生活。他向多拉求婚了。他致信多拉父親，試圖讓老人相信，他雖然不是正統的猶太教徒，但仍是一名「懺悔者」和「皈依者」，因而希望能被這個虔誠的猶太家庭所接受。老人拿著信去教堂徵求拉比[492]的意見，拉比給出了否定的回答。消息傳回療養院，卡夫卡苦笑了一下，再未提及此事。此事之重大，某個意義，某種程度，可解讀為來自迦南的熬煉，而卡夫卡的苦笑則舉重若輕，催人淚下。

---

[492] 猶太教神職人員，其地位有類於基督教中的天主教神父。

第十八章：言成肉身：多拉與猶太歌手之死

低迷的時刻，遠在布拉格的父母一封一封寄來明信片和特快信。那是親情，是永恆的猶太的親情，是綿延不絕的猶太血緣，已然橫亙了數千年！

這是多麼令人高興的交換方式，即您們的明信片與弗蘭茨的書信往來。要是能夠永遠繼續下去就好了。明信片帶來的喜悅效果並不亞於特別快信。弗蘭茨已經幾乎能夠背誦全文了。他特別自豪的是，能夠同他尊敬而可親的父親一同喝啤酒。[493]

父母通報了即將前來探望的消息。然而，父親已是 73 歲高齡，且因病需專人照料，近 70 歲的母親不久前才做過大手術。卡夫卡回信阻攔了兩位老人，他說，他極度渴望著與親人的團聚，但他不願讓父母眼下拖著病體受遠行之累，他還特別表示，不忍讓父母看到自己的躺在病床上的樣子。他希望父母等他康復些再說：

我不指望能有布拉格團聚的美滿，因為那會擾得闔家不寧；但我希望能在一個漂亮的地方安安靜靜地團聚幾天……正如你們信中所說，於是我們就可以在一起「好好地喝一杯啤酒」……我現在常常於炎熱之中回憶起，我們以前曾經定期地一同喝過啤酒——許多年前，每當父親帶我去游泳學校時。[494]

就在這一天，卡夫卡收到生平最後一本小說集《饑餓藝術家》的校樣，在克羅普施托克協助下，他撐著病體完成了清校工作。這部小說集包括了他的絕筆《女歌手約瑟芬或耗子民族》。猶太歌手的命運在他心空久久地鳴響，令他自己一時震撼不已。他知道這是他生命終極的象徵。「約瑟芬可不得不走下坡路了」。接下來的兩周是猶太歌手的彌留時光。卡夫卡心情愉快地面對一切。每當克羅普施托克從城裡辦事返回，帶回各種消息和事物，都會激起他的歡喜之情。他享受著各種鮮花和水果，常常久久地陶醉於它們的芬芳和美麗。他喜歡看到多拉和克羅普施托克在他面前喝水、喝飲料，他因喉頭的結核無法飲用，但從他們身上分享到喜悅。

我特別想要那些芍藥花，因為它們那麼嬌弱。

---

[493] 多拉致卡夫卡父母。轉引自《卡夫卡全集》第 8 卷，第 189 頁。
[494] 1924 年 5 月 19 日於基爾林致父母。《卡夫卡全集》第 8 卷，第 183 頁。

猶太人質的悲與興：卡夫卡的曠野漂流
第三部：人的盡頭

還有陽光下的紫丁香。

您有點時間嗎？請您澆澆這些芍藥花。

好建議：在葡萄酒裡放一片檸檬。

您看這紫丁香，比清晨還要新鮮。

永恆的春天在哪裡？

昨天黃昏還有一隻蜜蜂飲過那朵白丁香。

人沒法子獲得一陣黃金雨麼？

當初您來時，在床上還比較容易，我甚至沒喝過一次啤酒，當然有蜜餞、水果、果汁、水，果汁、水果、蜜餞、水，果汁、水果、蜜餞、水，汽水、蘋果酒水果、水。

美極了，是不是？紫丁香——它瀕死時還在喝，簡直是狂飲。[495]

6月2日，卡夫卡到直到午夜才入睡。凌晨4點，多拉發現他「呼吸不對勁」，趕忙叫來克羅普施托克。這是危險的信號。醫生趕來注射了強心劑，然後幾個人，包括卡夫卡，圍繞是否使用嗎啡展開了鬥爭。自知已是彌留之際的卡夫卡粗暴地示意女護士走開，「他從沒這麼粗暴過」，克羅普施托克後來回憶說。猶太歌手拼足了最後的力氣從喉嚨裡拼命擠出低沉的話語：「現在別再折磨了，何必再拖延呢？四年來您不斷向我許諾。您現在卻在折磨我，一直在折磨我。我不跟您說話了。我就這樣去死。」克羅普施托克，這位忠誠的猶太青年朋友，克制著內心的悲痛，給他注射了兩針嗎啡。猶太歌手說：「別騙人說您給我的是抗生素了。」然後說出了那句著名的卡夫卡式悖論：「殺死我，否則您就是殺手。」又注射了一針潘妥苯。歌手一小陣昏睡，然後醒來，用盡力氣扯掉身上的醫療導管，扔在地上。克羅普施托克起身想撿起這些管子，歌手對他說：「別走開！」克羅普施托克回身扶起他的頭：「好，我不走。」歌手應聲說：「可我卻要走了。」

---

[495] 卡夫卡臨終紙條，見《卡夫卡全集》第5卷，第494頁以下。

第十八章：言成肉身：多拉與猶太歌手之死

歌手走了。孤單地躺在太平間。留下多拉和克羅普施托克在空空的病床前。

可憐的多拉 [多拉]，噢，我們大家都可憐。世界上還有誰像我們變得這麼可憐——她睡了一會兒，可就是在夢中她也不停地囁嚅著，只聽得明白：「我親愛的，我親愛的，我的好人啊，」……在她躺下時，我答應她，今天下午再到弗蘭茨那兒去。她就這樣躺下了。[她] 說到他，「他是那麼孤單，孤單極了，我們無事可幹卻坐在這裡，而讓他一個人在那裡 [太平間]，一個人在黑暗中，無遮無蓋。——噢，我的好人兒，我親愛的你。」就這樣翻來覆去。我們這裡的情景難以描繪，也沒有必要描繪。只有認識多拉的人才會明白什麼的愛情。理解這一點的只有很少的人，而這樣更使折磨和痛苦加深。但您是 [理解] 的，對不對，您是的，您會理解的！……我們還完全不明白，我們這裡發生了什麼事情，慢慢地，變得越來越清楚，而同時又昏暗下去，揪心的痛楚。他還在我們這兒，所以我們尤其不明白。現在我們又要到他，到弗蘭茨那兒去了。他的臉是這麼呆板、威嚴、不可接近，他的精神是那麼純潔和威嚴。——威嚴——一張國王的臉，出身於最高貴、最古老的家族。他的人的存在之溫柔消逝了，只有他無可比擬的精神仍然構成他呆板的珍貴的面孔。美得就像一尊古老的大理石胸像。[496]

幾天後，歌手的遺體被運回布拉格，於 6 月 11 日在布拉格猶太公墓舉行了葬禮。人數眾多，用希伯來語齊聲禱告。歌手下葬時天色昏暗，一位參加葬禮的詩人向世人描述了墓地上的悲哀景象：

他的父母和妹妹們在悲哀。他的女伴默默地絕望，她在他墓前昏死過去。陰暗的天氣，只偶爾透一點兒亮。上帝啊，人們不能相信，

最後的遺像

---

[496] 1924 年 6 月 4 日克羅普施托克於基爾林致布洛德。轉引自布洛德：《卡夫卡傳》，第 216 頁。

猶太人質的悲與興：卡夫卡的曠野漂流
第三部：人的盡頭

在那赤裸裸的木頭棺材裡埋葬了弗蘭茨·卡夫卡——一個從那時起剛剛開始變得偉大起來的文學家。[497]

父母和妹妹們怎麼可能不悲哀呢？恰如他們這位已長眠地下的親人所說，猶太人通向生命的道路是那麼狹窄，其中的艱辛只有猶太的血緣才能體會。而猶太人的幸福，也只有上帝才知道。1931年和1934年，赫曼·卡夫卡和妻子先後去世，並與兒子合葬一墓，墓碑上依次鐫刻著兒子、父親、母親的名字。三位骨肉之親的人終於在地下團聚。那裡有啤酒喝嗎？或者，勞碌一生的父母靜靜地在打牌？而他們的兒子最終參加進去了嗎？至少，三個可憐的妹妹沒有這樣的幸運，她們先後死在納粹手中，屍骨無存……

卡夫卡雙親最後的照片（約1930年）

多拉怎麼可能不悲痛欲絕呢？她是世界上唯一與卡夫卡共用過幸福生活的猶太姑娘，她是唯一感受過卡夫卡靈肉觸摸的猶太姑娘。從這個意義上說，她是卡夫卡生命的唯一見證；除了她，這個世界沒有人能理解理解卡夫卡。然而，生活的奇跡就在於，世界上有一個猶太男人卡夫卡，世界上也有一個猶太姑娘多拉。祝福和恩典在於，那至高無上的存在，那絕對彼岸的「他」，包括他的「錯誤」和「權力」，仁慈地計畫、安排和成就了一切。多拉就是證言，通過她，我們抵達了最後的卡夫卡：

總之，世界不懂弗蘭茨。他跟誰都沒關係，因為誰都不懂他……除非跟他一道生活……除非被他的目光或手觸摸——可他再也做不到了！[498]

1920年代末，在納粹崛起的森然陰影中，多拉嫁給德國共產黨一位著名領導人，生下一個女兒，並在納粹掌權後與丈夫先後逃往蘇聯。她的丈夫在

497　魯道夫·福克斯，《回憶弗蘭茨·卡夫卡》，轉引自布洛德：《卡夫卡傳》，第272頁。
498　The Nightmare of Reason: A Life of Franz Kafka, p.438.

那裡被官方逮捕、審判和判決，最後人間蒸發。多拉歷經磨難，於 1938 年帶著久患腎病的女兒離開蘇聯前往英國，1952 年在英國病逝。

就在多拉逃離蘇聯後不久，1939 年 3 月 14 日深夜，即德國軍隊進軍布拉格前夕，布洛德也秘密告別生活了 55 年的故鄉，踏上了逃亡之路。只是，身為猶太人，他這次逃亡也是回家，因為，他準備逃往的目的地名叫巴勒斯坦，這個地方古稱迦南，是上帝對猶太人的應許。他的提箱裡珍藏著他手中全部卡夫卡手稿——那是一位肉身成言也言成肉身的卡夫卡。

布拉格新猶太墓園的卡夫卡墓

猶太人質的悲與興：卡夫卡的曠野漂流
後記 上善若水：卡夫卡的「國學」及其他

後記 上善若水:卡夫卡的「國學」及其他

你呼召我出母腹……生而為人,你就是我的神。

——《詩篇》第 22 章第 9～10 節

猶太人質的悲與興：卡夫卡的曠野漂流
後記 上善若水：卡夫卡的「國學」及其他

▌生命的「國學」：家事國事天下事

可憐卡夫卡，一生未有自己的「國學」。他的姓氏「卡夫卡」聲如寒鴉啼叫，在希伯來語中還真有寒鴉之意。1883年，這只寒鴉呱呱墜地，34歲那年罹染肺結核——因當時無特效藥而號稱「白死病」——遂英年早逝於1924年。此間，他的民族一直在流浪，在流浪了一千九百年之後還在流浪⋯⋯後來復國，已是1948年的事情了！那麼，「國學」對於卡夫卡，這只孤獨的寒鴉，大概像是曠野風雪中一處遙遠、遙遠、遙遠的異鄉吧。

也許正因為如此，卡夫卡移情我們中國的國學？並一度兜回他自己病痛的生命？

世上只有一種病，那就是人本身；肺結核，不過是一場致命的誤會，遭受誤判與追獵，亡命於罪愆的林莽。自罹病始，卡夫卡緊緊抓住肺結核，「如孩子抓住母親的衣襟」，如此「病病不病」，向死而生。就此哲學的涵義，疾病仿佛卡夫卡的「國學」，與他的生命相伴，流淌於他的血脈，而且——作為卡夫卡個人的隱喻——源自猶太人的父精母血，罹病之前，即被他體認得血肉模糊、深入骨髓：

> 我是父精母血的產物，⋯⋯從根本上說，我對它的重視出乎我自己的意料。⋯⋯我會噁心得作嘔，五臟六腑都要嘔出來；就好像我的出生始終沒有完成⋯⋯ [499]

卡夫卡一生「噁心」、「嘔吐」於父精母血，表面上出於「抱怨」甚或「怨毒」，其實另有深意，見證於猶太民族自古以來的《希伯來聖經》：

> 向你，唯獨向你，我當面犯罪；故而
>
> 你秉公義責備我，以清正審判我。
>
> 我蹈行邪惡，呵！母親孕我於罪愆！
>
> 而你開啟我，讓我悟真道，心明眼亮⋯⋯ [500]

499　1916年10月19日致菲利斯，見 Franz Kafka, Letters to Felice。
500　譯自《希伯來聖經》，並參考 Psm 51:5, ESV。

如此精義讓卡夫卡心明眼亮，讓他從父精母血中看到罪愆。如本書所見，這罪愆源自人性「同體大罪」的悖逆與冒犯，對於猶太人，既意味著外部的患難，也意味著自身的異化。兩者作為不二的整體，令卡夫卡「噁心」、「嘔吐」，也讓我突然明白了一點自己的身世。

母親是外婆的長女，生於 1922 年，出落得美麗聰慧大方，就是身子骨特別單薄。據四姨回憶，舅爺（外婆的弟弟）曾對外婆說：「大姐，這個女兒恐怕活不到 40 歲吧！」後來，母親果然身患多種疾病：肺結核、肺心病、風濕性心臟病——單是這三樣就很要命了，還不用說母親生於憂患，歷經戰亂。1949 年中華人民共和國成立，父親被「歷史反革命」，母親又陪同父親一道經歷「反右」、「四清」和「文化大革命」。好在，母親天性不屈不撓，1988 年父親走後又堅持了 10 年，1998 年去世，享年 77 歲。

父親於 1911 辛亥年生於山東荷澤鄄城，地屬最窮的魯西南。1938 年，因日軍攻佔武漢，父親隨武漢大學遷來我的故鄉樂山，後來認識了我的母親。1945 年，父親與母親成婚，依次生下大哥（1946）、大姐（1948）、二姐（1952）和我（1954 年 6 月 27 日）。

1951 年，母親進入當時的建設銀行工作。那是我出生之前三年，也即卡夫卡死於肺結核之後 27 年。當時，母親的同事多為國民黨時期遺留下來的舊員，其中罹患肺結核者，不在少數。據母親回憶，她染病應該就在建設銀行。1953 年金秋，母親懷我之後即感力不從心，生下我之後不久，即發現咳血，後於 1955 年確診為晚期肺結核。

看來，懷我前後，母親多半已然罹染肺結核，所以才會感到力不從心。不管怎樣，經與父親商量，母親決定中止妊娠。然而，母親怎麼也想不到，她這一意願竟與「時代精神」相悖。1950 年代，中國正在學習前蘇聯，鼓勵生育，宣導「英雄母親」：誰生誰英雄，越生越英雄。更要命的是，如此「時代精神」竟成一項政策，必須堅決貫徹、執行。

難為母親了！她先天那麼單薄，承受了大哥、大姐、二姐的育養，眼下又病中妊娠，還不用說因父親遭受不公我家處境每況愈下。「英雄母親」對於她，怎麼說都是苦澀的諷刺。母親鼓起勇氣向政府打報告，請求批准中止

猶太人質的悲與興：卡夫卡的曠野漂流
後記 上善若水：卡夫卡的「國學」及其他

妊娠，結果被否決。倔強的母親反覆打報告，其鬥爭之烈，連外婆也批評她鬧得滿城風雨，但最終仍遭否決。

母親失敗了。（她失敗了嗎？那麼誰勝利了？以卵擊石是母親的天性，自曉事以來，我深為母親這一天性而自豪，以此天性為生的母親——就像「病病不病」的饑餓藝術家卡夫卡——怎麼會失敗呢？不過此乃他話。）在以卵擊石的鬥爭中，我在母親子宮中悄悄成長，並於1954年仲夏頑強降生。

事情愈想愈不可思議：我本來並無「今生今世」，結果竟有「身前生後」！世界本來與我了無關係，但我最終來到世界，並攜帶著與生俱來的複雜因緣和紛紜際遇，血肉模糊有如父精母血：愛恨情仇、家事國事、傷害犧牲、相濡以沫、「同體大罪」——包括我肉身的缺陷：大約一歲之際，父親發現我左腿有疾，當下送醫院，被診斷為小兒麻痺後遺症。然而，記得小學畢業之前，舅婆（外婆的妹妹）兩次悄悄告訴我：「他們哄你的，你的腿是胎生的。」我當時因年少未諳其意，後來「五十知天命」之年，卻恍然若有所悟：母親當年打報告請求中止妊娠，遭否決之餘，是否嘗試過「非法」之舉而仍遭失敗，未能「消滅」而僅僅「修理」了我？

無論當年事實究竟如何，我有幸遺傳了母親的樂觀天性，有生以來並不為此悲戚，也無「卡夫卡式」（Kafkaesque）的「惡心」「嘔吐」。然而，因相關之種種，我竟得以瞭解猶太人卡夫卡，走近他的內心，體會他的「惡心」「嘔吐」，並特別領悟了《希伯來聖經》的精義：「我生於罪愆，呵！母親孕我於罪愆！而你開啟我，讓我悟真道，心明眼亮……」

「卡夫卡之罪」與替罪羊

按卡夫卡有意無意的陳述，他自幼與父親對抗於「父親的法庭」，其「訴訟」之複雜與弔詭，超乎想像。我有罪嗎？如果有，必因父親（當然包括母親）先有罪或「被有罪」。然而——如卡夫卡所知悉——父親無非「生活的代表」，如果父親有罪，必因生活本身先有罪。但是，如果生活本身有罪，必因眾生先已「同體大罪」！

絕望在於：如果眾生「同體大罪」，那麼，贖罪就沒有可能！除非眾生之外有一位終極替罪羊（終極人質）——唯一絕對之愛或同體大愛——代「眾生」之個體（及其「如一」之整體）贖罪！

人性的悲劇在於，我們總是在眾生之內尋找「替罪羊」。[501]

然而，奇妙的是，卡夫卡的猶太先祖竟蒙恩例外，人性因此擁有希望。

歷史上，猶太新年之後第十天，是猶太人的贖罪之日。這一天，猶太人徹底齋戒，停止工作，聚於會堂，向「天父」耶和華禱告懺悔，祈求他赦免一年來所犯罪愆。接下來要舉行聖殿祭儀，殺死一頭公山羊祭祀耶和華，與此同時，將另一頭公山羊放逐曠野，讓它帶走眾生所犯一切罪愆。「替罪羊」一義即由此而來。按精神分析所謂的「反向作用」（reaction formation），這只「替罪羊」已然「替愛羊」——即愛的中介。就此而言，Atonement 另有「復合」之意——經由「替罪羊／替愛羊」的犧牲，猶太人希望得以與「天父」復合，並藉此與眾生（包括「代表」眾生的生身父親）復合。

所以，對於猶太人，贖罪之日也是與「天父」（進而與眾生）復合之日。

至此，我們恍然大悟於卡夫卡 1917 年 9 月 28 日（贖罪日）那天的日記：

501　恰如精神分析的正確觀察，此舉內含著「反向作用」——就我們內在的深層心理機制，「替罪羊」不二於「替愛羊」。以希特勒為例，納粹德國時代被選為「替愛羊」，納粹德國滅亡之後，又被當作「替罪羊」。值得注意的是，連偉大的猶太人勒維納斯也未能倖免於這一錯誤的思維模式（參見他的《塔木德四講》，第 124～125 頁）。卡夫卡不屬此列，因為他明了「同體大罪」的真道。

猶太人質的悲與興：卡夫卡的曠野漂流
後記 上善若水：卡夫卡的「國學」及其他

話雖這麼說，我還是願意把自己交託於死亡。一種信仰的殘餘。回歸一位父親。偉大的贖罪之日與復合之日。[502]

所謂「話雖這麼說」，意指一週前，因罹患肺結核，他鐵石心腸與未婚妻揮淚訣別，此情此景，恰如他所回憶的對話輪廓：

我：「那麼，這就是我的結局。」

菲利斯：「這是我的結局。」

我：「這是我帶給你的結局。」

菲利斯：「的確如此。」

菲利斯的指陳令他痛感虧欠。然而，他去意已決，一心向死而生，更確切地說，「回歸一位父親」。

只是，卡夫卡此處所謂「父親」，一語雙關，首指「天父」，繼指生身父親赫曼·卡夫卡。

他向「天父」懺悔贖罪，蒙恩復合，也藉此——至少在意向上——解除與父親的「法庭」對抗。

在「同體大罪」之中，父子之所以對抗，乃彼此因愛生恨，互為「替愛羊/替罪羊」或「替罪羊/替愛羊」。父親對兒子恨鐵不成鋼，反之亦然。就卡夫卡一方，大體而言，他一生與「最親愛的父親」反向作用，基於他對罪愆的深刻體認。這一體認伴隨他的生命逐漸展開、深入並完成。他願父親不再迷戀罪愆的俗世，回歸古老的猶太精神血緣。這是恨鐵不成鋼。只是，對於卡夫卡，父親既是生身父親，也是「生活的代表」，因而，他對父親的恨鐵不成鋼，也意味著對民族與人類的憂患——憂患於民族與人類的內外異化及每況愈下。過去，他與父親對抗於「法庭」，一如他與另一位「生活代表」菲利斯「訴訟」相見[503]，結果——因「同體大罪」，反而導致更多的傷害。然而眼下，即1917年9月28日這個贖罪之日與復合之日，他有幸蒙恩

502　譯自1917年9月28日日記。
503　與菲利斯的婚事，某種意義並某種程度上，恐亦屬這場「法庭」對抗的主要內容。

獲赦，與「天父」復合，並藉此唯一絕對之愛——替罪羊/替愛羊或同體大愛，開始贖回（「做回」）自己。「同體大罪」依然，然而奇妙的是——在屬靈的意義上，他開始同父親、菲利斯、「你」、民族與人類復合。

以彌賽亞為仲介，卡夫卡與父親「互相效力得益處」，進而將「益處」傳播人類，就此參與到彌賽亞的拯救之中。

猶太人質的悲與興：卡夫卡的曠野漂流
後記 上善若水：卡夫卡的「國學」及其他

▌屬靈「國學」——上善若水卡夫卡

　　大約罹患肺結核之後五年，某天，在公司辦公室，39歲的卡夫卡與同事之子雅諾施談起中國的國學，順手從抽屜裡拿出《老子》《莊子》《論語》《中庸》和《列子》等書。他向這位忘年交透露，自己情有獨鐘中國的道家思想久矣：「長久以來我一直深入研究道家思想，只要有譯本，我都看了。」尤其莊子，他自認為「馬馬虎虎讀懂了」。他當下論及莊子的《知北遊》：「不以生生死，不以死死生。死生有待邪？皆有所一體。」這段話，他特別畫了著重線。徜徉生死之際，從異國的莊子，他似乎找到「齊生死」的知音：「我想，這是一切信仰和人生智慧的根本關切。我們需要把握事物與時間的內在聯繫，認識自身，洞察自己的形成與消亡。」接下來的一段，他更是逐字逐句畫了四條著重線，整段再用線條框起來：「古之人外化而內不化，今之人內化而外不化。與物化者，一不化者也。安化安不化？安與之相靡？必與之莫多。……聖人處物不傷物。」雅諾施表示此語過於深奧，期待卡夫卡來評價。卡夫卡無言，合上《莊子》，與眾書一道放回抽屜，沉吟一會兒，再側頭凝視雅諾施片刻，慢慢說：「這很正常。真道始終深邃難及，就像游泳和跳水：日常經驗的狹窄跳板顫顫悠悠，但必須有勇氣就此一躍而下，俯衝到深處，接著再浮出水面，笑著，大口呼吸空氣，眼前的世界倍加明亮。」

　　不知雅諾施是否明了，莊子這段不變應萬變的心學，在卡夫卡，已然共鳴著他生命的至深體認：致死之疾乃「恐懼（死）-渴望（生）」或「慾望／恐懼」。慾望是恐懼的表象，恐懼是對死亡的反射，然而，愛的世界本來並無死亡。

　　那天的談話令卡夫卡再次憶起童年，如沉入水底：父親強壯爽朗，他瘦削腼腆；父親越是恨鐵不成鋼，他越是柔弱膽怯；父親帶他去游泳學校鍛鍊，總要和他先喝點啤酒，希望他藉此壯點膽，但是，到了更衣室——卡夫卡罹病之後致信父親——「一看見您的身軀，我的心就涼了半截……我瘦削、弱小、窄肩膀，您強壯、高大、寬肩膀……不單單在您面前，在全世界面前也是如此，因為您是我衡量萬物的尺度……」到了游泳池邊，他更不敢往下跳，老在跳水板上磨蹭……

游泳學校不過是生活的象徵。

那麼,是滄桑的父親,大樹一般,遮擋了陽光?

不!毋寧說——正如卡夫卡的深刻穎悟——黑暗僅僅源於自己內在的「傷物」之情,而這「傷物」之情,最終來自民族的哀痛,淤結於內而「不化」,又貌似偶然,選擇了卡夫卡充當「替罪羊」——做「最瘦的人」,患「恐水症」,罹結核病,當單身漢,成孤獨者……隱喻並代言民族的傷痛!

1924 年 5 月,結核轉移至喉頭,卡夫卡病情惡化。醫生盡力挽救之餘,鼓勵他喝啤酒,因為酒精有助於殺滅口腔及喉頭的結核桿菌,對治療不無益處。病危之際的卡夫卡,生平第一次放開酒量。他因喉頭結核無法說話,就以紙筆代言。童年猶如真理,從人生陰暗的水底浮上來,蕩漾在明媚的陽光中,再化為溫煦的親情:

如此酒量,還不夠資格跟我父親上游泳學校的酒量呢!……但我希望能在一個漂亮的地方安安靜靜地團聚幾天……正如你們 [爸媽] 信中所說……一道「好好喝杯啤酒」。……我現在常常於炎熱之中回憶起我們以前曾經定期地一同喝過啤酒——許多年前,每當父親帶我去游泳學校時。

寸步不離的戀人多拉,也致信卡夫卡父母,見證卡夫卡眼下的人生豪情:

他特別自豪能與可敬可親的父親一道喝啤酒。……眼下,他常常高興地談起啤酒、葡萄酒、(水) [原文如此] 和其他美好的事物,令我也不禁陶醉。弗蘭茨已經成為一名豪飲者……

臨終的卡夫卡豪飲人生:啤酒,葡萄酒,水,溪水,水池,河流,大海,游泳,陽光,親人,人……孟夏五月,陽光明媚,「眼前的世界倍加明亮」。

猶太人質的悲與興：卡夫卡的曠野漂流
後記 上善若水：卡夫卡的「國學」及其他

交代與說明

出於分析與敘事的特殊需要，在本書中，大量卡夫卡引文由筆者親手譯自權威英譯本，不當之處望方家賜教，典型者如：1922 年 7 月 5 日致布洛德（第十七章第二節）、卡夫卡箴言（第六章第二節）、「我自己的猶太教」（第十章第一節）、「別的力量正在運行……猶太復國主義不過是一扇門」（第十七章第三節）、「偉大的贖罪之日與復合之日」（第十四章第二節和後記）、「恐怕只有信仰的共同體，能為當前人類所寄望」（第二章第三節）、「愛有一副強力的面孔」（第四章第一節）、「正面表述走得太遠……大而無當」（第十四章第三節）、「臨終日記」（第十六章第三節）。

關於本書文獻徵引，全書（包括「導言」）首次徵引給出完整訊息，此後僅給出書名與頁碼。特殊情況，如《卡夫卡傳》，同名譯本多種，遂標明作者。此外，布洛德《卡夫卡傳》不止一種漢譯，本書的「布洛德，《卡夫卡傳》」專指葉廷芳先生譯本，另譯則註明譯者。

《卡夫卡全集》《卡夫卡小說選》《卡夫卡小說全集》等譯集的徵引，為求簡明，一般略去譯者和二級編者，特此說明並致歉。

在本書中，一般而言，如無「譯自」字樣，即引自現有漢譯。少數引文僅作為敘事之用，未註明出處，可能引自相關文獻，也可能出於筆者自己的移譯，特此說明。

概而言之，本書一切疏誤，由筆者承擔全部責任。先致歉意。

交代與說明

國家圖書館出版品預行編目（CIP）資料

猶太人質的悲與興：卡夫卡的曠野漂流 / 林和生 著.
-- 第一版 . -- 臺北市：崧博出版：崧燁文化發行, 2019.06
　　面；　公分
POD 版

ISBN 978-957-735-893-6(平裝)

1. 卡夫卡 (Kafka, Franz, 1883-1924) 2. 傳記

784.438　　　　　　　　　　　　　　　　108008651

書　　名：猶太人質的悲與興：卡夫卡的曠野漂流
作　　者：林和生 著
發 行 人：黃振庭
出 版 者：崧博出版事業有限公司
發 行 者：崧燁文化事業有限公司
E - m a i l：sonbookservice@gmail.com
粉 絲 頁：　　　　　　網　址：
地　　址：台北市中正區重慶南路一段六十一號八樓 815 室
8F.-815, No.61, Sec. 1, Chongqing S. Rd., Zhongzheng
Dist., Taipei City 100, Taiwan (R.O.C.)
電　　話：(02)2370-3310 傳　真：(02) 2370-3210
總 經 銷：紅螞蟻圖書有限公司
地　　址：台北市內湖區舊宗路二段 121 巷 19 號
電　　話:02-2795-3656 傳真:02-2795-4100　網址：
印　　刷：京峯彩色印刷有限公司（京峰數位）

　　本書版權為西南師範大學出版社所有授權崧博出版事業股份有限公司獨家發行
　　電子書及繁體書繁體字版。若有其他相關權利及授權需求請與本公司聯繫。

定　　價：500 元
發行日期：2019 年 06 月第一版
◎ 本書以 POD 印製發行